KB066797

한국어 칸트전집 23.1
The Korean Edition of
the Works of Immanuel Kant

유작 I.1

Opus postumum I.1

임마누엘 칸트 | 백종현 옮김

아카넷

Opus postumum

고틀립 되플러가 그린 칸트 초상화(1791)

칼리닌그라드의 임마누엘 칸트 대학 정원에 있는 칸트 동상

칸트의 묘소(쾨니히스베르크 교회 후면)

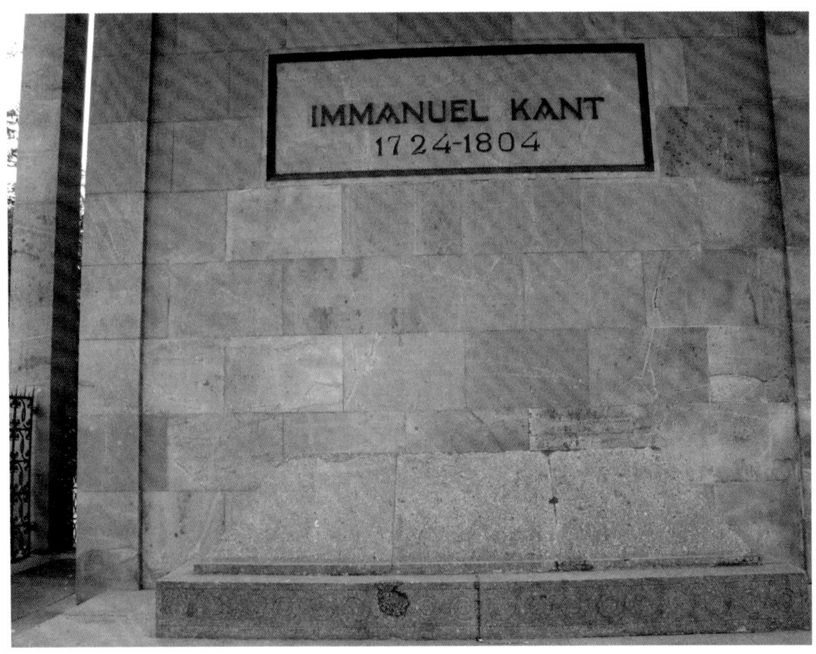

칸트의 석곽묘(쾨니히스베르크 교회 특별 묘소 내부)

쾨니히스베르크(칼리닌그라드) 성곽 모서리에 있는 칸트 기념 동판. "그에 대해서 자주 그리고 계속해서 숙고하면 할수록, 점점 더 큰 감탄과 외경으로 마음을 채우는 두 가지 것이 있다. 그것은 내 위의 별이 빛나는 하늘과 내 안의 도덕 법칙이다."라는『실천이성비판』맺음말의 첫 구절이 새겨져 있다.

《한국어 칸트전집》 간행에 부쳐

칸트(Immanuel Kant, 1724~1804)의 철학에 대한 한국인의 연구 효시를 이정직(李定稷, 1841~1910)의 「康氏哲學說大略」(1903~1910년경)으로 본다면, 한국에서의 칸트 연구는 칸트 사후 100년쯤부터 시작된 것인데, 그 시점은 대략 서양철학이 한국에 유입된 시점과 같다. 서양철학 사상 중에서도 칸트철학에 대한 한국인의 관심은 이렇게 시기적으로 가장 빨랐을 뿐만 아니라 가장 많은 연구 논저의 결실로도 나타났다. 그 일차적인 이유는 19세기 말에서 20세기 초의 동아시아 정치 상황에서 찾을 수 있겠지만, 사상 교류의 특성상 칸트철학의 한국인과의 친화성 또한 그 몫이 적지 않을 것이다.

칸트는 생전 57년(1746~1803)에 걸쳐 70편의 논저를 발표하였고, 그 외에 다대한 서간문, 조각글, 미출판 원고, 강의록을 남겨 그의 저작 모음은 독일 베를린 학술원판 전집 기준 현재까지 발간된 것만 해도 총 29권 37책이다. 《한국어 칸트전집》은 이 중에서 그가 생전에 발표한 전체 저술과 이 저술들을 발간하는 중에 지인들과 나눈 서간들, 그리고 미발간 원고 중 그의 말년 사상을 포괄적으로 담고 있는 유작(Opus postumum)을 포함한다. 칸트 논저들의 번역 대본은 칸트 생전 원본이고, 서간과 유작은 베를린 학술원판 전집 중 제10~12권과 제21~22권이다.(이 한국어 번역의 베를린 학술원판 대본에 관해서는 저작권자인 출판사 Walter de Gruyter 에서 한국어번역판권을 취득하였다.)

한 철학적 저작은 저자가 일정한 문화 환경 안에서 그에게 다가온 문제를 보편적 시각으로 통찰한 결실을 담고 있되, 그가 사용하는 언어로 기술한 것이다. 이러한 저작을 번역한다는 것은 그것을 다른 언어로 옮긴다는 것이고, 언어가 한 문화의 응축인 한에서 번역은 두 문화를 소통시키는 일이다. 그래서 좋은 번역을 위해서는 번역자가 원저자의 사상 및 원저의 기저를 이루고 있는 문화 배경에 대해 충분한 이해를 가질 것과 아울러 원저의 언어와 번역 언어에 대한 상당한 구사력을 가질 것이 요구된다.

18세기 후반 독일에서 칸트는 독일어와 라틴어로 저술했거니와, 이러한 저작을 한국어로 옮김에 있어 그 전혀 다른 언어 구조로 인해서 그리고 칸트가 저술한 반세기 동안의 독일어의 어휘 변화와 칸트 자신의 사상과 용어 사용법의 변화로 인해서 여러 번역자가 나서서 제아무리 애를 쓴다 해도 한국어로의 일대일 대응 번역은 어렵다. 심지어 핵심적인 용어조차도 문맥에 따라서는 일관되게 옮기기가 쉽지 않다. 게다가 한 저자의 저술을 여러 번역자가 나누어 옮기는 경우에는 번역자마다 가질 수밖에 없는 관점과 이해 정도의 차이에 따라 동일한 원어가 다소간에 상이한 번역어를 얻게 되는 것은 불가피한 일이다. 이러한 제한과 유보 아래서 이《한국어 칸트전집》을 간행한다.

당초에 대우재단과 한국학술협의회가 지원하고 출판사 아카넷이 발간한 '대우고전총서'의 일환으로 2002년부터 칸트 주요 저작들의 한국어 역주서가 원고 완성 순서대로 다른 사상가의 저술들과 섞여서 출간되었던 바, 이것이 열 권에 이른 2014년에 이것들을 포함해서 전 24권의《한국어 칸트전집》을 새롭게 기획하여 속간하는 바이다. 이 전집 발간 초기에는 해당 각 권의 사사에서 표하고 있듯이 이 작업을 위해 대우재단/한국학술협의회, 한국연구재단, 서울대학교 인문대학, 서울대학교 인문학연구원

이 상당한 역주 연구비를 지원하였고, 대우재단/한국학술협의회는 출판비의 일부까지 지원하였다. 그러나 중반 이후 출판사 아카넷은 모든 과정을 독자적으로 수행하면서, 제책에 장인 정신과 미감 그리고 최고 학술서 발간의 자부심을 더해주었다. 권권에 배어 있는 여러 분들의 정성을 상기하면서, 여러 공익기관과 학술인들이 합심 협력하여 펴내는 이 《한국어 칸트전집》이 한국어를 사용하는 이들의 지성 형성에 지속적인 자양분이 될 것을 기대한다.

《한국어 칸트전집》 편찬자 백 종 현

책을 내면서

이 책은 칸트(Immanuel Kant, 1724~1804)가 남긴 "『유작』(Opus postumum)"이라고 통칭되는 그의 말년의 단편(斷片) 내지 단편적 초고(草稿) 묶음의 4분의 1 남짓(총 13개 묶음글 가운데서 앞의 3개 묶음글)을 한국어로 옮기고 간략하게 주해한 것이다. '칸트전집'을 대표하는 베를린 학술원판 전집(*Kant's gesammelte Schriften*[AA], hrsg. von der Preußischen Akademie der Wissenschaten, Berlin 1900~)은 그 제21권(AA Bd. XXI, Berlin und Leipzig 1936)과 제22권(AA Bd. XXII, Berlin und Leipzig 1938) 그리고 제23권(AA Bd. XXIII, Berlin 1955, S.477~488)에 이 『유작』을 수록하고 있는데, 이 책은 제21권의 대략 절반(머리말+1~334면)의 본문 전문을 역주해서 엮어낸 것이다. (원서에 포함되어 있는 각주를 그대로 옮기는 것은 그 각주의 성격상 역서에서는 무의미하고, 또 미주 해설을 그대로 옮겨놓는 것 역시 꼭 필요한 것으로 보이지 않아서, 이것들은 역자의 각주에 그 내용 일부를 포함시키는 방식으로 처리하였다.)

칸트의 『유작』은 대부분 생애 말기(1796~1803) 칸트의 '초월철학'의 확장과 '자연 형이상학' 기획의 산발적인 초고(草稿)에 신변 잡기(雜記)가 섞여 있는 조각글 묶음으로서, 두서(頭緖)가 없을 뿐만 아니라 문단은 말할 것도 없고, 문장조차도 완성되지 못한 것을 허다하게 포함하고 있다. 이러한 성격의 글 묶음이라도 그것이 저자의 모국에서야 보존과 연구의 가치가 충분히 있을 수 있고, 그래서 여러 종류의 편집본이 나올 수도 있으며, 또 기획된 '전집'에 수록되는 일이 흔히 있으니, 이 『유작』이 독일 베를린의 학술원판 칸트전집의 일부를 이루고 있는 것은 당연하다 하겠다. 그러나 이것이 외국어 번역 '칸트전집' — 칸트의 경우처럼 출판된 저작뿐만이 아니라 다량의 미간 문서가 남겨져 있을 때는 보통 '전집(全集)'이라고 통칭은 해도 실상은 대개 '선집(選集)'이겠지만 — 에까지 포함될 만한 것인지는 그것의 학술적 가치와 각국의 독서출판계의 사정을 고려해서 정할 수 있는 문제로서, 현재까지는 이를 자신들의 '칸트전집'에 포함하고 있는 외국어 전집의 사례는 하나도 없는 것으로 안다.(물론 부분적으로는 프랑스어, 이탈리아어, 에스파냐어, 러시아어 번역서가 이미 오래 전에 낱권으로 출간되어 있다.) 영어권의 대표적 칸트전집이라고 할 수 있는 'The Cambridge Edition of the Works of IMMANUEL KANT'만 하더라도 *Opus postumum*(ed. by Eckart Förster; transl. by Eckart Förster & Michael Rosen, Cambridge 1993)이라는 제목으로 베를린 학술원판 전집의 제21권과 제22권 본문의 5분의 1 가량을 발췌하여 영어로 옮기고, 단락을 (나름의 기준에 의해 초고의 연대순으로) 재편성하여 내놓고 있는 실정이다.

이러한 상황에서 아카넷의 《한국어 칸트전집》은 당초에, 저 베를린 학술원판 제21권과 제22권의 본문 전체를 한국어로 옮기고 주해를 붙여, 이를 《한국어 칸트전집》 제23권과 제24권으로 편성하여 출판하고자 기획해서 그 작업을 두 사람이 한 권씩을 맡아 진행해가고 있는데, 기획한 바대로 이루어진다면 이것은 유례가 없는 외국어 번역본 칸트 『유작』이라 하겠다.

그런데 기획대로 작업을 진행하고 있는 중에, 과연 이대로 전권을 출판하는 것이 한국 철학 문화에 어떤 기여가 될 것인지에 대한 회의가 생겼고,

그래서 우선 일부를 출판하여 이에 대한 독자 제현의 의견을 구한 후에 나머지의 출간 방식을 정하는 것이 좋겠다는 생각에 이르렀다.

무릇 일부분일망정 본문 전체를 번역하는 것과 발췌 번역은 성격이 매우 다른 것으로서, 발췌 번역의 경우는 난삽한 대목은 임의로 생략하고 넘어가면 그만이지만, 전문(全文) 번역의 경우는 낱말 하나도 건너뛸 수 없으니, 전문 번역을 하고자 할 때는 그 작업이 안고 있는 부담과 부딪치는 난점이 만만치 않고, 게다가 『유작』의 특이한 성격으로 인해 특히 다음과 같은 점과 관련하여, 과연 그것의 전문 번역서를 출간하는 것이 합당한 것인지, 그럴 만한 가치가 있는지를 심사숙고하지 않을 수 없다.

무엇보다도 첫째는, 칸트가 스스로 출판원고를 완성했다면, 아마도 삭제했을 주변 및 신상 잡기, 두서없는 생각의 흐름, 부정확한 표현들을 포함하고 있는, 아직은 사적인 그의 글 조각들을 뒷사람들이 그의 뜻과는 무관하게(어쩌면 어긋나게) 모아서 공개하고, 그것을 다시 외국어로까지 번역하여 유포하는 것이 학술적 관점에서나 칸트 개인의 인격성의 견지에서나 합당한 일이냐 — 죽은 자[死者]는 이미 죽었으니까 사생활이 없나? 저명한 인사는 공인(公人)이고, 공인이니까 사생활이 없나? — 하는 회의를 접기 어렵다는 점이다.

둘째는, 원서에 포함되어 있는 불완전한 문단, 미완의 문장, 칸트가 잘못 쓴 또는 판독할 수 없는 어휘 등을 역서에서 어떻게 처리할 것이냐 하는 문제이다. 칸트 원서 전집이야 남겨진 기록 그대로, 읽히는 그대로 복원 또는 편성하여 (문맥이 통하든 말든, 어법이 맞든 안 맞든 상관없이) 담아내는 것으로 충분히 할 일을 다한 것이라 할 것이다. 그리고 이런 경우 편자가 어떤 불완전하게 여겨지는 대목을 자기 관점에서 문맥이 통하게 고친다거나 어법에 맞게 수정한다면, 그것은 오히려 칸트 원문의 변조라 하겠다. 그러나 원서가 그렇다 하여 본문 완역을 뜻하는 외국어 번역서가 (어떤 대목을 임의로 생략할 수는 없는 노릇이므로) 그를 비문인 채로 옮겨 놓을 경우에는,

대역(對譯)본이 아닌 이상, 이것이 오역인지, 오탈자인지 또는 원문의 결함 탓인지 바로 확인할 수가 없고 또한 그 경계가 모호해져 전혀 다른 문제를 유발할 수밖에 없다. 그리고 이런 일이 빈발하다 보면 진짜 오역의 경우와 원서의 비문에서 비롯한 역서에서의 비문이 혼재할 우려를 떨쳐버릴 수 없어서 역자로서는 불안하지 않을 수 없다. 거기에다 대조해볼 만한 다른 외국어 번역서조차도 미비하여 간접적 검증마저 할 수 없는 실정에서는 모험밖에는 다른 길이 없는데, 이런 일은 학술적인 작업에서는 피해야 하는 것이 마땅하다는 점이다.

셋째는, 18세기 말~19세기 초 독일 문서(특히 雜記)에 등장하는 인명, 지명, 상품명(특히 독일의 상품명은 제작자의 이름을 그대로 사용하는 경우도 있고 하여), 사건 사고, 여러 인용 문헌 등에 대한 정보를 충분히 얻을 수 없는 처지에서 글 조각들의 맥락을 맞춰가는 일이 쉽지 않다는 점이다.

넷째는, 난해하고 난삽하여 문맥을 파악할 수 없는 대목이 심오한 철학적 사유과정을 담고 있는 것이라면 바른 해독을 위해 진력하는 것이 마땅한 일이겠으나, 실은 철학적으로 (또는 과학사적으로) 그다지 의미가 크지 않은 신변 이야기, 사회문화적 사건 또는 2~3세기 전 당대 과학기술적 사항들이 얽히고설킨 내용 — 발췌 번역서라면 이런 것들을 당연히 제외했을 것이다 — 을 포함하고 있고, (호사가들에게는 흥밋거리가 될지도 모르겠지만 학인들에게는 오히려 학문의 진척에 장애가 될) 바로 이런 것들로 인해 그 난해함이 가중된 마당에서 그것을 풀어내기 위해 그에 너무 오래 지체하는 것은 공부의 이치에 맞지 않는 것이 아닌가 하는 회의가 일어난다는 점이다.

다섯째는, 시론 단계에서는 흔히 그러하듯이 이 칸트 '유고' 묶음 글에도 사유의 전개나 진전을 보임 없이 반복되고 중복되는 또는 유사한 중언부언이 숱하게 섞여 있는데, 무엇을 위해 이런 글귀들을 그대로 번역해내고 또 그에 따라서 주섬주섬 읽어야 하는가 하는 점이다. — 차라리 칸트의 사유 전개가 보이는 원전의 부분 부분을 발췌하고 이를 요령 있게 연결하여 재편집해서 한국어 번역본을 내는 것이 낫지 않을까?

이런저런 회의와 제약에도 불구하고 칸트의 『유작』 원문 전체를 남김없이 한국어로 옮기는 작업 중에, 먼저 앞부분 4분의 1 남짓을 한 줄 생략 없이 이 책에 담아 그대로 출간하는데, 이것만으로도 어느 정도 의의는 있다고 본다. 독자들은 이로써 형태적으로는 『유작』의 나머지 부분의 전개를 대략 짐작할 수 있을 것이고, 내용적으로는 세상 떠나기 직전 몇 년간의 칸트의 생활상과 심리상태를 낱낱이 엿보면서, 그의 그칠 줄 모르는 철학적 모색의 자취를 더듬어보고, 그를 통해 칸트 주요 저작이 표출한 그의 핵심 사상의 저변까지를 이해할 수 있는 부수적인 내지는 보충적인 자료를 얻을 수 있을 것이기 때문이다. 또한 칸트가 직접 완성된 저작을 출판했다면 지금의 책 형태로는 결코 아니었겠지만, 생각하기에 따라서는 지금의 책이 칸트를 이해하는 데 더 좋을 수도 있을 것이다. 정리된 서술이 이른바 책의 완성도를 높이기는 할 것이나, 독자가 그것을 일독하여 이해가 되지 않을 경우 반복해서 여러 번 읽을 수밖에는 없는데, 이 『유작』은 유사한 내용을 약간 다른 방식으로 중언부언하고 있으므로, 똑같은 말을 반복해서 읽는 것보다는 조금씩 다른 말들을 그 변화의 미묘한 차이를 감지해가면서 읽어내려가는 편이 더 좋을 수도 있겠으니 말이다.

칸트 『유작』은 이 같은 긍정적인 요소를 앞서 말한 회의적 요소와 함께 가지고 있다. 이에 아직 국내외 어느 칸트전집에도 번역 수록되어 있지 않은 『유작』의 제1묶음~제3묶음 글 전문을 우선 '《한국어 칸트전집》 23.1'로 편제하여 이렇게 내놓는바, 그것은 뜻깊은 독자들로부터 미흡한 역주 내용과 방식에 대한 질정과 편달을 받아, 좀 더 근사한 역서를 완간하기 위해서이다. 이로써 독자의 협력을 얻을 수 있다면, 한국어판 칸트 『유작』은 역자와 독자가 함께 완성해가는 책이 되겠다.

앞서 말한 바대로 이 『유작』은 두서가 없는 글 묶음이라서 전체 내용을 일람해볼 수 있는 목차를 만들기가 합당하지가 않다. 그래서 이 책에는 비교적 상세한 '개념 찾아보기'를 붙였다. 이를 통해 독자들이 원어와 번역어를 대조해보는 한편, 문제에 대한 흩어져 있는 칸트의 사념의 조각들을 모아볼 수 있기를 기대한다. — 자연언어에서 낱말은 참으로 다의적이다. 용어인 경우조차 자기 안에 상반된 의미를 갖기도 하고, 오히려 다른 낱말과 같은 의미로 사용되기도 한다. 주요 주제에 관해서는 번역해낸 칸트 본문 내용의 범위 내에서 '해제'를 통해 이를 조금 더 정리해보았다. 또 한 가지 설명이 좀 필요한 사항은 번역문에 제법 많은 한자가 노출되어 있는 점이다. 역자가 편찬하고 있는 《한국어 칸트전집》은 칸트 원서를 한국어로 옮기면서, 칸트가 독일어(또는 프랑스어 등 현대어)로 쓴 대목은 모두 한글 어휘로, 칸트가 라틴어(또는 고전 그리스어)로 쓴 대목은 한자로 옮기는 것을 원칙으로 하고 있다.(a priori=선험적, a posteriori=후험적, 이 두 낱말과 라틴어나 그리스어에 해당하는 한자 한국어가 없을 경우는 예외로 하고.) 그런데 이 『유작』은 초고 상태의 글들을 모아놓은 것이라서인지 라틴어 어휘를 다수 포함하고 있다. 독일어로 학술 활동을 막 시작한 시기인 만큼 이는 능히 짐작할 수 있는 바이다. 이런 경우에 예컨대 영어 번역자는 칸트의 독일어 글은 모두 영어로 옮기되, 라틴어(그리스어) 대목은 영어로 옮기지 않은 채 그대로 두고 있다. 라틴어(그리스어)는 그들에게도 똑같은 고전어이기 때문일 것이다. 중국어 역서는 (일본어 역서의 경우도 거의 마찬가지이지만) 문자가 한 가지밖에 없으니, 독일어 어휘든 라틴어 어휘든 한자로 옮겨 적을 수밖에 없다. 이런 점을 생각하면, 《한국어 칸트전집》이 정한 번역어 선택 원칙은 한국어 표기 문자의 특성으로 말미암아 가능한 것이라 하겠다. 한국어 어휘는 모두 한글로 표기할 수 있으면서도, 절반 이상이 또한 한자로 표기할 수 있는 점 말이다. 한국어의 이러한 특성을 살려서 번역해 펴낸 《한국어 칸트전집》의 독자는 학술계 문자 사용 변천기에 저술 활동을 한 칸트가 어떤 어휘를 여전히 라틴어(그리스어)로 쓰고 있으며, 그런 어휘들이 어떤 방식으로 독일어로 전환되어가는지를 목격할 수 있다. 더욱이 칸트가 '독일어(라틴어)'식으로 병기하는 대목에서는 더욱 그러하다. 다만 한자가 익숙하지 않은 독자는 옥편을 사용하는(또는 인터넷 한자사전을 검색하는) 번거로움을 겪어야 할 것인데, 그것은 독일어나 영어권 칸트 독자가 라틴어 사전을 옆에 두어야 하는 사정과 같다 하겠다. 이러한 번거로움의 대가로 한국어 어휘가 는다면, 그것 또한 고전 독서의 한 보람일 것이다. 역자 역시 칸트 원서를 번역하는 과정에서 이런 식으로 잊었던 한자를 소환하거나 새로운 어휘를 다수 익히고 있는데, 그것도 공부를 한 발짝 더 전진시키는 방편이라 생각하고 있다.

이 『유작』 1부의 한국어 역주 작업에는 부분적인 것이기는 하지만 이미 나와 있는 영어 발췌 번역본이 적지 않은 도움이 되었고 — 원문이 불완전한 탓이기는 하지만, 이 영어 번역본은 곳곳에서 역자가 어휘들의 연결을 재편성하여 맥락이 닿게 해놓았는데, 그것은 번역이라기보다는 사실상 주관적 해석이므로, 이의 활용은 주의를 필요로 한다 —, 관련되는 칸트 비판기의 저술 『자연과학의 형이상학적 기초원리』(1786)는 이 《한국어 칸트전집》에 포함되어 출판될 예정으로 이미 몇 해 전에 탈고되어 있는 손성우 교수님의 미출판 원고가 비교 참고 자료로 활용되었다. 칸트가 인용하고 있는 몇 라틴 문헌의 출처 확인과 번역에는 이종환 교수님의 도움의 손길이 있었고, 낱말만으로는 의미를 헤아릴 수 없는 본문 대목의 해석에는 고원 교수님, 손성우 교수님, 이지은 선생님의 독일 사회에 대한 해박한 지식이 스며 있다.

도면 자료 준비와 관련 문헌 목록 정리 과정에서는 유상미 선생님의 변함없는 조력이 있었고, 번역문 초고를 원문 및 칸트의 여타 저술과 비교 검토하는 작업을 위해 손성우 교수님은 큰 희생을 감수해주셨다.

또한 책의 출판을 위한 아카넷 김정호 대표님의 호의와 김일수 팀장님의 정성, 교정과정에서의 정민선 선생님의 헌신적 노고가 없었다면 이런 식의 책 출간은 가능한 일이 아니었다.

이와 같은 숱한 분들의 노고와 애호에도 불구하고 이 책이 미흡한 점들을 적지 않게 가지고 있을 것인즉, 그것은 전적으로 역주자가 천학비재한

탓이다. 독자 제현께서 흠결에 대한 질책과 함께 보완 지침을 내려주시면, 개선 보완에 더욱 힘쓸 것을 다짐하는 바이다.

역주자와 독자 사이의 학술적 소통을 거쳐 칸트 『유작』 한국어 번역서가 완간될 것을 기대하고, 애호하는 독자의 성원에 깊은 감사를 표하면서, 이렇게 완성되어가는 한국어 철학서를 통해 한국어를 사용하는 이들의 철학 정신이 더욱 풍성해지기를 희망한다.

2020년 4월

정경재(靜敬齋)에서

백 종 현

전체 목차

제1부

〚유작〛 해제

『유작』 해제

칸트 『유작』의 성격과 의의

칸트 사후에 완결되어 있지는 않으나 확대된 '초월철학'의 개념을 사용하는 한편, 자연철학을 주제로 하는 하나의 저술을 구상한 것으로 보이는 말년(1796~1803년경)의 초고(草稿)들이 발견되었는데, 이것들을 일차로 정리한 라이케(Rudolf Reicke, 1825~1905)가 이를 《구[舊]프로이센 월보(*Altpreußische Monatschrift*)》 19~21권(1882~1884)에 최초로 공간(公刊)하였고, 1920년에는 아디케스(Erich Adickes, 1866~1928)가 칸트 유고를 총정리할 기획의 일환으로 이 원고를 『칸트 유작(*Kants Opus postumum*)』(Berlin 1920)이라는 제목의 단행본으로 출간하였다. 이로부터 '유작(遺作)'이라는 통칭이 생겼으며, 이것이 부헤나우(Artur Buchenau, 1879~1946)와 레만(Gerhard Lehmann, 1900~1987)의 손을 거쳐 베를린 학술원판 전집(*Kant's gesammelte Schriften*[AA], hrsg. von der Preußischen Akademie der Wissenschaten, Berlin 1900~) XXI권(1936)과 XXII권(1938)에 13묶음(Convolut)으로 편찬되었고, 추가로 확인된 관련 낱장문서들이 XXIII권(1955, S. 477~488)에 수록되어 현재에 이르러 있다.

그러나 현재 전집 두 권에 모두 13묶음으로 엮어 수록하고 있는 원고 배열이 적합한가를 두고 설왕설래가 그치지 않으며, 추가된 낱장문서들과 함께 이 『유작』의 재편집 요구가 점점 높아지고 있다. 현재의 편성에서는 어느 대목에서 독서를 시작해도 체제상으로는 거의 상관이 없고, 발췌 영어 번역본이 임의로(원고 작성 시기 순서대로라고는 하지만) 단락의 배열을 새롭게 하고 있는 사례를 보여주듯이, 나름의 기준에 따라 얼마든지 편성을 달리하는 『유작』이 나올 수 있는 상태이다. 이것은 이 『유작』이 원천적으로 한 체계에 따라 쓰인 원고 묶음이 아니며, 주제나 소재가 다양다기하다는 방증이기도 하다.

『유작』에서 우리는 칸트의 포괄적인 자연 형이상학의 소묘와 함께, '초월철학'의 여러 가지 의미, 아울러 '선험적 종합 판단/인식'의 내포와 외연 및 그 가능 원리, 그리고 곁들여 칸트 자신의 신변과 일상생활에 대한 쪽지 기록들도 읽을 수 있다.

『순수이성비판』에서 인식론적 지평에서 도입되었던 '초월철학'은 여기서는 사뭇 전통적인 형이상학과 외연을 공유하는 존재 형이상학의 성격을 갖는다. 그것은 『순수이성비판』에서 천명한 "초월철학의 이념"(특히 *KrV*, A1~16 참조)보다 훨씬 넓은 외연의 '초월철학'의 구성과 그 윤곽을 보이고 있는데, 이것은 『유작』의 중심에 놓여 있는 "자연과학의 형이상학적 기초원리들로부터 물리학으로의 이행" 기획과 맞물려 있는 것이어서, 우연한 사상의 변화라 할 수는 없고, 보기에 따라서 비판기 칸트에 대한 노년 칸트의 도전 내지는 전복 시도라고 할 수도 있다.

"신, 세계, 인간〔나/주관〕"을 3요소로 갖는 "초월철학의 체계"는 더 이상 "순수 이성의 체계를 위한 예비학"(*KrV*, A11=B25)이나 "대상들이 아니라, 대상들 일반에 대한 우리의 선험적 개념들의 〔…〕 체계"(*KrV*, A11; 참조 B25)가 아니라, 이미 '순수 이성의 체계' 내지 '대상들에 대한 순수 이성 인식의 체계' 곧 형이상학을 의미한다. 비판철학 시기(1780~1795; 더 엄정하게 구별하면 1780~1790)의 칸트에게는 오직 '윤리 형이상학' 곧 '당위 형이상학'만이 이론적으로 가능했는데, 이어지는 『유작』에서의 칸트는 '자연 형이상학' 곧 '존재 형이상학'을 포함한 형이상학을 모색하고 있다. 이것은 사유의 전진인가, 역진(逆進)인가?

『유작』의 이 "이행" 기획은 비판철학에서 자연 현상의 한낱 형식적 규정 원리에 머물렀던 주관의 초월적 원리들을 현상들의 내적 원리로 이념화-실재화함으로써, 격리되어 있던 현상의 형식과 질료를 융합 통일하여, 문자 그대로 주객의 통일 체계로서의 세계를 이룩하려는 구상이라 할 것이다. 이때 칸트의 시야에는 "선험적 현상들(Erscheinungen a priori)"(XXII391)이 있으니, 이는 전진적 견지에서는 칸트에서 독일관념론/독일이상주의가 이미 싹텄음을 말하는 것이나, 복귀적으로는 말년의 칸트의 사념이 오히려 전비판기의 형이상학적 '웅지(雄志)'로 회귀했음을 보여주는 것이라 볼 수도 있겠다. 진상이 그러하다면 그것은 비판철학자 칸트의 재전향(再轉向: Wieder · kehre)을 함의하는 것으로서, 『유작』은 매우 조심스럽게 그리고 그만큼 아주 제한적으로만 읽어야 할 것이다. 말년의 상념들이 담겨 있는 초고(草稿)들이 설령 사유가 왕성했던 시기에 공간(公刊)된 저술들에 표현되어 있는 사상의 어떤 배경이나 전망을 읽을 수 있는 단서들을 포함하고 있다 하더라도, 상위한 점이 적지 않다면 이것들을 해석하고 활용하는 데는 어느 경우나 각별한 주의가 필요한 일이기 때문이다. 일상인들의 경우도 흔히 그러하거니와, 이는 사상가의 사상을 살피는 데서도 마찬가지로 유념할 바라 할 것이다.

다른 한편 "경험의 유추들의 원리"들에게 객관적 실재성을 부여하고, 시도되고 있는 "이행"을 가능하게 해줄 '에테르' 개념의 도입이나 『순수이성비판』(1781, 1787), 『형이상학 서설』(1783), 『자연과학의 형이상학적 기초원리』(1786) 등의 저술에서 원리적으로 말했던 바를 사례들을 들어가며 하는 설명은 아직은 가내수공업이 주류인 시대, 자연과학의 발흥 시기의 사회와

학계의 모습을 여실히 보여주고 있으므로, 과학사 내지 과학기술사의 관점에서도 유의미하다 하겠다. 또한 철학적 사유 중간에 문뜩문뜩 끼어든 일상사에 대한 기록들은, 말년 칸트를 돌보던 지인들이 보고해주었던 생활인 칸트의 면모(예컨대 *Immauel Kant. Sein Leben in Darstellungen von Zeitgenossen Jachmann, Borowoski, Wasianski* 참조)를 더욱 생생하게 엿볼 수 있게 해준다.

위대한 사상가도 일상의 삶을 살며, 대개의 사람들처럼 노년에는 다시금 소년기의 상념에 젖는구나. — 이러한 느낌으로 『유작』 읽기를 시작하여, 행간에서 노년 칸트의 인간적인 면모와 함께 쉼 없는 칸트의 사념의 자취를 추적해간다면, 칸트 사상의 전모를 눈앞에서 선하게 보는 보람을 거둘 수 있을 것이다.

조각글 '묶음'들의 대강

〔제1묶음〕의 초고들은 "초월철학의 체계"를 구성하는 3요소를 이리저리 생각한 자취를 담고 있다. 3요소란 "신, 세계, 宇宙와 도덕적 존재자로서 인간인 나〔자아〕 자신", 바꿔 말해 "신, 세계, 그리고 이 둘을 상호 실재적인 관계에서 사고하는 것, 이성적 세계존재자로서의 주체〔주관〕"를 지칭하는데, 칸트는 판단에서 연결사(繫辭)가 주어와 술어의 매개이듯이 "판단하는 주관(사고하는 세계존재자, 세계 내의 인간)"(XXI27)이 신과 세계의 매개자라 생각하는 것으로 보인다. 이로써 칸트의 비판철학 시기 반형이상학적이던 '초월철학'이 형이상학까지를 포섭하는 최고의 견지에 들어선다.

〔제2묶음〕의 초고들에서 칸트는 "선험적인 순정한 원리들에 기초해 있는 자연과학(自然哲學: philosophia naturalis)의 형이상학적 기초원리들"로부터 철학의 경향이 "경험적 자연학의 체계인 자연연구(物理學)"로 나가고 있다

(XXI161 참조)는 인식 아래서 "자연과학의 형이상학적 기초원리로부터 물리학으로의 이행"(XXI174) 기획을 보여주고 있다. — 여기서 "자연과학(自然哲學)은 물질(공간상에서 운동하는 것) 일반의 속성들과 운동법칙들에 대한 학문"을 뜻하는 반면에, 물리학은 "경험적 원리들에 기초하고 있는 자연과학"으로서 곧 "물질에 고유한 운동력들에 대한 이론"(XXI166)이라고 이해하고 있다. 이러한 형이상학적 원리로부터 형이상학과는 전혀 이질적인 물리학으로 이행하는 데는 두 영역 사이에 있는 협곡을 건널 수 있는 교량 건설이 필수적인 일인데, 그를 위한 자재가 물질 본연의 운동력, '유기적 물체' 개념과 우주를 하나로 통일해주는 "근원적으로 운동하는 세계원소"(XXI217), 곧 에테르/열소(熱素)이다. 〔제2묶음〕은 이에 대한 사념들의 여러 갈래를 담고 있다.

〔제3묶음〕의 초고들은 이제 경험을 가능하게 하는 질료적 조건인 물질의 성질을 주제적으로 다룬다. 물질의 중량과 형태, 고체와 유동체의 성질, 물질의 합성, 물체의 상호 관계 등이 고찰되고 있다. 이러한 물질과 물체로 구성되어 있는 자연세계의 법칙들을 칸트가 만약 그의 발상대로 순수 지성의 사고 형식인 범주들에 따라, 그의 선험적 개념들과 원칙들에 맞춰 설명해냈다면, 그가 기획했던 '자연과학의 형이상학적 기초원리들로부터 물리학으로의 이행'이 성취된 것이라 하겠다.

『유작』 I.1의 주요 주제들

형이상학으로서의 초월철학

'초월철학'의 다의성

칸트가 라이프니츠-볼프 철학과 함께 여전히 당대의 형이상학의 한 기조를 이루고 있는 스콜라철학을 일컬어 "옛사람들의 초월철학"(*KrV*, B113) 이라고 지칭하면서, 『순수이성비판』(1781)을 통해 자신의 "초월철학의 이념"(*KrV*, A1)을 천명했을 때, 칸트에서 '초월적(transzendental)'이란 "대상들이 아니라, 대상들 일반에 대한 우리의 선험적(a priori) 개념들을 다루는 모든 인식"을 지칭하며, '초월철학(Transzendental-Philosophie)'이란 "그러한 개념들의 체계"(*KrV*, A11이하)를 말한다.

그런데 여기서 "그러한 개념들"이란 얼핏 앞서 말한 '선험적 개념들'을 지시하는 것으로 보이니, 이 말을 "선험적 개념들의 체계"로 읽을 수 있고, 그럴 경우 이를 '선험철학'으로 해석할 수도 있다. 그러나 여기서의 '개념들'이란 앞의 '선험적 개념들'을 지시하는 것이 아니라 이것들을 '다루는 모든 인식'을 지시한다고 보아야 하고, 그러한 사정을 칸트는 이 대목을 "나는 대상들이 아니라 대상들에 대한 우리의 인식방식을 이것이 선험적으로 가능하다고 하는 한에서 일반적으로 다루는 모든 인식을 초월적이라고 부른다. 그러한 개념들의 체계는 초월-철학이라 일컬어질 것이다."(*KrV*, B25)라고 수정함(1787)으로써 분명히 하고 있다. 그런데 이로써 다시 "그러한 개념들의 체계"가 '선험적인 개념들을 다루는 인식들에 대한 체계' 내지는 '선험적으로 가능한 인식방식을 다루는 인식들에 대한 체계'로 읽히고, 이것은 곧 "선험적 인식의 이론"(Vaihinger, *Commentar*, S. 471) 내지는 "선험적 인식의 체계 자체"(Vaihinger, *Commentar*, S. 472)로 이해되어, '선험론 철학'으로 해석될 수도 있다. (1870~1920년대 일단의 신칸트학파 학자들이 독일관념론/이상주의에 대한 반발 혹은 반성으로 칸트 초월철학을 인식론 내지 과학이론으로 독해하였고, 그런 해석이 풍미하던 시절에 칸트를 번역하기 시작한 일본의 칸트연구가들이 이를 '先驗哲學'으로 옮긴 것이 발단이 되어, 이러한 번역어가 중국을 거쳐 한국 학계에서도 널리 사용되었다. 그러나 신칸트학파의 사조가 쇠퇴한 후에 칸트 초월철학이 형이상학의 전통 중에 있음을 새롭게 인식한 많은 연구성과들이 뒤를 이었고, 일본의 칸트학계도 이 점을 자각하여 종전의 용어를 폐기하고, 이를 '超越論哲學'으로 대체하였다.(마키노 에이지의 논고: 백종현 편, 『동아시아의 칸트철학』, 아카넷, 2014,

190~196면 참조) 그러나 칸트의 '초월적(트란첸덴탈)'은 본디 분사로서 '초월하다'라는 활동을 함의하고 있고, 또 그럴 경우에만 '초월철학'의 함축을 제대로 표현할 수 있기 때문에, 메타이론으로서의 '초월철학'으로 읽어야 하는 몇 대목을 제외하고는 '超越論哲學'은 용처가 없다. 더구나 칸트가 『순수이성비판』을 지나 후년으로 갈수록 '초월철학'을 형식의 면에서는 비판철학을 유지한 채 내용의 면에서는 형이상학에 근접시키고 있기 때문에, 'Transzendental-Philosophie'를 원래의 낱말 뜻 그대로 '초월철학'으로 옮기고 이에 칸트철학적 내포를 넣어 읽는 것이 철학사적 맥락에서 가장 무난하다. 『유작』에서의 용법까지를 고려하면 더욱 그러하다.)

칸트 자신이 나름 개념 정의까지 하고, 자신의 '초월철학의 이념'을 천명했음에도 불구하고, 여러 갈래의 해석의 공존이 입증하듯 『순수이성비판』의 말만으로는 그의 '초월적 인식'의 본질속성이 충분히 드러나 보이지가 않아서 '초월철학'의 개념 또한 여전히 모호한 채였다. 이러한 모호성이 많은 오해를 초래하던 중에 칸트가 '옛사람들의 초월철학'을 맞은 편에 두고, 『순수이성비판』에서 새롭게 전개한 그의 '초월철학'에서의 '초월적'의 개념을 『형이상학 서설』(1783)의 부록을 통해 재정의함으로써 비로소 명료하게 정리되었다.

> 낱말 '초월적'은 〔…〕 모든 경험을 넘어가는 어떤 것을 의미하는 것이 아니라, 모든 경험에 선행하면서도(즉 선험적이면서도), 오직 경험 인식을 가능하도록 하는 데에만 쓰이도록 정해져 있는 어떤 것을 의미한다.(*Prol*, 부록, 주: A204=IV373)

이로써 칸트 비판철학에서 낱말 '초월적'과 함께 '초월철학' 개념의 의미가 명확하게 규정되었다. '초월' 내지 '초월적'이란 종전까지 그리고 통상 '경험과 감각지각의〔또는 감각적으로 인식 가능한 세계의〕 한계를 넘어서 있음' 내지 '경험과 의식의 한계를 넘어섬, 이 세상을 넘어섬'을 뜻하는데, 그 반면에 칸트 비판철학에서 그것은 '일체의 주관적 경험 앞에 놓여 있으면서

대상들의 인식 자체를 비로소 가능하게 함'이라는 새로운 의미로 사용되고, 그래서 칸트의 '초월철학'은 '일체의 주관적 경험 앞에 놓여 있으면서 즉 선험적이면서 대상들의 인식 자체를 비로소 가능하게 하는 원리들의 체계'를 지칭한다. — 이것이 『순수이성비판』에서 이성 비판을 통해 거둔 결실에 대해 칸트가 스스로 명명한 '초월철학'에 가장 적확한 뜻이라 하겠다.

이렇게 해서 그 자신은 선험적인 어떤 것이면서 경험을, 따라서 그 경험에서 경험되는 것 곧 경험대상을 가능하게 하는 의식("초월적 의식": *KrV*, A117)도, 이러한 의식의 활동("상상력의 초월적 작용": *KrV*, B154; 통각의 "초월적 통일": *KrV*, B132)도, 이러한 의식이 표상한 것("초월적 표상": *KrV*, A56=B81)도 '초월적'이라고 지칭된다. 이와 같이 본래 "모든 선험적 인식 일반의 가능성에 대한 이론"(*FM*, A43=XX272)으로 규정된 초월철학은 그 선험적 인식이 동시에 '경험을 가능하게 하는 한'에서만 의미 있는 것으로 간주함으로써, 이제 '경험인식을 가능하게 하는 주관의 초월적 조건을 해명하는 철학'으로 이해된다. 그와 함께 '선험적(a priori: 先驗的)' 곧 '경험에 선행하는 또는 경험에 독립적인' 것이나, 통상의 '초월적(transzendental: 超越的)' 곧 '(경험〔세계〕을) 넘어가는 또는 넘어서 있는' 것과는 본래 의미 연관이 없는 '경험을 가능하게 하는'이라는 의미 요소를 핵심 내포로 갖는 칸트의 '초월적' 개념이 등장하였다. 이러한 의미의 '초월적' 성격을 갖는 '초월철학'은 그러니까 모든 순수한 이성 인식들과 이것의 원리들 가운데서도 이성이 그것을 가지고서 비로소 경험적 인식들을 가능하게 하는 선험적인 개념들과 원칙들을 내용으로 갖는다. 이로써 초월철학은 순수한 이성 인식들과 이것의 원리들을 공유하는 형이상학과 결별하고, 오히려 개념들을 초험적(transzendent)으로 사용함으로써 허망에 빠진 형이상학에 대한 비판에 나선다. 적어도 『순수이성비판』에서의 초월철학은 반형이상학적이다. 그래서 『순수이성비판』의 후반부를 구성하는 '초월적 변증학'은 종래의 이성적 형이상학 비판을 내용으로 갖고 있다.

그런데 본래 초월성(즉 그 자신 선험적이면서 경험을 가능하게 하는 기능)을 갖는 의식이나 그 활동(작용) 또는 그 활동의 결실(표상, 직관, 개념, 원리, 원칙 등)을 지칭해야 마땅할 '초월적'이 이러한 것들에 대한 이론에도 붙여져, '초월적 감성학'(곧 "모든 선험적 감성 원리들에 대한 학문": *KrV*, A21=B35), '초월적 논리학'(곧 우리가 갖고 있는바 "대상들을 온전히 선험적으로 사고하는, 순수 지성 인식과 순수 이성 인식의 한 학문 이념〔에서…〕 그러한 인식들의 근원과 범위와 객관적 타당성을 규정하는 그러한 학문": *KrV*, A57=B81)이라는 지칭도 있다. 그뿐만 아니라 이를 훨씬 벗어나 급기야는 '경험을 가능하게 하는' 것과 무관하거나, 오히려 경험 형성을 방해하고 착오를 일으키는 것("초월적 가상": *KrV*, A295=B352)에 대해서도 '초월적' 성격이 부여됨으로써 『순수이성비판』 안에서도 '초월적'은 실상 매우 다의적이고, 칸트 자신이 새롭게 규정한 '초월철학'에서의 '초월적'과 상충하는 경우가 적지 않다.

'초월적'과 '초월철학'의 이러한 다의적 사용은 칸트의 말년 저술에서는 더욱더 다반사이거니와, 이것은 칸트가 늘 '비판철학자'는 아니었으며, 그 또한 비판기 이전의 형이상학적 경향이나 비판기 이후의 독일이상주의적 추세를 적지 않게 공유하고 있던 시대의 사상가였음을 증거한다 하겠다. 그리고 자연언어는 생활세계와 함께 살아 움직이기 마련이므로, 어휘와 그에 실려 있는 개념의 변화, 그에 따른 다의성은 자연스러운 현상이라 하겠다.

『유작』에서의 '초월철학'

때때로의 조각글 모음인 『유작』에서 '초월철학'은 그 지칭이 매우 다양하며, 『순수이성비판』에서 제시한 '초월철학의 이념'에 비추어 보면, 그 외연이 훨씬 넓다.

무엇보다도 눈에 띄는 것은 인간 이성의 활동으로서의 '초월'의 의미를 부각시키면서, 칸트가 '초월철학'과 '초월적 관념론'을 동일 선상에 놓고 있는 점이다. 『순수이성비판』에서 초월철학은 '경험적 실재론'의 토대이론으로서, 그때 '초월적 관념론'은 단지 소극적인 의미만을 가졌었는데, 『유작』에서 초월철학은 '초월적 관념론'과 거의 동일시되며, '경험적 실재론'은 오히려 이것의 한 단면일 따름이다.

'옛사람들의 초월철학'에서 '초월'이 '인간 이성 너머'를 지시했다면, 이제 칸트는 '초월'로써 '인간 이성이 자기 안에서 밖으로 나가면서, 자신을 구성하고, 그를 토대로 세계를 구성함'을 말한다. 그러니까 초월철학은 "순수 이성의 하나의 체계"로서 "밖에서 안으로가 아니라, 안에서 밖으로 선험적 개념들을 규정함, 한 체계 안에서 자기 자신을 만듦, 그리고 자신을 하나의 대상으로 구성함"이며, 곧 "하나의 이론적-사변적 및 도덕적-실천적 체계를 위한 초월적 관념론"(XXI97)이다. 초월철학, 바꿔 말해 초월적 관념론은 그러므로 이론이성의 활동일 뿐만 아니라 실천이성의 활동이기도 하여, 곧 철학 전체인 것이다. 우리는 『유작』에서 이러한 초월철학의 규정과 그 외연 확장의 추세를 여러 층위에서 볼 수 있다.

'초월철학'은 "개념들에 의한 (선험적) 종합적 인식의 원리" 논구에서 출발하여 그런 "개념들에 의한 이념들의 체계"(XXI75·XXI82·XXI101이하 참조)에 이르는 길을 걷는다.

순수 이성 비판의 결실로서의 초월철학은 "모든 소재에 앞서 그 자신 사고의 객관에 대한 인식을 위해 예습하는 학문"(XXI8)으로서 참철학을 위한 예비학의 성격을 갖는다. 이러한 "초월철학은 이성원리들의 총괄로서, 선험적으로 하나의 체계 안에서 완성된다."(XXI3) 여기서 이성이란 자기 법칙수립적 능력, 곧 "자기의 종합적 원리들, 범위와 한계들을 하나의 완벽한 체계 안에서 확정적으로 미리 그려내는 하나의" 능력이므로, 이성의 원리란 곧 자율이고, 그에 따라 "초월철학은 자율"(XXI59·93·100·108·115 참조)의 체계이다. 이러한 자율인 "개념들에 의한 종합적 인식 전체의 체계에 대한 학문"(XXI8)으로서의 초월철학은 그에 따라 이성원리의 학문인 "수학과 철학이 하나의 선험적 종합 인식 안에서 하나의 원리 안에 통일되어 가능한 경험의 대상을 이루는 인식원리"(XXI133)라 하겠다. 초월철학은 "그것들 안에서 선험적 종합 인식이 자기 자신을 객관으로 현시하고, 그것도 경험적 원리들 없이 기초에 놓는, 모든 형식들의 총괄"(XXI8)인 것이다.

여기서 초월철학은 "이성 자신이 기획하는 전체에 대한 파악"(XXI6)으로 나아간다. 이제 초월철학은 이성이 그리는 "전체를 하나의 체계 안에 있는 것으로 규정하는 원리"(XXI78)가 된다. 이렇게 해서 초월철학은 "하나의 절대적 전체 안에서 이념들의 체계"(XXI44)를 내용으로 가지며, "하나의 원리 아래서 자기 자신을 구성하는 이성의 하나의 체계 안에서의 이념들의 총괄(連結)"(XXI78)이라는 성격을 갖는다. 그래서 칸트는 초월철학을 하나의 "관념론/이상주의"(XXI63 · 85 · 92 · 99)라고 말하는 것이다. 이에 칸트는 초월철학이 하나의 형이상학, 아니 유일 가능한 형이상학임을 천명한다.

> 초월철학은 자기 자신을 하나의 체계로 구성하는, 순수 이성의, 그리고 개념들에 따른 그것의 자율의 객관들의 이념들의 주관적 원리이다: 最高 存在者, 最高 知性, 最高 善 — 세계, 인간의무 그리고 신(XXI79)

이념들(Ideen)의 정점에 이상(Ideal)이 있다. 그래서 마침내 "초월철학의 과제"는 "하나의 신이 있는가?"(XXI17)를 묻고 답하는 것이 된다. 이 대목에서 칸트는 초월철학을 "곧 신과 세계에 대한 이론"(XXI6)이라고 정의하고, "신의 개념을 선험적으로 내놓는 것이 초월철학"(XXI29)이라고까지 말한다. 이때 "초월철학은 개념들에 의한 선험적 종합 원칙들을 관할할 수 있는, 초감성적인 것의 철학"(XXI44)이라고 일반화되기도 한다. 여기서 "초월철학의 최고 견지는 신과 세계를 하나의 원리 아래서 통합하는 것"(XXI23)으로서 "신과 세계는 초월철학의 두 객어〔객관〕들"(XXI37)이거니와, 이에 자율의 주체인 인간은 세계를 논하는 자리에서 불가결한 것이므로 "초월철학의 최고 대상"은 "신, 세계, 세계 내의 인간"(XXI38)이다. 초월철학은 "자기 아래에 신, 세계 그리고 세계 내에서 의무에 복속하는 주관 즉 하나의 인격에 복속하는 인간이라는 이념들의 분야를 갖는"(XXI75) 것이다. 이러한 성격의 초월철학은 더 이상 형이상학 비판이 아니라 하나의 형이상학이며, 만약 '초월철학 곧 형이상학'이라는 규정을 칸트가 내켜 하지 않는다면, 그의 형이상학을 '비판적 형이상학'('형이상학 비판'이 아니라)이라고 할 수도 있겠다.

그런데 그의 '비판적 형이상학'의 최고 대상 중 하나인 '세계 내의 인간(나, 주관)'은 이론적-사변적 이성일 뿐만 아니라 도덕적-실천적 이성이다. 그래서 "초월철학은 이론적으로 이념들의 초월철학과 실천적 이성의 초월철학으로 나뉜다."(XXI28) 그리고 칸트의 이러한 철학 구분은 비판기 이후의 그의 '자연 형이상학'과 '윤리 형이상학'의 기획과 합치한다. 이제 초월철학으로 통칭되는 철학은 "경험(감각자료)을 함유하고, 감관에 의존해 있는 것에서 격리되어, 이성의 순수 원리들에 의해 정초되고 독자적으로 자립적인, 순수 이성의 한 체계"(XXI156)로서 "순수 사변 이성 및 도덕적-실천 이성의 체계의 관념성의 원리"(XXI96)로 파악된다.

칸트는 때때로 철학이 "형이상학과 초월철학으로 나뉜다"(XXI28)라고 말하기도 하고, 철학의 단계를 "논리학, 형이상학 그리고 초월철학"(XXI69이하)이라고 분별하면서 초월철학은 "형이상학보다 상위에 있다"(XXI69)고도 말한다. 그러나 철학이 "개념에 의한 이성인식"(XXI136 · 139)의 체계이고, 이러한 이성인식의 실질 내용이 형이상학을 형성하며, "선험적 종합 인식의 최고 원리들인 신, 세계 그리고 세계 내에서 의무에 묶여 있는 인간이라는 순수 이성의 이념들의 체계"(XXI85)로서 초월철학이 "순수 이성의 대상들의 하나의 완벽한 체계로의 이념들의 자기창조(자치)"(XXI84 · 91)로 규정된다면, 『유작』에서 '초월철학'은 그 다의적 의미에도 불구하고 그 근본에서는 철학, 형이상학과 동의어라 할 것이다.

그리고 더 나아가 초월철학을 "논리학, 형이상학, 도덕학, 자연학의 원리들과 물리학으로의 이월의 원리들을 선험적 인식의 한 체계 안에서 통일하여 함유하고 있는 것"(XXI69)이라 하고, 그런 맥락에서 "하나의 학문을 정초하는 보편적 이성원리"(XXI73) 또는 "철학에 대한 철학"(XXI135)이라고 규정한 칸트는 이에서 한발 더 나아가 초월철학의 최고의 견지를 "지혜론"(XXI95)에 위치시키고, "지혜로의 이끎을 함유하고 있는 한에서 지[앎]의 체계가 초월철학이다"(XXI121)라고까지 말한다.

『유작』에서 '초월철학'은 이제 한낱 경험을 가능하게 하는 선험적 원리들에 대한 이론체계라기보다는 경험세계를 포함하는 하나의 전체 세계/우주의 선험적 이념들의 체계, 곧 보편적 형이상학이며, 모든 앎[知]의 궁극목적인 "최고의 실천적 이성에서 자기 자신을 인식하는 일"(XXI156)을 과제로 갖는 지혜론으로서의 참철학이다.

자연과학의 형이상학적 기초원리들에서 물리학으로의 이행(I)

『유작』 원고의 대부분은 '자연과학의 형이상학적 기초원리들에서 물리학으로의 이행'과 관련되어 있다. 『순수이성비판』(1781)이 그 최대의 성과를 자연과학적 지식의 가능 원리 탐구에서 거두었을 때, 이 '이행'의 과제는 칸트에게 이미 숙제가 되었다 할 것이다. 선험적 원리, 관념의 체계인 형이상학은 "경험적 자연학의 체계"(XXI161)인 물리학에서 그 객관적 실재성이 입증될 것이기 때문이다. 이 '이행'은 칸트의 체계 사상, 이성과 자연세계 또는 관념과 실재의 합일, 좁게 말하면 철학과 물리학의 통일성 사상의 단적인 표현이다.

그런데 '이행(Übergang)'이란 동질적인 것들 사이의 교류나 결부가 아니고, 또한 어떤 상위의 것에서 하위의 것을 도출, 연역하는 것이 아니라, 동위(同位)적이면서도 이질적이어서 그 사이에 협곡이 놓여 있는 양자의 결합, 그

협곡을 건너감이다. 그리고 그 건너감은 날아서 넘어감[飛越]이 아니라, 다리를 놓고 그 위로 "걸어감(步行)"(XXI64)이다. 그것은 이 이행을 통해 기대되는 일이 물리학의 관념화가 아니라, 형이상학의 실재화이기 때문이다. 칸트의 '이행' 기획은 자연과학의 형이상학적 기초원리들과 물리학 사이의 중간단계 또는 교량 건설 작업으로서 저 두 부문에 연속적인 연관성을 주고, 하나의 체계를 위해 위험한 비약이 없도록 하는 것이다.(XXI177 참조)

이행은 서로 다른 세계를 구축하고 있는 두 영역 사이에 다리를 놓는 일이다. 이 다리를 매개로 사람들은 한편으로는 선험적 원리들(형이상학)을 되돌아보고, 다른 한편으로는 경험적으로 주어진 원리들(물리학)을 내다본다.(XXI180 참조) 곧 이 다리를 건넘은 "선험적 개념들에서 경험적 개념들로의 이행"(XXI306)이다.

이제 이 이행을 위해 할 바는 본래 선험적인, 즉 순수 이성적 개념 내지 원리이면서 자연 세계 구조의 원소재가 되는 것들을 찾아내 체계화하는 일이다. 그 탐색 작업에서 제일 먼저 칸트의 손에 잡힌 것이 모든 물질의 본질속성인 '운동력', "모든 운동력들의 통일의 전체의 토대"(XXI224)인 열소 또는 에테르, 그리고 '유기적 물체'이다. — 칸트는 어떤 대목에서 "우리는 이월에서" "비유기적[무기적] 산물"만을 "주목한다"(XXI407)고 말하지만, 그럼에도 유기적 물체의 한 표본인 "자기 자신의 신체로서의 주관에서의 물질의 운동력들"(XXII357), "주관의 자기의식적인 운동하는 힘들" 곧 "그로써 주관이 자기 자신을 촉발하는 주관의 작용"(XXII392), "내적 촉발"(XXI138)을 소재로 한 이행 또한 시도하고 있다.

〔제2묶음〕 글에서 칸트는 '유기적 물체'의 존재론적 지위에 대한 일단의 상념들을 적어놓고 있다. '유기적 물체'가 형이상학적 기초원리와 물리학 사이의 협곡을 잇는 교량 건설을 위한 필수 자재인 것은 그것이 양안(兩岸)에서 동질성을 갖고 있기 때문이다. 그래서 "자연과학의 형이상학적 기초원리들로부터 물리학으로의 이행은 필연적으로 이 개념에 이[른]다."(XXI211)

유기적 물체들의 이념은 **간접적으로는** 선험적으로, 그 안에서 하나의 실재적 **전체**라는 개념이 그것의 부분들의 개념에 반드시 선행하는, 운동력들에 의해 합성된 것이라는 이념 중에 함유되어 있다. 이 전체라는 것은 오직 **목적들**에 의한 결합이라는 개념을 통해서만 생각될 수 있는 것이다. **직접적으로** 본다면 그것은 순전히 경험적으로 인식할 수 있는 기계성(Mechanism)이다. 무릇 만약 경험이 우리에게 그와 같은 물체들을 제시하지 않는다면, 우리는 그러한 것의 가능성을 단지 가정하는 것도 할 수 없을 것이기 때문이다.(XXI213)

유기적 물체란 "전체의 이념이 그것의 부분들의 개념에 그 가능성의 근거로서 선행하는 그러한 물체"(XXI211)이다. 다시 말해 "그것의 각각의 부분이 자기 전체의 여타의 모든 부분들의 실존 및 운동의 원리의 절대적 통일인 물체"(XXI210)이다. 그것은 "그것 안에서 모든 부분들이 상호 간에 목적이면서 동시에 수단으로 관계하는 물체의 물질의 운동력들의 한 체계"(XXI188)로서, 그것의 각각의 부분이 나머지 부분들을 위하여 현존하는 하나의 전체인 그러한 존재자를 말한다.(XXI184 · 189 참조) 이러한 유기적 물체란 "자기 자신을 형식의 면에서 산출하는 기계로서, 그것의 운동력은 수단이며 동시에 목적이다."(XXI196) 그러니까 유기성(Organismus)은 일정한 의도를 위한 운동의 도구로 간주되는 물체의 형식(XXI185 참조)이다. 이러한 물체들을 칸트는 "자연적인 기계들"(XXI186)인 유기체들에서 본다.

유기체에서 "물질은 어떤 지성적 존재자의 기예생산물처럼 유기조직화되어 있다."(XXI187) 이 같은 유기조직에 대한 의식은 우리로 하여금 "유기적 원소의 개념"(XXI190)을 갖게 하는 한편, 마침내는 하나의 "세계유기조직"(XXI212)을 생각하게 한다. 이 방향으로 사유가 전개되어가면 '우주 유기체론'에 이를 것이고, 만약 거기에서 '이행'이 달성된다면, 말년의 칸트는 독일 이상주의의 일원이 되는 것이다. 그런데 그것은 이미 『판단력비판』(1790)의 제2편에서 예고된 길이기도 하다.

그러나 '이행'의 교량 건설의 주자재는 운동력들이다. 운동력들은 출신에서는 형이상학적인데, 그 활용에서는 물리학적이니 말이다.

> 물질의 운동력들의 법칙들에 대한 이론을, 그 법칙들이 선험적으로 인식되는 한에서, 형이상학이라 일컫는다. — 그러나 그것들이 오직 경험에서 도출될 수 있는 한에서는 물리학이라 일컫는다. 그러나 오직 저 이성적 법칙들을 경험적 법칙들에 적용하는 선험적 원리들만을 의도하는 그러한 이론은 물체적 자연의 형이상학에서 물리학으로의 자연철학의 이행을 이룰 수 있다.(XXI310이하)

순전히 하나의 자연이론에서 다른 이론으로 이월하는, 다시 말해 "선험적 개념들을 경험 일반에 적용하기 위해 적용하는 이행"을 위해서는 "매개념들이 있어야 한다. 무릇 경험 일반을 가능하게 하는 원리들 자체가 선험적으로 주어져 있어야만 하는 것처럼 말이다."(XXI311) '운동력'이 이러한 이행을 위한 최적의 매개념인 것은, 그것은 선험적 개념이면서 경험적 물질의 본질속성을 표상하고 있기 때문이다. 여기서 칸트는 그가 순수 이성 비판을 통해 찾아낸 순수 지성의 사고의 틀인 "범주들의 실마리를 좇아, 물질의 **운동력들**을 **양**, **질**, **관계** 및 **양태** 범주에 따라서 차례로 역할을 하게 하는 것보다 한 체계의 완벽성을 더 잘 성취할 수는 없을 것이라 믿고 있다."(XXI311)

이러한 믿음에 따라 칸트는 이어지는 〔제2묶음〕과 〔제3묶음〕 글에서 물질의 운동력에 대해 여러 가지 방식의 규정을 시도한다.

> 물질의 운동력들의 양, 질, 관계, 양태의 면에서의 규정: a. 양 – 질량을 가진 전진적 운동, b. 질 – 액체성과 고체성, c. 관계 – 충격〔력〕 또는 압박〔력〕 및 활력 또는 사력〔死力〕, d. 양태 – 침투력 여부, 계량 가능 여부(XXI171~174 · 199 참조)

물체적 자연의 운동력들의 구분: 1) 근원 - 고유한 운동력과 전달된 운동력, 2) 방향 - 인력과 척력, 3) 자리 - 전진적 운동력과 진동적 운동력, 4) 공간의 충전 - 빈 공간 점거력과 꽉 찬 공간 침투력(XXI170 참조)

힘들은 질료의 면에서 보면, 장소변화적(移動力)이거나 내적으로 운동하는 것(內的 原動力)이다.(XXI181 참조)

형식의 면에서 보면, 1. 방향은 끌어당김과 밀쳐냄 또는 이 둘을 서로 계속적으로 바꿔감, 2. 공간크기〔용량〕 면에서 한계가 있거나 한계가 없음, 3. 합성의 면에서 부단〔不斷〕하거나 단속〔斷續〕적임, 4. 잡다성의 면에서 同種的이거나 異種的임(XXI182 참조)

이러한 운동력의 체계적 탐구에서 이행 작업의 순서는

1. 선험적으로 정초된 자연과학의 형이상학적 기초원리들, 2. 경험적 원리들(질료로서)에 의거하되, 그 결합(그러니까 형식)은 선험적으로 정초되어 있는, 일반 자연학적 힘 이론, 3. 저 힘 이론과 그에 의해 가능한 하나의 체계와의 관계맺음인 물리학(XXI293)

또는

1) 전적으로 선험적 원리들에 기초해 있는 자연과학의 형이상학적 기초원리들, 2) 경험적 명제들을 선험적 원리들에 따라 결합한 자연과학의 기본적-자연학적 기초원리들, 3) 그것을 체계 안에서 꾀하고 있는 물리학적 기초원리들(XXI294)이다.

이를 물리학 측에서 보면 "경험적 資料들이 하나의 체계(一般 物理學)에 합치함만이 그것들의 상호 간의 합치를 보증할 수 있"을 것이므로, "특수한 부류의 운동력들을 위한 특수한 체계들[이] 고유한 원리들을 갖는 특수한 물리학(特殊 物理學)"을 먼저 서술하고, 그다음에는 그 기계적 힘들에 따른 자연의 체계가 "유기적 힘들의 체계(最高特殊 物理學)로의 이월을 기도할 것"이나 "이러한 힘들의 형식과 법칙은 순전한 물질의 한계들을 넘어서 있는 것"이기 때문에, 그러한 운동력은 "목적들에 따라 작용하는 하나의 원인" 아래 놓는 일이다.(XXI293 참조) 이는 곧 물리학이 우주 유기체론과 세계의 궁극목적론에 닿는 일이다.

그러니까 이 "이행은 일반 자연과학(自然哲學)의 한 특수한 부분, 즉 물리학을 형이상학과 연결시키기 위한 물리학의 예비학"이다. 이러한 도식이 없이는 하나의 체계가 되어야 할 물리학을 결코 기대할 수 없다. ― "과학적 인식의 형식은 선험적으로 주어지지 않으면 안 된다. 그러한 골조 안에서 자연연구가 제공할 수 있는 경험적인 것이 원리들에 따라 세워지고, 그렇게 해서 물리학이 하나의 체계의 가치를 주장할 수 있다"(XXI169)라는 것이 칸트의 생각이다. 예컨대 "계량할 수 있음(計量可能性)은 양의 범주에 따라 운동력의 첫째 기능으로, 자연 형이상학 및 물리학에 속하며, 그리하여 전자에서 후자로의 이행에 속한다."(XXI307) 이제 이와 관련하여 "근원적으로 운동하는 물질"(XXI225)인 열소의 성질을 고찰해보면 이러한 칸트 사념의 가닥에 좀 더 가까이 다가설 수 있다.

우주의 근원적 원소로서의 에테르/열소(I)

원초적으로 운동하는 물질들은 전 세계공간[우주]에 침투하여 채우는 하나의 소재[원소]를 전제하는바, 그 소재는 이 공간상의 운동력들에 대한 경험을 가능하게 하는 조건이다. 이 근원소는 현상들을 설명하기 위한 가설적 소재로 생각해낸 것이 아니라, 자연과학의 형이상학적 기초원리들로부터 물리학으로의 이행에서 범주적으로 선험적으로 입증될 수 있는 소재로 이성

에게 자기동일적으로 함유되어 있는 것이다.(XXI223)

"물질의 모든 운동력들의 통일의 전체의 토대" 위에서만 "가능한 경험의 전체의 통일"이 가능할 것인데, 이 통일 원리가 되는 근원적 원소를 칸트는 당시 통용되던 명칭을 따라 "에테르(Aether)" 또는 "열소(Wärmestoff)"라고 부른다. 열소는 모든 기계들과 그 운동의 기초에 놓여 있으면서 모든 것에 침투하는 항구적인 원소를 지칭한다. 이것은 한낱 가설적인 것도 경험에서 도출해낸 것도 아니며, "기계적인 것을 위해 요청되는 것이다."(XXI192) 열소는 모든 물체들에 침투(浸透/滲透)하면서 스스로 존립하고, 모든 물체의 부분들을 부단히 일관되게 약동시키는 하나의 물질로서, 단지 어떤 현상들을 설명할 수 있기 위한 가설적 원소가 아니라, "실재적이고 이성에 의해 선험적으로 주어진 세계원소이자 운동력들의 체계에 대한 설명을 가능하게 하는 원리"(XXI216)이다. 그것은 우주를 가득 채워 전체 우주 공간이 "하나의 연속체"(XXI224)이게끔 해주는 근원적으로 운동하는 우주원소이다. 이러한 열소 내지 에테르는 하나의 선험적 개념 곧 형이상학적이되, "그것의 실존은 필연적, 곧 감관들의 대상에 상관적"이기 때문에, 동시에 물리학적이기도 하다. 다시 말해 열소/에테르는 '자연과학의 형이상학적 기초원리들에서 물리학으로의 이행'을 이룩하는 하나의 교량 개념인 것이다.

열소가 실재함은 "빈 공간이 없다."라는 자명한 명제에서 저절로 입증이 된다. 세계공간〔우주〕은 전체적으로 물질로 채워진 것으로, 엄밀한 의미에서 '빈 공간'이나 '빈틈'이란 있을 수 없다. 이런 것은 가능한 경험의 대상이 아니기 때문이다. 아무것도 없는 것을 우리는 도무지 지각할 수가 없고, 아무것도 없는 곳은 그야말로 어디에도 없는 곳이다. 우리는 하나의 연속체를 이루는 물질로 채워진 공간상에서 말고는 어떠한 운동도 생각할 수가 없다. "감각될 수 있는 공간, 즉 공간의 경험적 직관의 대상이 물질의 운동력들의 총괄이며, 이런 운동력들이 없다면 공간은 가능한 경험의 대상이 아니고, 공허한 것으로서 전혀 아무런 감관객체가 아닐 터이다. 우리가 원초적으로 운동하는 것"이라고 부를 수밖에 없는 이러한 "근원소(Urstoff)"는 가설적 사물은 아니지만, 그렇다고 그 자체가 "경험객체"는 아니다. 그런 것이라면 그것은 물리적 물질일 것이니 말이다. "그럼에도 이 원소는 실재성을 갖고, 그것의 실존이 요청될 수 있다. 왜냐하면, 그러한 세계원소와 그것의 운동력들을 납득하지 않고서는 공간이 감관객체이지 못할 것이고, 이에 관한 경험이 긍정적으로도 부정적으로도 생기지 않을 것이기 때문이다. — 그러한 무형식의, 모든 공간에 침투하고, 오직 이성에 의해서만 보증될 수 있는 원소에 대해 우리는 한낱 공간상에 퍼져 있고 모든 것에 침투[삼투]하고 있는 운동력 이외의 다른 것으로는 생각하지 않거니와, 이것의 현실성은 경험에 앞서서도 그러니까 선험적으로 가능한 경험을 위해 요청될 수 있다." (XXI219)

'물리적 물체들이 있다.'라는 자연학의 명제는 '그것들을 이루는 시간상 선행하는 물질이 있다.'라는 명제를 전제한다. 여기서 궁극적으로는 어떤 물질이 자신으로부터 생긴다는 것을 납득하지 않을 수 없다. 이러한 자기생산적인, 자발적인 물질을 이해할 수도 지각할 수도 없지만, 우리의 가능한 경험세계 전체를 위해 이러한 "근원적으로 운동하는 물질"(XXI225)을 요청하지 않을 수 없다. "이 물질은 그 자신만으로 하나의 전체를 이루고, 이 전체는 하나의 세계전체로서 자립적으로 존속하고 스스로 내적으로 자기-운동하며 다른 모든 운동하는 물질의 토대"(XXI216이하)를 이룬다. "그것은 자립적으로 스스로 하나의 원소에서 하나의 세계전체를 형성하거니와, 이 원소는 한낱 하나의 물질의 실존만을 아무런 특수한 힘들 없이 그러니까 일반적으로 지칭하고, 이러한 질에서만 운동력을 가지며, 자기 자신의 자극의 힘 외에 다른 모든 힘들은 박탈되어 있으되, 다른 모든 운동력들을 지속적이면서 어디서나 활기찬 활동성 중에 보존"(XXI217)하는 것이다.

이성이 요구하는 가능한 경험의 통일은 물질의 모든 운동력들이 집합적으로 통일될 것을 전제한다. 이 지점에서 칸트는 열소/에테르를 물질의 모든 운동력들의 원리이자 경험을 가능하게 하는 질료적〔물질적〕 조건으로 보고 있다. 이러한 견지에서, 다음과 같은, 물리학에서 얻어온 것이 아닌 그래서 경험적이 아니고, 오히려 자연과학의 형이상학적 기초원리들로부터의 이행에 속하는 선험적으로 타당한 명제가 나온다.

> 연속체로서 전체 세계공간〔우주〕에 퍼져 있는, 모든 물체들에 동형적으로〔균일하게〕 스며들어 채우는(그러니까 어떠한 장소 변화에도 예속되지 않는) 물질이 있다. 이 물질을 사람들은 이제 에테르라고 부를 수도 있고 열소 등등이라고 부를 수도 있지만, 이 물질은 (어떤 현상들을 설명하기 위한, 또 주어진 작용결과에 대한 모종의 원인을 다소간에 그럴듯하게 생각해보기 위한) 가설적 소재가 아니라, 자연과학의 형이상학적 기초원리들로부터 물리학으로 이행하는 데 필수적인 요소로 선험적으로 인정되고 요청될 수 있는 것이다.(XXI218)

물질의 모든 능동적 운동력들의 기초에 놓여 있는 "하나의 시원적인 그리고 무한히 감소되지 않는 영구적인 내적으로 운동하는 물질"(XXI192)은 스스로 운동을 개시한다. 이제 "이러한 운동의 최초의 시작이라는 개념 자체가 불가해하고, 운동함에서 물질의 자발성이라는 것이 이 물질 개념과는 양립될 수 없음에도 불구하고, 다른 한편, 일단 세계공간〔우주〕에 운동이 있으니까, 그것의 원초적인 운동과 그 운동력들의 현존은 불가피하게 요청된다. 무릇 저 운동이 항상 그리고 영원히 있었으며, 마찬가지로 지속할 것이라는 것은 결코 납득할 수 없는 운동의 필연성을 납득하는 것이다."(XXI222) 그러나 여기서 마주치게 되는 "최초의 운동자(第一 運動者)"가 "자기의 운동을 〔하는〕 하나의 비물질적인 원리"로 이해되고 그것이 '자유로운 행위자'에 닿게 되면 열소 이론은 신(神) 개념으로 이어져 곧바로 칸트가 구상하는 형이상학으로서의 초월철학의 한 부분이 된다. 하나의 '최초 운동자'에게는 자발성, 다시 말해 물질성과는 온전히 모순되는 하나의 의지를 덧붙이지 않을 수 없을 것이니 말이다.

이 밖에도 열소는 "경험이론으로서의 물리학"(XXI163)이 수용하기 어려운 본질속성을 가진 물질이다. 칸트가 생각하는 세계원소(소재)로서 열소의 성질은 1) 계량할 수 없음(計量不可能性), 2) 차단할 수 없음(沮止不可能性), 3) 응집될 수 없음(凝集不可能性), 4) 고갈될 수 없음(消盡不可能性)이다.(XXI231~232 참조) 그리고 "빛과 열"을 에테르의 "두 최상위 변양"(XXI256)이라 한다.

일반적으로 "계량 가능성은 모든 물질의 고유한 속성으로 표상된다."(XXI269) 물질의 이 같은 일반 표상의 관점에서 "계량 불가능한 물질은 하나의 비물질적 물질, 그러니까 자기 자신과 모순되는 하나의 개념"(XXI315)이겠다. 그러나 칸트의 생각에 열소가 계량될 수 없는 것은 그것이 모든 방면에서 똑같이 끌어 당겨지고, 어떠한 특수한 방향에 따라서도 중력을 받지 않는 것이기 때문이다.(XXI295 참조) "채워진 공간에서 하나의 절대적으로-계량 불가능한 물질은 중력 없이 있는 것"이겠는데, "그런 것은 그 물질 자신이 모든 물질의 전체일 〔경우에는〕 있을 수 있다."(XXI295)

> 자기의 모든 부분들에서 근원적으로 그리고 그래서 또한 고정불변적으로 운동하는 물질은, 오직 자기 자신에 의한 것 외에는, 저지될 수 없다.
>
> 자기 자신의 (내적) 운동을 시작할 수 있고, 그 점에서 자신을 유지할 수 있는 물질은 고체화하지도 유동화하지도, 저지되지도 않고, 오직 자기 자신의 끌어당김〔인력〕과 밀쳐냄〔척력〕을 통해서만 간단없이 운동할 수 있다.
>
> 운동력을 갖춘 것으로서 그 기능이 오직 이러한 것인 물질은 즉 공간 일반을 경험 일반의 대상으로 만들고, 경험의 객관이기 위해서, 내적으로 스스로 끌어당기고 밀침으로써 어떤 다른 것을 그 자리에서 몰아내는 것이 아니라, 그것들 모두에 침투〔삼투〕하고, 자연스럽게 근원적으로 운동한다.(XXI224)

열소는 유동체가 아니지만, 모든 것을 유동하게 만들며, 자신은 탄성적이지 않으면서도, 모든 탄성의 원인이다. 모든 것에 침투하는 저지 불가능한 것이지만, 스스로 자존[실체]적인 물질이 아니라, 단지 내속[속성]적인 물질이다.(XXI282 참조) 열소는 전 우주에 걸쳐 퍼져 있으며, 그것의 실존은 감관들의 대상에 상관적이다.(XXI224 참조) — 이렇게 "경험 일반의 가능성과의 관계에서 저 소재[원소] 자신이 하나의 경험적인 것이 된다."(XXI233)

※ 칸트 논저 약호(수록 베를린 학술원판 전집 권수)와 한국어 제목

AA	Akademie-Ausgabe '학술원판 전집' / 《학술원판 전집》
Anth	Anthropologie in pragmatischer Hinsicht (VII) 『실용적 관점에서의 인간학』/『인간학』
AP	Aufsätze, das Philanthropin betreffend (II)
BDG	Der einzig mögliche Beweisgrund zu einer Demonstration des Daseins Gottes (II) 『유일 가능한 신의 현존 증명근거』/『신의 현존 증명』
Br	Briefe (X~XIII) 편지
DfS	Die falsche Spitzfindigkeit der vier syllogistischen Figuren erwiesen (II)
Di	Meditationum quarundam de igne succincta delineatio (I) 『불에 대하여』
EAD	Das Ende aller Dinge (VIII)
EACG	Entwurf und Ankündigung eines Collegii der physischen Geographie (II)

EEKU	Erste Einleitung in die Kritik der Urteilskraft (XX) 「판단력비판 제1서론」
FBZE	Fortgesetzte Betrachtung der seit einiger Zeitwahrgenommenen Erderschütterungen (I)
FEV	Die Frage, ob die Erde veralte, physikalisch erwogen (I)
FM	Welches sind die wirklichen Fortschritte, die die Metaphysik seit Leibnitzens und Wolf's Zeiten in Deutschland gemacht hat? (XX) 「형이상학의 진보」
FM/Beylagen	FM: Beylagen (XX)
FM/Lose Blätter	FM: Lose Blätter (XX)
FRT	Fragment einer späteren Rationaltheologie (XXVIII)
GAJFF	Gedanken bei dem frühzeitigen Ableben des Herrn Johann Friedrich von Funk (II)
GMS	Grundlegung zur Metaphysik der Sitten (IV) 『윤리형이상학 정초』
GNVE	Geschichte und Naturbeschreibung der merkwürdigsten Vorfälle des Erdbebens, welches an dem Ende des 1755sten Jahres einen großen Theil der Erde erschüttert hat (I)
GSE	Beobachtungen über das Gefühl des Schönen und Erhabenen (II) 『미와 숭고의 감정에 관한 고찰』
GSK	Gedanken von der wahren Schätzung der lebendigen Kräfte (I) 『활력의 참측정』/『활력의 참측정에 대한 견해』
GUGR	Von dem ersten Grunde des Unterschiedes der Gegenden im Raume (II)

「공간에서의 방위 구별의 제1근거에 대하여」

HN	Handschriftlicher Nachlass (XIV~XXIII)
IaG	Idee zu einer allgemeinen Geschichte in weltbürgerlicher Absicht (VIII) 「보편사의 이념」
KpV	Kritik der praktischen Vernunft (V) 『실천이성비판』
KrV	Kritik der reinen Vernunft (제1판〔A〕: IV, 제2판〔B〕: III) 『순수이성비판』
KU	Kritik der Urteilskraft (V) 『판단력비판』
Log	Logik (IX) 『논리학』
MAM	Muthmaßlicher Anfang der Menschengeschichte (VIII)
MAN	Metaphysische Anfangsgründe der Naturwissenschaft (IV) 『자연과학의 형이상학적 기초원리』/『자연과학의 기초원리』
MonPh	Metaphysicae cum geometria iunctae usus in philosophia naturali, cuius specimen I. continet monadologiam physicam (I) 「물리적 단자론」
MpVT	Über das Mißlingen aller philosophischen Versuche in der Theodicee (VIII)
MS	Die Metaphysik der Sitten (VI) 『윤리형이상학』
RL	Metaphysische Anfangsgründe der Rechtslehre (VI)

	『법이론의 형이상학적 기초원리』 / 『법이론』
TL	Metaphysische Anfangsgründe der Tugendlehre (VI) 『덕이론의 형이상학적 기초원리』 / 『덕이론』
MSI	De mundi sensibilis atque intelligibilis forma et principiis (II) 『감성세계와 예지세계의 형식과 원리들』〔교수취임 논고〕
NEV	Nachricht von der Einrichtung seiner Vorlesungen in dem Winterhalbenjahre von 1765–1766 (II) 「1765/1766 겨울학기 강의 개설 공고」
NG	Versuch, den Begriff der negativen Größen in die Weltweisheit einzuführen (II) 『부정량 개념』/『부정량 개념의 세계지로의 도입 시도』
NLBR	Neuer Lehrbegriff der Bewegung und Ruhe und der damit verknüpften Folgerungen in den ersten Gründen der Naturwissenschaft (II)
NTH	Allgemeine Naturgeschichte und Theorie des Himmels (I) 『천체 일반 자연사와 이론』/『일반 자연사』
OP	Opus Postumum (XXI~XXII) [유작]
Päd	Pädagogik (IX) 『교육학』/『칸트의 교육학』
PG	Physische Geographie (IX) 『자연지리학』/『지리학』
PhilEnz	Philosophische Enzyklopädie (XXIX)
PND	Principiorum primorum cognitionis metaphysicae nova dilucidatio (I)

『형이상학적 인식의 제1원리들에 대한 신해명』/『신해명』

Prol	Prolegomena zu einer jeden künftigen Metaphysik (IV) 『형이상학 서설』
Refl	Reflexion (XIV~XIX) 조각글
RezHerder	Recensionen von J. G. Herders Ideen zur Philosophie der Geschichte der Menschheit (VIII)
RezHufeland	Recension von Gottlieb Hufeland's Versuch über den Grundsatz des Naturrechts (VIII)
RezMoscati	Recension von Moscatis Schrift: Von dem körperlichen wesentlichen Unterschiede zwischen der Structur der Thiere und Menschen (II)
RezSchulz	Recension von Schulz's Versuch einer Anleitung zur Sittenlehre für alle Menschen (VIII)
RezUlrich	Kraus' Recension von Ulrich's Eleutheriologie (VIII)
RGV	Die Religion innerhalb der Grenzen der bloßen Vernunft (VI) 『이성의 한계 안에서의 종교』/『순전한 이성의 한계들 안에서의 종교』
SF	Der Streit der Fakultäten (VII) 『학부들의 다툼』
TG	Träume eines Geistersehers, erläutert durch die Träume der Metaphysik (II) 『시령자의 꿈』/『형이상학의 꿈에 의해 해명된 시령자의 꿈』
TP	Über den Gemeinspruch: Das mag in der Theorie richtig sein, taugt aber nicht für die Praxis (VIII)

『이론과 실천』

TW	Neue Anmerkungen zur Erläuterung der Theorie der Winde (I)
UD	Untersuchung über die Deutlichkeit der Grundsätze der natürlichen Theologie und der Moral (II) 「자연신학과 도덕」/「자연신학과 도덕학의 원칙들의 분명성에 관한 연구」
UFE	Untersuchung der Frage, ob die Erde in ihrer Umdrehung um die Achse, wodurch sie die Abwechselung des Tages und der Nacht hervorbringt, einige Veränderung seit den ersten Zeiten ihres Ursprungs erlitten habe (I)
ÜE	Über eine Entdeckung, nach der alle neue Kritik der reinen Vernunft durch eine ältere entbehrlich gemacht werden soll (VIII) 『발견』
ÜGTP	Über den Gebrauch teleologischer Principien in der Philosophie (VIII)
VAEaD	Vorarbeit zu Das Ende aller Dinge (XXIII)
VAKpV	Vorarbeit zur Kritik der praktischen Vernunft (XXIII)
VAMS	Vorarbeit zur Metaphysik der Sitten (XXIII)
VAProl	Vorarbeit zu den Prolegomena zu einer jeden künftigen Metaphysik (XXIII)
VARGV	Vorarbeit zur Religion innerhalb der Grenzen der bloßen Vernunft (XXIII)
VARL	Vorarbeit zur Rechtslehre (XXIII)
VASF	Vorarbeit zum Streit der Fakultäten (XXIII)
VATL	Vorarbeit zur Tugendlehre (XXIII)
VATP	Vorarbeit zu Über den Gemeinspruch: Das mag

	in der Theorie richtig sein, taugt aber nicht für die Praxis (XXIII)
VAÜGTP	Vorarbeit zu Über den Gebrauch teleologischer Principien in der Philosophie (XXIII)
VAVT	Vorarbeit zu Von einem neuerdings erhobenen vornehmen Ton in der Philosophie (XXIII)
VAZeF	Vorarbeiten zu Zum ewigen Frieden (XXIII)
VBO	Versuch einiger Betrachtungen über den Optimismus (II)
VKK	Versuch über die Krankheiten des Kopfes (II)
VNAEF	Verkündigung des nahen Abschlusses eines Tractats zum ewigen Frieden in der Philosophie (II)
Vorl	Vorlesungen (XXIV~) 강의록
V-Anth/Busolt	Vorlesungen Wintersemester 1788/1789 Busolt (XXV)
V-Anth/Collins	Vorlesungen Wintersemester 1772/1773 Collins (XXV)
V-Anth/Fried	Vorlesungen Wintersemester 1775/1776 Friedländer (XXV)
V-Anth/Mensch	Vorlesungen Wintersemester 1781/1782 Menschenkunde, Petersburg (XXV)
V-Anth/Mron	Vorlesungen Wintersemester 1784/1785 Mrongovius (XXV)
V-Anth/Parow	Vorlesungen Wintersemester 1772/1773 Parow (XXV)
V-Anth/Pillau	Vorlesungen Wintersemester 1777/1778 Pillau (XXV)
V-Eth/Baumgarten	Baumgarten Ethica Philosophica (XXVII)
V-Lo/Blomberg	Logik Blomberg (XXIV)

V-Lo/Busolt	Logik Busolt (XXIV)
V-Lo/Dohna	Logik Dohna-Wundlacken (XXIV)
V-Lo/Herder	Logik Herder (XXIV)
V-Lo/Philippi	Logik Philippi (XXIV)
V-Lo/Pölitz	Logik Pölitz (XXIV)
V-Lo/Wiener	Wiener Logik (XXIV)
V-Mo/Collins	Moralphilosophie Collins (XXVII)
V-Mo/Kaehler(Stark)	Immanuel Kant: Vorlesung zur Moralphilosophie (Hrsg. von Werner Stark. Berlin/New York 2004)
V-Mo/Mron	Moral Mrongovius (XXVII)
V-Mo/Mron II	Moral Mrongovius II (XXIX)
V-Met/Arnoldt	Metaphysik Arnoldt (K3) (XXIX)
V-Met/Dohna	Kant Metaphysik Dohna (XXVIII)
V-Met/Heinze	Kant Metaphysik L1 (Heinze) (XXVIII)
V-Met/Herder	Metaphysik Herder (XXVIII)
V-Met-K2/Heinze	Kant Metaphysik K2 (Heinze, Schlapp) (XXVIII)
V-Met-K3/Arnoldt	Kant Metaphysik K3 (Arnoldt, Schlapp) (XXVIII)
V-Met-K3E/Arnoldt	Ergänzungen Kant Metaphysik K3 (Arnoldt) (XXIX)
V-Met-L1/Pölitz	Kant Metaphysik L 1 (Pölitz) (XXVIII)
V-Met-L2/Pölitz	Kant Metaphysik L 2 (Pölitz, Original) (XXVIII)
V-Met/Mron	Metaphysik Mrongovius (XXIX)
V-Met-N/Herder	Nachträge Metaphysik Herder (XXVIII)
V-Met/Schön	Metaphysik von Schön, Ontologie (XXVIII)
V-Met/Volckmann	Metaphysik Volckmann (XXVIII)
V-MS/Vigil	Die Metaphysik der Sitten Vigilantius (XXVII)
V-NR/Feyerabend	Naturrecht Feyerabend (XXVII)
V-PG	Vorlesungen über Physische Geographie (XXVI)
V-Phil-Enzy	Kleinere Vorlesungen. Philosophische Enzyklopädie (XXIX)

V-Phil-Th/Pölitz	Philosophische Religionslehre nach Pölitz (XXVIII)
V-PP/Herder	Praktische Philosophie Herder (XXVII)
V-PP/Powalski	Praktische Philosophie Powalski (XXVII)
V-Th/Baumbach	Danziger Rationaltheologie nach Baumbach (XXVIII)
V-Th/Pölitz	Religionslehre Pölitz (XXVIII)
V-Th/Volckmann	Natürliche Theologie Volckmann nach Baumbach (XXVIII)
VRML	Über ein vermeintes Recht, aus Menschenliebe zu lügen(VIII)
VT	Von einem neuerdings erhobenen vornehmen Ton in der Philosophie (VIII)
VUB	Von der Unrechtmäßigkeit des Büchernachdrucks (VIII)
VUE	Von den Ursachen der Erderschütterungen bei Gelegenheit des Unglücks, welches die westliche Länder von Europa gegen das Ende des vorigen Jahres betroffen hat (I)
VvRM	Von den verschiedenen Racen der Menschen (II)
WA	Beantwortung der Frage: Was ist Aufklärung? (VIII) 「계몽이란 무엇인가」
WDO	Was heißt sich im Denken orientiren? (VIII) 「사고에서의 정위란 무엇을 말하는가?」
ZeF	Zum ewigen Frieden (VIII) 『영원한 평화』

『유작』 관련 주요 문헌

1. Opus postumum 표준 판본

Kant, *Opus postumum*. in: *Kant's gesammelte Schriften*, hrsg. von Artur Buchenau · Gerhard Lehmann,
Bd. XXI, Berlin und Leipzig 1936: S. XIV+645,
Bd. XXII, Berlin und Leipzig 1938: S. VIII+828,
Bd. XXIII, Berlin 1955: S. 477~488.

※ http://www.korpora.org/kant/aa21/
http://www.korpora.org/kant/aa22/
http://www.korpora.org/kant/aa23/

2. Opus postumum 관련 고문헌

Kant's gesammelte Schriften[AA]. hrsg. von der Preußischen Akademie der Wissenschaten // von der Deutschen Akademie der Wissenschaten zu Berlin, 29 Bde. Berlin 1900~ .

Scipio Claramontius, *De universo*. 1644.

Chr. Huygens, *Weltbeschauer, oder vernünftige Muthmaßungen, daß die Planeten nicht weniger geschmükt und bewohnet seyn, als unsere Erde*[1698]. Zürich 1767.

I. Newton, *Philosophiae naturalis principia mathematica*. London 1726.

Chr. Wolff, *Philosophia prima sive ontologia*. Frankfurt · Leipzig 1730.

________, *Anfangs-Gründe aller Mathematischen Wissenschaften, 4 Teile*. Frankfurt · Leipzig/Halle 1750.

________, *Vernünftige Gedancken von Gott und der Seele des Menschen, auch allen Dingen überhaupt*. Halle 1751.

J. L. R. d'Alembert, *Discours préliminaire de l'Encyclopédie*(1751) // *Abhandlung von dem Ursprung, Fortgang und Verbindung der Künste und Wissenschaften*. 1761.

J. P. Eberhard, *Erste Gründe der Naturlehre*. Erfurt · Leipzig 1753.

A. G. Kästner, *Angangsgründe der Mathematik*. 4 Bde. 1758~1769.

__________, *Geschichte der Mathematik*. 4 Bde. 1796~1800.

J. Chr. P. Erxleben, *Angangsgründe der Naturlehre*. Göttingen 1772.

J. G. Wallerius, *Systema mineralogicum*. 1772~1775.

A. G. Spangenberg, *Begriff der christlichen Lehre in den Brüdergemeinden*. 1779.

J. F. Blumenbach, *Handbuch der Naturgeschichte*. 1780.

G. Chr. Lichtenberg, *Anfangsgründe der Naturlehre*. Göttingen 1784~1794.

______, *Vermischte Schriften*. Bd. 2, hrsg. von L. Chr. Lichtenberg · Fr. Kries, 1801.

J. S. T. Gehler, *Physikalisches Wörterbuch, oder Versuch einer Erklärung der vornehmsten Begriffe und Kunstwörter der Naturlehre, mit kurzen Nachrichten von der Geschichte der Erfindungen und Beschreibungen der Werkzeuge begleitet*. 5 Bde. Leipzig 1787~1795.

J. F. Schultz, *Vertheidigung der kritischen Briefe an Herrn Emanuel Kant über seine Kritik der reinen Vernunft, vornehmlich gegen die Bornischen Angriffe*. Göttingen 1792.

G. E. Schulze, *Aenesidemus oder über die Fundamente der von dem Herrn Professor Reinhold in Jena gelieferten Elementar-Philosophie. Nebst einer Vertheidigung des Skepticismus gegen die Anmassungen der Vernunftkritik*. 1792.

P. Camper, *De Hominis Varietate // Über den natürlichen Unterschied der Gesichtszüge in Menschen verschiedener Gegenden und verschiedenen Alters*. deutsche Fassung von S. Th. von Soemmerring, Berlin 1792.

E. Darwin, *Zoonomia, or the laws of organic life*. 1794.

F. Siller, *Über die ästhetische Erziehung des Menschen, in einer Reihe von Briefen*. 1795.

H. F. Linck, *Beyträge zur Physik und Chemie*. 3 Teile. Rostock · Leipzig 1795~1797.

J. G. Herder, *Metakritik zur Kritik der reinen Vernunft*. 2 Teile, Leipzig 1799.

J. G. Kiesewetter, *Prüfung der Herderschen Metakritik*. Berlin 1799.

A. L. von Armin, *Versuch einer Theorie der elektrischen Erscheinungen*. Halle 1779.

F. W. J. Schelling, *System des transzendentalen Idealismus*. 1800.

K. L. Poerschke, *Briefe über die Metaphysik der Natur*. Königsberg 1800.

J. A. H. Reimarus, *Über die Bildung des Erdballes und ins Besondere über das Lehrgebäude des Herrn de Luc*. Hamburg 1802.

J.-A. de Luc, *Introduction à la physique terrestre par les fluides expansibles*. Paris 1803.

F. Bouterwek, *Anleitung zur Philosophie der Naturwissenschaft*. Göttingen 1803.

L. Chr. F. Krause, *Allgemeine Philosophie und Anleitung zur Naturphilosophie*. Jena 1804.

J. G. Hasse, *Merkwürdige Aeusserungen Kant's von einem seiner Tischgenossen // Letzte Aesserungen Kant's von einem seiner Tischgenossen*. Königsberg 1804.

E. A. Chr. Wasianski, *Immanuel Kant in seinen letzten Lebensjahren, ein Beytrag zur Kenntniss seines Charakters und seines häuslichen Lebens aus dem täglichen Umgange mit ihm*. Königsberg 1804.

L. E. Borowski, *Darstellung des Lebens und Charakters Immanuel Kants*. Königsberg 1804.

R. B. Jachmann, *Immanuel Kant geschieldert in Briefen an einen Freund*. Königsberg 1804.

A. Hoffmann(Hs.), *Immauel Kant, Ein Lebensbild: Nach Darstellungen der Zeitgenossen Jachmann, Borowski, Wasianski*. Halle 1902.

3. Opus postumum 관련 자료 및 연구 문헌

Adickes, E., "Die bewegenden Kräfte in Kants philosophischer Entwicklung". in: *KS* 1(1897), 9-59, 161-196 und 352-415.

______, "Lose Blätter aus Kants Nachlass". in: *KS* 1(1897), 232-263.

______, *Kants Opus postumum dargestellt und beurteilt*(1920). Nachdr.: Vaduz 1995.

______, *Kant und das Ding an sich*(1924). Nachdr.: Hildesheim · Berlin 1977.

______, *Kant als Naturforscher*(1924-1925). Berlin 1925.

______, *Kant und die Als-ob-Philosophie*. Stuttgart 1927.

______, *Kants Lehre von der doppelten Affektion unseres Ich als Schlüssel zu seiner Erkenntnistheorie*. Tübingen 1929.

Albrecht, W., "Die sogenannte neue Deduktion in Kants Opus postumum".

in: *Archiv für Philosophie* 5(1954), 57-65.

Baillie, J., *Our Knowledge of God*(1939). Nachdr.: Oxford University Press 1963.

Ballauff, Th., *Über den Vorstellungsbegriff bei Kant*. Berlin 1938.

Basile, G. P., *Kant »Opus postumum« und seine Rezeption*, Berlin · Boston 2013.

Bauch, B., "Immanel Kant und sein Verhältnis zur Naturwissenschaft". in: *KS* 17(1912), 9-27.

Bayerer, W. G., "Ein verschollenes Loses Blatt aus Kant Opus postumum". in: *KS* 58(1967), 277-284.

_______, "Bemerkungen zu einem neuerdings näher bekannt gewordenen Losen Blatt aus Kants Opus Postumum". in: *KS* 72(1981), 127-131.

Becker, D.-E., *Kants Weg zur Lehre vom Übergang*. Hamburg 1973 (Diss.).

Blasche, S. u. a.(Hg.), *Übergang: Untersuchungen zum Spätwerk Immanuel Kants*. Beiträge der Tagung des Forums für Philosophie Bad Homburg vom 13. bis 15. Oktober 1989 zu Kants Opus postumum. Hrsg. vom Forum für Philosophie Bad Homburg (Siegfried Blasche, Wolfgang R. Köhler, Wolfgang Kuhlmann, Peter Rohs). Frankfurt/M. 1991.

Bondeli, M., *Der Kantianismus des jungen Hegel. Die Kant-Aneignung und Kant-Überwindung Hegels auf seinem Weg zum philosophischen System*. Hamburg 1997.

Bonsiepen, W., "Die Ausbildung einer dynamischen Atomistik bei Leibniz, Kant und Schelling". in: *Allgemeine Zeitschrift für Philosophie* 13(1988), 1-20.

Büchel, G., *Geometrie und Philosophie. Zum Verhältnis beider Vernunftwissenschaften im Fortgang von der Kritik der reinen Vernunft zum Opus postumum*. Berlin · New York 1987.

Buchenau, A. · Lehmann, G.(Hg.), *Der alte Kant. Haffe's Schrift: Letzte Äusserungen Kants und persönliche Notizen aus dem opus postumum.* Berlin · Leipzig 1925.

Busche, H., "Der Äther als materiales Apriori der Erfahrung. Kants Vollendung der Transzendentalphilosophie im *Opus postumum*". in: Busche, H. · Schmitt, A.(Hg.), *Kant als Bezugspunkt philosophischen Denkens. Festschrift für Peter Baumanns zum 75. Geburtstag.* Würzburg 2010, 53-83.

Carrier, M., "Kants Theorie der Materie und ihre Wirkung auf die Zeitgenössische Chemie". in: *KS* 81(1990), 170-210.

Cassirer, E., *Kants Leben und Lehre.* Berlin 1918.

Caygill, H., "The Force Of Kant's *Opus postumum.* Kepler And Newton in The XIth Fascicle". in: *Angelaki. Journal of the theoretical humanities* 10(2005), 33-42.

Choi, S.-I., *Selbstbewußtsein und Selbstanschauung: Eine Reflexion über Einheit und Entzweiung des Subjekts in Kants* Opus postumum. Berlin · New York 1996.

Collins, J., "Kant's *Opus postumum*". in: *The New Scholasticism* 17(1943), 251-285.

Cortina, A., "Die Auflösung des religiösen Gottesbegriffs im Opus postumum Kants". in: *KS* 75(1984), 280-293.

Davis, G. F., "The Self and Spatial Representation in Kant's Metaphysics of Experience: From the First Critique to the *Opus Postumum*". in: *Eidos* 12/2(1995), 27-48.

Drexler, H., *Die doppelte Affektion des erkennenden Subjekts (durch Dinge an sich und durch Erscheinungen) im Kantischen System.* Beuthen 1904.

Drews, A., *Kants Naturphilosophie als Grundlage seines Systems.* Berlin 1894.

Düsing, K., *Die Teleologie in Kants Weltbegriff*. Bonn [2]1986.

Edwards, J., *Substance, Force, and the possibility of Knowledge. On Kant's Philosophy of Material Nature*. Berkeley · Los Angeles · London 2000.

Eidam, H., *Dasein und Bestimmung. Kants Grund-Problem*. Berlin · New York 2000.

Emundts, D.(Hg.), *Immanuel Kant und die Berliner Aufklärung*. Wiesbaden 2000.

________, *Kants Übergangskonzeption im Opus postumum. Zur Rolle des Nachlaßwerkes für die Grundlegung der empirischen Physik*. Berlin · New York 2004.

Fischer, K., *Geschichte der neuern Philosophie*. Bd. 3: *Entstehung und Begründung der kritischen Philosophie. Die Kritik der reinen Vernunft. Immanuel Kant. Entwicklungsgeschichte und System der kritischen Philosophie*. Mannheim 1860.

________, *Geschichte der neuern Philosophie*. Bd. 4: *Immanuel Kant und seine Lehre*. 1. Teil: *Entstehung und Grundlegung der kritischen Philosophie*. Heidelberg [6]1928.

Förster, E., "Kästner und die Philosophie". in: *KS* 79(1988), 342-347.

________(ed.), *Kant's Transcendental Deductions. The Three "Critiques" and the "Opus postumum"*. Stanford 1989.

________, "Kants Third Critique and the *Opus Postumum*". in: Graduate Faculty Philosophy Journal 16(1993), 345-358.

________(ed.), *Immanuel Kant. Opus postumum*. transl. by E. Förster and M. Rosen, Cambridge 1993.

________, *Kant's Final Synthesis. An Essay on the* Opus Postumum. Cambridge(Mass.)

________, "Zwei neu aufgefundene Lose Blätter zum *Opus postumum*". in: *KS* 95(2004), 21-28.

Friedman, M., *Kant and the Exact Sciences*. Cambridge(Mass.) · London 1992.

Fulda, H. F. · Stolzenberg, J.(Hg.), *Architektonik und System in der Philosophie Kants*. Hamburg 2001.

Funke, G.(Hg.), *Akten des siebenten Internationalen Kant-Kongresses*. 2 Bde. Bonn · Berlin 1991.

Gerhardt, V. · Horstmann, R.-P. · Schumacher, R.(Hg.), *Kant und die Berliner Aufklärung. Akten des IX. Internationalen Kant-Kongresses*. 5 Bde. Berlin · New York 2001.

Gloy, K., *Die Kantische Theorie der Naturwissenschaft. Eine Strukturanalyse ihrer Möglichkeiten, ihres Umfangs und ihrer Grenzen*. Berlin · New York 1976.

Görland, A., *Aristoteles und Kant bezüglich der Idee der theoretischen Erkenntnis*. Gießen 1909.

Groos, K. *Der Aufbau der Systeme. Eine formale Einführung in die Philosophie*. Leipzig 1924.

Guyer, P., *Kant on Freedom, Law, and Happiness*. Cambridge 2000.

________, *Kant's System of Nature and Freedom. Selected Essays*. Oxford 2005.

Hahmann, A., *Kritische Metaphysik der Substanz. Kant im Widerspruch zu Leibniz*. Berlin · New York 2009.

Hall, B., "A Reconstruction of Kant's Ether Deduction in Übergang 11". in: *British Journal of the History of Philosophy* 14(2006), 719-746.

_______, "Effecting a Transition: How to Fill the Gap in Kant's System of Critical Philosophy". in: *KS* 100(2009), 187-211.

Heimsoeth, H. · Henrich, D. · Tonelli, G.(Hg.), *Studien zu Kants philosophischer Entwicklung*. Hildesheim 1967.

Heimsoeth, H., *Atom, Seele, Monade. Historische Ursprünge und Hintergründe von Kants Antinomie der Teilung*. Wiesbaden 1960.

Heman, K. F., "Kant und Spinoza". in: *KS* 5(1901), 273-339.

__________, "Immanuel Kants philosophisches Vermächtnis". in: *KS* 9(1904), 155-195.

Henning, H., *Kants Nachlasswerk*. Straßburg 1912.

Henrich, D. · Horstmann, R.-P.(Hg.), *Metaphysik nach Kant?* Stuttgart 1988.

Hoppe, H., *Kants Theorie der Physik. Eine Untersuchung über das Opus postumum von Kant*. Frankfurt/M. 1969.

Hübner, K., *Das transzendentale Subjekt als Teil der Natur. Eine Untersuchung über Kants Opus postumum*. Kiel 1951(Diss.).

__________, "Leib und Erfahrung in Kants Opus Postumum". in: *Zeitschrift für philosophische Forschung*, 7(1953), S. 204-219.

Irrlitz, G., *Kant-Handbuch. Leben und Werk*. Stuttgart [3]2015.

Kaulbach, F. · Ritter, J.(Hg.), *Kritik und Metaphysik: Studien. Heinz Heimsoeth: zum achtzigsten Geburtstag*. Berlin 1966.

Kaulbach, F., "Das Prinzip der Bewegung in der Philosophie Kants". in: *KS* 54(1963), 3-16.

__________, "Leibbewusstsein und Welterfahrung beim frühen und späten Kant". in: *KS* 54(1963), 464-490.

__________, *Der philosophische Begriff der Bewegung. Studien zu Aristoteles, Leibniz und Kant*. Köln · Graz 1965.

__________, *Das Prinzip Handlung in der Philosophie Kants*. Berlin · New York 1978.

__________, *Immanuel Kant*, Berlin [2]1982 // 백종현 역, 『임마누엘 칸트 — 생애와 철학 체계』, 아카넷 2019.

Keferstein, H., *Die philosophischen Grundlagen der Physik nach Kant's "Metaphysischen Anfangsgründen der Naturwissenschaft" und dem Manuscript "Übergang von den Metaphysischen Anfangsgründen der Naturwissenschaft zur Physik"*. Hamburg 1892.

__________, "Der naturwissenschaftliche Teil von Kants Opus postumum". in: *Zeitschrift für den physikalischen und chemischen Unterricht* 37/2(1924), 274-277.

Keyserling, H., *Das Gefüge der Welt. Versuch einer kritischen Philosophie.* München [3]1922

Kim, S.-B., *Das Problem des Dinges an sich im Opus postumum Kants. Versuch einer systematischen Darstellung der Selbstsetzungs- und Ding-an-sich-Lehre im späten* Opus postumum. Mainz 1992(Diss.)

Köhler, R., *Transzendentaler Gottesbeweis. Prolegomena zum System der Transzendentalen Metaphysik.* Breslau 1933.

Kopper, J., "Kants Gotteslehre". in: *KS* 47(1955/56), 31-61.

________, "Kants Lehre vom Übergang als die Vollendung des Selbstbewusstseins in der Transzendentalphilosophie". in: *KS* 55(1964), 37-68.

Kosack, M., *Das ungedruckte Kantische Werk: "Der Uebergang von den metaphysischen Anfangsgründen der Naturwissenschaft zur Physik", vom Standpunkte der modernen Naturwissenschaften aus betrachtet.* Göttingen 1894(Diss.).

Krause, A., *Immanuel Kant wider Kuno Fischer zum ersten Male mit Hülfe des verloren gewesenen Kantischen Hauptwerkes* Vom Übergang von der Metaphysik zur Physik *vertheidigt von Albrecht Krause. Eine Ergänzung der* Populären Darstellung der Kritik der reinen Vernunft *in der Lehre vom Gegenstand und Ding an sich.* Lahr 1884.

________, *Das Nachgelassene Werk Immanuel Kant's. Vom Uebergange von den metaphysischen Anfangsgründe der Naturwissenschaft zur Physik, mit Belegen populär-wissenschaftlich dargestellt.* Lahr 1888.

________, *Die letzten Gedanken Immanuel Kant's. Der Transzendental-Philosophie höchster Standpunkt: Von Gott, der Welt und dem*

Menschen, welcher beide verbindet. Aus Kants hinterlassenem Manuskript. Hamburg 1902.

Kroebel, W., "Kant und die moderne Physik. Die kritische Naturphilosphie und ihre Beziehung zu den naturphilosophischen Problemen der Gegenwartsphysik". in: *Studium Generale* 7(1954), 524-533.

Krönig, G., *Das Problem der Selbstsetzung in seiner Entwicklung von Kant bis Fichte mit besonderer Berücksichtigung von J. S. Beck*. Hamburg 1927(Diss.).

Laska, B. A., "Von Stirner zu Kant: Gerhard Lehmann". in: *Der Einzige* 12(2000), 5-16.

Lehmann, G., "Ganzheitsbegriff und Weltidee in Kants Opus Postumum". in: *KS* 41(1936) 307-330.

__________, "Erscheinungsstufung und Realitätsproblem in Kants Opus Postumum". in: *KS* 45(1954), 140-154.

__________, "Kritizismus und kritisches Motiv in der Entwicklung der Kantischen Philosophie". in: *KS* 48(1956), 25-54.

__________, "Zur Geschichte der Kantausgabe 1896-1955". in: *Deutsche Akademie*(1956), 422-434.

__________, "Voraussetzungen und Grenzen systematischer Kantinterpretation". in: *KS* 49(1958), 364-388.

__________, "Kants Widerlegung des Idealismus". in: *KS* 50(1959), 348-362.

__________, "Zur Frage der Spätentwicklung Kants". in: *KS* 54(1963), 491-507.

__________, *Beiträge zur Geschichte und Interpretation der Philosophie Kants*. Berlin 1969.

__________, *Hypothetischer Vernunftgebrauch und Gesetzmäßigkeit des Besonderen in Kants Philosophie*. Göttingen 1971.

__________, *Kants Tugenden. Neue Beiträge zur Geschichte und Interpre-*

tation der Philosophie Kants. Berlin · New York 1980.

Lienhard, F., *Die Gottesidee in Kants Opus postumum*. Bern 1923(Diss.).

Lüpsen, F., *Die systematische Bedeutung des Problems der Selbstsetzung in Kants Opus postumum*. Marburg 1924(Diss.).

Marcus, E. M., *Kritik des Aufbaus (Syllogismus) der speziellen Relativitätstheorie und Kritik der herrschenden Hypothese der Lichtausbreitung*. Berlin 1926.

__________, *Die Zeit- und Raumlehre Kants (transzendentale Aesthetik) in Anwendung auf Mathematik und Naturwissenschaft*. München 1927.

Marty, F. · Ricken, F.(Hg.), *Kant über Religion*. Stuttgart · Berlin · Köln 1992.

Massimi, M.(ed.), *Kant and Philosophy of Science Today*. Cambridge 2008.

McCall, J., "A Response to Burkhard Tuschling's Critique of Kant's Physics". in: *KS* 79(1988), 57-79.

Mende, G., "Kants 'Opus postumum' und die Naturwissenschaft". in: *Aufbau* 7(1951), 607-610.

__________, "Kants Opus postumum und seine Bedeutung für die Beziehung zwischen Philosophie und Naturwissenschaft". in: *Wissenschaftliche Zeitschrift der Friedrich-Schiller-Universität Jena. Mathematisch-Naturwissenschaftliche Reihe* 12(1963), 271 ff.

Menzer, P., "Die Kant-Ausgabe der Berliner Akademie der Wissenschaften". in: *KS* 49(1957/58), 337-350.

Messer, A., *Immanuel Kants Leben und Philosophie*. Stuttgart 1924.

Meyer, H. J., *Das Problem der Kantischen Metaphysik unter besonderer Berücksichtigung des Opus postumum. Ein systematischer Versuch*. Tübingen 1952(Diss.).

Mudroch, V., *Kants Theorie der physikalischen Gesetze*. Berlin · New

York 1987.

Onnasch, E.-O.(Hg.), *Kants Philosophie der Natur. Ihre Entwicklung im Opus postumum und ihre Wirkung*. Berlin · New York 2009.

Parret, H.(Hg.), *Kants Ästhetik. Kant's Aesthetic. L'esthétique de Kant*. Berlin · New York 1998.

Parrini, P.(ed.), *Kant and contemporary epistemology*. Dordrecht · Boston · London 1994.

Paton, H. J., *Kant's Metaphysic of Experience. A commentary on the first half of the* Kritik der reinen Vernunft. 2 vols. London 1936.

Paulsen, F., *Immanuel Kant. Sein Leben und seine Lehre*. Stuttgart [8]1924.

Pinski, F., *Der höchste Standpunkt der Transzendentalphilosophie. Versuch einer Vervollständigung und systematischen Darstellung der letzten Gedanken Immanuel Kants*, Halle/S. 1911.

Prauss, G.(Hg.), *Kant. Zur Deutung seiner Theorie von Erkennen und Handeln*, Köln 1973.

Reinhard, W., *Ueber das Verhältnis von Sittlichkeit und Religion bei Kant unter besonderer Berücksichtigung des Opus postumum und der Vorlesung über Ethik*. Bern 1927.

Rheindorf, J., *Kants Opus postumum und das Ganze der Philosophie. Gesellschaft, Wissenschaft, Menschenbild*. Tübingen 2010.

Ritzel, W., "Verhältniß und Zusammenhang von Naturphilosophie und Naturwissenschaft in Kants Spätwerk". in: *Philosophia Naturalis* 18(1981), 286-300.

Robinson, H.(ed.), *Proceedings of the Eighth International Kant Congress*. 2 Bde. Memphis 1995.

Rohden, V. u. a.(Hg.), *Recht und Frieden in der Philosophie Kants. Akten des X. Internationalen Kant-Kongresses*. Berlin · New York 2008.

Rollmann, V. J. · Hahmann, A., "Weltstoff und absolute Beharrlichkeit: Die Erste Analogie der Erfahrung und der Entwurf Übergang 1-14 des Opus postumum". in: *KS* 102(2011), 168-190.

Rollmann, V. J., *Apperzeption und dynamisches Naturgesetz in Kants Opus postumum. Ein Kommenatar zu »Übergang 1-14«*. Berlin · Boston 2015.

Rosenberger, F., "Übergang von metaphysischen Anfangsgründen der Naturwissenschaften zur Physik". in: *Berichte des freien Deutschen Hochstifts* 2(1886), 304-316.

Rukgaber, M. S., "The key to Transcendental Philosophy: Space, Time and the Body in Kant". in: *KS* 100(2009), 166-186.

Schrader, G., "Kant's Presumed Repudiation of the 'Moral Argument' in the *Opus Postumum*: An Examination of Adickes' Interpretation". in: *Philosophy* 26(1951), 228-241.

Schubert, F. W., "Die Auffindung des letzten größeren Manuskripts von Immanuel Kant". in: *Neue Preußische Provinzialblätter* 1(1858), 58-61.

Schulze, S., *Kants Verteidigung der Metaphysik. Eine Untersuchung zur Problemgeschichte des Opus Postumum*. Marburg 1994.

Schulze, W. A., "Gott und Mensch. Zwei Studien zum deutschen Idealismus". in: *Theologische Zeitschrift* 11(1955), 426-436.

_______, "Zu Kants Gotteslehre". in: *KS* 48(1956/57), 80-84.

Schürmann, E. u. a.(Hg.): *Spinoza im Deutschland des achtzehnten Jahrhunderts. Zur Erinnerung an Hans-Christian Lucas*. Stuttgart-Bad Cannstatt 2002.

Schwarz, G., *Est Deus in nobis. Die Identität von Gott und reiner praktischer Vernunft in Immanuel Kants „Kritik der praktischen Vernunft"*. Berlin 2004.

Sedgwick, S.(ed.), *The Reception of Kant's Critical Philosophy. Fichte, Schelling, and Hegel*. Cambridge 2000.

Sell, A.(Hg.), *Editionen-Wandel und Wirkung*. Tübingen 2007.

Son, S.-W., "Kants besondere Metaphysik der Natur in 'Metaphysische Anfangsgründe der Naturwissenschaft". Freiburg/Br. 2009(Diss.).

Sperl, J., *Neue Aufgaben der Kantforschung*. München 1922.

Stark, W., *Nachforschungen zu Briefen und Handschriften Immanuel Kants*. Berlin 1993.

________, "Kants letztes Manuskript in der Berliner Staatsbibliothek". in: *KS* 90(1999), 510 f.

________, "Zwei unbemerkte Kant-Blätter in Genf Cologny: ein kurzer Vorbericht", in: *KS* 95(2004), 1-20.

Sullivan, W. J., "Kant on the Existence of God in the Opus postumum". in: *The Modern Schoolman* 48(1971), 117-133.

Tanaka, M., *Kants* Kritik der Urteilskraft *und das* Opus postumum. Marburg 2004(Diss.).

Tharakan, J., *Metaphysische Anfangsgründe der Naturwissenschaft. Zur kantischen Arbeit an der Theorie des Übergangs von der Metaphysik zur Physik*. Stuttgart 1993.

Tuschling, B., *Metaphysische und transzendentale Dynamik in Kants opus postumum*. Berlin · New York 1971.

Vaihinger, H. · Liebert, A., "Kants Opus postumum". in: *KS* 24(1920), 421 f.

________, *Commentar zu Kants Kritik der reinen Vernunft*. 2 Bde., Stuttgart 1881 · 1892.

________, "Zu Kants Wiederlegung des Idealismus". in: *Straßburger Abhandlungen zur Philosophie*(1884), 85-164.

________, *Die Philosophie des Als-Ob. System der theoretischen, praktischen und religiösen Fiktionen der Menschheit auf Grund eines idealistischen Positivismus. Mit einem Anhang über Kant und Nietzsche*. Berlin 1911. Neu hrsg. von Esther von Krosigk. Saarbrücken 2007.

Vasconi, P., "System der empirischen Naturwissenschaften und Einheit der Erkenntnis: die Funktion der chemischen Revolution Lavoisiers in der Reflexion des *Opus postumum* über die Sprache der Wissenschaft". in: *Nuncius. Annali di Storia della Scienza* 10(1995), 645-669.

Vorländer, K., *Immanuel Kant. Der Mann und das Werk*. 2 Bde., Leipzig 1924.

Wahsner, R., *Das Aktive und das Passive. Zur erkenntnistheoretischen Begründung der Physik durch den Atomismus-dargestellt an Newton und Kant*. Berlin 1981.

Webb, C. C. J., *Kant's Philosophy of Religion*. Oxford 1926.

Werkmeister, W. H., *Kant. The Architectonic and the Development of His Philosophy*. La Salle · London 1980.

Wimmer, R., *Kants kritische Religionsphilosophie*. Berlin · New York 1990.

Wundt, M., *Kant als Metaphysiker. Ein Beitrag zur Geschichte der deutschen Philosophie im 18. Jahrhundert*. Stuttgart 1924.

Zahn, M., *Selbstvergewisserung. Studium zur klassischen Epoche der Transzendentalphilosophie*. Hrsg. von Martin Scherer. Würzburg 1998.

김상봉, 「어떤 의미에서 생각과 있음은 나 속에서 하나인가?—칸트의 『최후유고』(Opus postumum)에서의 '자기정립'(Selbstsetzung)의 개념에 대하여」, 수록: 한국인문사회과학회 편, 《현상과 인식》 17(1993), 89-114.

최소인, 「칸트의 『유작』에 나타난 자아론의 형이상학적 의미에 대한 고찰」, 수록: 한국철학회 편, 《철학》 53(1997), 133-162.

_____, 「칸트의 『유작』에 나타난 절대 관념론의 맹아」, 수록: 한국외국어대학교 EU연구소 편, 《서유럽연구》 4(1998), 95-130.

김재호, 「칸트 『유작』(Opus postumum)에 대한 이해와 오해」, 수록: 철학연구회 편, 《철학연구》 75(2006), 315-348.

______, 「칸트 『유작』의 시발점—합본 IV의 23개 '초기 낱장문서' 문제를 중심으로」, 수록: 서울대학교 철학사상연구소 편, 《철학사상》 37(2010), 149-181.

______, 「칸트 '초월적 관념론'(Transzendentaler Idealismus)의 과거와 현재, 그리고 미래」, 수록: 서울대학교 철학사상연구소 편, 《철학사상》 39(2011), 101-128.

______, 「에테르(Aether) 현존(Existenz)에 관한 선험적 증명은 어떻게 가능한가?—칸트 『유작』(Opus postumum) "이행 1-14"(Übergang 1-14)를 중심으로」, 수록: 한국칸트학회 편, 《칸트연구》 32(2013), 137-166.

임상진, 「칸트의 『최후유고』에 나타난 경험의 가능성 개념」, 수록: 서울대학교 철학사상연구소 편, 《철학사상》 35(2010), 143-173.

허 민, 「칸트의 〈유작〉에서의 에테르 현존 증명의 배경에 관한 고찰」, 수록: 서울대학교 철학과 편, 《철학논구》 42(2015), 75-141.

4. 참고 사전

R. Eisler, *Kant Lexikon*, Berlin 1930.

M. Willaschek · J. Stolzenberg · G. Mohr · S. Bacin(Hg.), *Kant-Lexikon*, Berlin 2015.

백종현, 『한국 칸트사전』, 아카넷, 2019.

제 2 부

『유작』 I.1 역주

※ 역주의 원칙

1. 본문 번역의 대본은 베를린 학술원판 전집 제21권(*Kant's gesammelte Schriften*, hrsg. von der Preußischen Akademie der Wissenschaten, Bd. XXI, Berlin und Leipzig 1936)이다.
2. 원문과 번역문의 대조를 위해 번역문의 해당 대목에 원서를 'XXI'로 표시한 후 이어서 면수를 붙인다. 다만, 독일어(또는 라틴어)와 한국어의 어순이 다른 경우가 많으므로 원문과 번역문의 면수에 약간의 차이가 있음은 양해하기로 한다.
3. 사물어로서 이미 통용되고 있는 '에테르', '아이스 빔', '렌즈', '실린더', '프리즘' 등 상당수의 예외가 없지는 않으나, 칸트 원문은, 특히 개념어들은, 모두 한국어로 옮긴다. 그러나 원서 편자의 각주나 부연설명은 한국어 역서에 의미가 있는 범위 내에서 취사선택하여 역자의 각주에서 활용한다.
4. 이 역서의 각주는 원서 편자의 각주와 부연설명의 주요 내용을 포함하고 있지만, 원칙적으로는 역자의 임의대로 붙인 것이다.
5. 칸트 원문 중 근대어(독일어, 프랑스어 등)는 모두 한글 어휘로, 고전어(라틴어, 그리스어)는 한자어로 옮기는 것을 원칙으로 한다.
6. 칸트의 다른 저작 또는 다른 구절을 한국어로 옮길 때를 고려하여, 다소 어색함이 있다 하더라도, 칸트의 동일한 용어에는 되도록 동일한 한국어 낱말을 대응시킨다. 용어가 아닌 보통 낱말들에도 가능하면 하나의 번역어를

대응시키지만, 이런 낱말들의 경우에는 문맥에 따라 유사한 여러 번역어들을 적절히 바꿔 쓰고, 또한 풀어쓰기도 한다. (※ 아래 〔유사어 및 상관어 대응 번역어 표〕 참조)

7. 유사한 또는 동일한 뜻을 가진 낱말이라 하더라도 칸트 자신이 번갈아 가면서 쓰는 말은 가능한 한 한국어로도 번갈아 쓴다.(※ 아래 〔유사어 및 상관어 대응 번역어 표〕 참조)
8. 번역 본문에서는 (아직 대응하는 한국어 낱말을 찾을 수 없는 경우를 제외하고는) 한글과 한자만을 쓰며, 굳이 서양말 원어를 밝힐 필요가 있을 때는 각주에 적는다. 그러나 각주 설명문에는 원어를 자유롭게 섞어 쓴다.
9. 직역이 어려워 불가피하게 원문에 없는 말을 끼워 넣어야 할 대목에서는 끼워 넣는 말은 〔 〕 안에 쓴다. 또한 하나의 번역어로는 의미 전달이 어렵거나 오해의 가능성이 있을 경우에도 그 대안이 되는 말을 〔 〕 안에 쓴다. 그러나 이중 삼중의 번역어 통용이 불가피 또는 무난하다고 생각되는 곳에서는 해당 역어를 기호 '/'를 사이에 두고 함께 쓴다.
10. 한국어 표현으로는 다소 생소하더라도 원문의 표현 방식의 유지가 필요하다고 여겨지는 경우에는 독일어 어법에 맞춰 번역하되, 한국어문만으로는 오해될 우려가 클 것으로 보이면 〔 〕 안에 자연스러운 한국어 표현을 병기한다.
11. 칸트 원문에 등장하는 인용하는 인물이나 사건이나 지명이 비교적 널리 알려져 있지 않은 경우에는 그에 대해 각주를 붙여 해설한다.
12. 칸트의 다른 저술이나 철학 고전들과 연관시켜 이해해야 할 대목은 각주를 붙여 해설한다. 단, 칸트 원저술들을 인용함에 있서 『순수이성비판』은 초판=A와 재판=B에서, 주요 저술은 칸트 원본 중 대표 판본에서, 그리고 여타의 것은 학술원판에서 하되, 제목은 한국어 또는 약어로 쓰고 원저술명은 아래에 모아서 밝힌다.(※ 아래의 〈해제와 역주에서 우리말 제목을 사용한 칸트 원논저 제목〔약호〕, 이를 수록한 베를린 학술원판 전집〔AA〕 권수(와 인용 역본)〉 참조)
13. 칸트 원문은 가능한 한 대역(對譯)하여 한국어로 옮긴다. 한국어 어휘의 의미만으로는 충분하지 않아 보일 경우에는 각주에 원어를 제시한다. 불완

전한 원문으로 인하여 대명사를 단순히 '그것', '이것' 등으로 옮길 경우 그 지칭 판별이 어려울 것으로 보이면, 부득이 지시한 명사를 반복해서 쓴다. (이런 경우 역자의 해석이 포함되는 것은 피할 수 없겠다.)

14. 구두점이나 번호 순서 표기 등도 가능한 한 원서대로 쓰되, 칸트 원문 상당 부분이 완성된 것이 아니라서 통상적인 대로가 아니거나 서로 대응 관계가 맞지 않은 경우가 많기 때문에, 한국어 문장 또는 어휘 연결에 혼동이 너무 크다고 여겨지는 경우에는 부득이 교정 첨삭한다.(이는 원문 훼손 가능성과 역자의 임의적 해석 가능성을 포함하는 일이라서 통상적인 문장의 번역에서는 마땅히 피해야 할 일이다.)
15. 원문의 단어 형태도 최대한 번역문에서 그대로 유지한다. 예컨대 원문의 'Freiheitsbegriff'는 '자유개념'으로, 'Begriff der Freiheit'는 '자유의 개념' 또는 '자유 개념'으로 옮겨 적는다.
16. 원서의 격자 어휘는 진하게 쓰고, 진하게 인쇄되어 있는 어휘는 '휴먼고딕'체로 쓰며, 인명은 '새굴림'체로 쓴다.
17. 원서 문장의 불완전성으로 인해 의미 전달에 어려움이 있더라도 되도록 원문 형태대로 옮기되, 부득이한 경우에는 결여 어휘를 'xxx'라고 표시하거나 〔 〕 안에 역자가 보충 어휘를 넣는다. 그 대신에 원서에 사용된 본래의 〔 〕은 진하게 써서(곧 **〔 〕**) 구별한다.(이 또한 원문 훼손 가능성과 역자의 임의적 해석 가능성을 포함하는 일이라서 통상적인 문장의 번역에서는 마땅히 피해야 할 일이다.)
18. 본문 하단 '※' 표시 주는 칸트 원문에 있는 주석이고, 아라비아 숫자로 표시되어 있는 각주만이 역자가 붙인 것이다.

※ 유사어 및 상관어 대응 번역어 표

ableiten

ableiten:도출하다/끌어내다, Ableitung:도출, Deduktion:연역, abziehen:추출하다

Absicht

Absicht:의도/관점, Rücksicht:고려/견지, Hinsicht:관점/돌아봄/참작, Vorsatz:고의/결의, Entschluß:결심/결정

absolut

absolut:절대적(으로), schlechthin/schlechterdings:단적으로/절대로, simpliciter:端的으로

Abstoßung

abstoßung:밀쳐냄/척력, Zurückstoßung:되밀쳐냄/척력, Repulsion:반발/척력, repulsio:反撥/斥力

abstrahieren

abstrahieren:추상하다/사상[捨象]하다, absehen:도외시하다

Achtung

Achtung(observatio[reverentia]):존경(尊敬), Hochachtung:존경/경의, Ehrfurcht:외경, Hochschätzung:존중, Schätzung:평가/존중, Ehre:명예/영광/경의/숭배, Verehrung(reverentia):숭배(崇拜)/경배/흠숭/

존숭/공경/경의를 표함, Ehrerbietung:숭경, Anbetung:경배

actio

actio:作用/活動, actus:行爲/行動/現實態/實態, actio in distans:遠隔作用

Affinität

Affinität:근친성/유사성/친화성, affinitas:親和性/類似性, Verwandtschaft:친족성/친화성

affizieren

affizieren:촉발하다/영향을 끼치다, Affektion:촉발/자극/애착/흥분상태, Affekt:흥분/촉발/정서/격정, affektionell:정서적/격정적/촉발된, anreizen:자극하다, Reiz:자극/매력, stimulus:刺戟, rühren:건드리다/손대다, berühren:건드리다/접촉하다, Berührung:건드림/접촉, Rühren:감동, Rührung:감동, Begeisterung:감격

ähnlich

ähnlich:비슷한/유사한, analogisch:유비적/유추적

all

all:모두/모든, insgesamt:모두 다, gesamt:통틀어, All:전부/모두/우주, Allheit:모두/전체, das Ganze:전체

also

also:그러므로, folglich:따라서, mithin:그러니까, demnach:그 때문에, daher:그래서, daraus:그로부터

anfangen

anfangen:시작하다, Anfang:시작/시초, Beginn:시작/착수, Anbeginn:처음/발단, anheben:개시하다/출발하다, agitieren:시발하다/촉진하다/선동하다

angemessen

angemessen:알맞은/적절한/부합하는, füglich:걸맞은/어울리는

angenehm

angenehm:쾌적한/편안한, unangenehm:불유쾌한/불편한, Annehmlichkeit:쾌적함/편안함

anhängend

anhängend:부수적, adhärierend:부착적/부속적〔속성적〕

Ankündigung

Ankündigung:통고/선포, Kundmachung:공포/알림

Anmut

Anmut:우미〔優美〕, Eleganz:우아

Anziehung

Anziehung:끌어당김/인력, Attraktion:잡아끎/견인/매력/인력, attractio:引力/牽引, attractiv:견인적

Apprehension

Apprehension(apprehensio):포착(捕捉)/점취(占取), Auffassung(apprehensio):포착(捕捉: 직관/상상력의 작용으로서)/파악(把握: 지성의 작용으로서), Erfassen:파악, Begreifen:(개념적) 파악/개념화/이해

a priori

a priori:선험적, a posteriori:후험적, angeboren(innatus):선천적(本有的)/생득적/생래적/천성적/타고난, anerschaffen:타고난/천부의

arrogantia

arrogantia:自滿/自慢, Eigendünkel:자만〔自慢〕

Ästhetik

Ästhetik:감성학/미(감)학, ästhetisch:감성(학)적/미감적/미학적

aufheben

aufheben:지양하다/폐기하다/폐지하다, ausrotten:근절하다/섬멸하다, vertilgen:말살하다/절멸하다, vernichten:무효로 하다/폐기하다/파기하다/섬멸하다/없애다

Aufrichtigkeit

Aufrichtigkeit:정직성〔함〕, Ehrlichkeit:솔직성〔함〕, Redlichkeit:진정성, Wahrhaftigkeit:진실성〔함〕, Rechtschaffenheit:성실성〔함〕

Bedeutung

Bedeutung:의미, Sinn:의의

Bedingung

Bedingung:조건, bedingt:조건 지어진/조건적,
das Bedingte:조건 지어진 것/조건적인 것,
das Unbedingte:무조건자〔/무조건적인 것〕

Begierde

Begierde:욕구/욕망, Begehren:욕구, Begier:욕망,
Bedürfnis:필요/필요욕구/요구, Verlangen:요구/갈망/열망/바람/요망,
Konkupiszenz(concupiscentia):욕정(欲情), Gelüst(en):갈망/정욕

begreifen

begreifen:(개념적으로) 파악하다/개념화하다/포괄하다/(포괄적으로) 이해하다/해득하다, Begriff:개념/이해, 〔Un〕begreiflichkeit:이해〔불〕가능성/해득〔불〕가능성, verstehen:이해하다, fassen:파악하다/이해하다,
Verstandesvermögen:지성능력, Fassungskraft:이해력

Beispiel

Beispiel:예/실례/사례/본보기, zum Beispiel:예를 들어, z. B.:예컨대,
beispielsweise:예를 들어, e. g.:例컨대

Beistimmung

Beistimmung:찬동/동의, ※Einstimmung:일치/찬동, Stimme:동의,
Beifall:찬동, Beitritt:찬성/가입

beobachten

beobachten:준수하다/지키다, Beobachtung:관찰/준수/고찰,
befolgen:따르다/준수하다, Befolgung:추종/준수

Bereich

Bereich:영역, Gebiet:구역, Sphäre:권역, Kreis:권역, Feld:분야,
Fach:분과, Umfang:범위, Region:지역/지방/영역,
Territorium:영역/영토, territorium:領土, ditio:領域,
※Boden:지반/토대/기반/토지/지역/영토

Besitz

Besitz:점유, Besitznehmung(appprehensio):점유취득(占取),
※Eigentum:소유(물/권), ※Haben:소유〔가지다〕/자산,
Zueignung(appropriatio):전유〔영득〕(專有),
Bemächtigung(occupatio):선점(先占)/점령(占領)

besonder

besonder:특수한, partikular:특별한/개별적/국부적,
spezifisch:종적/종별적/특종의

Bestimmung

Bestimmung:규정/사명/본분/본령,
bestimmen:규정하다/결정하다/확정하다,
bestimmt:규정된〔/적〕/일정한/확정된〔/적〕/명확한/한정된,
unbestimmt:무규정적/막연한/무한정한

beugen

beugen:구부리다/휘다/굴복하다,
beugbar/beugsam:잘 굽는/유연한/순종적인,
flexibilis:柔軟한/柔順한/融通性 있는

Bewegung

Bewegung:운동/동요, Motion:동작/운동, motus:運動,
das Bewegliche:운동할 수 있는 것/운동하는 것/운동체,
das Bewegbare:운동할 수 있는 것,
bewegende Kraft:운동력/운동하는 힘/움직이는 힘,
vis movens:運動力, Bewegungskraft(vis motrix):동력(動力)

Bewegungsgrund

Bewegungsgrund/Beweggrund:동인, Bewegursache:(운)동인

Beweis

Beweis:증명, Demonstration:입증/실연/시위

Bibel

Bibel:성경, (Heilige) Schrift:성서, ※Schrift:저술, heiliges Buch:성경책

Bild

Bild:상/도상〔圖像〕/형태/그림/사진, Schema:도식〔圖式〕, Figur:형상〔形象〕/도형, Gestalt:형태, Urbild:원형/원상, Vorbild:전형/모범/원형

Boden

Boden:지반/토대/기반/토지/지역/영토, Basis:토대/기반/기층, Erde:흙/땅/토양/지구/지상, Land:땅/육지/토지/지방/지역/나라, Horizont:지평

böse

böse:악한, das Böse:악, malum:惡/害惡/禍, Übel:화/악/해악/재해/나쁜 것, boshaft:사악한, bösartig:악의적/음흉한, schlecht:나쁜, arg:못된/악질적인, tückisch:간악한/간계의

Buch

Buch:책/서/저서, Schrift:저술, Werk:저작/작품/소행, Abhandlung:논고/논문

Bund

Bund:연맹, Bündnis:동맹, foedus:同盟, Föderation:동맹/연방, Koaltion:연립, Verein:연합/협회, Assoziation:연합

Bürger

Bürger:시민, Mitbürger:동료시민/공동시민, Staatsbürger(cives):국가시민(市民)/국민, Volk:국민/민족/족속, Stammvolk(gens):민족(民族)

darstellen

darstellen:현시하다/그려내다/서술하다, Darstellung(exhibitio):현시(展示)/그려냄/서술, darlegen:명시하다, dartun:밝히다

dehnbar

dehnbar:늘여 펼 수 있는/가연적〔可延的〕, ductilis:伸張的/可延的

Denken

Denken:사고(작용), denken:(범주적으로) 사고하다/(일반적으로) 생각하다, Denkart:사고방식/신념/견해, Gedanke:사유(물)/사상〔思想〕/사고내용, Denkung:사고/사유, Denkungsart:사유방식〔성향〕, Sinnesart:기질〔성향〕

Dichtigkeit

Dichtigkeit/Dichte:밀도/조밀(성), dichtig:조밀한/밀도 높은, Intensität:밀도, intensiv:밀도 있는/내포적

Ding

Ding:사물/일/것, Sache:물건/사상〔事象〕/사안/실질내용/일

Ding an sich

Ding an sich:사물 자체, Ding an sich selbst:사물 그 자체

Disziplin

Disziplin:훈육, Zucht:훈도

Dogma

Dogma:교의/교조, dogmatisch:교의적/교조(주의)적, Lehre:교리/학설/이론/가르침, Doktrin:교설, ※eigenmächtig:독단적

Dummheit

Dummheit(stupiditas):우둔(愚鈍)〔함〕/천치(天痴), Dummkopf/Idiot:바보/천치, stumpf:둔(감)한, Albernheit:우직〔함〕, Tor:멍청이, Narr:얼간이

durchdringen

durchdringen:침투〔浸透〕하다/삼투〔滲透〕하다/스며들다, eindringen:파고들다/스며들다, durchbrechen:관통하다/통관하다, permeabel:투과〔透過〕/침투〔浸透〕 가능한

Dynamik

Dynamik:역학/동력학, dynamisch:역학적/역동적, ※Mechanik:기계학

Ehe

Ehe:혼인, Heirat:결혼

eigen

eigen:자신의/고유한, eigentlich:본래의/원래의, Eigenschaft:속성/특성, Eigentum:소유, eigentümlich:특유의[/한]/고유의/소유의, Eigentümlichkeit:특유성/고유성, eigenmächtig:독단적, Beschafenheit:성질, ※Attribut:(본질)속성/상징속성

Einbildung

Einbildung:상상, Einbildungskraft:상상력, Bildungskraft:형성력/형상력, imaginatio:想像, Phantasie:공상

Einleitung

Einleitung:서론, Vorrede:머리말, Prolegomenon/-mena:서설, Prolog:서언

einseitig

einseitig:일방적/일면적/한쪽의, doppelseitig:쌍방적/양면적/양쪽의, beiderseitig:양쪽의/양편의/쌍방적, allseitig:전방적/전면적, wechselseitig:교호적[상호적], beide:양자의/둘의/양편의, beide Teile:양편/양쪽, gegeneinander:상호적으로

Einwurf

Einwurf:반론, Widerlegung:반박

Einzelne(das)

das Einzelne:개별자, Individuum:개체/개인

entsprechen

entsprechen:상응하다, korrespondieren:대응하다

entstehen

entstehen:발생하다, entspringen:생기다, geschehen:일어나다, hervorgehen:생겨나(오)다, stattfinden/statthaben:있다/발생하다/행해지다

Erfahrung

Erfahrung:경험, empirisch:경험적/감각경험적(Erfahrung의 술어로 쓰이는 경우)

Erörterung

Erörterung(expositio):해설(解說), Exposition:해설, Aufklärung:해명, Erläuterung:해명/설명, Erklärung:설명/언명/공언/성명(서)/표시, Explikation:해석/석명〔釋明〕, Deklaration:선언/천명/(의사)표시, Aufschluß:해결/해명, Auslegung:해석/주해, Ausdeutung:설명/해석, Deutung:해석/설명

Erscheinung

Erscheinung:현상, Phaenomenon(phaenomenon):현상체(現象體)

Erschütterung

Erschütterung(concussio): 진동(振動), oscillatio:振動, vibratio:搖動/振動, undulatio:波動, Klopfung(pulsus):박동(搏動), Bebung:떨림/요동〔搖動〕, Schwenkung:흔들림/요동〔搖動〕, Schwingung:흔들림/진동, Bibration:진동, Zitterung:떨림/진동/전율

erzeugen

zeugen:낳다/출산하다, Zeugung:낳기/생식/출산, erzeugen:산출하다/낳다/출산하다, Erzeugung:산출/출산/출생/생산, hervorbringen:만들어내다/산출하다/낳다/실현하다

Fall

Fall:낙하/추락/경우, Abfall:퇴락, Verfall:타락

Feierlichkeit

Feierlichkeit:장엄/엄숙/예식/의례〔儀禮〕, Gebräuche:의식〔儀式〕/풍속/관례, Förmlichkeit:격식/의례〔儀禮〕

fest

fest(=vest):고체의/굳은/단단한, starr:강체〔剛體〕의/고체의/굳은/단단한/강경〔剛硬〕한, Erstarrung:응고, Starrwerden:강체〔고체〕화, Starrigkeit:강체〔고체〕성

finden

finden:발견하다, treffen:만나다, antreffen:마주치다, betreffen:관련되〔하〕다/마주치다, Zusammentreffen:함께 만남

flüßig/flüssig

flüßig/flüssig:유동적/액체적/액질의/액상〔液狀〕의/흐르는,

Flüßigkeit:유동성/유동체, fluidum:液體/流動體, liquidum:流體

Folge

Folge:잇따름/계기〔繼起〕/후속〔後續〕/결과/결론,

folgen:후속하다/뒤따르다/뒤잇다/잇따르다/결론으로 나오다,

sukzessiv:순차적/점차적/연이은, Sukzession:연이음,

Kontinuum:연속체, Kontinuität:연속성, kontinuierlich:연속적,

Fortsetzung:계속

Form

Form:형식, Formel:정식〔定式〕, (Zahlformel:수식〔數式〕),

Figur:형상〔形象〕/도형, Gestalt:형태

Frage

Frage:물음, Problem:문제, Problematik:문제성

Freude

Freude:환희/유쾌/기쁨, freudig:유쾌한, Frohsein:기쁨, froh:기쁜,

fröhlich:유쾌한/쾌활한, erfreulich:즐거운

Furcht

Furcht:두려움/공포, Schrecken:겁먹음/경악/전율, Grausen:전율,

Greuel:공포/ 소름끼침, Schauer:경외감

Gang

Gang:보행, Schritt:행보/(발)걸음

gefallen

gefallen:적의〔適意〕하다/마음에 들다, Gefälligkeit:호의,

Mißfallen:부적의〔不適意〕/불만,

mißfallen:적의하지 않다/부적의〔不適意〕하다/마음에 들지 않다,

Wohlgefallen(complacentia):흡족(洽足)/적의함(=Wohlgefälligkeit),

※Komplazenz:흐뭇함

Gehorchen

Gehorchen:순종, Gehorsam:복종, Unterwerfung:복속/굴종/정복, Ergebung:순응

gehören

gehören:속하다/의속〔依屬〕하다/요구된다, angehören:소속되다, zukommen:귀속되다

gemäß

gemäß:맞춰서/(알)맞게/적합하게/의(거)해서/준거해서, nach:따라서, vermittelst:매개로/의해, vermöge:덕분에/의해서

gemein

gemein:보통의/평범한/공통의/공동의/상호적/일상의, gemeiniglich:보통, gewöhnlich:보통의/흔한/통상적으로, alltäglich:일상적(으로)

Gemeinschaft

Gemeinschaft:상호성/공통성/공동체/공동생활/공유, gemeines Wesen:공동체, Gesellschaft:사회, Gemeinde:기초단체/교구/회중〔會衆〕/교단

Gemüt

Gemüt(animus):마음(心)/심성(心性),
Gemütsart(indoles):성품(性品)/성정(性情),
Gemütsanlage:마음의 소질/기질, (Temperament:기질/성미),
Gemütsfassung:마음자세, Gemütsstimmung:심정,
Gesinnung:마음씨, Herzensgesinnung:진정한 마음씨,
Herz:심/진심/심정/심성/마음/가슴/심장,
Seele(anima):영혼(靈魂)/마음/심성, Geist:정신/정령/성령/영〔靈〕,
mens:精神, spiritus:精靈/精神,
※Sinnesänderung:심성의 변화/회심〔回心〕, Herzensänderung:개심〔改心〕

Genuß

Genuß:향수〔享受〕/향유/향락, genießen:즐기다/향유하다

Gerechtigkeit

Gerechtigkeit:정의/정의로움,
Rechtfertigung:의〔로움〕/의롭게 됨〔의로워짐〕/정당화,
gerecht(iustium):정의(正義)로운, ungerecht(iniustium):부정의(不正義)한

Geschäft

Geschäft:과업/일/실제 업무, Beschäftigung:일/용무,
Angelegenheit:업무/소관사/관심사/사안, Aufgabe:과제

Gesetz

Gesetz:법칙/법/법률/율법, Regel:규칙, regulativ:규제적,
Maxime:준칙, Konstitution:헌법/기본체제/기본구성,
Grundgesetz:기본법/근본법칙, Verfassung:(기본)체제/헌법,
Grundsatz:원칙, Satz:명제, Satzung:종규〔宗規〕/율법, Statut:법규,
statutarisch:법규적/규약적/제정법〔制定法〕적, Verordnung:법령,
※Recht:법/권리/정당/옳음

gesetzgebend

gesetzgebend:법칙수립적/입법적, legislativ:입법적

Gewicht

Gewicht:무게, Schwere:중량/중력, Gravitation:중력, Schwerkraft:중력

Gewohnheit

Gewohnheit:습관/관습/풍습, Angewohnheit(assuetudo):습관(習慣),
Fertigkeit:습성/숙련, habitus:習性, habituell:습성적

Gleichgültigkeit

Gleichgültigkeit:무관심/아무래도 좋음, Indifferenz:무차별,
ohne Interesse:(이해)관심 없이, Interesse:이해관심/관심/이해관계,
adiaphora:無關無見

Glückseligkeit

Glückseligkeit:행복, Glück:행(복)/행운, Seligkeit:정복〔淨福〕

Gottseligkeit

Gottseligkeit:경건, Frömmigkeit:독실(함)/경건함

Grenze

Grenze:한계, Schranke:경계/제한, Einschränkung:제한(하기)/국한

Grund

Grund:기초/근거, Grundlage:토대, Grundlegung:정초〔定礎〕, Urgrund:원근거, Basis:기반/토대, Anfangsgründe:기초원리, zum Grunde legen:기초/근거에 놓다〔두다〕, unterlegen:근저에 놓다〔두다〕, Fundament:토대/기저, Element:요소/원소/기본, ※Boden:지반/토대/기반/지역/영토

gründen

gründen:건설하다/(sich)기초하다, errichten:건립하다/설치하다, stiften:설립하다/창설하다/세우다

gut

gut:선한/좋은, das Gute:선/좋음, bonum:善/福, gutartig:선량한, gütig:온화한/관대한/선량한

Habe

Habe:소유물/재산, Habe und Gut:소유재산, Haben:소유〔가지다〕/(총)자산/대변, Inhabung(detentio):소지(所持), ※Vermögen:재산/재산력, vermögend:재산력 있는/재산이 많은

Handlung

Handlung:행위〔사람의 경우〕/작동〔사물의 경우〕/작용/행위작용/행사, Tat:행실/실행/행동/업적/실적/사실, Tatsache:사실, factum:行實/事實, facere:行爲하다, agere:作用하다, operari:處理하다/作業하다, Tun:행함/행동/일/짓, Tun und Lassen:행동거지, Tätigkeit:활동, Akt/Aktus:작용/행동/행위/활동/행위작용, Wirkung:결과/작용결과/작용/효과, Verhalten:처신/태도, Benehmen:행동거지, Lebenswandel:품행, Betragen:거동/행동, Konduite:범절, ※Werk:소행/작품/저작

Hilfe

Hilfe:도움, Beihilfe:보조/도움, Beistand:원조/보좌,

Mitwirkung:협력/협조, Vorschub:후원

Immer

immer:언제나, jederzeit:항상, immerdar:줄곧

Imperativ

Imperativ(imperativus):명령(命令), Gebot:지시명령/계명, gebieten:지시명령하다, dictamen:指示命令/命法, praeceptum:命令, Geheiß:분부/지시, befehlen:명령하다, befehligen:지휘하다, Observanz:계율/준봉〔遵奉〕, ※Vorschrift:지시규정/지정/규정〔規程〕/훈계

intellektuell

intellektuell:지성적, intelligibel:예지적, intelligent:지적인, intelligentia:知性/知力/叡智者/知的 存在者, Intelligenz:지적 존재자/예지자, Noumenon〔noumenon〕:예지체〔叡智體〕, Verstandeswesen:지성존재자/오성존재자, Verstandeswelt(mundus intelligibilis):예지〔/오성〕세계(叡智〔/悟性〕世界), Gedankenwesen:사유물, Gedankending:사유물/사념물

Irrtum

Irrtum:착오, Täuschung:착각/기만

Kanon

Kanon:규준〔規準〕, Richtschnur:먹줄/기준/표준, Richtmaß:표준(척도), Maß:도량/척도, Maßstab:자〔準矩〕/척도, Norm(norma):규범(規範)

klar

klar:명료한/명백한, deutlich:분명한, dunkel:애매한/불명료한/흐릿한, verworren:모호한/혼란한, zweideutig:다의적/이의〔二義〕적/애매한/애매모호한, doppelsinnig:이의〔二義〕적/애매한/애매모호한, aequivocus:曖昧한/多義的/二義的, evident:명백한/자명한, offenbar:분명히/명백히, augenscheinlich:자명한/명백히, einleuchtend:명료한, klärlich:뚜렷이, apodiktisch:명증적, bestimmt:규정된/명확한

Körper

Körper:물체/신체, Leib:몸/육체, Fleisch:육〔肉〕/살

Kraft

Kraft:힘/력/능력/실현력, Vermögen:능력/가능력/재산, Fähigkeit:(능)력/할 수 있음/유능(함)/성능/역량, Macht:지배력/권력/권능/위력/세력/권세/힘, Gewalt:권력/강제력/통제력/지배력/지배권/통치력/폭력, Gewalttätigkeit:폭력/폭행, Stärke:강함/힘셈/장점, Befugnis:권한/권능, Potenz:역량/지배력/세력/잠재태, potentia:支配力/力量, potestas:權力/能力, lebendige Kraft:활력〔活力〕/살아 있는 힘, todte Kraft:사력〔死力〕/죽은 힘

Krieg

Krieg:전쟁, Kampf:투쟁/전투/싸움, Streit:항쟁/싸움/다툼/논쟁, Streitigkeit:싸움거리/쟁론/분쟁, Zwist:분쟁, Fehde:반목, Befehdung:반목/공격, Anfechtung:시련/유혹/불복/공격, Mißhelligkeit:불화/알력

Kultur

Kultur:배양/개발/문화/교화/개화, kultivieren:배양하다/개발하다/교화하다/개화하다, gesittet:개명된

Kunst

Kunst:기예/예술/기술, künstlich:기예적/예술적/기교적, kunstreich:정교한, Technik:기술, technisch:기술적인, Technizism:기교성/기교주의

Legalität

Legalität(legalitas):합법성(合法性), Gesetzmäßigkeit:합법칙성, gesetzmäßig:합법칙적/합법적, Rechtmäßigkeit:적법성/합당성/권리 있음, rechtmäßig:적법한/합당한/권리 있는, Legitimität(legitimitas):정당성(正當性)

Lohn

Lohn(merces):보수(報酬)/임금(賃金)/노임(勞賃), Belohnung(praemium):상(賞給),

Vergeltung(remuneratio/repensio):보답(報償/報酬), brabeuta:施賞(者)

mannigfaltig

mannigfaltig:잡다한/다양한, Mannigfaltigkeit:잡다성/다양성, Varietät:다양성/다종성, Einfalt:간단/간결/소박함, einfach:단순한, einerlei:한가지로/일양적

Maß

Maß:도량〔度量〕/척도, messen:측량하다, ermessen:측량하다, schätzen:측정하다/평가하다

Materie

Materie:질료/물질, Stoff:재료/소재/원소, Urstoff:근원소/원소재, Elementarstoff:요소원소

Mechanismus

Mechanismus:기계성/기제〔機制〕/기계조직,
Mechanik:역학/기계학/기계조직,
mechanisch:역학적/기계적/기계학적,
Maschinenwesen:기계체제

Mensch

Mensch:인간/사람, man:사람(들), Mann:인사/남자/남편/어른

Menschenscheu

Menschenscheu:인간기피, Misanthropie:인간혐오, Anthropophobie:대인공포증, Philanthrop:박애(주의)자

Merkmal

Merkmal(nota):징표(徵標), Merkzeichen:표징, Zeichen:표시/기호, Kennzeichen:표지〔標識〕, Symbol:상징, Attribut:(본질)속성/상징속성

Moral

Moral:도덕/도덕학, moralisch:도덕적, Moralität:도덕(성) Sitte:습속/관습, Sitten:윤리/예의/예절/습속, sittlich:윤리적, Sittlichkeit:윤리(성), Ethik:윤리학, ethisch:윤리(학)적

Muster

Muster:범형/범례/전형, musterhaft:범형적/범례적/전형적, Typus:범형, Typik:범형론, exemplarisch:본보기의/견본적, Probe:견본/맛보기, schulgerecht:모범적, ※Beispiel:예/실례/사례/본보기

nämlich

nämlich:곧, das ist:다시 말하면, d. i.:다시 말해, secundum quid:卽/어떤 面에서

Natur

Natur:자연/본성/자연본성, Welt:세계/세상, physisch:자연적/물리적

nehmen

nehmen:취하다, annehmen:상정하다/채택하다/받아들이다/납득하다, aufnehmen:채용하다

Neigung

Neigung:경향(성), Zuneigung:애착, Hang(propensio):성벽(性癖), Prädisposition(praedispositio):성향(性向), ※ Sinnesart:기질〔성향〕, ※ Denkungsart:사유방식〔성향〕

nennen

nennen:부르다, heißen:일컫다, benennen:명명하다, bezeichnen:이름 붙이다/표시하다

notwendig

notwendig:필연적, notwendigerweise:반드시, nötig:필수적/필요한, unausbleiblich:불가불, unentbehrlich:불가결한, unerläßlich:필요불가결한, unvermeidlich:불가피하게, unumgänglich:불가피하게

nun

nun:이제/그런데/무릇, jetzt:지금/이제

nur

nur:오직/다만/오로지/단지, bloß:순전히/한낱/한갓, allein:오로지, lediglich:단지/단적으로

Objekt

Objekt:객관[아주 드물게 객체], Gegenstand:대상

Ordnung

Ordnung:순서/질서, Anordnung:정돈/정치[定置]/배치/서열/질서(규정)/조치/법령(체제), ※Verordnung:법령/규정

Pathos

Pathos:정념, pathologisch:정념적, Apathie(apatheia):무정념(無情念), Leidenschaft:열정/정열/욕정, ※Affekt:격정

Pflicht

Pflicht(officium):의무(義務), Verpflichtung:의무[를] 짐/의무지움/책임, Verbindlichkeit(obligatio):책무(責務)/구속성/구속력, Obligation:책무/임무, Obliegenheit:임무 Verantwortung:책임, ※Schuld:채무/탓/책임, ※Schuldigkeit:책임/채무

Physiologie

Physiologie:자연학/생리학, Physik:물리학, physica:物理學, Naturlehre:자연이론, Naturwissenschaft:자연과학

ponderabel

ponderabel:계량 가능한, ponderabilitas:計量可能性, wägbar:계량할 수 있는/달 수 있는, Wägbarkeit:계량할 수 있음, unwägbar:계량할 수 없는, imponderabel:계량 불가능한, ermessen:측량하다

Position

Position:설정, Setzen:정립

Prädikat

Prädikat:술어, Prädikament:주[主]술어, Prädikabilie:준술어

Problem

Problem:문제, Problematik:문제성, problematisch:미정[未定]적/문제(성) 있는/문제[問題]적, Frage:물음/문제, Quästion:질문, wahrscheinlich:개연적, Wahrscheinlichkeit:개연성/확률,

probabel:개연적〔蓋然的〕, Probabilität:개연성/확률,

Probabilismus:개연론/개연주의

Qualität

Qualität(qualitas):질(質), Eigenschaft:속성/특성,

Beschaffenheit:성질

Quantität

Quantität(quantitas):양(量), Größe:크기,

Quantum(quantum):양적(量的)인 것/일정량(一定量)/정량(定量)/양(量),

Menge:분량/많음/집합, Masse:총량/다량/질량/덩이,

※Portion:분량〔分量〕/몫

Ratschlag

Ratschlag:충고, Ratgebung:충언

Rauminhalt

Rauminhalt/Raumesinhalt:부피/용적, Raumesgröße:공간크기,

Körperinhalt/körperlicher Inhalt:체적〔體積〕, Volumen:용량/용적,

volumen:容量/容積

Realität

Realität:실재(성)/실질(성)/실질실재(성), Wirklichkeit:현실(성),

realisiern:실재화하다, verwirklichen:현실화하다/실현하다

Recht

Recht:법/권리/정당함/옳음, recht(rectum):올바른(正)/법적/정당한/옳은,

unrecht(minus rectum):그른(不正)/불법적/부당한, rechtlich:법적인,

※rechtmäßig:적법한/합당한/권리 있는

rein

rein:순수한, ※bloß:순전한, einfach:단순한, lauter:순정〔純正〕한/숫제,

echt:진정한/진짜의

Rezeptivität

Rezeptivität:수용성, Empfänglichkeit:감수성/수취(가능)성/수취력/

수용(가능)성/얻을 수 있음/받을 수 있음, Affektibilität:감응성

schaffen

schaffen:창조하다, erschaffen:조물하다/창작하다, schöpfen:창조하다, Schaffer:창조자, Schöpfer:창조주, Erschaffer:조물주, Urheber:창시자, Demiurgus:세계형성자〔世界形成者〕/세계제조자

Schema

Schema:도식〔圖式〕, Schematismus:도식성〔圖式性〕, Bild:도상〔圖像〕/상〔像〕/형상〔形像〕/그림, Figur:도형〔圖形〕/모양/모습/형상〔形象〕, Gestalt:형태

Schöne(das)

Schöne(das):미적인 것/아름다운 것, Schönheit:미/아름다움, ※ästhetisch:감성(학)적/미감적/미학적

Schuld

Schuld:빚/채무/죄과/탓, Schuldigkeit(debitum):책임(責任)/채무(債務), Unschuld:무죄/순결무구, Verschuldung(demeritum):부채(負債)/죄책(罪責)

Schüler

Schüler:학생, Jünger:제자, Lehrjünger:문하생, Lehrling:생도, Zögling:사생/생도

Sein

Sein:존재/임〔함〕/있음, Dasein:현존(재), Existenz:실존(재)/생존, Wesen:존재자/본질

Selbstliebe

Selbstliebe:자기사랑, philautia:自愛, Eigenliebe:사애〔私愛〕

selbstsüchtig

selbstsüchtig:이기적, eigennützig:사리〔私利〕적, uneigennützig:공평무사한

sich

an sich: 자체(적으)로, an sich selbst: 그 자체(적으)로, für sich: 그것 자체(적으)로/독자적으로

sinnlich

sinnlich:감성적/감각적, Sinnlichkeit:감성,
Sinn:감(각기)관/감각기능/감각, Sinneswesen:감성존재자,
Sinnenwelt(mundus sensibilis):감성〔각〕세계(感性〔覺〕世界),
Sinnenvorstellung:감관표상/감각표상, Sinnenobjekt:감각객관/감각객체,
Sinnengegenstand:감각대상, Sinnerscheinung:감각현상,
sensibel:감수적/감성적/감각적, sensitiv:감수적/감각적,
Empfindung:감각/느낌, Gefühl:감정/느낌

Sitz

Sitz(sedes):점거(占據)/점거지(占據地)/거점(據點)/자리/본거지/거처,
Niederlassung:거주, Ansiedlung(incolatus):정주(定住),
Lagerstätte:거소/침소

sogenannt

sogenannt:이른바, so zu sagen:소위/이른바, vermeintlich:소위,
angeblich:세칭〔世稱〕/자칭, vorgeblich:소위/사칭적

sparsim

sparsim:대충/군데군데/分散的으로

sperrbar

sperrbar:저지할 수 있는/차단할 수 있는, Sperrbarkeit:저지할 수 있음/
차단할 수 있음, coërcibilis:沮止 可能한, coërcibilitas:沮止可能性

Spiel

Spiel:유희/작동

Spontaneität

Spontaneität:자발성, Selbsttätigkeit:자기활동성

spröde

spröde:부서지기 쉬운, zerreiblich:갈아 부술 수 있는,
zerreibbar:부술 수 있는, friabilis:破碎的/磨碎的, fragilis: 脆性的,
zerspringen:파열하다

Standpunkt

Standpunkt:견지/입장/입지점, Stelle:위치/지위/자리, Status:위상

Strafe

Strafe:형벌/처벌/징벌/벌, Strafwürdigkeit:형벌성〔형벌을 받을 만함〕, Strafbarkeit:가벌성〔형벌을 받을 수 있음〕, reatus:罪過/違反, culpa:過失/欠缺, dolus:犯罪, poena:罰/刑罰/處罰/補贖, punitio:處罰/懲罰, delictum:過失/犯罪

Streben

Streben:힘씀/추구, Bestreben:애씀/노력/힘씀

streng

streng:엄격한, strikt:엄밀한

Struktur

Struktur:구조, Gefüge:내부 구조/구조물/조직, Textur(textura):짜임새/직조(織組)/직물(織物)

Substanz

Substanz(substantia):실체(實體), Subsistenz:자존〔自存〕성/자존체, subsistierend:자존적〔실체적〕, bleiben:(불변)존속하다/머무르다, bleibend:(불변)존속적〔/하는〕, bestehen:상존하다/존립하다, beständig:항존적, Dauer:지속, beharrlich:고정(불변)적, Beharrlichkeit:고정(불변)성

Sünde

Sünde:죄/죄악, ※peccatum:罪/罪惡, Sündenschuld:죄책, Sühne:속죄/보속/보상/처벌, Entsündigung:정죄〔淨罪〕, Genugtuung:속죄/보상/명예회복, Erlösung:구원/구제, Versöhnung:화해, Expiation:속죄/보상/죄갚음, Büßung:참회/속죄/죗값을 치름, bereuen:회개하다, Pönitenz:고행

Synthesis

Synthesis:종합, Vereinigung:합일/통합/통일, Einheit:통일(성)/단일(성)/하나

Teil

Teil:부분/부〔部〕, Abteilung:부문, Portion:분량〔分量〕/몫

transzendental

transzendental:초월적〔아주 드물게 초험적/초월론적〕, transzendent:초험적/초재적, immanent:내재적, überschwenglich:초절적/과도한, überfliegend:비월적〔飛越的〕, Transzendenz:초월

trennen

trennen:분리하다, abtrennen:분리시키다, absondern:떼어내다/격리하다/분류하다, isolieren:격리하다/고립시키다

Trieb

Trieb:추동〔推動〕/충동, Antrieb:충동, Triebfeder:(내적) 동기, Motiv:동기

Trug

Trug:속임(수)/기만, Betrug:사기, ※Täuschung:착각/속임/기만/사기, Blendwerk:기만/환영〔幻影〕/현혹, Vorspiegelung:현혹/꾸며댐, Hirngespinst:환영〔幻影〕, Erschleichung:사취/슬쩍 손에 넣음/슬며시 끼어듦, Subreption:절취, Defraudation(defraudatio):편취(騙取)

Tugend

Tugend:덕/미덕, Laster:패악/악덕, virtus:德, vitium:悖惡/缺陷, peccatum:罪/罪惡, Verdienst(meritum):공적(功德), ※malum:惡/害惡/禍

Übereinstimmung

Übereinstimmung:합치, Einstimmung:일치/찬동, Stimmung:조율/정조〔情調〕/기분/분위기, Zusammenstimmung:부합/합치/화합/단결, Verstimmung:부조화/엇나감, Übereinkommen:일치, Angemessenheit:(알)맞음/적합/부합, Harmonie:조화, Einhelligkeit:일치/이구동성, Verträglichkeit:화합/조화, Entsprechung:상응/대응, Konformität:합치/동일형식성, Kongruenz:합동/합치, korrespondieren:대응하다,

adaequat:일치하는/부합하는/대응하는/부응하는/충전한,

cohaerentia:一致/團結/粘着

Übergang

Übergang:이행[移行], Überschritt:이월[移越]/넘어감,

Überschreiten:넘어감/위반, Übertritt:이월[移越]/개종/위반,

transitus:移行, ※Transzendenz:초월

überhaupt

überhaupt:일반적으로/도대체, überall:어디서나/도무지,

denn:대관절/무릇

Überzeugung

Überzeugung:확신, Überredung:신조/설득/권유,

Bekenntnis:신조/고백

Unterschied

Unterschied:차이/차별/구별, Unterscheidung:구별,

Verschiedenheit:상이(성)/서로 다름, unterscheiden:구별하다/판별하다

Ursprung

Ursprung:근원/기원, Quelle:원천, Ursache:원인/이유,

Kausaltät:원인(성)/인과성, Grund:기초/근거/이유

Urteil

Urteil:판단/판결, Beurteilung:판정/평가/비평/가치판단/판단,

richten:바로잡다/재판하다/심판하다

Veränderung

Veränderung:변화, Abänderung:변이[變移]/변경, Änderung:변경,

Umänderung:변혁, Wechsel:바뀜/변전[變轉], Wandeln:변모/전변[轉變],

Umwandlung:전환/변이, Verwandlung:변환

Verbindung

Verbindung(conjunctio):결합(結合)/관련/구속/결사[結社],

Verknüpfung(nexus):연결(連結)/결부, Anknüpfung:결부/연결/유대,

Knüpfung:결부/매듭짓기, Bindung:접합

Verbrechen

Verbrechen:범죄, Übertretung:위반/범법, Vergehen:범행/위반/소멸, Verletzung:침해/훼손/위반

verderben

verderben:부패하다/타락하다/썩다, Verderbnis:부패, Verderbheit(corruptio):부패성(腐敗性)

Verein

Verein:연합, Verbund:연맹, Koalition:연립

Vereinigung

Vereinigung:통합〔체〕/통일〔체〕/합일/조화/규합, Vereinbarung:합의/협정/합일/화합

Vergnügen

Vergnügen:즐거움/쾌락/기뻐함, Unterhaltung:즐거움/오락, Wo〔h〕llust:희열/환락/쾌락/음탕, Komplazenz:흐뭇함, Ergötzlichkeit:오락/열락/흥겨움/기쁨을 누림, ergötzen:기쁨을 누리다/흥겨워하다/즐거워하다, ergötzend:흥겨운/즐겁게 하는

Verhältnis

Verhältnis:관계/비례, Beziehung:관계(맺음), Relation:관계

Vernunft

Vernunft:이성, ratio:理性, rationalis:理性的, rationis:理性의

Verschiebung

Verschiebung:변위〔變位〕, verschieben:옮기다/변위하다, Verrückung:전위〔轉位〕, verrücken:위치를 바꾸다, Ortsentmischung(dislocatio):전위(轉位)

Verstand

Verstand:지성〔아주 드물게 오성〕, verständig:지성적/오성적, Unverstand:비지성/무지/어리석음,
※intellektuell:지성적, intelligibel:예지〔叡智〕적

vollkommen

vollkommen:완전한, vollständig:완벽한, völlig:온전히, vollendet:완결된/완성된, ganz/gänzlich:전적으로

Vorschrift

Vorschrift:지시규정/지정/규정〔規程〕/규율/훈계, vorschreiben:지시규정하다/지정하다

wahr

wahr:참인〔된〕/진리의, Wahrheit:진리/참임, wahrhaftig:진실한, Wahrhaftigkeit:진실성

weil

weil:왜냐하면(~ 때문이다), denn:왜냐하면(~ 때문이다)/무릇(~ 말이다), da:~이므로/~이기 때문에

Wette

Wette:내기/시합, Wetteifer:겨루기/경쟁(심), Wettstreit:경합, Nebenbuhlerei:경쟁심

Widerspruch

Widerspruch:모순, Widerstreit:상충, Widerspiel:대항(자), Widerstand:저항

Wille

Wille:의지, Wollen:의욕(함), Willkür(arbitrium):의사(意思)/자의(恣意), willkürlich:자의적인/의사에 따른/의사대로, Willensmeinung:의향, beliebig:임의적, Unwille:억지/본의 아님, unwillig:억지로/마지못해, Widerwille:꺼림, freiwillig:자유의지로/자원해서/자의〔自意〕적인/자발적

Wirkung

Wirkung:작용결과/결과, Folge:결과, Erfolg:성과, Ausgang:결말

Wissen

Wissen:앎/지〔知〕/지식, Wissenschaft:학문/학〔學〕/지식, Erkenntnis:인식, Kenntnis:지식/인지/앎

Wohl

Wohl:복/복리/안녕/편안/평안/건전, Wohlsein:복됨/평안함/안녕함/건강/잘함, Wohlleben:유족〔裕足〕한 삶, Wohlbefinden:안녕/평안, Wohlbehagen:유쾌(함), Wohlergehen:번영/편안/평안, Wohlfahrt:복지, Wohlstand:유복, Wohlwollen:호의/친절, Wohltun:친절(함)/선행, Wohltat:선행/자선, Wohltätigkeit:자선/선행/자비/자애/선량함/인자, benignitas:仁慈/慈愛, Wohlverhalten:훌륭한〔방정한〕 처신

Wunder

Wunder:놀라움/기적, Bewunderung:경탄, Verwunderung:감탄, Erstauen:경이, Ehrfurcht:외경, Schauer:경외

Würde

Würde:존엄(성)/품위, Würdigkeit:품격〔자격〕/품위, würdig:품격 있는, Majestät:위엄, Ansehen:위신/위엄, Qualifikation:자격, qualifiziert:자격 있는/본격적인

Zufriedenheit

Zufriedenheit:만족, unzufrieden:불만족한〔스러운〕, Befriedigung:충족 ※Erfüllung:충만/충족/이행〔履行〕

Zusammenfassung

Zusammenfassung(comprehensio):총괄(總括)/요약/개괄, Zusammennehmung:통괄/총괄

Zusammenhang

Zusammenhang:연관(성)/맥락/응집/응집력, Zusammenhalt:결부/결속/응집, Zusammenfügung:접합/조성, cohaesio:凝集, ※Bindung:접합

Zusammenkommen

Zusammenkommen:모임, Zusammenstellung:모음/편성

Zusammensetzung

Zusammensetzung(compositio):합성(合成)/구성(構成), Zusammengesetztes(compositum):합성된 것/합성체(合成體)

Zusammenziehung

Zusammenziehung:수축/압축, Kontraktion:수축/축약, Konstriktion:수축

Zwang

Zwang:강제, Nötigung:강요

Zweck

Endzweck:궁극목적, letzter Zweck:최종 목적, Ziel:목표, Ende:종점/끝

〚유작〛

〔제1묶음〕~〔제3묶음〕

역주

"유작. 제1묶음, 전지11, 3면(칸트 육필원고)"

편자 서문

XXI, V

칸트의 이 미완성의 유작은 칸트가 1796년부터 1803년까지, 그러니까 그의 정신력이 완전히 쇠잔해갈 무렵까지 작업한 결과물인데, 칸트연구는 이를 오래 전부터 과제로 다루고 있다. 이제 기이한 숙명으로 이 유작의 전집판을 처음으로 여기서 출간하는 바이다. 우리는 이에 관해 이 유작의 내용과 함께 제2권의 안내글[1]에서 보고할 것이다. 지금까지 칸트의 수고〔手稿〕 중에서 출간된 것은 전체의 일부였고, 이것들마저 완벽하게 복원되지 못했다. 라이케[2]가 1882년부터 1884년까지 《구〔舊〕프로이센 월보》[3] 제19~21권에 묶음글 I, II, III, V, VII, IX, X, XI, XII를 인쇄하였다. 그런데 그중 대부분이 발췌였고, 심지어는 여러 차례 문체적으로 개작한 것이었다. 1884년에 원고를 취득한 크라우제는 그 내용을 이해할 수 있도록 하기 위하여, 선별한 원문을 그 자신의 서술과 함께 나란히 실어 출판하였다. (A. Krause, 『칸트 유작(*Das nachgelassene Werk I. Kants*)』, 1888; A. Krause, 『칸트의 마지막 사유들(*Die letzten Gedanken I. Kants*)』, 1902; 이 밖에도

---

1) AA XXII, S. 751~789 참조.

2) Rudolf Reicke(1825~1905). 독일 역사학자.

3) *Altpreußische Monatsschrift*. Rudolf Reicke와 Ernst Wichert에 의해 창간되어 칸트 도시 Königsberg에서 1864년부터 1923년까지 발행된 학예지이다.

A. Krause, 『칸트, 쿠노 피셔를 반박하다(*I. Kant wider Kuno Fischer*)』, 1884 참조)

나머지 칸트 유고의 편찬자인 에리히 아디케스 또한 다수의 문서들의 복원을 통해 조명한 이 저작을 내놓기로 결심하였다.(Erich Adickes, 『칸트 유작(*Kants opus postumum*)』, 1920 참조) 그때 그는 유감스럽게도 라이케의 본문을 대부분 이어받았다. 그럼에도 아디케스의 책에서 『유작』의 개개 조각글들의 사실적인 · 발생적인 연관성에 대한 최초의 분석이 이루어진 것은 그의 공적으로 남는다. 그에 관해서는 이전에 한스 파이힝거[4]가 약간 추정했을 뿐이었다. 아디케스에 의해 작성된 계획은 전체적으로는 족히 신뢰할 만하
XXI, VI 며, 그래서 이 판본의 II권의 부록에도 덧붙일 것이다. 그렇게 되면 본문을 아마도 생겨났던바 맥락대로 읽을 수 있을 것이다.

이 판본의 편찬 작업자들이 이 기초를 이어나갈 것을 결심하지 못하고, 그 대신에 일단 제시되어 있는 형태로 고문서학적으로 충실하게 수고[手稿]를 인쇄함이 더 옳다고 여겼다면, 그에 대해서는 아디케스가 적용한 다수의 기준들이 다툼의 여지가 있고, 특히 전체에 대한 해석이 주어지지 않고서는, 확실한 것과 불확실한 것을 구별하는 일이 불가능하다는 것이 결정적이었다. 이 학술원판에서는 어떤 경우라도 주관적으로 작업하는 일은 피해야 했다. 이러한 보수적인 원칙에 따르고 나면, 물론 그 자체로는 외적 연관성에 관한 아무런 의심거리가 없는 그러한 조각글들도 기왕에 주어져 있는, 부분적으로는 역사적으로-우연한 배열순서 그대로 둘 수밖에 없었다. 필수적인 범위 내에서 독자는 각주[5]에서 꼭 필요한 참고사항을 얻을 것이다. 예컨대 제5묶음의 인쇄전지 8, 9, 10의 몇몇 대목들(554면 이하)은

---

4) Hans Vaihinger.

5) 이 "각주"는 AAXXII, 791~824에 실려 있는 주해를 지시하지만, 이 한국어본은 이 주해를 문자대로 옮겨 싣지 않는다. 칸트 관련 자료의 환경이 판이한 한국어 독자에게는 무의미한 것도 있을 뿐만 아니라, 오히려 또 다른 주해나 해설이 필요한 사항도 있어서, 이 한국어본의 역자는 원서의 각주 내용을 참고하되 독자적인 각주를 붙인다.

제12묶음[6]에 담겨 있는 사본의 원본인데, 이것들을 이런 이유에서 이중으로 인쇄에 부쳤다. 이런 정도의 사소한 반복을 감수하는 것이 일단 제시되어 있는 칸트 수고의 배열순서를 완전히 뒤바꾸는 것보다는 더 나아 보였다.

두말할 것도 없이 주석 없이는 어떠한 『유작』의 판본이라도 작업을 마칠 수 없을 것이다. 그렇게 하기에는 원문이 너무 많이 훼손되어 있다. 우리는 원문 각주와 참고자료 제시를 나누어서 하는 것이 옳다고 보았다. 그래서 참고자료 제시는 표제어 목록과 함께 II권의 부록에서 할 것이다. 원문 각주는 추가되거나 삭제된, 그리고 명백히 잘못 쓰인 대목들, 잉크가 바뀐 것들, 아디케스와 크리우제, 그리고 라이케에 의해 이미 변형된 것들, 원문 이해를 위해 필요불가결하게 교정해야 할 것들을 언급한다. 그러나 이 또한 최소한으로 제한할 것이다. 아주 결함이 많은 칸트의 구두법도, 분절 부호들 중 대개의 쉼표를 없애는 것을 제외하고는, 있는 그대로 두었다. 그래서 XXI, VII
이미 여러모로 해석을 포함하고 있는, 아디케스가 제안한 방식으로 보완하지 않았다. 다른 원고들과 어긋나는 (시기적으로 마지막의) 제1묶음 글의 성격에 관해서는 사적인 비망록들을 그것들의 주위와 분리시키지 않았다. 그것들은 때로(예컨대, 129면) 아주 독특한 방식으로 내용적인 주해로 넘어간다.

원문 각주에서 사용된 약호는 아래와 같다: A. = Adickes, K. = Krause, R. = Reicke, g.Z. = 동시 추가, s.Z. = 나중의 추가, δ= 삭제, Δa.와 Δz. = 삭제된 긴 대목의 처음과 끝. v.a. = …에서 수정, v.i. = …로 수정, Ct. = 혼성어, al. = 행 바꾸기(전 행의 끝말 반복), sc. = 즉.[7] — 칸트의 글쓰기 방식을 볼 수 있도록 제1묶음 글의 육필원고 복사본 일부(전지11, 3면)[8]를 싣는다.

---

6) AA XXII, 543 이하 참조.

7) 이상 이 단락의 원문 편찬 요령의 약호에 대한 설명은 "원문 각주"를 이 역서에는 옮겨 담지 않았기 때문에 이 역서와는 관련성이 없다. 짐작할 수 있듯이, 역서에서는 거의 반영해낼 수 없는 사안들에 관한 것이다.

칸트 수고의 소유자인 함부르크의 크라우제(A. Krause) 박사님께 이 책의 원고를 양도해주신 것에 대해 감사드리는 것은 우리의 당연한 도리이다.

베를린, 1935년 10월 2일

아르투어 부헤나우

게르하르트 레만

8) 이 역서에는 이 '편자 서문' 앞에 견본으로 실어놓았다.

제1묶음

겉표지, 1면 XXI3

초월//철학은 이성원리들의 총괄로서, 선험적으로 하나의 체계 안에서 완성된다. (즉 인식의 형식을 세우는 하나의 도식 안에서. 그런가 하면 인식의 질료는 형식들을 저 원리들에 따라 완벽하게 현시한다.)

초월적인 인식에는 경험적인 인식이 맞서 있는데, 경험적인 인식은 단지 직관의 개별자만을 다룬다.

올버스[1]의 행성.[2]

최고 존재자는 모든 것을 알고, 모든 선한 것을 의욕한다.

로드[3] 경의 **장학금**.[4]

---

1) Wilhelm Olbers(1758~1840)는 Bremen의 의사이자 아마추어 천문가로서, 1797년에 혜성 궤도들의 계산에 관한 논문을 썼으며, 그 밖에도 천문학상의 여러 가지 발견을 통해 유명했다.

2) 여기서 행성은 올버스가 1802년에 화성(Mars)과 소행성인 Ceres 사이에서 발견한 Pallas 별을 지칭하는 것으로 보인다. 올버스는 1780, 1796, 1798년에도 다수의 혜성을 발견하였다.

3) Jakob Friedrich von Rohd(1704~1784)는 쾨니히스베르크 인근 지역인 Spandienen의 세습 장원 주(主)였다.

4) 이 제1묶음 글의 겉표지가 1801년 5월 22일 로드 경의 추모강연회 초대장인데, 그 초대장에 "동프로이센 학교 소식"이 함께 실려 있다. 여기서 장학금이란 아마도 이와 연관된 것으로 보인다.

슈판디넨 지역.[5]

그 사람 **피길란티우스.**[6]

그러나 코마 비질[7]에 시달리지 않는 사람.[8]

전자는 사업가가 될 수 있고, 후자는 어떤 사업도 할 수 없다. 그는 한 상념에 매여 있고, 너무 경직되어 있어서 다른 생각으로 나아가고 옮겨가거나 확장해갈 수가 없다.(전진하지도 후진하지도 못한다.)

마비상태.

내 나이 80에.

76세 그리고 77세 이후로는.

마비상태. 지속적인 불면증.

XXI4 분문[噴門] 팽만[9]의 주관적 원리에 따라 이걸 주관적인 것 말고 다른 것으로는 생각할 수 없다. 별이 총총한//하늘의 현상들에 따르는 것 — 이제 이것 자체가 한낱 현상 내지 현실이다.

겉표지, 3면(제2면은 공백)

공간과 시간상의 무한한 것; 그러나 무한한 공간이 아니며, 무한한 둘이 아니다.

---

5) Spandienen. 쾨니히스베르크 인근 지역.

6) 칸트는 여기서 그의 식탁친구이자 상담자인 정부법률고문 Johann Friedrich Vigilantius (1757~1823)를 생각하고 있다. AA XXVII475~732에 Vigilantius가 1793/94 겨울학기에 수강한 칸트 윤리형이상학 강의록이 수록되어 있다.

7) coma vigil: 불안과 불면증을 수반하는 마비상태. 칸트 자신이 이러한 상태를 겪었다.

8) 칸트는 여기서 코마 비질을 겪고 있는 자신과 이를 겪지 않는, 그의 법률 자문인 Vigilantius를 나눠 생각하고 있다.

9) 칸트는 체증과 위와 복부의 팽만으로 고통을 받고 있었는데, 이에 대한 불평과 호소를 담은 비망록(특히 1803년 2월 15일부터 3월 12일 사이에)이 남아 있다. 그리고 이에 관한 Wasianski의 보고도 있다.(A. Hoffmann(Hs.), *Immauel Kant, Ein Lebensbild: Nach Darstellungen der Zeitgenossen Jachmann, Borowski, Wasianski*, Halle 1902, S. 370 이하 참조)

초월철학은 이념상에서의 이 둘의 예취이다. — 그것은 신이다.

그것은 곧 도덕적-실천적 이성의 이념상에서의 신이다. 이 이성은 그 자신을 항상 감시하고 조로아스터와 같은 하나의 원리에 따라 행위들을 이끈다.

(임〔마누엘〕 칸트)

세계공간〔우주〕은 물체〔세〕계의 보편적인 토대로 생각되며, 그리고 비어 있지만 자립적으로 존속하는 것으로 생각된다.

조로아스터: 하나의 감관//객관에 통합되어 있는, 물리적이면서 동시에 도덕적으로 실천적인 이성의 이상.

(임〔마누엘〕 칸트)

왕으로부터

신에게 보호, 이곳에서 기적 만들기. 페시포[10]

초월철학은 신의 현존에 대한 가설로 이끌지 않는다. 무릇 이 개념은 **초절적**이니 말이다.

사람들은 쉽게 이 개념을 쓴다. 그러나 만약 이 개념이 우주의 정신으로 요청되지 않는다면, 초월철학 또한 없을 터이다. 예컨대 약품들의 사용에서, 빈번한 유사한 지각들의 포착이 경험을 만드는 것이 아니라, **원인들**과 결과들**의 연관**의 연쇄가 경험을 만든다.

경험에 의해서가 아니라, 맨 먼저 우리는 경험을 위해 감각경험적인 것을 규정해야만 한다. 약물이론을 위해서는 특히 경험적이어야 하지만, 즉각적으로 해서는 안 된다.

경험에서 출발할 수는 없고, 맨 먼저 지각들에서 출발해야 한다. XXI5

지각들이, 지각들의 연결의 하나의 원리에 따라서 경험을 만들며, 그것도 사람들이 지각들을 하나의 체계로 만듦으로써 하나의 경험을 만든다.

---

10) Phesipeau. 정확히 누구를 지칭하는지는 알 수 없다. 어쩌면 Montesquieus의 친구이자 학술원 회원이었던 J. F. Phélypeaux(1701~1781)일 것이라는 추정이 있다. 이 인용문의 출처도 분명하지 않다.

로마 황제 외에는 달리할 수 없다.

골상학 **이행시**[11] 어떤 손님의

빈에서[12] 선물

하나의 철학

철학에서 **나에게 깃털 덮개를 준 이**

이념의

실재성

아몬드과자는 러시아 성직자들한테서 얻어온 것이다 — 크리스마스의 미식[美食] — 부활절을 목표로 한다. **부활절과자** (**큰 덩어리**나 **작은 덩어리 빵**에서 떼어낸) **덩어리과자**, **후추과자**의 철

신, 세계, 인간의 영혼, 그리고 모든 사물 일반에 대하여.

수학 또한 도구로서 그 안에 포함될 수 있다

초월철학 없이는 우리 자신이 경험을 위한, 우리의 인식과 기타 무엇인가를 위한 수단을 조달하지 못할 터이다.

철학은 개념들에 의한 순수 이성의 형식적인 것으로서가 아니라 (신, 세계, 인간 영혼의) 이념들의 질료적인 것으로서, 주관적으로뿐만 아니라 객관적으로 (이 두 가지가 통합되게 그 자신 지혜로서 서술한다)

그러므로 만약 **의지**의 자유라면

순수 — **응용 철학**

초월철학은 **객관**이나 **주관**에 관한 것

그 전체 총괄에서의 또는 그 체계 전체에서의 순수 철학. 지혜로 이끄는 학문을 위한 앞뜰 조로아스터

---

11) Xenien. 1797년에 Goethe와 Schiller의 합작으로 발표된 풍자 이행시. 이에 관해 1799년 1월 1일 자 편지에서 J. H. I. Lehmann은 칸트에게 정보를 주고 있다.(XII272 참조)

12) 칸트의 동료 물리학 교수 Carl Daniel Reusch(1735~1806)의 장남인 의사 Karl Reusch(1776~1813)가 빈에서 골상학 강연을 듣고, 골상 모형을 가지고 온 일이 있었다.

신과 세계의 구분이 무방한가?

모든 앎은 a. 학문 b. 기예, c. 지혜(理智, 智慧). 마지막 것은 순전히 주관 XXI6
적인 어떤 것

지혜를 **소유하다** 지혜를 **알다** 현자들〔방식〕을 **보다**

자연학, **우주론 우주**, **신학 목적론 인간학 전체론** 존재자 전체

동의의 박수의 **환호** 거부의 **항의**와 (거절하는) **반환청구**

(셰프너[13] 씨)

[분문 팽만으로 인한 견딜 수 없는 고통]

학문 — 지혜 — — 이론 교설〔教說〕로서의 두 가지

철학은 학문으로서의 이성인식이되, 객관적으로는 학문이고, 주관적으로는 자기 자신에 대한 가르침이다.

상트 오메르 1번과 볼롱게로[14]

초월철학 곧 신과 세계에 대한 이론.

석영〔石英〕, 장석〔長石〕, 운모〔雲母〕와 함께 **고정된 공기**(탄산가스)

도르파트의 모르겐슈테른[15] 박사님

(**황도 평면상의** 황도광〔黃道光〕) 리히텐베르크.[16]

조로아스터 조로아스터.

---

13) Johann Georg Scheffner(1736~1820). 프로이센 왕실 재산관리인으로 칸트와 친교 하였으나, 오랫동안 서로 보지 못하다가(1799. 1. 24 자 칸트가 Scheffner에게 보낸 편지, XII273 참조) 칸트가 생애 마지막 생일이었던 1803년 4월 22일 잔치에 초대했다.

14) St. Omer는 칸트에게 G. A. Kuhn이 애써 구해서 보내준 담배이다.(1798. 11. 20 자 Kuhn이 칸트에게 보낸 편지, XII261 참조) Bolongero도 담배로 추정된다.

15) Morgenstern(1770~1852)은 처음에는 Halle 대학의 고전문헌학 사강사를 하다가, 1802년에 Dorpat 대학의 교수에 취임했다. 이 젊은 교수가 1802년 10월 교수 부임하러 가는 길에 쾨니히스베르크에 들러 칸트를 방문하였다 한다.

16) Georg Christoph Lichtenberg(1742~1799)는 계몽주의 시대의 대표적인 수학자이자 물리학자이며 천문학자이다. 1780년에 Göttingen 대학의 물리학 정교수로 취임했는데, 이미 1778년부터 실험물리학 강의를 시작했으며, 1784년부터 편찬해낸 『자연학의 기초원리(*Anfangsgründe der Naturlehre*)』는 당대의 물리학 교과서가 되었다. 칸트와 많은 문통을 하였으며(XIII652 참조), 서로 많은 영향을 주고받았다.

교회 오르간 위의 박사 — 루터

와인과 여자와 노래를 좋아하지 않는 자는 바보로 남는다…

철학은 인간에게는 언제나 미완성인 **지혜를 향한 애씀/노력**이다.

지혜론조차도 인간에게는 너무나 높다.

초월철학은 이성 자신이 기획하는 전체에 대한 파악의 이념이다.

인간의 음식 1. **즙 섭취**, 2. **가루 섭취**, 3. 고기-섭취.

하나의 학문의 이론으로서의 철학은 순수 이성의 인식의 산물이다.

XXI7 학문과 지혜: 이 두 가지는 선험적 원리들에 의한(따른)다.

철학 — 하나의 **인식행위**로서, 그 산물은 한낱 (수단으로서의) 학문이 아니라, 또한 목적 그 자체로서의 **지혜**를 목표로 한다. — 그래서 (신 자체에 기초하고 있는 무엇인가로 끝난다).

겉표지, 4면

초월//철학 없이는, 어떤 방식으로 어떤 원리에 따라 체계로서의 하나의 계획을 기획할 수 있을지 개념을 잡을 수가 없다. 이성에게는 이에 따라 하나의 이성인식을 위해 연관 지어진 하나의 전체가 설립될 수 있으며, 만약 사람들이 이성적인 인간을 자기 자신을 아는 존재자로 만들려 하지 않는 것이 아니라면, 이런 일은 응당 일어나야 하는 것인데도 말이다.

필연적으로 (근원적으로) 사물들의 현존을 이루는 것은 초월철학에 속한다.

신성한 존재자로서의 신은 비교급이나 최상급을 가질 수 없다. — 신은 오직 하나[一者]일 수 있는 것이다.

초월철학은 사물들이 그에 맞춰 세워져야 할 원형으로서 어떤 사물을 주장하는 것에 선행한다.

프라하의 폴거[17] 수도원장

로드 경의 장학금

그것을 하기 위해서는, 경험에 의한 포착이 아니라, 경험을 위한 체계 전체

내에서의 초월적 인식에 의한 서술

사람들은 경험의 원리들을 경험에 기초할 수 없고, 맨 처음에 지각에 기초할 수밖에 없다. 선험적 원리로서 그러고 나서는 초월//철학에 의해 초월적 전진에 의한 대상들에로.

각각의 수는 하나의 크기〔量〕이다. 그러나 그 역〔逆〕은 그렇지 않다. 量은 連續量이거나 分割量으로 간주된다.

그것은 부속적인 것이 아닌, 자립적인 지혜(原本的)이다(조로아스터) XXI8

그러므로 (경험에서 도출된 것이 아닌) **순수** 철학의 체계는 경험에 **의한** 것이 아닌 것을 **위한** 것이다

순수 철학 체계의 **절대적** 전체에 대한 서술

증가와 개선 없이, 모든 것과 하나인 하나의 체계.

초월철학 옆에 또는 위에 또 하나의 **초험적인** 것이 있는가? **그렇다:** 경험 일반의 가능성을 위한 **순전히 문제성 있는** 것이 있다.

A. 초월철학은 그것들 안에서 선험적 종합 인식이 자기 자신을 객관으로 현시하고, 그것도 경험적 원리들 없이 기초에 놓는, 모든 **형식들**의 총괄이다. 개념들에 의한 것 안의 **경험이 아니다**

B. **초월철학은 이성인식 체계의 절대적 전체에서의** 선험적 **종합적 이성** 인식의 **원리이다.**

초월철학은 모든 소재에 앞서 그 자신 사고의 객관에 대한 인식을 위해 예습하는 학문이다. 체계의 전체에서 사고의 형식적인 것을 선험적으로 현시하면서 말이다. 그래서 수학은 초월철학에 속하지 않는다.

발자취가 아니라 발자국

토막 난 엄지손가락

집시 — **인도인**

---

17) G. J. Volger(1749~1814)는 프라하 대학의 음향학 원외 교수로 1801년 11월 9일에 교수 취임강연을 하였다.

XXI9

신의 실존

초월철학은 개념들에 의한 종합적 인식 전체의 체계에 대한 학문이며, 그런 한에서 그것은 형식적인 것이고, 저 전체에서 내용을 추상하는 것이다.

수학 자신은 도구로서 철학적으로 다루어질 수 있다.

피아노, 그랜드 피아노, 소형 오르간, 오르간.

제1묶음, (반)전지1, 1면

모든 앎/지식의 한계로의 이행〔移行〕 — 신과 세계.

초월철학의 이념들의 하나의 종합적 체계 안에 상호 관계 속에서 제시된, 존재자 모두와 신과 세계.

I.

선험적 개념들에 의한 종합적 인식 체계의 질서 안에서, 다시 말해 초월철학 안에서 체계의 완성으로의 이행을 이룩하는 원리는 다음의 두 물음에서의 초월적 신학의 원리이다.

1.
신은 무엇인가?

2.
신은 있는가?

§

신의 개념은 권리를 가진 한 존재자 내의 한 **인격**〔**위격**〕의 개념이다. 이 인격에 대항해서는 어떠한 타자도 권리를 소유하지 못한다. 그것이 하나

〔一者〕이든 일종〔一種〕이든(신이든 신들이든) 말이다. 그럼에도 이것은 인격성, 의사〔意思〕를 소유함에 틀림없다. 이러한 질〔質〕이 없다면 그것은 신들이 아니라 우상(偶像)들, 다시 말해 물건들일 터이다.

그러한 인격〔위격〕을 갖는 것은 여럿일 수가 없다. 다시 말해 하나의 신 XXI10
이 있다면, 그 신은 동시에 그 인격에 유일하고, 다수의 신들이 있지 않다. 왜냐하면 여러 신들의 개념이 전적으로 동일할 터이기 때문이다. 사람들이 경배하는 여러 가지 것들은 신들일 터이고, 이러한 신들에 대한 경배란 **미신** 내지 **우상숭배**로, 그런 우상숭배는 악마적인 것이다.

§

신과 세계는 각각이 수적으로 하나임(개별성)을 자신의 안에 함유하는, 실존하는 존재자들의 구분지〔區分肢〕로 생각된다. 다시 말해 사람들은 공간들과 시간들을 말할 수 없듯이, 신들과 세계들을 말할 수 없다. 무릇 이 모든 것들〔공간들이니 시간들이니 하는 것〕은 하나의 공간 및 하나의 시간의 부분들일 따름이니 말이다.

바로 이것이 경험에 대해서도 타당하다. 즉 사람들은 경험의 크기〔양〕를 경험들에가 아니라 절대적 통일〔하나임〕로서의 경험에 의거할 수 있는 것이다. 무릇 지각들의 절대적 완벽성은 생길 수가 없다. 왜냐하면, 이는 경험적일 터인데, 그러나 이에는 결함의 의심이 상존할 것이기 때문이고, 그래서 선험적으로는 경험 가능성의〔경험을 가능하게 하는〕 원리 외에는 남는 것이 있을 수 없기 때문이다.

신의 개념 안에서 사람들은 하나의 인격을 생각한다. 다시 말해 **첫째로** 권리들을 갖되, **둘째로** 의무들에 제한받음 없이 의무의 지시명령을 통해 다른 모든 이성적 존재자들을 제한하는 하나의 이성적 존재자를 생각한다.

세계 안에 도덕적//실천적 이성의 최고 객체를 실현하는 일 — **신**과 **세계** XXI11
는 그들의 의욕의 대상들을 형성한다. 사물들의 전부: 最高 *存在者* 最高 〔知性/知的 *存在者*〕[18)]

이성적 존재자들의 전체로서의 세계 안에 또한 그러한 도덕적//실천적 이성의 존재자가, 따라서 법적〔권리의〕 명령이 있으며, 그와 함께 또한 하나의 신이 있다.

그러한 존재자는 순수하게 생각된 모든 질〔質〕에서 가장 완전한 것(最高 存在者, 最高 知性〔知力/知的 存在者〕[19], 最高 善)이다. 이 모든 개념들은 선언〔選言〕적인 판단에서 통합된다. 즉 **신**과 **세계**는 존재자 전부를 포괄하는, 부정적 또는 반대의 대당(反對 對當[20])의 실재적 구분 중에 있다.

이 둘은 최대한의 것이다. 하나는 정도의 면에서(질적으로), 다른 하나는 공간적 범위의 면에서(양적으로) 규정된다. 하나는 순수 이성의 대상으로, 다른 하나는 감관대상으로. 이 둘은 무한하다. 즉 전자는 공간·시간상의 현상의 크기로서, 후자는 정도의 면에서(힘의 면에서) 힘들에서 한계 없는 활동으로서 (감관대상들의 수학적 또는 역학적 크기로) — **사물 자체**로서 또는 **현상**으로서 하나

지각하고, 감정, 지성[21], 인격성 그리고 **의무 없는 권리**를 갖는 하나의 존재자.

다수의 신들도 생각할 수 없고, 다수의 세계들도 생각할 수 없다. 오직 하나의 신과 하나의 세계만을 생각할 수 있다. 두 이념들은 필연적으로 상호 의존되어 있다. 最高 存在者, 最高 知性, 最高 善(지성, 판단력, 이성). 기술적//실천적 이성과 도덕적//실천적 이성, 그리고 이 둘을 하나의 이념에서 결합하는 원리. — 최고 지성〔지적 존재자〕을 사람들은 이성에 의해 표현할 수 없다. 왜냐하면, 이성은 단지 추리하는 능력에서, 그러므로 매개적으로

18) 칸트 원문에는 형용사 'summa'만 있으나 아래 문단의 유사 표현으로 미루어 볼 때 'intelligentia'를 넣어서 읽을 수 있겠다.

19) 원어: intelligentia. 독일어 표기로는 Intelligenz. 이를 '知性/知力/叡智者/知的 存在〔者〕'로 옮겨 'Verstand'와 구별한다.

20) 원어: contarie oppositum.

21) 원어: Verstand. 이 '지성(知性)'은 앞서 말한 'intelligentia=Intelligenz' 곧 '知性/知力/叡智者/知的 存在者'와 구별하여 옮긴다.

판단하는 능력에서만 성립하기 때문이다.

도덕적//실천적 이성에 모든 인간의 의무들을 신적 지시명령**으로** 보는 XXI12
정언적 명령이 놓여 있다.

기술적//실천적 이성에 숙련성과 기예들이 있다. 도덕적//실천적 이성에 의무들이 있다

실체들로서의 모든 존재자의 총괄이 신과 세계이다. 그중 전자는 병렬된 후자의 집합으로서가 아니며, 후자는 그 현존에서 종속되어 하나의 체계 안에서 그와 결합되어 있는데, 한낱 기술적으로가 아니라 도덕적//실천적으로 결합되어 있다. 전자의 성질이 그것에게 하나의 인격의 질을 선사한다.

자기 자신(의 영혼과 신체)에 대한 사랑은 일반적으로 참이 아니거나 허용될 수 있는 것이 아니지만, 자기 자신에 대한 흡족 없는 호의는 있을 수 있다. 반면에 증오는 있을 수 없다.

열은 방사(放射)적이지 않다. 물체는 열에 대해 흡수적이거나 발산적이지만, 증발적인 것은 아니다.

인격성은 옳음을, 그러니까 하나의 도덕적 질〔質〕을 갖는 존재자의 속성이다. 주체/주관에서의 인격성에 대한 의식은 도덕적//실천적 이성에 속하는 것으로서, 기술적 실천적 이성에 속하는 것이 아니다. 설령 그것이 의무들을 갖는다 해도 말이다. 또는 그것이 의무들을 갖는 **한에서** 말이다. 한낱 **기술적**//실천적 이성뿐만 아니라 **도덕적**//실천적 이성도 갖는다.

신 안에서 모든 초감성적인 존재자들을 직관하는, 최고 존재자에 대한 스피노자의 이념/관념. 도덕적//실천적 이성. **초월적 관념론.**

최고 존재자(最高 存在者)와 존재자들의 존재자(存在者 中 存在者).

이성은 단지 매개적으로 판단하는 지성일 따름이다. 무릇 규칙과 이 규칙 아래에서의 포섭(그 규칙의 경우) 곧 추론은 더 많은 것을 덧붙이지 않는다. 그것은 추리이며, 바꿔 말해 단지 그렇게 일컬어지는 추론인 것이다. 공식〔형식〕은 내용을 증가시키지 않는다.

폰 헤스[22] 씨와 크라우스[23] 교수, 슐츠[24] 씨 또는 푀르슈케[25]와 부목사[26].

XXI13 제1묶음, (반)전지1, 2면

초월철학은 신이라는 개념 아래서, 모든 능동적인, 일체의 감관표상에서 독립적인(순수한 선험적 이성표상) **능동적** 속성들(실재실증성)의 점에서 최대의 실존의 실체에 대해 생각한다. 〔즉 그것은〕 천부적으로 자기 자신을 인식하는, 모든 참된 목적들의 면에서 인간의 지성, 판단력, 이성에 맞는 최고 존재자(最高 存在者, 最高 知性, 最高 善)이되, 감관표상의 모든 대상들과의 능동적 관계에서 그러하다. 그래서 구분이 이루어지며, 신과 세계는 상호 관계에 〔있다.〕

이 둘은 **초월적 관념론**에 따라 최고의 것으로 생각된다. 초월적 관념론

22) Jonas Ludwig von Heß(1756~1823)는 쾨니히스베르크 대학에서 의학을 공부했으며, 1801년 1월에 학위를 취득하고 2월에 쾨니히스베르크를 떠났다. 그가 칸트에게 보낸 작별 인사 편지가 남아 있다.(1801년 2월 4일 자, XII332 참조)

23) Christian Jakob Kraus(1753~1807)는 칸트의 제자이자 친구로 쾨니히스베르크 대학의 실천철학 교수로 재직하고 있었으나, 칸트 말년에는 소원한 관계에 있었다. 베를린 학술원판 전집 VIII에 "Kraus' Recension von Ulich's Eleutheriologie"(VIII451~460)가 실려 있다.

24) Johann Friedrich Schultz(1739~1805)는 쾨니히스베르크 대학의 수학 교수이자 궁정 목사였으며, 1802년에는 쾨니히스베르크 대학 총장직을 수행했다. *Vertheidigung der kritischen Briefe an Herrn Emanuel Kant über seine Kritik der reinen Vernunft, vornehmlich gegen die Bornischen Angriffe*(Göttingen 1792)를 출간하는 등 일찍부터 칸트철학의 확산에 적극적이었다.

25) Karl Ludwig Poerschke(1751~1812). 1787년 늦은 나이에 학위를 취득했는데, 칸트가 그를 그리스어 교수로 추천했고, 나중에 쾨니히스베르크 대학의 시학 원외교수가 되었다. *Briefe über die Metaphysik der Natur*(Königsberg 1800)를 냈다.

26) 칸트의 말년에 칸트를 돌봐주었던 친구인 Ehregott Andreas Christoph Wasianski(1755~1831)를 지칭한다. 그는 칸트의 유언에 따라 칸트의 장서를 넘겨받았다. 그의 저술 *Immanuel Kant in seinen letzten Lebensjahren, ein Beytrag zur Kenntniss seines Charakters und seines häuslichen Lebens aus dem täglichen Umgange mit ihm*(Königsberg: F. Nicolovius, 1804)은 칸트 생애의 마지막 장면을 생생하게 증언해주고 있다.

에 따르면 인식의 요소들로서의 표상들의 대상들의 가능성이 선행하며, (스피노자의 개념에 따르면) 주체〔基體〕적인 것이 신 안에서 직관되며, 이를 이성 자신이 한다. 그러므로 과제는 이렇다. 첫째로 신은 무엇인가(사람들은 신이라는 개념으로 무엇을 뜻하는가), 둘째로 하나의 신이 있는가? (무릇 신들이란 모순 없이는 생각될 수 없으니 말이다. 왜냐하면, 주어진 객체들의 모두가 통틀어서 생각될 때는 복수〔複數〕를 허용하지 않으며, 만약 신이 숭배되고 그의 법칙이 준수된다면, 이러한 다수란 우상들로 표상될 터이기 때문이다.)

각자 인간의 마음(精神) 안에는 하나의 정언 명령이 실존한다. (靈魂이 아니라) 마음 안에 **의무**의 엄격한 지시명령이 있으니, 이를 위반하는 자에게는 비난(행복할 품격〔자격〕이 없음)이 내려진다. 감각현상을 도외시하면 이러한 품격〔자격〕이 박탈될 뿐만 아니라, 그 위반자 자신이 바꿀 수 없는 선고(理性命令)에 의해 유죄 판결을 받는다. — 기술적//실천적 이성이 아니라 도덕적//실천적 이성이 면죄하거나 유죄 판결을 내린다.

자연은 인간에 대해 전제적으로 군다. 늑대, 수목과 짐승들이 서로 뒤덮고 뒤엉켜 서로를 교살하듯이, 인간은 서로를 파괴한다. 자연은 이들이 필요로 하는 돌봄과 보살핌을 아랑곳하지 않는다. 전쟁들은 오랜 기예활동들 XXI14
이 세우고 돌봐왔던 것들을 파괴한다.

근원적으로 자연과 자유에 대해 보편적으로 법칙수립적인 하나의 존재자는 신이다. — 단지 최고 **존재자**일 뿐만 아니라 최고의 **지성**, (신성성에서) 최고의 **선**이다. 最高 *存在者*, 最高 知性, 最高 善. — 신에 대한 순전한 이념〔관념〕이 동시에 그것의 실존의 증명이다.

하나의 사고하는 존재자에게 귀속하는 모든 속성들 가운데 제일의 것은 자기 자신을 하나의 **인격**이라고 의식하는 속성이다. 이에 따라서 주관/주체는 초월적 관념론에 따르면 자기 자신을 선험적으로 객체로 구성하거니와, 현상에서 **자연과학의 형이상학적 기초원리들**로부터 물리학으로의 **이행**에서 주어진 것으로서가 아니라, 자기 자신의 정초자이자 창시자인 존재자로서이다. 인격성의 질〔質〕에서 나는 **있는** 자이다. — 인간으로서의 나는 나에게 공간과 시간상의 감각객체이며, 동시에 지성객체이다. — **나는 인격이다**. 따라서 **권리들을 갖는** 도덕적 **존재자**이다.

지성(精神)은 감관표상들에 독립해서 직접적으로 결의하는 능력이고, 신은 중재될 수 있다. 오직 간접적으로 추론에 의해 판단하는 이성은 근원적이 아니라 도출〔연역〕적이다. —

행복과 연관된 호의의 원리가 아니라, 법/권리의 원리가 정언적으로 지시명령한다.

힘들의 극단들을 접속시키는 허용된 원〔圓〕에 대하여

질적으로 單純 *存在者*인 하나의 물체, 예컨대 **황**〔黃: S〕, 그 반면에 이것의 연소에 의한 산물인 황산, **하나의 복합물**, **황산**과 같은.

의무 있는 것은 나의 바깥에 있으며, 그것도 이성적인 주체로서, **그러면서도 이 세계에 속하는 것**으로서. 세계는 외적인 것뿐만이 아니고 내적인, 감성객체들의 전체이다.

XXI15 초월적 관념론은, 인식 요소로서의 개념들을 개념들에 의한 선험적 종합인식의 가능성의 한 체계인 하나의 전체로 만드는 표상방식이다.

우선 먼저 도덕적//실천적 이성: 그다음에 기술적//실천적 이성. 신과 세계.

우리의 지성 자신이 그것의 창시자인 것에 대한 초월적 관념론. 스피노자. 모든 것을 신 안에서 직관하기. 정언적 명령. 우리의 의무들을 신의 (정언적 명령으로 언명되는) 지시명령들로 인식.

(정언적 명령이 그와 같은 것인) **개념들에 의한** 선험적 종합 명제들을 이성에게 **구술〔명령〕하는** 초월적 관념론. (理性 命令) 우리가 **생각하는** 것이 아니라, 행해야만 하는 것.

자연과학의 형이상학적 기초원리에서 물리학으로의 이행은 선험적 원리들에 따라 일어나며, 그것도 짜깁기한 **집합**(編輯)이 아니라 하나의 절대적 통일로서, 지각들에 의해 기워지고 때워질 수 있는(觀察과 實驗) **경험**의 가능성을 위해서는 통일로서의 가능한 경험의 형식적 전체를 전제한다.

이성이 자기의 형식들의 기획과 함께 선행한다.(形式이 事物에게 本質/存在를 賦與한다.[27]) 왜냐하면, 이성만이 필연성을 동반하기 때문이다. 스피노자. 인식의 요소들과 그에 의한 주관의 규정의 계기들. (신 안에서 모든 것을 직관하기)

사람들은 **신의 실존**을 증명할 수 없다. 그러나 그러한 이념의 원리에 따라 처신하고, 의무들을 신의 지시명령으로 납득하는 것을 피할 수 없다.

신에 대한 개념은 나 바깥의 **의무를 지우는** 주체에 대한 개념이다.

제1묶음, 전지2, 1면 XXI16

2
신
과
세계

구분

I.

형식의 면에서 경험에 선행하면서(그러므로 선험적이면서) 경험 일반의 가능성의 조건들을 함유하는 인식의 체계는 두 근간, 즉 자연과 자유로 나뉜다. 이 둘은 이론적으로 그리고 실천적으로 논구되어야 하며, 그 산물은 기술적//실천적 이성 또는 도덕적//실천적 이성과 그 원리들 (경향성 및 윤리 / 본능 ―― 지성) 에서 생긴다.

27) 원문: forma dat esse rei.

II

자유개념이 법개념과 의무개념이 기초하는 토대일 수 없고, 오히려 거꾸로 의무개념이 정언적 명령에 의해 요청되는 자유개념의 가능성의 근거를 함유한다. — 세계에서의 인과관계들을 자유와 통합하는 원리는 절대적으로 불가능하다. 무릇 그런 것은 원인 없는 결과일 터이기 때문이다.

내가 무엇인가를 행**해야 한다**면, 나는 그것을 또한 **할 수 있어**야만 하며, 나에게 필수적으로 임무가 있는 것은 또한 내가 처리할 수 있는 것이어야만 한다.

의지 일반의 자유(자연의 자극/충동들로부터의 독립성)를 갖는 이성적 존재자의 속성은 직접적으로 하나의 인과원리로 증명될 수는 없고, 단지 간접적으로 추론에 의해서, 즉 그것이 정언적 명령의 가능성의 근거를 함유하는 한에서, 증명될 수 있다.

XXI17 III

그에 대한 인간의 모든 의무가 동시에 그의 지시명령인 한 존재자는 신이다. 그는 의무가 지시명령하는 모든 것을 하고자〔의욕〕하기 때문에, 모든 것을 할 수 있지 않으면 안 된다. 그는 세력의 면에서 최고 존재자이며, 권리를 갖는 존재자로서 **인격**의 질〔質〕에서 살아 있는 신이다. 단 하나의 신과 그에 복속해 있는 그의 세력의 대상은 하나의 세계이다.

IV

이 개념들은 모두 다 분석적인 것으로, 우리 자신에 의해서 창안된 최고 존재자라는 이념 안에 함유되어 있다. 그러나 초월철학의 과제는 여전히 미해결로 남아 있다: **하나의 신이 있는가?**

V **우주신학**

"마치 신의 지시명령〔계명〕인 것 같은" 모든 인간의 의무들의 원리를 함유하는, 도덕적//실천적 이성의 하나의 대상이 있다. 이를 위해서 하나의 특수한, 인간 바깥에 실존하는 실체를 받아들일 필요 없이 말이다.

VI

우주신학. 스피노자에 따른 직관과 개념들의 연결 통일 이념〔관념〕

초월철학은 개념들에 의한 선험적 종합 인식의 원리이다.

1.) 자연과학의 형이상학적 기초원리들에서 물리학으로의 이행. 2) 물리학에서 초월철학으로의 이행. 3. 초월철학에서 자연과 자유 간의 체계로의 이행. 4. 맺음말. 신과 세계의 대립관계에서 모든 사물의 활력의 보편적 연결에 대하여.

철학 형이상학적 그리고 형이상학

수학 및 물리학

공간 및 시간

신 및 세계: 체계의 종합적 관계에서 상호적으로 표상되는 사물들 전부(宇宙)에서 초감성적인 것과 감성존재자

공간은 **존재자**가 아니며, 시간 또한 존재자가 아니다. 오히려 단지 직관의 형식이며, 직관의 **주관적** 형식 외의 것이 아니다. XXI18

원자론이 아니다(原子철학 나누어질 수 없으며 비어 있는). — 충만한 공간에서도 운동에 의해 전진하기도 하고 후퇴하기도 하면서 공간에 온통 침투〔浸透〕하는.

경험들이 있지 않고, 오직 경험과 경험이 가르쳐주는 것(이것은 하나의 선험적인 경험의 형식을 전제한다)이 있을 뿐이다. 그러나 관찰과 실험에 의해서 경험과 관계 맺는 다수의 지각들은 있을 수 있다. 히포크라테스.

1) 형이상학, 2 초월철학, 3 물리학, 4 운동하는 힘〔운동력〕들의 법칙들과 그것들이 **빈** 공간에서 상호 어떤 관계에 있는가 하는 一般力學

살아 있는 물체적 존재자는 영혼이 있는 것(生物)이다. 그것이 하나의 인

격이면, 그것은 인간적 존재자이다.

초월철학에서 순수 이성 체계의 최고의 원리인 신과 세계 이념의 대립 관계. 세계는 신이 아니다. 바꿔 말해 신은 세계 내의 한 존재자(세계영혼)가 아니다. 오히려 인과성의 현상체들은 공간과 시간상에 있는 것이다. 등등.

하나의 비물질적인 지성적 원리는 실체로서는 하나의 정신(精神)이다.

동물.

자연은 **작용**(作用)**한다**. 인간은 **행**(行爲)**한다**. 목적의식을 가지고 작용하는 이성적 주체〔주관〕는 **실행한다**(作業한다). 어떤 지성적〔예지적〕인, 감관에게는 열려 있지 않은, 원인은 **지도**(指導)**한다**. 신과 세계. — 자유와 자연. — 인격성을 갖는 이것 또는 지성적인 것과는 반대되는 이성 없는 자연〔無理性的 自然〕[28)]

이성에 의한 인식, 이성에 대한 법칙들, 인격으로서의 또는 감각객체로서의 인간

자연의 산물들은 공간 시간상에 있으며, 자유의 산물들은 도덕적 실천적 이성의 법칙들(實踐理性의 指示命令) 아래에 있다.

XXI19 **빈 공간을 통한** 뉴턴**의 인력들. 빈 공간 자체가 어떻게 지각되는가. 무릇** 힘들은 정말로 물리적 실재 없이는 독자적으로 있을 수 없으니 말이다.

하나의 신이 있다. 자연 안의 세계영혼으로서가 아니라 인간 이성의 인격적 원리로서. (最高 存在者, 最高 知性, 最高 善) 이것은 하나의 신성한 존재자의 이념으로서 정언적 의무명령에서 온전한 자유를 의무법칙과 결합시킨다. **한낱 기술적//실천적 이성뿐만 아니라 도덕적//실천적** 이성이 신의 이념 중에서 그리고 **초월철학의 종합적 통일로서**의 세계를 **함께** 만난다.

… 그리고 경험적 인격성[그는 발 아래서 짙은 먹구름을 보며, 거센 천둥 속을 쿵쿵거리며 걷는다[29)]]

---

28) 원어: natura bruta.

29) 칸트 원문: altos videt sub pedibus nimbos et rauca tonitrua calcat. 이는 로마 시인 Publius Papinius Statius(ca. 40~96)의 *Thebais*, II, 37~40의 구절을 대체적으로 적은

신은 세계영혼이 아니다.

그에 따르면 철학자가 신 안에서 만물을 직관한다는 스피노자의 신 개념은 광신적이다.(狂信的 槪念[30])

제1묶음, 전지2, 2면

우주신학

신과 세계. 기술적 이론적 이성과 도덕적//실천적 이성에 대한 초월철학의 체계

신의 개념은 세계존재자들의 최상의 원인으로서의 그리고 하나의 인격으로서의 존재자 개념이다. 어떻게 하나의 세계//존재자의 자유가 가능한가는 직접적으로 증명될 수 없고, 단지 신의 개념에서만, 만약 이 개념이 납득된다면, 할 수 있는 일일 터이다.

I
신

정언적 명령은 우선적으로 자유개념에 이른다. 이에 의하지 않고서는 우리는 이성적 존재자의 이 속성의 가능성을 전혀 예감할 수도 없었을 터이다. 이 지시명령〔계명〕들은 신적인 것(不可侵의 命令)이다. 다시 말해 이 지시 XXI20
명령들은 어떠한 완화도 허용하지 않으며, 이의 위반에 관해서는, 마치 그를 집행할 어떤 도덕적 힘〔위력〕에 의해 선고된 것인 양, 인간 자기 자신의 이성에 의해 단죄의 심판이 내려진다.

순수 이성 체계의 진보의 최고 단계

신과 세계

것으로 보인다.

30) 원어: conceptus fanaticus.

논리적 그리고 실재적 상호 관계에서 표상된※ 전체 초감성적인 대상과 전체 감각//대상

이 표상들은 한낱 개념들이 아니라 동시에 이념들로서, 이 이념들이 개념들에 의한 선험적 종합 법칙들을 위한 소재를 제공하고, 그리하여 한낱 형이상학에서 나오는 것이 아니라, 초월철학을 정초한다.

이 둘 각각은 최대의 것을 가지며, 각각 오직 하나만이 있을 수 있다. 즉 **"하나의 신과 하나의 세계가 있다."**

a.

첫째 대상은 **인격성**을 통해 물건으로서의 사물들을 넘어선다. 그러니까 스스로 **근원적으로 원인**인 **자유**라는 숭고한 질〔質〕을 통해서 말이다. 이 속성과 능력은 그 가능성이 **직접적**으로는 전혀 증명되거나 설명될 수 없지만, 간접적으로는 **정언적** 명령에서 그 실재성을 충분하게 보이는 이성의 거부할 수 없는 지시명령을 통해 증명되고 설명된다.

모든 인간의 의무들이 **마치**(恰似) 전적으로 타당한 지시명령〔계명〕들인 것**처럼**, 다시 말해 최고로 신성하고 위력 있는 법칙수립자〔입법자〕의 **질**〔質〕**에서** 인식하는 원리가 이 주체를 하나의 유일한 위력 있는 존재자의 지위에 올려놓는다. 즉 다시 말해 우리가 신에 대해 스스로 생각하는 이념에서 그러한 존재자의 실존이 추론될 수는 없지만, 그럼에도 마치 그러한 것(理性의 陳述들)이 실체에서 우리의 본질〔존재〕과 결합되어 있는 것 같은 강한 인상과 함께 그러한 존재자의 실존이 추리될 수 있다.

※ 논리적 관계는 일양성〔一樣性〕과 상이성의 관계이다. 반면에 실재적 관계는 주체〔기체〕들의 인과성에서 작용과 반작용의 관계이다.

제1묶음, 전지2, 3면

XXI21

그리고 "하나의 신이 있다."라는 우주론적 명제는 도덕적//실천적 관계에서 존중되고, 마치 그것이 최고 존재자에 의해 선언된 것처럼 지켜져야 한다. 비록 기술적//실천적 관점에서 그에 대한 증명이 없고, 그러한 존재자의 현상을 믿는 일이 단지 소망될 뿐이거나, 그러한 관념들을 지각으로 납득하는 일이 광신적인 망상이라 하더라도 말이다.

그러나 단적으로 말할 수 있는 바는, "신들은 있지 않다. 세계들이 있지 않다."는 것, 오히려 실천적으로//규정하는 원리로서의 이성에서는 "하나의 세계가 있다. 하나의 신이 있다."는 것이다.

자연에 대한 법칙들 가운데서 자유를 지시명령하고, 그에 의해 자유 자신이 자기 자신의 가능성의 원리를 진술하는 정언적 명령의 도덕적//실천적 이성의 사실이 있다. 그 지시명령하는 주체가 신이다.

이 지시명령하는 존재자는 인간의 바깥에 인간과 구별되는 실체로서 있지 않다. 그것은 모든 감성존재자의 총체(감성존재자의 전부)인 세계의 짝이다. 즉 그것은 순수한 직관에서 선험적으로 절대적 통일체로 표상되는 공간·시간상에 〔있는〕 짝이다. 신이 세계의 잡다함을 이성을 통해 결합하는 초감성적 원리이듯이, 세계도 선험적으로 절대적 통일체로 생각된다. 이 두 이상〔이념〕적인 것들은 실천적 실재성을 갖는다.

모든 가능한 감각대상들의 전체를 자기 안에 포괄하는 한 존재자가 **세계**이다. [그와의 관계에서 모든 인간의무들이 동시에 그의 지시명령〔계명〕인 한 존재자가 신이다.]

신과 세계는 도덕적//실천적이며 기술적//실천적인, 감관표상에 기초한 이성의 이념들이다. 그중 전자는 인격성의 술어를 자기 안에 함유하고, 후자는 xxx

그러나 양자는 하나의 체계 안에서 함께 그리고 하나의 원리 안에서 서로 관계를 맺고 있으며, 나의 사고 바깥의 실체들이 아니다. 오히려 사고는 그를 통해 우리가 스스로 개념들에 의한 선험적 종합 인식들을 통해 대상들 자체를 만드는 그런 것이다. 〔이 개념들에 의한 선험적 종합 인식들은〕 주관적으로는 사고된 대상들의 자기창조자이다.

XXI22 인과원리들인 운동력들은 신과 세계의 표상들을 함유하고, 세계 내의 운동력들인 직관과 감정의 나의 주관의 표상들을 함유한다. 이 둘이 한 개념 안에 통합되어, 공간 · 시간상의 자연직관, 감정 그리고 자유에 의해 양자를 기술적//실천적 이성 및 도덕적//실천적 이성의 하나의 체계로 연결하는 자발성을 〔함유한다.〕 (자발성과 수용성, 양자가 하나의 체계 안에 결합되어 있다.) 신, 세계 그리고 이 두 객체들을 하나의 주체 안에서 결합하는 나〔자아〕. — 직관, 감정 그리고 욕구능력. — 신, 세계(나의 바깥에 있는 두 가지)와 자유에 의해 양자를 연결하는 것인 이성주체〔주관〕. (실체는 아님) — — — 스피노자의 초월적 관념론은, 문자대로 취하면 초험적인, 다시 말해 개념 없는 한 객관인 것으로서, 즉 주관적인 것을 객관적으로 표상하기이다.

신과 세계는 그 이념상 둘이며, 분석적 통일성(동일성)이 없다. 그럼에도 동종의 존재자들은 초월철학의 원리들에 따라서는 종합적 통일성에서 생각될 수 있을 터이다. 이제 어떻게 이러한 결합이 실재성을 얻을 수 있을 것인가?

사물들 **모두**(우주)는 **신**과 **세계**를 포함한다. **세계**란 감성존재자 **전체**를 뜻한다.

이제 여기에 두 이질적인 대상들의 관계가, 그것도 작용인들의 관계(因果 連結)가 있다. 그러나 이 관계는 객관적인 것이 아니라 주관적인 것이다. (사물들 안에 놓여 있는 것이 아니라, 사고하는 주관 안에 놓여 있다.) 만약 존재자들 **모두**가 사고된다면, 곧 최고선(근원적인 것과 파생적인 것)이다.

두 원리, 즉 도덕적//실천적 이성의 원리는 (수학 또한 그에 속하는바) 기술적이며 이론적인 이성의 원리와 더불어 완성된 통일성〔하나〕을 이룬다.

인간의무들을 신적인 것**으로** 인식함은 그러므로 한 실체의 〔인식이〕 아니다.

신이 의무들의 정언적 명령의 주체이다. 그리고 그렇기 때문에 이것들을 신적인 지시명령〔계명〕이라고 일컫는다.

신과 세계로 구분함은 분석적(논리적)인 것이 아니라, 종합적, 다시 말해 실재적 대립에 의한 것이다.

세 원리들, 즉 신과 세계 그리고 이 둘을 통합하는 주관의 개념. 이 주관 XXI23
은, 이성이 저 초월적 통일 자체를 이룸으로써, 이 두 개념에 종합적 통일을 (선험적으로) 실행한다. 에네시데무스.[31] — **신**, **세계** 그리고 **나**. **신**, **세계** 그리고 이 둘을 결합하는 것인 인간의 **정신**. 정언적 명령을 갖춘 도덕적//실천적 이성.

하나의 원리 아래서 신과 세계의 결합을 정초하는 지성적 주체〔주관〕.

최고의 자연

최고의 자유

최고의 선 (정복〔淨福〕 / 행복)

1. 물음: 하나의 신이 있는가? 사람들은 그 같은 사고의 객체를 주관 바깥의 실체로 증명할 수 없다: 즉 사상〔사념〕이다.

제1묶음, 전지2, 2면 (여백)

감관표상에서 순전히 주관적인 것은 감정이다.

초월철학의 최고 견지는 신과 세계를 하나의 원리 아래서 통합하는 것이다.

31) Aenesidemus: Gottlob Ernst Schulze(1761~1833)의 별칭. Schulze는 익명으로 출간한 *Aenesidemus oder über die Fundamente der von dem Herrn Professor Reinhold in Jena gelieferten Elementar-Philosophie. Nebst einer Vertheidigung des Skepticismus gegen die Anmassungen der Vernunftkritik*(1792)에서 칸트의 '사물 자체' 개념의 문제성을 비판함으로써 유명해졌고, 독일이상주의의 촉발에도 적지 않은 영향을 미쳤다.

자연과 자유

기술적//실천적 이성 및 도덕적//실천적 이성의 **원리들**과 **법칙들**의 구별/차이

자유의 개념은 의무의 정언적 명령에서 나온다. 나는 意慾하기에 要請한다. 理由 代身에 내 意志를 세워라.[32)]

초월철학에서 자유인 그러한 속성의 가능성은 분석적으로 나오는 것이 아니라 종합적으로 나오며, 후자가 그것의 법칙이다.

사고하는 주관이 또한 공간 · 시간상에서의 가능한 경험의 대상으로서 하나의 세계를 만들어[창조해]낸다. 이 대상이 오직 하나의 세계이다. — 이 세계 안에서 운동력들, 예컨대 인력과 척력이 생성되며, 이 운동력들이 없으면 아무런 지각도 일어나지 못할 터이다. 그러나 단지 형식적인 것으로 말이다.

XXI24 세계는 하나의 공간과 하나의 시간상에서의 사물들의 총괄(複合體[33)])이다. 그러니까 양자는 현상 중에 객관적으로 주어진 어떤 것이 아니다. 신은 그 안에 오직 하나의 **인격**에만 귀속하는 잡다를 연결하는 하나의 원리가 놓여 있는 한에서, 자유의 하나의 이성개념이다. 의무개념. 의무개념을 지향하고 있는 **자유**의 개념은 세계 내의 인간 및 신의 하나의 인격에 대한 개념이다. — 세계에 관해서는 기술적//실천적 개념, 신에 관해서는 **도덕적** 실천적인 개념.

신들과 **세계들**이 있는 것이 아니라, **하나의** 신과 **하나의** 세계가 있다. 초월적 **우주론**: 초월적 **신학**(우주신학). 최고 존재자(最高 *存在者*)가 아니라, 모든 존재자의 존재자(*存在者* 中 *存在者*).

---

32) 칸트 원문: Sic volo sic iubeo stet pro ratione voluntas. 이것의 원형은 Juvenal, *Saturae*, Satura VI, 223: "hoc volo, sic iubeo, sit pro ratione voluntas."에서 볼 수 있다. 칸트의 다른 조각글에서도 이 구절을 읽을 수 있다: "수학자는 그의 정의에서 말한다: 나는 의욕하고, 그래서 요청한다.(sic volo, sic iubeo.)"(Refl 2930, XVI579)

33) 원어: complexus.

사물들 **모두**(全部)는 그 때문에 아직 통합된 대상들의 **전체**로 표상되지 않는다.(분배적 또는 집합적 통일: 그러므로 **논리적** 또는 **실재적** 통일) 직관(공간과 시간)에서 현상으로서(수학적으로)

시각이 빛에 선행하는 곳에서의 끌어당김과 빛의 유비, 그리고 전자가 공간상에서 작용하고 있지 않다면, 후자 또한 현존하지 않는다. 빈 공간 안에서의 빛남. 이중의 반성개념.

시각은 흡사 손으로 만짐과 같이 반발적이다.

제1묶음, 전지2, 4면

신, 세계 그리고
세계에서 공간·시간상의 나의 실존에 대한 의식.
첫째의 것은 예지체, 둘째 것은 현상체,
셋째 것은 주관을 자기의 인격성, 다시 말해 존재자 일반의 모두의
관계에서의 자유에 대한 의식으로
자기규정하는 인과성〔원인성〕.

I XXI25

하나의 신이 있다

나에게 미치는(作用하는, 行爲하는, 作業하는) 효력의 인과//관계(作用連結[34]) 에서 나와는 구별되는 것인 한 존재자가 내 안에 있다. 그것은 자체로 자유롭다. 다시 말해 공간·시간상의 자연법칙에 의존함이 없이 나를 내적으로 심판(변호 또는 단죄)한다. 인간인 나는 스스로 이러한 존재자이며, 이 존재자는 나 바깥의 어떤 실체가 아니다. 가장 기이한 바는, 그럼에도 이 인과성〔원인성〕이 (자연필연성으로서가 아니라) 자유에서의 실행의 규정이라는 점이다.

34) 원어: nexus effectivus.

이 설명할 수 없는 내적 성질은 하나의 사실, 즉 정언적 의무명령을 통해 드러난다. (目的連結[35]) 신; 作用連結 세계. 저 명령은 긍정적이거나 부정적(지시명령이거나 금지)이다.※ 인간의 정신(精神)은 오직 **자유**에 의해서만 가능한 강요 중에 있다.

그러나 만약 자기활동성의 원리에 따라 직접적으로 판단된다면, 자유에 의한 자기활동성의 법칙을 생각한다는 것은 전적으로 불가능하다. 왜냐하면, 작용결과의 작용마다 원인 없이는 있을 수 없기 때문이다. 그래서 사람들은 흔히 이의 반대에 부딪친다. 그러나 자유에 의한 자기활동성은 거부할 수 없이 참인 정언적 명령을 따름으로 간접적※※으로 용인될 수 있거나 용인되지 않을 수 없다. 모든 인간의무들은 신적인 지시명령으로서 단적으로 준수되어야만 하는 것이다.

의사의 **자유**는 자연존재자인 객체에게는 부가될 수 없으면서도 세계 내의 하나의 원인성 원리인 하나의 사실이다. 그것은 원인 없는 작용결과를
XXI26 이미 자기 개념 안에 함유하고 있는 것으로 보인다. 인격(정언 명령)으로서, 그러니까 신으로서, 그러니까 **마치** 인격인 것**처럼**, 명증적으로 지시명령하는 것.

모든 인식은 **사고하는**, **직관하는**, 지각하는, 그리고 경험에서 인식하는 능력으로써 성립하며, 기술적//실천적 이성 또는 도덕적//실천적 이성의 체계에서 작용하는 원인으로서 형이상학을 위한 것이 아니라 초월철학을 위한 것이다. 초월철학은 한낱 직관에 의한 것이 아니라 개념들에 의한 선험적 종합적 원리들을 함유하고, 그런 원리들의 하나의 계통수〔系統樹〕를 함유한다. 그 뿌리에서 가지들이 돋아나, 하나의 전혀 다른 종류의 인식의 나무

※ 가령 십계명에서 볼 수 있는 명령이다.

※※ 증명되어야 할 것의 귀결에서 근거가 명증적으로 추론된다면, 그러한 증명방식이나 검증은 간접적인 것이다.

---

35) 원어: nexus finalis.

를 함유한다: (자연과 자유 — 세계와 신) 〔이것은〕 하나의 절대적 전체로서 주관적으로 인간 이성 안에 있는 것이다. 자연이 아니라 사상체계이다.

통일〔하나〕로서의 경험에서의 자기 자신에 대한 일관적인 규정은 현존재〔이다〕. 그러나 신의 것이 아니다.

도덕적 실천적 이성의 모든 발언들(神聖不可侵의 陳述들[36])은 신적인 것이다. 왜냐하면, 이것들은 도덕적 명령(즉 정언적 명령)을 함유하고, 바로 그를 통해 홀로 이 자유의 실재성을 증명하기 때문이다. 그러나 신이 그 실존이 증명되는 실체로 있는 것은 아니다.

이성이 자기 자신에게 지시규정하는 법칙들 아래에 있는 자유: 초월철학에서의 정언적 명령.

형이상학적 기초원리들에서 초월철학으로의 이행.

만약 인간 안에 있는 무엇인가가 인간 바깥에 있는 어떤 것으로, 그리고 인간의 사유작품〔사유물〕이 사상〔事象〕 자체(실체)로 표상된다면, 그 개념은 광신적이다.

原理들은 理性 **自身의** 陳述들이다. 즉 普遍的 **法則들**이다.[37]

제1묶음, 전지3, 1면 XXI27

3

초월//철학의 체계

세 절

신, 세계, 宇宙와 도덕적 존재자로서 **인간**인 나〔자아〕 자신

신, 세계 그리고 세계주민 즉 세계 내의 인간.

---

36) 원어: dictamina sacrosancta.

37) 칸트 원문: **Principia** sunt dictamina rationis **propriae: leges** communes.

신, 세계, 그리고 이 둘을 상호 **실재적**인 관계에서 사고하는 것, 이성적 세계존재자로서의 주체〔주관〕.

판단에서 媒介辭(繫辭)는 여기서 판단하는 주관(사고하는 세계존재자, 세계 내의 인간)이다. 주어, 술어, 계사〔연결사〕.

I
신

§1

그러한 존재자에 대한 개념은 하나의 실체, 다시 말해 나의 사고에 독립적으로 실존하는 한 사물에 대한 개념이 아니라, 이념(자기창조물), 사유물, 자기 자신을 하나의 사유물로 구성하는 이성의 理性 *存在者*이다. 이 이성은 초월철학의 원리들에 따라 선험적 종합 명제들을 세운다. 그것은 하나의 이상이다. 그러한 대상이 과연 실존하는가에 대한 것은 물음이 아니고, 물음일 수도 없다. 왜냐하면, 그 개념은 초험적인 것이기 때문이다.

§2

그러나 도덕적//실천적 이성에는 하나의 의무의 원리, 다시 말해 정언적 명령이 있거니와, 이에 따라서 이성은 감성 즉 자연의 모든 동기들을 넘어서서, 이것들과 상충할 때조차도, 단적으로(무조건적으로) 지시명령한다. 그것은 세계 안에서 원인 없이 현상하는 것 같은 작용결과이다. 곧 우리가 그
XXI28 렇게 하도록 강제적으로 규정된, 자유에 의한 행위들이 있다. 이런 종류의 원인성〔인과성〕은 자기 자신과의 모순을 함유하는 것으로 보이며, 도대체가 이런 원인성〔인과성〕이 어떻게 가능한지가 절대적으로 이해되지 않는다.(나는 意慾하기에 要請한다. 理由 代身에 내 意志를 세워라.[38]) 이러한 자유와 모든 자연의 영향과 지도로부터의 독립성에 인간의 것이 아닌, 하나의 신성

38) 원문에 관해서는 앞의 XXI23의 관련 각주 참조.

〔神性〕이 있을 수 있음은 당연하다. 무릇 신성은 생각할 수 있는 최고의 것이며, 동시에 최상으로 강력한 xxx.

감각객체가 아니라, 인격, 오히려 스스로 사고하는 것. 所與 可能한 것이 아니라, 思考 可能한 것〔주어질 수 있는 것이 아니라, 생각할 수 있는 것〕.[39)]

§3

이 원리에 따라서 모든 인간의무들은 동시에 신적인 지시명령들로서 언명될 수 있고, 그것도 그 형식의 면에서는 비록 그러한 이성을 규정하는 원인이 실체로 납득되지 않을지라도 그러하다. 실천적 견지에서는 사람들이 지시명령의 신성〔神性〕/신적임의 기초를 인간 이성 안에 두느냐 아니면 그러한 인격에 두느냐는 온전히 한가지이다. 왜냐하면, 그 차이는 인식을 확장하는 이론이라기보다는 관용어법이기 때문이다.[※]

§4

순수 이성 비판은 철학과 수학으로 나뉜다.

전자는 다시금 형이상학과 초월//철학으로,

〔이것의〕 후자는 이론적으로 이념들의 초월철학과 실천적 이성의 초월철학으로 〔나뉜다.〕 — 자연과 자유.

나〔자아〕: 인간. 현상체, 예지체. 현상에서의 대상과 사물 **자체**

[존재자 모두는 분석적으로 또는 종합적으로(全部 或 宇宙〔總體〕) 고찰된다.]

사고의 객체들은 a) 존재자, b) 물건, c) 인격이다. — XXI29

최고의 것은 最高 *存在者*, — 最高 知性, 最高 善이다.

어떻게 자유의 개념이 가능한가? 오직 정언적으로 지시명령하는 의무-

※ 여기서 '신적인 지시명령들**로서**'라는 표현은 恰似(같게) 또는 마치 ~처럼(단적으로)에 의해 xxx 수 있다.

---

39) 칸트 원문: non dabile sed cogitabile.

명령에 의해서만.

신은 그 능력에 있어서 삼중적 인격〔위격〕이지, 세 인격〔위격〕이 아니다. 그런 것은 다신론〔多神論〕일 터이다.

세계소재〔우주원소〕는 **발생**할 수도 **소멸**할 수도 없다.

무엇이 우리에게 신의 이념〔관념〕을 강요하는가? 경험//개념이 아니다. 형이상학이 아니다. — 이 개념을 선험적으로 내놓는 것은 초월철학이다.

의무개념. 그러나 이 개념은 한 원인성이라는 자유의 개념을 전제하는바, 이 원인성의 가능성은 설명되는 것이 아니라, 오히려 정언적 명령의 능력에 의거한다.

신, **세계**, 그리고 인격으로서의, 다시 말해 이 개념들을 통합하는 존재로서의 **인간**.

이념〔관념〕들은 사고력이 스스로 창조한 주관적 원리들이다. 지어낸 것들이 아니라 사고한 것이다.

신은 세계〔영〕혼이 아니다.

世界가 아니라 宇宙를 통합하는 것은, 그것이 인격성을 갖는 한에서, (精神)이다.

世界의 多數性과 그 반면에 宇宙의 單一性〔여러 세계, 그러나 하나의 우주〕.

모두(宇宙)는 여럿이 있을 수 있는 **세계**와 구별되어야 한다. 전자는 이념〔관념〕들에 속하고, 초월철학에 속한다.

하나의 전체로서의 사물들 **모두** 곧 宇宙

신과 **세계**, 그리고 이 둘을 사고하는 인간의 정신, 精神

사고력이 선행해야 한다.

존재자들 모두(宇宙), 신과 세계.

사상〔사유물〕이 사상가〔사유가〕보다 앞서 있는가? 빛이 보는 자보다 앞서 있는가? 잡아끎〔인력〕.

과연 삼중의 또는 4중의 비물질성이 있는지.

(生物의) 精靈, 靈魂들과 精神的인 것들(分與)

제1묶음, 전지3, 2면 XXI30

존재자 **모두** 즉 宇宙. 이것은 신과 xxx로 나뉜다.

§5

그러므로 자유개념의 실재성은 **직접적**(무매개적)으로가 아니라, 오직 **간접적**으로 매개 원리를 통해 밝혀지고 증명될 수 있다. 바로 그래서 "하나의 신이 있다."라는 명제는 곧 인간의, 도덕적//실천적 이성에서 모든 인간의 의무들을 신의 지시명령들로(마치 지시명령들인 것처럼) 인식하는 데서의 행위들의 규정이다. 즉 우리의 사명과 소질의 관점에서는 "우리는 근원적으로 신의 혈족이다."[40] 우리 자신에게도 이해가 안 되는 자유의 능력이 우리를 무한히 xxx 영역 밖에 놓는다.

§6

생각될 수 있는, 그러나 지각에 주어질 수는 없는(思考 可能한, 그러나 所與可能하지 않은) 것은 순전한 **이념**이며, 그것이 최고의 것에 관한 것이면, 그것은 하나의 **이상**이다. 인격〔위격〕으로서의 최고의 이상 — 그것은 오로지 **단 하나만** 있을 **수 있**거니와 — 이 **신**이다.

§7

세계 — 이것이 실체적으로 생각되면 자연이라고도 일컬어지거니와 — 를 감각대상들의 전체(總體, 宇宙萬物)라 일컫는다. 이 대상들은 인격들과 대조적으로 물건들이다.

그러므로 이런 의미로 받아들일 때 오직 하나의 세계가 있을 수 있다.

---

40) 『신약성서』, 「사도행전」 17, 28: "'우리는 그분 안에서 숨쉬고 움직이며 살아간다.'는 말도 있지 않습니까? 또 여러분의 어떤 시인은 '우리도 그분의 자녀라.'고 말하지 않았습니까?" 참조.

왜냐하면 모두란 오직 하나이기 때문이다. 세계들이라는 다수성(**世界**들의 多數性)은 단지, 서로 다른 형식들과 실재 관계들(공간 · 시간상에서의 그 작용들)을 가진, 헤아릴 수 없을 만큼 많은 체계들의 수다성〔數多性〕을 의미할 따름이다. — — 신은 **세계거주자**〔**세계주민**〕가 아니라 **소유자**이다. 전자로서(감성존재자로서)라면 그는 세계영혼으로 **자연**에 속하는 것이겠다.

XXI31 §8

그러나 이런 관계에서는 이 둘을 하나의 절대적 전체로 결합하는 매체가 있어야 하거니와, 감각 원리와 초감성적인 것을 연결하기 위해서는, 자연존재자이면서 동시에 인격성을 갖는 인간이 있다.

§9

표상능력의 어떤 규정들에서 체계가 생겨나는가? 사람들이 저 체계를 우리 안에 선험적으로 있는 전체로 분석〔분해〕하고, 저 체계의 형식적인 것을 자기 자신의 이성에서 전개시킬 때, 그 체계의 완벽성이 이루어질 수 있는가? — 리히텐베르크, — 에네시데무스. 순수 이성의 **건축술**. 사변적(아직 실천적이 아닌) 철학의 이 최고 견지, 望臺에서 — 높은 곳에서 경험의 평지를 조망함은 손으로 만져보는 것도, 막대기로 건드려보는 것도 아니고, 주변 멀리까지를 바라보는〔관조하는〕 것 — 기술적//실천적 이성과 도덕적//실천적 이성의 구별(숙련성, 영리함, 지혜. **바라봄**과 **건드림**)

신: 세계: (**世界人**) **인격**(도덕적 존재자)으로서의 인간, 자기의 자유를 의식하는 감성존재자(세계주민), 세계 내의 이성적 감성존재자.

신, 세계와 인간. 세계 내의 감성적//실천적 존재자(건축술적)

세계인식의 요소들을 선험적으로 스스로 만들어내는 **우주통찰자**〔宇宙洞察者〕[41]는 그 요소들에 의해 동시에 세계주민으로서 이념 중에서 세계관망을 짜 맞추어낸다.

단편〔斷片〕적인 집합과 (한 원리에 의한) 체계적인 집합의 차이, 이 차이에서 또한 경험의 가능성이 나온다. 이것〔체계적인 집합〕이 언제나 다량의 지각을 저 경험으로 끌어올린다.

목표들의 실천이성에 대한 이론에서는 부분들로부터 전체로가 아니라, 전체의 이념으로부터 부분들로 분석적으로 진척시켜나가는 일이 필요하다. XXI32

공간 · 시간상의 세계와 빈 공간에서의 운동력. 이것들은 중심체〔중앙물체〕가 끝난다면, 아무것도 아니다.

둘째로 원인 없는 작용결과로서의 자유

실체는 아닌 사고능력

외면성

제1묶음, 전지3, 3면

초월//철학의

최고 견지

신, **세계**, 그리고 세계 내의 사고 존재자(**인간**)

I

신

§ 1.

비록 신이 철학에서 한낱 사유물(理性 *存在者*)로 간주되어야 한다 할지라

41) *Cosmotheoros*는 1695년에 완성되어 1698년에 출판된 Christiaan Huygens(1629~1695)의 유작으로, 독일어 번역본이 이미 1703년과 1743년에 Leipzig에서 나왔고, 이어서 나온 *Weltbeschauer, oder vernünftige Muthmaßungen, daß die Planeten nicht weniger geschmükt und bewohnet seyn, als unsere Erde*(Zürich 1767)는 널리 읽혔다. 세계존재자들의 의미는 "세계의 어떤 궁극목적을 전제"(*KU*, B411=V442)함으로써만 얻을 수 있다는 의견을 피력할 때 칸트 역시 이 '세계통찰자' 개념을 빌려 쓰고 있다고 볼 수 있다.

도, 이 존재자와, 이 이념에서 분석적으로 나오는, 이 존재자에게 부가되는 순수 이성의 술어들을 제시하는 것은 필연적이다. 최고의 기술적//실천적 및 도덕적 실천적 완전성과 그에 맞는 인과성〔원인성〕을 통합하고 있는 하나의 인격이라는 이념을 그 개념에서 제시되는 것이 필연적인, 그러한 실체가 있든 없든 간에, 그것이 묵과될 수는 없다. 사람들이 그 실체가 실존한다고 받아들이든 실존하지 않는다고 받아들이든 말이다. "제 마음속으로 '신은 없다'고 말하는 어리석은 자들이 있다."[42] 하더라도, 그래서 그들이 **현명하지 못하다** 해도, 이 개념과 이 개념이 자기 안에 함유하는 바에 관해 **모른다**고 하려고 의도할 수는 없다. 도대체가 순수 이성 비판이 그런 경우이듯이 말이다. 어떠한 철학자도 이론적인 사용에서든 실천적인 사용에서든 이 비판을 간과할 수는 없다.

XXI33

§ 2

저 개념에서 유래하는 순전히 분석적인 둘째 명제는, 일단 사람들이 신이 있다는 것을 인정한다면, 이로부터 단 하나의 신이 있다는 것 또한 동어반복적으로 나온다는 것이다. 왜냐하면, 사물들 모두란 단 하나의 동질적인 것이므로, 다수를 허용하지 않고, 그러니까 또한 **신들**이 있다는 것은 말할 수도 생각할 수도 없기 때문이다. —

무릇 신이라는 개념 내지 이념은 1) 최고 존재자(最高 *存在者*) 개념, 2) 최고 지성존재자, 다시 말해 하나의 인격(最高 知性) 개념, 3) 무조건적으로 목적일 수 있는 모든 것의 원천(最高 善) 개념이다. 〔그것은〕 도덕적//실천적 이성의 이상이며, 이것에 규칙으로 쓰일 수 있는 모든 것에게 원형(原形[43])이고,

42) 『구약성서』, 「시편」 14, 1: "어리석은 자들, 제 속으로 '하느님이 어디 있느냐?' 말들 하면서, …" 참조. 루터 번역대로 하면, "Die Toren sprechen in ihrem Herzen: 'Es ist kein Gott.'" 이 대목 칸트 언급은 안셀무스가 같은 구절: "quia 'dixit insipiens in cordo suo: non est Deus.'"을 인용하면서 하는 신 존재 증명 논변과 유사하다.(Anselmus, *Proslogion*, Caput 2 참조)

43) 원어: archetypon.

세계의 **건축가**〔고안자〕이다. 비록 단지 무한히 접근해갈 수 있는 것으로서이기는 하지만 말이다. 우리는 그를 마치 거울 속에서 보듯이 보며, 결코 얼굴을 맞대고 보지는 못한다.[44]

그는 세계영혼(世界靈魂)이 아니며, 도급 세계건축사로서의 세계정령(精靈, 世界形成者[45]가 아니라)이 아니다.

이 존재자에 대한 개념은 질적으로 모든 면에서의 최고 존재자(最高 存在者, 最高 知性, 最高 善)인 하나의 사유물(理性 存在者)을 표상한다. 첫째의 질은 위력에 있어서, 둘째 질은 인식에 있어서 전지적〔全知的〕임을, 셋째 질은 온 지혜에 있어서, 다시 말해 모든 참된 목적들로 헤아릴 수 있는 것들에 있어서. — 만약 그러한 존재자가 실존한다면, 단 하나가 있을 수 있다. 신들이란 있지 않다. 신이 최대의 완전성의 이상으로 생각(숭배)된다면, 다수로 받아들여지는 그러한 것들은 우상들(신들이 아니라, 가짜신들)이다. — 각종의 최고치가 **모두/온**〔全〕을 지칭하는 것이라면, 그것은 각기 단지 하나만이 **있을 수** 있다. 논리적으로는 이 개념과 반대관계에 있는 우주로서의 세계 또한 하나의 절대적 모두를 지칭하며, 하나의 세계만이 생각될 수 있고, 다수의 세계들(世界 卽 宇宙萬物의 複數)이란 자기 자신 내의 하나의 모순이다.

신, 세계, 그리고 세계창조주(건축가). 맨 후자가 세계형성자, 즉 기계적 XXI34
으로 작용하는 원리는 아니다.

인간은 그 자신이 인식의 주관이자 객관이다.(스피노자) 세계는 절대적이다. 왜냐하면, 공간과 시간이 하나인 것이기 때문이다.

동물들은 신에 의해 **만들어**질 수 있다. 왜냐하면 동물들에는 精靈도(非物質的인) 靈魂도 있지만, 자유의지로서의 精神은 없기 때문이다.

---

44) 『신약성서』, 「코린트 제1서」 13, 12: "우리가 지금은 거울에 비추어 보듯이 희미하게 보지만, 그때에 가서는 얼굴을 맞대고 볼 것입니다." 참조.

45) 원어: demiurgus.

과연 신이 인간에게 선의지도 줄 수 있는가? 아니다. 선의지는 자유를 요한다.

제1묶음, 전지3, 4면

초월//철학의

두 이념들의 체계에서의 최고 견지 —

신, 세계와, 이 두 객관을 연결하는 주관 즉 세계 내의 사고 존재자.

신, 세계와, 이 둘을 하나의 체계로 통합하는 것,

즉 세계 내에서 사고하며 거주하는 인간의 원리(精神).

인간

즉 세계 내에서 자기 자신을 자연본성과 **의무**에 의해 제약하는 존재자

I

신

이 셋의 모든 개념은 이념들※, 다시 말해 이성에 의해 스스로 만들어낸 순수한(주어진 표상들의 지각에서 빌려온, 경험적이지 않은) 인식요소들이다.

XXI35 초월//철학의 최고 견지

— 서로 관계 맺고 있는 두 이념: **신과 세계**에서의

빈 공간에 의한 뉴턴의 인력과 인간의 자유는 서로 유비적인 개념들이다. 이것들은 정언적 명령들, **이념들**이다.

※ 이상이란 하나의 지어낸 감각대상이지만, 그 완전성으로 인해 순전한 이념으로 간주된다.

§1

이 둘은 (경험적으로) **주어진** 것이 아니라, (선험적으로) 사고된 것이며, 그것도 관념적 직관들의 한 체계를 정초하기 위한 실재적 관계에서 말이다. 이 객관들의 실존이 아니라, 단지 주관적으로 이 객관들의 표상이 하나의 이론체계에서 순전한 사유물(理性 存在者)들로 요청된다. 이 둘은 개별적으로 그리고 합해져서 하나의 **최대의 것**을 표현하는데, 그러나 그렇기 때문에 또한 절대적으로 **하나인 것**(唯一者)을 표현한다. **만약 신이 있다면**, 단지 하나의 신만이 있을 수 있으며, 만약 나의 사고 바깥에 하나의 세계가 있다면 (그러나 하나의 세계는 가언적으로가 아니라 정언적으로 주어진 것인데), 단지 **하나의** 세계(宇宙)만이 생각될 수 있다. 세계 宇宙. 과연 세계가 한계를 갖는가를 말하는 것은 과연 공간이 한계를 갖는가를 말하는 것이나 똑같다. 무릇 후자는 어떠한 감관을 규정하는 객관에 의해서도 표시될 수 없기 때문이다. — 만약 **신들**에 대해 이야기된다면, 그것들은 단지 우상(偶像)들일 따름이며, 만약 **세계들**이 문제가 된다면, 그것들은 단지 **덩어리들**, 다시 말해 무한히 확산되어 공간을 차지하는 물질(物體들)의 유한한 부분들일 따름이다.

§ 2

신이라는 말로써 사람들은 모든 이성적인 것들에 대해 정당한 권력을 갖는 하나의 인격을 의미한다. — 이 개념은 또한 (立法權의) 최고를 보여준다: "하늘에 있는 것이나 땅에 있는 것이나 모두가 그 앞에서 무릎을 꿇는" 하나의 존재자, 최고 존재자, 오직 하나만이 있을 수 있는 거룩한/신성한 자.

신과 세계의 적극적인 반대관계는 있지 않다. XXI36

자유 개념은 하나의 사실 즉 정언 명령에 기초하고 있다.

§ 3

제일 먼저 제기되는 물음은, '이 개념이 어디서 우리에게 오는가?'이다. 이 개념은 무엇인가 다른 명제들을 지지하기 위한 가언적 개념이 아니라,

오히려 독자적(절대적)으로 존립하는 것으로 생각되는, 그러면서도 그를 통해 마치 그러한 존재자가 실존하는 것처럼 언명이 되는 것은 아니라고 생각되는 것이다. 이 개념은 문제성 있는〔개연적인〕 것이다. — 이 개념은 열소〔熱素〕와 같은 문제성 있는 개념과는 전혀 다른 것이겠다. 열소는 가설을 통해 자타를 위해 유보해두는 단지 대용물〔미봉책〕로,[46] 이와 같은 것을 허용해서는 안 된다.

두 가지의 자기인식. 선험적으로 구성적인 세계 내의 사물에 대한 〔인식〕과 경험적 〔인식〕 xxx

§ 4

세계 개념은, 그에 대해서 경험적 인식이 가능한 한에서, 공간 · 시간상에 **있는** 모든 것의 현존의 총괄이다. 그 안에는 인간의 행위들, 즉 作用, 行爲, 作業도 있다. — 제기되는 물음은, 그 안에 인간의 **자유로운** 행위들도 있을 수 있는가이다. — 무릇 여기에 하나의 사실, 즉 定言 命令이 있다.

10계명〔지시명령〕은 모두 부정적이다. 정언 명령은 오직 자유의 원리이다.

무릇 인간은 동물로서 세계에 속하지만, 또한 인격으로서 권리를 가질 수 있고, 따라서 의지의 **자유**를 갖는 존재자에 속한다. 이 역량이 그를 여타 모든 존재자와 본질적으로 구별 짓는다. 그에게 내재하고 있는 것이 精神이다.

신, 자연 및 나〔자아〕, 즉 세계 내에 있는, 이것들을 연결시키는, 사고하는 존재자.

---

46) 열소가 전 우주에 퍼져 있는 하나의 '특수한 원소'인지, 아니면 "우주 안에 있는 모든 물질의 한낱 내적인 진동인지"(XXI411)에 관한 당대의 논쟁에서 처음에 칸트는 전자의 편에 섰으나, 말년에는 점차 후자의 편으로 기울고 있는데, 이 대목에서 칸트는 '문제성 있는, 가설적 원소'로서의 열소 개념을 들고서 그 중간쯤에 서 있다 하겠다. 칸트의 이러한 의견 변화는 Benjamin Thompson(1753~1814)의 열소 이론에 적지 않게 영향받은 것으로 보인다. Thompson, *Essays political, economical and philosophical*(4 vols. London 1796~1803〔deutsch: Weimar 1800~1805〕) 참조.

신 및 세계는 초월철학의 두 객어〔객관〕들이다. 그리고 사고하는 **인간**은 (주어〔주관〕, 술어 및 繫辭)이다. 한 문장에서 이 둘을 결합하는 주어. — 이것은 한 문장에서의 논리적 관계들로서, 객관들의 실존에 상관하지 않고, 이 객관들을 종합적으로 통일하는 관계들의 형식에 상관한다. 신, 세계와 나〔자아〕, 즉 인간 즉 저 둘을 결합하는 한 세계존재자 자체 XXI37

하나의 신과 하나의 우주가 있다.

전부, 世界들의 複數는 宇宙들의 복수가 아니다.(形容 矛盾)

신, 세계 및 세계 내 이성적 존재자의 자유로운 의지. — 모든 것이 무한하다.

자유는 정언적 명령에 놓여 있으며, 이 자유의 가능성은 자연에 의한 모든 설명 근거들을 넘어선다. 그러므로 모든 인간의 의무들을 초인간적인, 다시 말해 신적인 지시명령〔계명〕들로 여겼다. 마치 이러한 법칙들을 공포하는 한 특수한 인격을 전제해야만 하는 것처럼이 아니라, 그러한 법칙들은 도덕적 실천적 이성 안에 있다. 그러한 이성이 인간 안에 있다. 도덕적-실천적 이성은 **마치** 하나의 인격**처럼** 정언적으로 의무//명령을 통해 지시명령한다.

무결〔無缺〕함은 결여(기형)의 반대가 아니라, 어떤 사지의 상실의 반대이다. 그리고 결핍의 불완전성의 반대이다.

과연 신이 인간에게 더 선한 의지를 줄 수 있는가 하는 물음은 그가 의욕하지 않는 것을 의욕하도록 만드는 것과 똑같은 것이겠다. — 이것은 현상체들 위에 세워져 있는 시간개념을 함유한다. 예지체라면, 과연 이 의지 대신에 다른 의지가 생각될 수 있는가를 함유할 터이다.

과연 불사성도 자유에 속하는 속성에 선험적으로 포함될 수 있는가? 그렇다. 단, 악마가 있다면. 왜냐하면 이것은 이성은 가지고 있으되 무한성을 갖고 있지 않으니까.

XXI38 ## 제1묶음, 전지4, 1면

4

초월적 관념론은 전체 세계체제의 모든 비밀을 풀기 위한 열쇠이다.

신과 세계를 한 체제〔체계〕(宇宙)의 이념 안에 넣을 수는 없다. 이들은 이질적이므로, 오히려 하나의 매개개념에 의거해야만 한다. — 이 〔두〕 객관들은 최고도로 이질적이다. 우리 안의 이념들의 관계들이 우리 바깥의 객관들의 관계들은 아니다.

천체의 물질들은 자전뿐만 아니라 원주로 회전하기 위해서도 태초부터 인력과 척력을 행사했음에 틀림없다.

공간은 외적 감각객관이 아니다. 시간은 그 안에서 우리가 사물들과 그것들의 활동들을 **지각하는** 내적 감각객관이 아니라, 우리의 작용력의 형식들이다.

신과 세계. 전자는 순정하게 권리들을 갖고, 후자는 권리들과 함께 의무들을 갖는다.

인간은 세계에 함께 속하기는 하지만, 자기의 전체 의무에 알맞지는 않다.

초월철학의 최고 대상

신, **세계**, 그리고 이것들의 소유자, 즉 세계 내의 **인간**

순수 이성에 의해 표상된

존재자 모두를 통합하는 하나의 체계에서

XXI39 빈 공간에서의 작용(遠隔作用[47]). 도대체 공간이 지각될 수 있는가?

세계는 우리 바깥의 사물들의 실존(그 가운데 인간 자신도 있는, 공간 · 시간

47) 원어: actio in distans.

상의 감각객관들의 직관)이다. 우리 안의 객관들에 대한 개념들의 선험적 종합적 표상을 우리는 초월철학에서 선험적으로 우리 자신으로부터 객관들의 형식들로 발전시킨다. 대상들은 이 형식들에 따르지 않을 수 없다.

우리 위에 있는 신, 우리 바깥에 있는 세계, 내 안에 있는 인간의 정신이, 사물들 모두를 한 체계 안에서 파악함으로써, 초월철학의 한 학설 안에서 표상된다.

신, 세계 그리고 세계 내의 인간
초월철학의 최고 견지에 제시된 것으로서
이념들의 한 체계
초월철학의 이념들의 체계

(그의 술어대로
그 자신이 세계에 속하며,
그럼에도 그 또한 세계사물들의
하나의 補完이다.)

신: 세계: 그리고 자기 현존을 선험적으로 종합적으로 규정하는, 세계 내의 **인간**.

정언 명령 아래서의 자유 개념에서, 초월철학의 체계를 이루는 이념들의 총괄 — 공간 · 시간상의 주관 규정에서 선험적인 세계

신, 세계 그리고 자기 자신을 인식하는, 세계 내의 감성존재자 즉 **인간**, 초월철학의 최고 견지에서 제시된 경험적으로 규정된 주관

우리의 모든 앎[知]의 요소를 우리는 우리 바깥의 객관들에서가 아니라, 오직 우리 지성의 분석에서, 우리의 사고에서 가져올 수 있다. 리히텐베르크.[48)]

주해 1 XXI40

초월//철학은 그 자신 안에 정초되어 있는 한에서의, 선험적 개념들에 의한 종합 인식들의 체계이다. 초월철학은 요소표상들을 함유하는데, 경험적으로 집합(蒐集)된 지각들이 아니라, 그 아래에 잡다를 합성하는 형식이 있

48) 발간일에 앞서 이미 1800년 8월에 출간된 G. Chr. Lichtenberg, *Vermischte Schriften*, Bd. 2, hrsgg. von L. Chr. Lichtenberg / Fr. Kries(1801)을 칸트는 받아 읽었으며, 곳곳에 의견을 적어 남겨놓았다. Refl 6369, XVIII693 참조.

는 하나의 선험적 원리를 함유한다. 무조건적으로 통일되어 있는 전체(全體)로서의 사물들 모두(全部) 말이다.

주해 2

이러한 대상들 각각은 하나(一者)이다. — 그래서 만약 **신**이 있다면, 오직 하나가 있다. 하나의 **세계**가 형이상학적 의미에서 있다면, 그래서 오직 하나가 있고, **인간**이 있다면, 그것은 **이상**〔理想〕, 원형, 의무에 합치하는 인간의 原型[49]이다.

사람들은 액상〔液狀〕의/유동적 **물체**에 대해 말할 수는 없고, 단지 액상의/유동적 물질에 대해서만 말할 수 있다. 공기, 자기〔磁氣〕적 물질은 흐르지 않는다. 왜냐하면, 그것들은 응집되어 있지 않고, 방울질 수 있는 것이 아니기 때문이다. 모든 물체에 침투〔浸透〕/삼투〔滲透〕하는 열소 또한 그렇지 않다. 반사하는 불빛도 xxx

공기는 流體[50]이나, 液體[51]는 아니다. 무릇 저것은 아무런 응집력을 가지고 있지 않으나, **후자**는 가지고 있기 때문이다. **유동체**〔**액상체**〕(液體)는 **응집한**다. 왜냐하면, 한 **부분**이 다른 부분을 **당기기** 때문이다. 液體는 (공기처럼) 있지 않은 것이 필요하고, 모든 부분에서 밀쳐내질 수 있다.

流體가 방울질 필요는 없다(수은).

자유, 정언적 명령 및 (무조건적으로 지시명령하는) 신의 개념에 적용됨, 선험적인 공간·시간의 술어들 아래의 세계

1. 권리도 의무도 갖지 않은 한 존재자
2. 권리는 갖되 의무는 갖지 않은 한 존재자
3. 권리와 함께 의무도 갖는 한 존재자. (인간)

---

49) 원어: Prototypon.

50) 원어: liquidum.

51) 원어: fluidum.

a.) 수용성 없는 자발성 — b.) 그 반대. c.) 둘 다. (인간)

원리대로 규정됨, 그러나 법칙들 아래에서는 아님. (신 아래에서의 자유). XXI41

원리에 독립적으로 작동하는 자연의 법칙들 아래서 규정됨. (공간과 시간 관계들에서의 자연필연성)

초월철학의 이념들의 체계

인간에 대한 의무명령은 인간의 자유를 증명하며, 동시에 신에 대한 이념을 가리킨다.

이러한 존재자들 각각은 한갓된 사유물(지어낸 것)이 아니라 지시명령된 것

신 — 세계 그리고 세계 내에 있는 자기의 모든 의무에 합치하는 인간

각자는 하나의 최대(最大), 일자(一者)이다.

내 위의 신, 내 바깥의 세계, 그리고 내 안의 자유 의지는 하나의 체계 안에 표상된다.

빈 공간, 하나의 무한한 무〔無〕/끝없는 아무것도 아닌 것

우리는 감관표상들(인상들뿐만 아니라 개념들)에서 직관의 資料를 얻지 않는다. 오히려 우리는 먼저 그로써 인식을 짤 수 있는, 그로부터 가능한 인식들이 나오는 資料를 공급한다. 예컨대, 공간·시간상의 관계 규정들과 법칙들을 위한 끌어당김〔인력〕 같은 것 말이다. **세계를 인식하고자 하는 자는 먼저 그것을 짜 맞추어내야 한다.** 그것도 자기 자신 안에.

— 리히텐베르크

제1부 — 신

제2부 — 세계

제3부 — 이 둘을 하나의 체계 안에서 통합하는 자. 세계 내의 인간

신, 세계 내의 인간의 내적 생명정신

XXI42 제1묶음, 전지4, 2면

인간(한 세계존재자)은 동시에 자유를 소유한 존재자인데, 이 속성은 전적으로 세계의 인과원리들 밖에 있으면서도 인간에게 속해 있다.

그러므로 인간의 **정신**은 세계 위에 있는 존재자이며, 그것은 이 개념 안에 저 관계들을 선험적으로 함유한다.

신. — 세계. (宇宙) **존재자들 모두**

초월철학의 최고 견지에서 이념들로 제시된 것

세계는 지각의 한 대상이지만, 경험을 **통해 측량할** 수는 없으며, 오직 하나의 원리에 따른 접근을 통해서만 할 수 있다. 그러므로 더듬고 헤매 다녀서는 안 된다.

세계는 가능한 경험의 객관으로 표상되는 체계의 절대적 전체에서 감관〔감각기능〕의(가능한 경험의) 모든 대상들의 총괄이다.

지혜, **영리함** 및 **숙련성**과 **활동성**의 차이

신 — 세계 및 나/자아(인간)는 초월철학의 한 체계에서
통합되어 표상된다.
나(주관)에 의해

나(주관)는 하나의 인격으로서, 단지 나 자신을 의식할 뿐만 아니라 공간 · 시간상의 직관의 대상이며, 그러므로 세계에 속한다.

그러나 나는 정언 명령에 따라서, 자유를 소유하는 하나의 존재자이며, 그런 한에서는 세계에 속하지 않는다. 무릇 이 세계 안에서는 모든 것이 공간 · 시간상의 인과성인데, 저 명령은 한 인격인 신적 존재자의 행동이고,
XXI43 따라서 나의 자기규정〔결정〕과 관련해 내 안에는 기술적//실천적이면서 동시에 도덕적//실천적인 이성이 인간의 속성으로서 있기 때문이다.

이 구분은 오직 3분법이겠다. (신과 세계) 무릇 인간은 그 자신 하나의 세계존재자이다. 그러나 인간은 하나의 인격(다시 말해, 권리와 의무 능력이 있

는 존재자)이고, 물건에 속하는 것이 아니라, 자기 자신에 대해 선고를 내릴 수 있기 때문에, 두 가지 방식으로 취급되어야 한다.

[세계가 하나의 동물이며, 그러므로 또한 영혼을 가지고 있다는 의견]

과연 다수의 세계가 있는가. — 그 또한 여럿이 있다고 하는 공간상의 전부는 하나의 모순이다. (複數의 世界들) 마찬가지로 다수의 신들이 있다는 것도. 무릇 이 신들이란 偶像이다. 그러나 신의 개념은 한낱 하나의 이념, 다시 말해 하나의 순수 이성개념이다. — 그것을 하나의 이상이라고 불러서는 안 된다. 무릇 〔그럴 경우〕 그것은 한낱 주관적인 표상으로서, 지금 그 대상에 대해 판단할 객관적 표상이 아닐 것이기 때문이다.

간접논증적 증명 [**직접적 또는 간접적** 증명 또는 규정 간의 각별한 차이 對當의 不條理]

존재자들 **전부**(宇宙)는 신과 세계이다. 이 둘은 가능한 경험의 대상들이 아니라 이념들, 즉 자기-창조된 선험적 사유물들(理性의 *存在者*들)이며, 대상들에 대한 사고의 체계적 통일의 원리들을 함유한다. — 우리는 모든 대상들을 (스피노자에 따르면) 신 안에서 직관한다. 즉 마찬가지로 우리는 이것들을 이것들의 실재대로 세계 안에서 마주친다고 말할 수 있다.(리히텐베르크) 전자는 기술적//실천적 이성에 의해, 후자[52]는 도덕적//실천적 이성에 의해. — [세계 안에는 순전한 **수용성**이 있고 — 신 안에는 절대적 **자발성**이 있다.]

존재자들 **전부**(宇宙) 즉 最高 *存在者*는 자기 안에 **신**과 세계를 함유한다. **전자**는 하나의 **인격**〔위격〕으로서, 다시 말해 **권리는 갖되 의무는 갖지 않는 하나의 존재자로서** 자기 자신을 선험적으로 구성하며, 후자는 권리와 의무 두 가지를 갖는 것이고, 인간은 세계관찰자(宇宙洞察者)이다.

注意! **두 가지를 갖는 인간은**, 두 가지를 소유하고(模糊性), **두 세계에 속하**면서, **또한 오직 감각객체**〔감각객관〕**이다**.

---

52) 여기서 문맥상 '전자'는 신, '후자'는 세계를 지칭해야 하는데, 이럴 경우 이러한 문맥은 칸트가 하고자 하는 말의 뜻에 부합하지 않으므로, '전자'-'후자'라는 표현은 '하나'-'다른 하나' 정도로 고쳐 읽어야 한다는 의견이 있다.

XXI44 최고 견지에서 제시된 초월철학의 이념들.

[초월철학은 개념들에 의한 선험적 종합 원칙들을 관할할 수 있는, 초감성적인 것의 철학이다.]

⏀ 초월철학의 이념들에 기초한 기술적//실천적 이성과 이론적//사변적 이성 ⏀

우리는 초월철학의 어떠한 명제도 그것들 모두를 통괄하지 않고서는 파악할 수 없다. — 인간인 나는 나 자신을 공간 · 시간상의 **감성존재자**로 고찰하면서도 **오성존재자**로 고찰한다.

보름[53] 서기/비서

표지와 머리말

宇宙로서의 세계

이 모든 객관들에 하나의 최고라는 이념, 그러므로 세 경우 모두에서의 一者

1. 이론적//사변적 이성
2. 기술적 실천적 이성
3. 도덕적 실천적 이성

직관들, 선험적 개념들 및 이념들에서

자유의 이념은 정언 명령을 통해 신에 이른다.

한 체계 내에서의

1. 사변적 이성
2. 실천적 이성
3. 기술적//실천적 이성
4. 도덕적//실천적 이성

---

53) 아마도 1799년에 쾨니히스베르크 대학의 학생이던 Friedrich Wilhelm Worm을 지칭하는 것 같다. 아래 XXI72에도 다시 등장한다.

신의 개념은 하나의 인격/위격을 현시한다.

인간으로서의 한 인격의 특징은 권리를 가질 수 있으되, 또한 채무/죄과를 가질 수 있다는 점이다. 신은 그렇지 않다.

그러나 인간은 또한 채무/죄과를 가질 수 있는 인격이다.

신에 대한 죄책

功績, 過失

1.) 자연과학의 형이상학적 기초원리들에서 초월철학으로의 이행 2.) 이것에서. XXI45

이념들 1. 신의. 2 자유의, 그러니까 도덕적 명령의, 또한 신의 이념과 관련한. 3. 인간의 공간·시간상의 대상들과의 관계맺음. 또한 신의 세계와의 관계에 대한 관계맺음 — 기술적//실천적인 것의 세계 내의 한 인격(나)의 도덕적//실천적인 것과의 관계에 대한 관계맺음. 이상의 사변적 이념과의 관계

이념들과 대비되는 경험 가능성의 원리와 경험 명제

사람들은 객관적인 것에 앞서 경험을 가능하게 하는 주관적인 것을 (형식의 면에서) 탐구해야만 한다.

내가 요소개념들에서 출발할 때, 나는 그것들을 완벽하게 제시한 어떤 확실성을 갖고 있는가. 항상 단지 더듬어 헤매는 것일 뿐이고 주관적//경험적이다.

대답: 나는 그것들을 경험적으로 포착하지 않았다. 그것들은 주관이 자기 자신에게 작용함으로써 생겨나온, 그것도 선험적으로 생겨나온 자동적인 작용결과들이다. 예컨대, 끌어당김[인력] 등등.

그러나 理性的 動物로서의 인간은 역시 세계에 속한다. 그래서 하위구분은 **외적 감각대상**과 세계.

주관에게는 오직 하나의 경험이 있다. 다시 말해 모든 지각들은 하나의 체계로 통합된다.(내적으로. 리히텐베르크)

그러나 경험법칙 내지 증명은 확실하지 않다.

나 즉 세계의 **소유자**

신은 한 인격적 존재자 개념이다. 과연 그러한 것이 실존하느냐를 초월철학에서 묻지 않는다.

XXI46 제1묶음, 전지4, 3면

신	/ 인간
세계	세계 내의
그리고 **나**〔자아〕로 /	초월철학의 이념들의 체계 내의
표상됨	초월철학의 체계를 위한 이념들의 최상의 견지에서의 세계 내의 두 가지 것과의 관계에서, 이념들의 최상의 견지에서의

신과 세계

초월철학의 최상의 견지에서의

† 체계를 위한 † 두 가지 것

신과 세계 **개념들** 사이 이것들의 통합 원리 아래서

초월철학 이념들의 체계의 최고 견지

신, 세계 그리고 이 세계 내의 자기의 모든 의무들에 맞는 인간

첫째로 그로 인해 의욕하는 모든 것이 현존하는 힘〔권세〕은 최고의 지시명령과 결합된 최고의 역량, 그러니까 인격적 현존재〔최고 지성, 최고의 힘과 최고로 신성한 의지〕(最高 存在者, 最高 知性, 最高 善) — 최대의 것은 오직 하나〔一者〕일 수만 있으며, 신은 살아 있는 신이다. [경험 또한 오직 하나이며, 지각들을 통한 경험으로의 접근은 점근적〔漸近的〕(무한히)이다.] — — 신, 하나의 세계가 있다는 신의 의지, 다시 말해 저 최고의 의지에 의해 현존하는 한에서의 인간. — 초월철학의 최고 견지 — [자유의 개념이 이행의 연대

를 만든다]

신, 세계, 神 宇宙 및 세계주민 XXI47

(世界 住民)

세계 내의 인간

초월철학의 교호관계에 있는 두 이념들의 하나의 체계

절대적 통일로서의 자연은 그것이 공간과 시간에 한계 지어져 있는 일부로서의 세계(宇宙)이다. 하나의 세계(이 世界)가 있으면, 또한 마찬가지로 세계들이 그리고 또 신들이 있을 터이다.

그 가운데서 그것을 신의 이념들에 잡아매는, 자유를 구유〔具有〕한 세계 존재자에 의한 인과관계들의 이념들

神, 宇宙, 世界 (그리고 世界 *存在者*들 등등, 또 자유의사를 구유한 자로서의 인간, 신과 유사한 원리인 世界 住民 人間이 바로 이제 이 관계들과 이념들을 구성하며, 다른 존재자가 아니라 인간에 의해 수용된다). — 최대의 것은 동시에 唯一한 것이며, 그 역도 마찬가지이다. 초월철학의 **체계**의 통일성.

이것과 부분적으로 복수의 세계들에 따른 체계들(세계들)은 구별되어야 한다.

무엇이 인간 이성을 앞서 말한 이념들을 향해 가도록 움직이는가. 영예로운 일을 하는 그것의 예리함을 자극함이 그것일 수는 없다. 무릇 사람들은 수학에서 더 좋은 성공을 거두겠지? — 뉴턴의『自然哲學의 數學的 原理들』에서와 같은 발명자인 기술적//실천적 이성이 아니라 도덕적//실천적 이성이 이성으로 하여금 신의 이념을 의무에 맞게 검사의 객관으로 삼도록 만든다. 빈 공간과 빈 시간은 수학적이다

그러므로 유일한-살아 있는 신이 있다.

신은 그에 관하여 다른 모든 존재자들이 지시명령은 갖되 의무는 갖지 않는 그러한 존재자이다. 우리에게 어디에서 이러한 이념의 필연성이 오는가: XXI48

그에 봉사하기 위해서가 아니라 그에게 복종하기 위해서. 그의 개념은 한낱 특정한 원칙들을 위한 하나의 이념이다.

신의 개념은 사념존재자〔사유물〕라는 한 인격성의 개념으로, 즉 이성이 스스로 창작해낸 이념적〔이상적〕 존재자이다. 인간 또한 하나의 인격인데, 다만 동시에 감각객관으로서 세계에 속하는 것이다. 그러나 신은 권리는 갖되 의무는 갖지 않는 존재자이다. 두 가지를 다 갖는 인간은 동시에 세계존재자이되, 宇宙 자신은 아니다. - 스피노자

하나의 신을 믿음과 하나의 신의 **존재를** 믿음의 차이. 즉 (한갓되이 위대하고 인격은 아닌 한 존재자에 대해서가 아니라) 하나의 **살아 있는** 신의 존재를 믿음. — 감각객관인 한에서의 사물들 전부가 세계世界이다. 그런데 그것이 순전한 이념宇宙로 간주된다면 xxx

경험 과학으로서의 (주관적이 아니라 객관적으로 고찰된) 물리학은 수학적//역학적이다

이념들의 체계에서 초월철학의 최상의 견지 즉 신 — 세계 그리고 세계 내의 인간

신과 인간, 둘은 인격/위격들이다.

빈 공간에서의 운동력들은 거리의 제곱의 반비례에 따르며, 만약 끌어당기는 물체가 소멸한다면, 그 소멸에 따른다.

형이상학은 초월철학 아래에 위치한다〔종속한다〕.

신과 세계의 이념들의 체계에서의 초월철학의 최고 견지. 이 둘은 절대적 통일성/단일성/하나임을 표상한다. 오직 하나의 신과 하나의 세계.

스피노자: 이 모든 이념들을 신에서 직관하기 그리고 자기 자신을 신 안에서.

광신적

이념들은 원리들로서 경험적인 것에 선행하는 순수한 이성개념들이다

XXI49 자기의 자유원리와 함께 인간은 그 자신 순수 이성의 순전한 이념이다.

정언 명령은 그에게 그의 실재성을 보증하며, 그런 한에서 그는 예지체이다.

인간의 도덕적 자유//개념은 도덕적 명령을 통해 신의 개념에 이른다; 그러나 하나의 특수한 실체로서의 그의 현존을 증명하지는 않는다.

전체 십계명은 여기서 하나의 실체가 아니라, 이 경우 하나의 자연존재자인 인간 자신의 이성인 법칙의 이념을 조준해 있다.

살아 있는 신으로서의 신의 이념은 단지 인간이 불가피하게 직면해 있는 운명이다. 그러나 이 이념에 인격성 등등을 부속시켜서는 안 된다.

인간으로서의 나는 하나의 세계존재자이며, 공간 · 시간상의 현상이다.

하나의 신을 믿음과 그의 존재를 믿음 살아 있는 신.

열소는 탄성〔彈性〕적인 것으로 볼 수 없다. 무릇 열이란 모든 공간에 침투하는 것이므로, 열소 자신이 자기에 침투할 터인데, 이는 자기모순이기 때문이다.

탄성적인 것은 그 부분들이 서로 거리를 두고 밀쳐내는 물질이다.

마찰〔문지르기〕, 타격〔두들기기〕 등등에 의한 열. 무릇 그것의 한 정량의 절단면은 가령 공기처럼 서로 밀쳐낼 터이다. 그러나 절단은 그것이 침투〔삼투〕한 모든 물질을 탄성적으로 만든다. 열은 어디서나 다소간에 하나의 감정〔느낌〕 표상이다.

경찰 문제로 형사위원인 엔슈[54] 씨에게 문의한바, 과연 집 밖에서 식사할 저녁 시간을 허락받은 하인이 정확하게 그 시간과 장소를 지키지 않아도 되는 것인지 또는 그것을 넘어 하나의 자유로운 주인인 것인지.

그는 그가 어떤 음식점에서 저녁식사를 했으며, 몇 시에 했는지를 제시해야만 한다.

54) Christian Friedrich Jensch(?~1802). 1763년에 쾨니히스베르크 대학에서 수학했으며, 칸트 말년의 식탁친구였다. 말년에 칸트의 하인 Lampe가 근무수칙을 빈번하게 어기고 가사를 해태할 적에 칸트가 그를 어떻게 처리할 것인가에 대해 의논한 바 있다.(1800. 10. 28 자 Jensch와 주고받은 칸트의 편지, XII325 참조; XIII520 참조)

XXI50

제1묶음, 전지4, 4면

I

신

이성은 **신의 이념**에서 무엇을 생각하는가?

모든 것을 **알고**, **할 수 있고**, 선할 것을 **의욕하는** 한 존재자 (最高 存在者) (最高 知性) (最高 善) **최고 지혜**.

정의

신의 개념 아래서 나는 무엇을 생각하는가. 최대 완전성의 존재자. 모든 것을 알고, 모든 것을 할 수 있고, 그의 자기의식 안에 인격성을 함유하며 (最高 存在者, 最高 知性, 最高 善) 그리고 여타의 모든 것의 창시자인 존재자.

⊕ 스피노자. 모든 사물과 **자신을 신 안에서** 한낱 초월적인 것이 아니라 초험적으로 그리고 내재적으로 객관적으로 (자체로) 직관한다는 터무니없는 이념.

물음: 신과 세계는 함께 하나의 체계를 이루는가, 아니면 이 둘의 연결의 이론은 단지 주관적으로 체계적일 뿐인가

원칙, 정리〔定理〕, 과제, 그리고 추론

공리

신의 개념은 도덕적//실천적 이성의 한 원리이다: 모든 인간 의무들을 신적 지시명령〔계명〕으로 보는, 모든 인간 의무들에 대한 인식.

이성의 주관적인 것으로부터, 종합적 원리들의 자발성으로부터 초월철학은 **이념들**을 통해 시작된다. 초월적 관념론.

정리

인간 안에 하나의 능동적인 그러나 초감성적인 원리가 있다. 그것은

자연과 세계에 독립적으로 이것들의 현상들의 인과성을 규정하며 자유라고 일컬어진다.

† 순수한 의무//명령에서 하지 마라[禁止]와 하라[指定]. XXI51

정언 명령은 신의 개념을 실재화한다. 그러나 단지 도덕적//실천적 견지에서일 뿐이지, 자연대상들과 관련하여 그러한 것이 아니다.

신과 인간은 두 **인격/위격들**이다. 후자는 **의무에 구속**되어 있고, 전자는 **의무를 지시명령**한다.

존재자들 전부(宇宙) 신과 세계는 초월철학의 이념들의 한 체계 안에서 통합되어 표상된다 — — 기술적//실천적: 도덕. 실천이성, 인간의 자유, 그리고 이와 함께 **정언** 명령: **신**. ♯공간(선험적 직관)은 **주관적으로 현상**이다.

이념들은 선험적으로 이성에 의해 창작된 형상들(직관들)이다. 이것들이 사물들의 인식에 앞서 순전히 주관적인 사유물들로서 그리고 사물들의 요소로서 선행한다. 이것들은 원형(原型)으로서, 이에 따라서 스피노자는 모든 사물들을 그 형식의 면에서 신 안에서 볼 수 있어야 한다고 생각했다. 다시 말해 우리가 그것으로 신을 만들어내는 요소들의 형식적인 것 안에서.

♯신은 순정하게 권리들만을 갖고, 아무런 의무도 자기 자신에 대해서만은 갖지 않으며, 그 자신에게 신성한 인격인 존재자이다. 자유 — 권리들을 갖되 의무들 **또한** 갖는 인간 — 셋째로는 단적으로 의무들. 하나의 국가 안에서와 같은 양자[55]의 신적 통치 아래 필연적으로 종속해 있는 **세계시민**으로서의 인간.

♯초월적 관념론. — **순전한** 공간은 그 때문에 **빈** 공간이 아니다. 후자는 무엇인가 적극적인 것이겠다. 전자는 **추상된** 것이다.

注意! 세계에서의 공간과 저것을 내적으로 규정하는 주관에서의 시간은 선험적인 형식들로서 선행하며, 그 요소들로부터 인식이 생겨 나오는 그 자신이 만든 개념들을 제공한다. 빈 공간을 통한 끌어당김[인력](뉴턴에 따르면,

---

55) 곧 권리와 의무.

遠隔作用), (원인 없는 작용결과로서) 세계 내에서 인과성[원인성]의 원리를 순
XXI52 전히 정언 명령에서 '하지 마라[禁止]'를 통해 요청하는 자유: [이 두 가지는] 세계 바깥에 있으며, 세계에 영향을 미친다. 인식을 위한 수용성(受容性)은 자기 자신 안에서 그 수용성을 창작해낼 능력에 기초한다. — 리히텐베르크.[56]

맹세: **신 앞에서, 살아 있는 신** 앞에서, 만약 그것이 경험적인 진실과 관련해서, 그러므로 자연대상들과 관련해서 주어진다면, 외람됨이다.

신과 세계. 초월철학의 최고 견지에서 이념들의 한 체계.

(신에 대한 이러한 이념들과 세계는 필연적으로 그리고 선험적으로 이성 안에 자리 잡고 있다. 그리고 이러한 구분은 선험적이다.(리히텐베르크))

수학에 알맞은 천재는 자연에 의해 철학에 부여된 천재와는 종[種]적으로 전혀 다르다. 리카르드[57]와 케스트너[58].

전자는 (임의적인 목적들에 따른) 기술과 숙련성에 상관하고, 후자는 **지혜**에, **궁극목적**에 상관한다.

존재자들 **전부**[59]와 **우주/만유**[萬有][60]의 **차이**. 우주/만유에는 신 또한 포함될 수 있다. 수용성 — 자발성.

신과 세계. 등등에 **의해** 표상되는 초월철학의 최고 견지에서 이념들의 한 체계

---

56) 앞서 인용한 G. Chr. Lichtenberg, *Vermischte Schriften*, Bd. 2(1801) 참조.

57) Gotthilf Christian Reccard(1735~1798). 쾨니히스베르크 대학의 신학 교수이자 목사였으며, 천문학에도 관심이 많았다.

58) Abraham Gotthelf Kästner(1719~1800). 괴팅겐 대학의 저명한 수학 교수이자 단시(Epigramm) 작가. *Angangsgründe der Mathematik*(전4권, 1758~1769), *Geschichte der Mathematik*(전4권, 1796~1800) 등을 펴냈으며, Eberhard의 *Philosophisches Magazin*(1790)을 통해 칸트에 대해 비판적 입장을 보였다. 칸트는 이에 대해 서평(Über Kästners Abhandlungen, 수록: XX410~423)을 썼고, 수학 또는 수학자를 이야기할 때도 자주(『부정량 개념』, A1=II170; XXI239 · XXII228이하 · XXII544이하 등 참조) 그리고 물리학과 관련해서도(XXI294 참조) 케스트너를 염두에 두고 말한다.

59) 원어: das All der Wesen.

60) 원어: das Weltall.

초월철학의 최고 견지에서 한 체계 안에서 표상되는

신과 세계

존재자들 전부

유일한 존재자가 모든 현존하는 것을 정초해야 하기 때문에, 존재자들 전부(宇宙)가 있는가? 세계들이 있을 수 있다. 그러나 하나의 宇宙만이 xxx

그의 이름은 **거룩하고**, 그의 존중은 경배이며, 그의 의지는 전능하고, 그 자신은 이데아[이념]이다. 그러나 그의 나라는 자연 가운데에 비로소 와야 한다.[61]

초월철학은 개념들에 의한 선험적 순수 종합 인식의 학문이다.

A. 신의 이념은 어떠한 개념들을 함유하며, 어디에서 인간에게 그러한 이념을 이성에 불가결한 것으로 세우라는 요구가 오는가? 또는 그것이 자유로운 문제성 있는 지어낸인가, 열소와 같은 객관은 가설적인 사물인가? XXI53
여기에 물음은 해답되지 않은 채 남아 있다: 하나의 신이 있는가? 신이 있다면 오직 **하나**뿐이라고도 말할 수 있다.

신은 하나의 **인격/위격**으로 표상된다. — 그러나 물체적 존재자는 아니다 — (정신). 그래서 신들이 아니다. (우상들은 물체들이지 정신이 아니다) 인간인 나는 **세계**전체에 속하며, **인간은 그것의 한 부분이다.** — 그러면서도 **인간은 하나의 인격이다.**

B. **하나의 세계가 있다.** — **관념론**과 초월적 **자아주의**[自我主義][62]는 감각 표상들의 객관적 실재성, 그러니까 경험을 포기할 수 없다. 무릇 그러한 '대상들이 **있다**'고 말하는 것이나 '**나는** 나의 표상의 상태가 우리가 **경험**이라고 부르는, 잡다의 법칙에 맞는 그러한 연쇄를 그에 끌어넣는 **하나의 주관**

61) "하늘에 계신 우리 아버지, 아버지의 이름이 거룩하게 되소서. 아버지의 나라가 오게 하소서. 아버지의 뜻이 하늘에서와 같이 땅에서도 이루어지게 하소서."『신약성서』, 「마태오복음」 6, 9~10) 참조.

62) 원어: Egoism. 통상 실천철학에서는 '이기심/이기주의'로 옮겨지는 이 말을 여기서는 관념론과의 연계성을 고려하여 '자아주의'로 옮긴다.

이다'라고 말하는 것은 단적으로 한가지이기 때문이다. 공간상에 **세계**(世界)**들**이 **있을 수** 있다. 그럼에도 오직 **하나의 세계**(宇宙)만이 실존한다.

사람들은 그 자신이 만든 경험 **외에는** 아무런 **경험**도 갖지 않는다. — 또한 **경험들**을 갖지 않는다. 그에 의해 경험을 만드는 선험적 조건들은 전혀 불가능하거나 매우 복잡하다. 아주 특수한 연구가 필요하다. 늙다와 노련하다[경험 많다]는 동일한 표현으로, 아무것도 빛나는 것을 함유하고 있지는 않지만, 하나의 확실한 기반을 가지고 있다.

경험은 지각들의 경험적 완벽성으로의 점근적인 접근이다.

경험(複數가 아니다) 즉 **지각들**의 체계의 완벽성

감각대상들로서의 사물들의 전부

인간에 대한 이론적인 기술적//실천적 관점과 도덕적//실천적 관점에서의 모든 참된 목적들의 총괄은 하나의 이념이다.

상호 실재적 관계에서 제시된 신과 세계의 이념들의 체계에서 초월철학의 최고 견지

XXI54

제1묶음, 전지5, 1면

초월철학의 최고 견지 —

신

세계

그리고 세계에서의 자기의 의무에 맞는

인간의

이념들의 체계에서

제1부

신은 무엇인가?

§ 1

이 대상은 순정하게 권리들만을 갖고, 아무런 의무를 갖지 않으며, 그러니까 기술적//실천적 관점에서뿐만 아니라 도덕적//실천적 관점에서도 모든 것을 **할 수 있**고(最高 存在者), 모든 것을 **알**며(最高 知性), 모든 참된 선을, 다시 말해 단적으로 목적인 것을 **의욕하**는(最高 善) 하나의 인격으로 생각된다.

§ 2

만약 신이 **있다**면, 오직 하나만 있고, 마찬가지로 만약 세계가 **있다**면, (그리고 오히려 외적 감각대상들의 모든 현존이 관념론적으로 의심받고, 자아주의로 변환되지 않는다면) 역시 오직 하나의 세계만이 있다.

§ 3

자기 자신을 내적으로 그리고 외적으로 직관하고 지각하는 인간은 그 자신이, 외적으로는 공간조건들에서 그리고 내적으로는 시간조건들에서 무한하게(한계 없이) 규정될 수 있는 단 하나의 세계의 한 부분이다. — 무릇 공간과 시간은, 만약에 그것이 객관적인 사물들로서, 오히려 사물들에 대한 외적인 그리고 내적인 표상의 주관적 형식들이 아니라면, 그 안에 모든 감각객관들이 주어질 수 있는 단지 하나의 무한자일 것이기 때문이다.

내가 보기와 듣기를 배워야 함은 언제나 있을 수 있는 일이다. 그럼에도 객관의 표상이 나 자신에 의해 선험적으로 만들어지지 않으면 안 된다.

(심지어 나의 내뻗은 팔의) 중량은 뉴턴의 인력(遠隔[63])의 작용결과로 느껴질 수 있다. 눈에 반발하는 것으로서의 빛 또한 마찬가지이다. 그러나 비추어진 대상들도 멀리서 볼 수 있다. 그러므로 시각은 (간접적으로) 하나의 遠隔作用을 포함하는 특수한 감관이며, 반발〔척력〕로서의 시각은 광학지식 XXI55

63) 원어: in distans.

에 앞서서도 생각된다.

세계는 신이 그것의 영혼인 하나의 동물〔생명체〕로 여겨진다.

오직 하나의 세계. 하나의 신.

최상 원인의 **인격성**〔**위격성**〕은 자발성이다. 오직 하나의 신 그리고 초자연주의이다. 세계는 하나의 집합, 수용성이다. **하나의** 공간.

공간 · 시간상의 대상들의 관념성의 원리는 제일 먼저 뉴턴의 인력 체계(세계)를 통해 등장한다.

자기 자신을 창작해내는 (스피노자에 따른) 관념성의 원리와 인격성〔위격성〕의 xxx

신과 세계. 이론적으로 사변적이고 도덕적//실천적 이성의 이념들의 체계(공간 · 시간상의 사물들의 관계에서 그리고 모든 목적들 전체의 개념 관계 등등에서 표상된)

인력들은 척력들에 (선험적으로) 상응하지 않을 수 없다. 다시 말해 빈 공간을 통해서도. 그렇지 않으면 아무런 체계도 없을 것이기 때문이다. **빛**은 물질로서가 아니다.

그러나 어떻게 초월철학이 그와 관련하여 의무들에 대해서도 말하게 되는가. 세계는 또한 한갓된 자연(생명 없는)을 함유하는데 말이다.

의무명령을 갖춘 인간은 법칙들 아래서 자유 개념을 정초한다.

멀리 있는 대상의 접촉 — 빛 없는 시각, 遠隔作用, 이것들이 인력에서라면, 왜 척력에서는 아닌가.

XXI56 빛나는 원리의 기반은 빛나지 않는다. 산〔酸〕의 원료가 실 필요가 없듯이 말이다. 열소는 따뜻하지 않다.

신 이념의 실재론은 오직 의무//명령에 의해서만 증명될 수 있다.

과연 신이 가설적 존재자인지를 열소처럼 現象的으로 설명하기, 즉 관념론.

원리들에 관한 실재론.

신 등등의 이념들의 체계에서 초월철학의 최고 견지

신, **세계**, 그리고 세계 내에서 의무지시명령을 통해 스스로 법칙 수립하는 **인간**

세계(宇宙)는 존재자들의 질적 관계에서 하나의 절대적 전부(宇宙)이다. 그러나 양적인 관계에서의 세계(世界)는 (무한한 공간상의) 하나의 건축물로서, 그런 것은 여러 개가 있을 수 있는바, 경험적 진보의 집합으로서가 아니라, 인식으로의 점근적인 진보의 체계로서 그러하다.

존재자들 전부, 신, 세계 그리고 세계 내의 인간

신, 세계 그리고 세계 내에서 자유의사로 자기 자신을 규정〔결정〕하는 인간. 세계 내에서 자기 자신을 물건(자연존재자)으로 보지 않고, 대〔취급〕하지 않는 인간의 인격성. 남성동성애 수음〔手淫〕

초월철학의 이념들의 한 체계에서 고찰된, 즉 초월철학의 한 체계에서 고찰된, 경험적 인식과 경험의 주관적인 선험적 가능성의 절대적 통일성에 대하여.

시각은 눈의 직접적인 접촉일 터인데, 이 접촉에도 주관은 아직 여전히 맹목이다. 보기 위해서 사람들은 먼저 공간과 그 용적에 대한 표상들을 가져야만 한다.

신, **세계**, 그리고 세계 내에서 자유의사로 행위하는 **인간**. XXI57

무엇에 의해 자유의사의 현실성이 증명되는가

자유개념의 해설은 초험적이다. 그 대상은 현상에서가 아니라 객관 자체로 고찰되어 자유를 갖춘 주관의 원인성에서 행위할 것이다.(이를 갖추지 못한 존재자에게는 원인 없는 결과일 터이다.)

인간이 올바르게/정당하게 행위한다는 것은 **신에 의해 지시명령될** 수 있는 일이기는 하지만, 신에 의해 **만들어지고, 강제될 수 있는** 일은 아니다.

그가 그렇게 하도록 규정〔결정〕될 수는 없다. 그것은 어떤 다른 주관의 기계적으로//가능한 작용결과가 아니라, 자유를 전제로 한다. — 신 안에는 순정하게 자발성이 있을 뿐 수용성은 없다. 신에게는 아무런 영향을 미칠 수 없다. 신은 이념이다

과연 공간의 현실적인 무한성을 생각할 수 있는가.

우리가 감각객관이라고 부르는 것의 개념들은 지각들에 선행하며, 저것들을 가능하게 만든다.

물체가 없는 곳에서의 인력

생리학 섭생법 치료학. **의술**(위생학) **섭생법**과 **치료학**

예방이론(豫防學)과 경고적인; 선에서의 **연습이론**; 또는 또한 경건함 연습, 경건주의, 어른을 아이처럼 족쇄 채우는 **훈육** 연습. 모라비아 형제단, 헤른후트 공동체, 슈팡엔베르크[64] **淸淨學**[65]

하나의 **유기**체와 그것의 가능성은 하나의 목적원리 目的因을 위치론에서 전제한다. 그러므로 하나의 **비물질적 존재자**, **감각존재자**가 아닌, **세계창조자**, **세계형성자**를 전제한다. 다수의 세계들이 아니라, **하나의** 신과 **하나의** 세계

물리학은 한갓 **자연이론**이 아니라, **자연의 경험이론**이고, **의학** 또한 그러하다. 한갓 **자연학**이 아니다.

인간 또한 하나의 세계존재자이고 감각객관이다. 그러나 자유로우면서도 하나의 관계에서 자연에 복속되어 있지는 않다.

XXI58 신 개념은 무엇을 말하는가? 이 개념은 무엇인가 현실적 대상을 갖는 다른 개념들과는 어떤 관계에 있는가? — 또는 이 개념은 스스로 만들거나

---

64) August Gottlieb Spangenberg(1704~1792). 1733년에 형제단에 입단하여 1744년 형제단의 감독직에 올랐고, 창설자인 Nikolaus Ludwig von Zinzendorf(1700~1760)의 사후 1762년부터 형제단의 수장이 되었다. 1779년에는 『형제단의 기독론 개념(*Begriff der christlichen Lehre in den Brüdergemeinden*)』을 저술하였다.

65) 원어: proaeretica.

선험적으로 주어진 것인가?

사람들은 도덕적으로 악한 **근원존재자**도 선한 **근원존재자**도 (무릇 필시 이 둘 다 자유에서 생겨나는 것이기 때문이다) **창조된** 것으로 생각할 수 없다.

초월철학의 최고 견지: xx에 의해 생각되고 표상되는 하나의 체계에서의 존재자들 전부, 신과 세계

공간·시간상의 세계는 전부와는 구별되어, 실체로서 교정될 수 있고, 그 자신이 세계의 일부인 주관(인간)과 함께 **주어져** 있다. — 신은 순전히 **생각**된다.(理性의 *存在者*) 그러한 것에 대한 이념도 존재자들 전부에 속하기는 한다.

여기서 이야기되는 것은 주관의 수동적 규정 가능성〔수동적으로 규정될 수 있음〕이 아니라, 능동적 규정 가능성이다.

주관이 어떻게 자기 자신을 선험적으로 규정하는가. 최고의 지혜

자연과 자유의 결합을 동일한 주관에서 分散的으로〔군데군데〕 집합한 것이 아니라, 連結的으로 하나의 일관된 규정의 원리에 따라 생각하는, 이론적으로 사변적이고 도덕적으로//실천적인 이성의 이념들의 통합에 있어서의 초월철학의 최고 견지. — 모든 것을 포함하는 것은 분석적으로 이성에 의해 모아져, 종합적으로 한 체계에서 생각된 것이다. 여기서 이야기되는 것은 규정될 수 있는 **객관**이 아니라, 주관이다.

신은 자연이 **할 수 있는** 모든 것에서 도덕적으로 선한 것을 **알고**, **할 수 있고**, **의욕하는** 존재자이다. 그러한 존재자가 다른 모든 존재자도 이러한 속성들을 분유〔分有〕하도록 만드는 일은 그의 힘 안에 있지 않다. 왜냐하면, 그 존재자는 **자유**를 소유하고 있기 때문이다.

전능하고, 전지하며, 전적으로 지혜롭고, 이로써 **하나의 인격/위격인 하나의 존재자는 하나의 가설적인 존재자가 아니라**, 절대적이고 전반적으로 규정적이고(全般的으로 規定된 *存在者*) 동일한 오직 **하나의 것일 수 있다**.

신, 인간, 한편으로는 자연과 원인·결과의 자연 **기계성**에 결부되어 있는

하나의 세계존재자: 다른 한편으로는 **자유로운**.

XXI59

제1묶음, 전지5, 2면

표지

초월철학의
최고 견지
— **신**, **세계** 그리고
의무법칙들을 통해 자기 자신을 제한하는
세계 내의 **인간**이라는 이념들의 체계
안에서

존재자들 전부
신과 세계가
초월철학의
이념들의 한 체계에서
표상됨으로써
표상되는.

서론

초월철학은 자율이다. 다시 말해 자기의 종합적 원리들, 범위와 한계들을 하나의 완벽한 체계 안에서 확정적으로 미리 그려내는 하나의 이성이다.

그것은 **자연과학의 형이상학적 기초원리들**에서 시작하고, 이로부터 **물리학으로 이행**하는 선험적 원리들과 이것의 형식적 요소들을 함유하며, 타율이 됨이 없이, 그를 통해 인식 전체가 지각들의 집합이 되는 경험의 가능성의 한 원리인 물리학으로 이월한다. 그리고 마침내 **경험** 자신**에 의한** 증명으로의 점근적인 접근인 경험으로 이월한다.

1.

공간과 시간은 객관들이 아니라, 감성적 직관의 주관의 형식들이다. 즉 지각들을 입방〔立方〕적으로 가능하게 하는 합성의 통일의 주관적 형식들이다. — 그래서 뉴턴은 운동력들을 행사하는 물체들이 있기도 전에 끌어당기는 운동력들을 선험적으로 제시하고 있다. 빈 공간에서 직접적으로 끌어당김(遠隔作用) XXI60

그러나 물질의 개념이 물체 형성에 선행하거니와, 이를 통해 저 물질은 물체들을 형성하고, 이것들의 면과의 접촉에서 이것들의 부분들의 밀쳐냄이 생각될 수밖에 없고, 이것이 없었더라면 공간은 텅 비어, 다시 말해 아무런 감각객관이 없을 터이고, 그러니까 전혀 아무런 가능한 직관의 객관이 없을 터이다. — 따라서 공간인식에는 모든 것을 채우는 펼쳐짐의 이념 또한 속하며, 이를 매개로 멀리 떨어져 있는 물체들의 지각이 가능한 것이 틀림없고, 또한 遠隔作用으로서 어느 거리까지도 퍼져나가, 거리의 제곱에 반비례로 운동력들에 의해 감관에 이른다. 설령 그것이 단지 더듬고 돌아다녀야 표상이 되고, (로마인이 발견한 빛의 수차〔收差〕에 따라) **시간**이 걸린다 해도 말이다.

초월철학은 개념들에 의한 선험적 종합 인식을 의미한다. — 그것은 분석적으로 원리적으로 동일성의 규칙에 맞춰 전개하지 않고, 오히려 확장하는 원칙들을 함유한다는 점에서 형이상학과 구별된다. 만약 그것이 개념들에 의해서가 아니라 직관(개념들의 구성)에 의해서 함유하는 하나의 철학이라면, 그것은 **초험적**인 것일 터이고, 자기 자신과 모순될 터이다.

신, 세계 그리고 세계 내의 인간의 의무법칙(이것은 자기동일적으로 자유개념을 함유한다. 하나의 예지체). 과연 신에 대한 의무들이 있는지, 그리고 사람들이 신에게 무엇인가를 할 수 있는지. 즉 신에게 무엇인가를 주고, 그의 전 재산을 늘리거나 줄일 수 있는지. 카이사르에게는 카이사르 것을, 그리고 신에게는 신의 것을 주어라.[66]

유기체는 오직 목적에 의해서만 가능한 그러한 물체이다. 하나의 생명원리를 함유한다. 즉 그러므로 한낱 수용성만이 아니라 자발성도 함유한다.

과연 신에 대한 의무들이 있는지. 신은 도덕적 법칙수립자〔입법자〕 자신이다. 그에 대하여 그리고 그를 **위해** 사람들은 아무런 공덕도 가질 수 없다. **그에게** 무엇인가를 한다는 것은 찬양 등등에 의한 것이겠다.

XXI61 그렇게 생각하는 것은 의인화〔擬人化〕이다. 우리는 인간에 대한 그의 지시명령〔계명〕들을, 권리 행사를 위해서는, 따라야 한다.

인간은 자기 자신을 세계 내의 감각대상으로 보면서도, 자기의 자율이 독립적인 것으로 본다.

신의 개념은 하나의 인격/위격에 대한 개념이지만, 그 자체로 하나의 실체의 개념은 아니며, 하나의 실체의 규정의 이념이다.

세계 내의 인간은 함께 세계의 지식에 속한다. 그러나 세계 내에서 자기의 의무를 의식하는 인간은 현상체가 아니라 예지체이며, 물건이 아니라 인격이다.

자유개념은 정언명령을 통해 주어진다.

경험적 판단들의 진리의 증명근거인 **경험**은 경험을 이루는 가능한 지각들의 완벽성으로의 점근적인 **접근** 이상의 것이 결코 아니다. 결코 **확실성**이 아니다.

서론

1) 자연과학의 형이상학적 기초원리들로부터 초월철학으로의 이행.

2) 그 형식적 조건들에 따라, 저것으로부터 보편적 경험이론인 물리학

---

66) 『신약성서』, 「루가복음」 20, 25 참조.

일반으로.

3) 자연으로부터 자유이론으로. 인간의 자유는 의무 개념을 전제한다. 정언명령.

4) 하나의 체계로서의 물리학으로의 진보. 신, **세계** 그리고 의무의 지시명령에 복종하는 **인간**.

인간은 한편으로는 하나의 세계존재자이다. 그러나 다른 한편으로 의무의 법칙에 헌신하는 인간은 하나의 예지체〔叡智體〕이다.

四肢에 浸潤된

精神은 전체 덩어리를 흔들고 큰 몸체에 섞인다.[67]

1) 자연과학의 형이상학적 기초원리로부터 물리학으로의 이행. — 간헐적 맥박. XXI62

2) 물리학의 형식적 원리들로부터 자연과학의 경험이론으로(오직 하나의 경험이 있다. 우리가 지각들을 통해 그것들을 모으는 하나의 원리에 따라 접근해갈 수 있는 경험들이 아니다).

신을 찬양하고, 봉사하고, 감사드리는 것이 신에 대한 의무들인가?

지질지식[68]과 지질학은 어떻게 구별되는가.

아드라스테아.[69] 전제적 헌정체제. 모든 것을 **알고**, **할 수 있고**, 모든 선을 **의욕하는** 한 존재자.

인간은 정언 명령에 따라 자기 자신을 선한 인간으로 만들**어야 한다**. (그리고 그러므로 만들 수도 있다.) 그러나 신에 대해서는 이렇게 말할 수 없다. 왜냐하면, 그렇지 않으면 어떤 다른 이렇게 보고되는 자가 있을 터이고, 이는 모순이고, 이러한 수용성은 자발성이 아닐 터이기 때문이다.

---

67) 칸트 원문: totamgve infusa per artus / Mens agitat molem magnoqve se corpore miscet. 이는 Vergil, *Aeneis*, VI, 726~727의 인용이다.

68) 원어: Geognosie.

69) Adrastea. Herder에 의해 1801년 (4월 1일) 창간되어 수년간 발간되었던 잡지.

인간은 그 자신 하나의 외적 감성존재자로서 세계에 속한다. 한 인간은 **타율**에 의해 규정되어 있지만, 그럼에도 또한 인격으로서 자율의 법칙 아래에 있다. — 인격은 자유-원리들에 따라 자기 자신을 규정하는 존재자이다. 그러나 자유는 예지체의 속성이다.

제1묶음, 전지5, 3면

II

공간상의 물질의 **전부**(宇宙)는 전체이다. 아직은 세계전체 감각객관(지각들 일반의 대상)이 아니다. 한낱 모든 가능한 지각들의 집합이 아니라 그런 것들의 하나의 체계가 세계라고 일컬어지니, 세계들이란 없는 것이다.(공간은 유일한 절대적 전체이며, 주관 밖에서 그 자체로는 아무런 현실적인 것이 아니고, 나 밖의 모든 존재자들의 감성직관의 순전한 형식이기 때문이다.)

XXI63 하나의 체계 안에서 모든 가능한 지각들의 연결된 집합에 대한 의식이 경험이다. 사람들은 경험을 **위해서/대해서** 종합적으로 사고할 수 있지만, 경험으로**부터/인하여** 그렇게 할 수는 없다.

사물들의 **자연본성**에 속하는 모든 것을 **알고** — 법칙들 아래서 자유에 속하는 모든 것을 **할 수 있고**, 최고 목적들에 속하는 모든 것을 **의욕하는** 한 존재자. (最高 *存在者*, 最高 知性, 最高 善)은 신이다.

그러한 존재자에 대한 개념(사유)은 하나의 이념(지어낸 것)이 아니라, 초월철학의 최고 견지에서 이성으로부터 필연적으로 생겨나온 것이다.

이 개념은 지어낸 것(자의대로 만들어낸 개념, 人爲的 概念[70])이 아니라, 이성에 필연적으로 주어진(所與的) 개념이다.

초월철학은 하나의 **관념론**이다. 다시 말해 개념들에 의한 선험적 종합명제들의 원리인데, 이 명제들이 (경험적 원천에서가 아니라) 순전히 지성에서

70) 원어: conceptus factitius.

생겨나오고, 그리하여 전체성의 한 체계(존재자들 전부) 안에서 생겨나오는 한에서 그런 것이다.

형식적인 것이 순전히 현상인 곳.

나는 있다. — 나의 바깥에(나를 除外하고) 공간 · 시간상에 하나의 세계가 있으며, 나는 그 자신이 하나의 세계존재자이다. 즉 나는 저 관계를 의식하고, 감각들(지각들)로의 움직이는 힘〔운동력〕들을 의식한다. — 인간인 나는 나 자신에게 하나의 **외적인** 감각객관 즉 세계의 한 부분이다.

사람들은 또한 하나의 순수 수학적 명제(곧 유클리드 제1권 제47명제)를 또한 철학적으로 증명할 수 있다. 그러나 이 명제는 또한 유일한 것이다. 왜냐하면, 평행선들의 거리를 원하는 만큼 작게 취하여, 그러니까 소멸하는 것으로 생각할 수 있으므로, 이 명제는 하나의 질〔質〕과 관련이 되기 때문이다.

초월철학은 개념들에 의한 종합 인식의 하나의 일반적 체계를 정초하는, 다시 말해 철학의 주관적 원리이다.

초월철학은 형이상학을 위해 개념들에 의한 선험적 종합 원리들의 한 체계를 세우는 필연성에 대한 이론이다. 그것은 (객관적으로) 객관들에 관한 XXI64
원칙들을 개진하는 학문이 아니라, 인식의 주관 즉 그것의 지식의 범위와 한계들에 관해 개진하는 하나의 학문이다. 그것은 모든 다른 철학적 학문의 형이상학적 기초원리들에 선행한다.

경험적인 것과 초월적인 것의 분리는 (내 생각에는) 진짜 구분이 아니다. [우리를 한 소박한, 오염되지 않은, 그러나 **지혜**를 결여하고 있는 인간으로 만든다.]

하나의 신이 있다. — 무릇 하늘과 땅에 있는 모든 이가 그 앞에서 무릎을 꿇고, 그 이름도 거룩한 하나의 정언적 의무명령이 있으니 말이다. 이 존재자를 감관을 위해 표출하는 하나의 실체로 받아들일 필요 없이 — 광신이 될 터인, 스피노자처럼 표출자로서 가정할 것 없이 — 말이다. 뉴턴의 인력에 따른 공간과 시간

'공간 및 시간의 하나의 무한한 전체가 있다'라는 명제는 나 바깥의 한 사물의 실존을 의미하는 것이 아니라, 순전히 나 자신의 이념에서 하나의 무한한 사물의 표상의 형식들을 의미한다. — [신은 만물이 (인간 또한) 선했음을, 곧 오염되지 않았음을 본다 한다.]

하나의 세계가 있다. 무릇 그 위에 감성적 직관의 형식들이 가능한 경험의 객관들로서 정초되어 있는, 공간과 시간의 절대적 통일성이〔공간과 시간이 절대적 하나로〕 있기 때문이다.

하나의 수학적 체계와 철학적 체계의 차이

초월철학은 **지어냄**으로써 (미정적으로/문제성 있게) 인식을 위한 **개념들**에 의한 선험적 종합 명제들을 제공하는 철학이 아니다. (그리고 그로 인해 수학적인 것과는 구별되며), 무릇 그런 것은 **형이상학**이겠다. 초월철학은 오히려
XXI65 **그러한 원리들을 제시하는 필연성**을 (확정적으로) 제공하는 철학이다. 나는 思考한다. 그러므로 *存在*한다. 내가 思考한다는 것 또는 또한 단적으로 *存在*한다는 것이 요청된다. — 그러나 이 명제들은 그럼에도 내재적이어야 하고, 결코 초험적이 되어서는 안 된다. 무릇 그렇게 되면 그것들은 거짓된 지어낸 것일 터이기 때문이다.

[의지는 주관을 표상들로 규정하는 최상의 원리가 아니다. 오히려 표상들은 그 상상력의 유희를 스스로 꿈속에 갖는다.] 나는 **인격적인 것**이다.

[과연 신이 하나의 제대로 된 인간을 만들 수 있는지. "우리를 인간으로 만들자."라는 것은 우리에게는 똑같은 하나의 비유이다.]

양적 및 질적 **관계들**의 차이. 특히 유기체들에서. 무릇 유기적 **물질은** (무엇인가 더 고위의 것이 그것을 지배하는 것을 제외하고는) **없으니까**.

그것들의 기초에 하나의 **비물질적** 원리(즉 이성적 존재자의 목적들의 원리)

가 적어도 이념 중에서 (暗暗裡에) 놓여 있는 유기적 **실체들**(그러한 물질이 아니라)에 대하여, 그리고 또 자기 스스로 만드는, 그리고 세계전체에서 통일성을 산출하는, **국가들의** 〔유기〕**조직**.

철학 — 물리학 — 물리신학 — 저것으로부터 물리학으로의 이행 —

신의 인격성/위격성은, 신이 세계에 속하는 모든 것을 **할 수 있고**(할 능력이 있고), **알며**(전지하며), 세계존재자에게 도덕적으로 좋은 모든 것을 **의욕하는** 그 전능함에 있다. 마음을 꿰뚫어 보는 者〔心中 探索者〕.[71] 신성성, 정의 그리고 선량함.

언급한 세 가지보다 많지도 적지도 않은 초월철학의 요소원리들이 있다는 것.

지각들에서 감정〔느낌〕들과 관련한 운동력들의 양적인 그리고 질적인 관계들의 차이.

사람들은 양적 **성질**과 질적 **성질**에 대해 이야기해서는 안 되고, 양면의 관계들에 대해 이야기해야 한다.

물질의 생/생명이 아니라 한 물체의 생/생명. 하나의 살아 있는 물체는 유기화된 것이다. 그러나 그 역은 그렇지 않다. 무릇 생/생명에는 한낱 內的 原動力〔動機의 힘〕뿐만 아니라 移動力[72]도 속하니 말이다.

자발성과 수용성.

'한 유기적 **물체**〔유기**체**〕는 생기가 있다'라는 것은 동일성 명제이다. XXI66

그러나 하나의 생기 있는 물질이 있어도, 살아 있는 물체가 있지 않을 수도 있다. 물체에서의 **생명의 원리**는 **비물질적**이다.

인간인 나는 하나의 세계존재자이며 그 자신 세계에 속하는 것이다.

---

71) 원어: scrutator cordium.

72) 원어: vis locomotiva.

사물들의 전부는 나의 안에 그리고 나의 바깥에(除外[73]가 아니라 外[74]에) 있다.

자기 자신을 의식하는 한 살아 있는 존재자는 하나의 **비물질적**인 원리를 함유하며, **인격**이다.

세계: 공간과 시간상에, 다시 말해 오직 주관에 부속되어 있고, 주관 밖에서는 **아무것도 아닌**, 직관의 두 형식인, 나의 바깥에 그리고 나의 안에 있는, 뉴턴의 인력체계 안에 있는, 존재자들에 대한 의식: 관념론적.

하나의 물리신학이란 무엇이며, 그러한 이론이 어떻게 가능한가?

꿈들의 필연성

전체 세계는 그 안에 있는 모든 악과 함께 세계창조자(세계제조자)에서 유래한다는 옛 의견

공간은 나의 바깥에 있는 특수한 존재자가 아니고, 시간은 나의 안에 있는 특수한 존재자가 아니라, 단지 대상들의 직관의 형식적인 것일 뿐이다. 뉴턴의 인력

신은 한 인간을 자연존재자로 창조할 수 있다.(세계제조자) 그러나 정의, 선량함과 신성성의 원리를 갖춘 도덕적 존재자로서 창조한 것은 아니다. — 그는 근원적으로 스스로 그러한 것이어야만 한다.

공간은 그 3차원과 함께 감성적 직관의 한 객관이다. 그것이 비록 비어 있는 크기일지라도, 외적 감성세계의 표상은 그에 의거한다.

73) 원어: praeter.

74) 원어: extra.

신과의 관계에서 모든 것은 자발성이고, 아무것도 수용성이 아니다.

신은 신성한 자이지만, 신성한 존재자를 만들 수는 없다.

자연과 자유. 이론 자신이 아니라, 그것으로의 이월만이 세계를 위해 XXI67
열려 있는 경험이론으로서의 물리학.

산소는 산〔酸〕이 아니고, 열소는 열〔熱〕이 아니라, 그런 것의 원리라는 것. 순수한 염산.

할 수 있고, 모든 것을 **알고**, 모든 선을 **의욕하는** 한 존재자(最高 存在者, 最高 知性, 最高 善)는 **신**이다.

권리를 가지고 있는 하나의 살아 있는 존재자는 하나의 인격이다. — 인간.

신은 그러한 것이다. 그러나 그 역은 아니다. 그러나 신은 그러한 부류의 존재자들 중의 하나가 아니다. 신들이 있지 않다.

빈 공간은 감각객관이 아니다.

제1묶음, 전지5, 4면

공간 · 시간상의 선험적 직관들과 관련해서는 수학의 사용조차도 초월철학을 따른다.

뉴턴과 같이 自然哲學의 數學的 原理들을 일컬어서는 안 되고(무릇 철학의 수학적 원리들이라는 것도 수학의 철학이라는 것도 없으니까), 유〔類〕로서는 **超越** 哲學의 數學的 原理들이나 哲學的 原理들을 일컬어야 한다.

초월철학은, 선험적 종합 명제들의 한 원리 아래에 있는 존재자들 전부의 이념들의 한 체계에서의 통일된 이론적//사변적이고 도덕적//실천적인 이성의 주관적 원리이거니와, 그러한 **선험적 종합 명제 중에는 철학의 수학적 원리들도 수학의 철학적 원리들도 없다.**

초월철학은 개념들에 의한 선험적 종합 인식의 이념들의 하나의 체계의 원리이거니와, 이를 통해 주관은 자기 자신을 객관으로 구성하고(에네시데무스), 가능한 경험을 위한 지각들의 형식적인 것을 예취한다.

XXI68 직관의 공리들. 지각의 예취들, 경험의 유추들과 경험적 사고 일반의 도식들

철학함과 철학의 차이.

초월철학은 객관적으로는 철학도 아니고 수학도 아니며, 오히려 **주관적으로** 이 둘을 통일하여 표상하는 것, 철학적이자 수학적인 **인식**, 선험적 종합 인식을 원리들로부터 정초하는 이론이다. 주관적 원리는 한낱 개념들에 의한 것이 아니다. 그러므로 초월철학은 또한 수학을 함유한다. 그러한 원리들의 가능성은 그 타당성을 입증할 수 없는 하나의 이념이다. 수학의 공리들이 그러하듯이 말이다.

초월철학이 그의 개념들과 원리들을 하나의 체계 안에서 현시하기 위해 그 개념들과 원리들을 이끌어가는 도구로 수학을 이용한다는 점에서, 초월철학은 하나의 철학이다.

케플러는 관찰을 통해 이미 週期[75]를 알게 되었지만, 뉴턴은 명제 $v:V=\frac{d}{t^2}:\frac{D}{T^2}$를 고안해내기 위해 맨 처음에 발걸음을 떼어야 했다. — 그러나 이 명제는 이미, $d^3:D^3=t^2:T^2$이면, 또한 $v:V=\frac{d}{d^2}:\frac{D}{D^2}=\frac{1}{d^2}:\frac{1}{D^2}$라는 케플러의 공식 안에 들어 있다.

호이겐스[76]는 이미 원환 운동하는 물체들의 중심력에 대해 논하였다.

或 移動的 或 內的 動機의 作用(變化)

듣기와 보기(音樂, 노래와 색채변화) 衝擊과 流動. 瞬間的 或 連續的 作用. 빛. 連續的 或 斷續的 行爲. 뉴턴의 유명한 기본명제는 異種轉移[77]이다.

---

75) 원어: tempora periodica.

76) Christianus Hugenius=Christiaan Huygens(1629~1695). 네덜란드의 천문학자, 수학자, 물리학자. 빛의 파동설을 주창했다.

초월철학은 철학과 수학의 최상의 원리들을 하나의 체계 안에 함유하는 것으로 보인다.

사람들은 **빛**의 표상보다는 오히려 **보기**[**보다**] 개념을 가질 수밖에 없다. XXI69
왜냐하면, 빛은 보기를 가능하게 하는 것이고, 주관적인 것이 그 전에 객관적인 것을 가능하게 하는 것이기 때문이다. (리히텐베르크). **공간**이 그를 위한 기체[基體]이다. **시간**은 **내**감의 형식에 속하면서도, 하나의 **크기**[量]이다.

(인식[78]과 인식[함][79]의 차이) 다시 말해, 선험적 **원리들**에 의한 인식[함]은 **직관**에 기초하거나 **이념들**에 기초한다. **객관**에 의거한 직관들, 주관에 의거한 이념들. [수학적 또는 철학적. 종합적 또는 분석적 인식]

초월철학은 자기 스스로 최상으로 정초하는, 개념에 의한 종합적 인식들의 하나의 체계로서, 이 체계는 또한 수학을 적용의 도구로 동반하며 유일한 것이다. — 초월철학은 **형이상학**보다 상위에 있다. 무릇 형이상학은 다수의 체계들을 함유하고 있고, 이것들은 체계들의 전부를 절대적으로 xxx

선험적 순수 직관은 리히텐베르크와 스피노자에 따르면 경험적 직관에 (지각에) 선행하며, 사변적이고 도덕적//실천적 이성의 이념들, 즉 신과 세계의 체계의 형식적인 것을 함유한다. 이성이 자기 자신을 하나의 우주로 구성하니 말이다.

자연학에서 물리학으로의 이월. — 과연 알려진 빛의 속도가 오히려 주관의 판단에 놓여 있지 않은가

순수 수학조차도 도구로서 철학에 속한다. 그것을 사용하기 위해서는 철학이 필요하다.

[논리학, 형이상학, 도덕학, 자연학의 원리들과 물리학으로의 이월의 원리

---

77) 원어: εις αλλο γενος.

78) 원어: **die** Erkenntnis.

79) 원어: **das** Erkenntnis. 칸트는 대부분의 논저에서 Erkenntnis의 여성형과 중성형을 구별 없이 사용하는데, 특이하게 구별하여 사용하는 경우도 있다. Grimm, *Deutsches Wörterbuch*, Bd.3, Sp.870 참조.

들을 선험적 인식의 한 체계 안에서 통일하여 함유하고 있는 것을 일컬어 초월철학이라 한다.]

그것[초월철학]은 인식과 객관의 질료적인 것이 아니라, 형식적인 것 즉 주관의 인식의 한계와 범위인 것을 함유한다.

XXI70 철학의 단계: 논리학, 형이상학 그리고 초월철학. 즉 개념들의 모든 구성(수학)에 앞서는 개념들에 의한 하나의 선험적 인식. 그러나 물리학으로의 이월을 위한 예비학으로서.

만약 쾌[감]가 (의지의) 법칙에 선행하면, 그것은 정념적이다. 법칙이 선행하고(前提), 쾌[감]가 뒤따르면, 그 원리는 도덕적이다. (그러나 일체의 원리가 없으면 **무가치한** 것이다.)

드뤽[80]의 하나의 호두껍질 안에 있는 전체 우주의 표상에 대하여.

사람들이 말할 수 있는가: **이**(오늘의) 세계와 또는 **장래의** 세계가 **시대에 걸쳐** 오직 하나만 있다고.

스피노자의 신.

표현: 신의 찬양. 사람들이 신을 찬양할 수 있는가 누가 都大體 非難할 것인가

신, 세계 그리고 세계 내에서 인간의 인격성. 이념들의 이 연결은 초월철학의 원리를 함유한다. — 자유는 인간의 인격성이고, 그럼에도 인간 자신은 자연법칙들 아래에 있는 하나의 세계존재자이다.

순수 수학을 형이상학을 위해 사용하는 원리는 초월철학에도 속한다. 그를 위해 수학조차도 개념들에 의한 종합적 인식의 **도구**로서 타당한 하나의 철학은 초월철학이다. 이것은 또한 형이상학에 선행한다.

---

80) Jean-André de Luc(1727~1817). 스위스 출신의 지질학자, 광물학자로 독일과 영국에서 활동했으며, 1798년에는 Götingen 대학의 철학 및 지질학의 명예교수로 임명되기도 했다. Hamburg의 의사 Johann Albert Heinrich Reimarus(1729~1814)는 de Luc과 관련한 자기 자신의 책 *Über die Bildung des Erdballes und ins Besondere über das Lehrgebäude des Herrn de Luc*(Carl Ernst Bohn, Hamburg 1802)을 칸트에게 보낸 바 있다.(1802. 8. 2 자 편지, XII343 참조)

신 즉 最高 存在者, 最高 知性, 最高 善.

1. 공간과 시간상의 사물들의 실존

2. 자기 자신을 最高 存在者, 最高 知性, 最高 善으로 규정하는 인격성/위격성.

3. 자기 자신의 창시자인 자유개념.

빈 공간을 통한 원거리의 끌어당김과 밀쳐냄(접촉)은 물리적인 것이 아니라, 관념상의 것이다. 지각들에 의한 것이 아니라, 원리들에 의한 것이다. 원거리로의 작용결과인 뉴턴의 인력과 모든 세계물체를 내적으로(스피노자에 따라 물질 없이 내부에서) 보기.

주관은 자기 밖으로 작용한다.

만약 한 세계물체(가령 태양)가 갑작스레 절멸된다면, 온갖 먼 거리까지 XXI71
영향을 미치던 힘들 또한 사라질 것이다. (태양으로부터 지구까지 7½분간의) 보기[보다]와 부딪침이 물질과 그것의 작용결과들을 가능하게 하며, 그 역은 아니다.

보기[보다]는 直接的 遠隔作用처럼 보인다. 이를테면 **눈빛**은 (어느 거리에서나 당기는 데 시간이 소요되는) 인력처럼 眼光의 解放[81]이다. 보기[보다]는 **시간**을 필요로 한다.

포착은 한낱 공간·시간상의 대상들의 통각이 아니다. 공간상의 **포착**: 시간상의 **통각**.

인격성은 **권리들**과 **의무들**을 갖는 존재자의 속성(本質屬性)이다. **의무 없는** 권리들, 신이거나 (한 인격/위격과의 관계에서) 의무들 그리고 **상대적으로** 권리들이 아니라 순정하게 의무들. **그 자신에게 책임지는가.**

신의 **국가**에서의 세 권력부서: 입법부, 통치부, 사법부.

신 아래서의 전제적 헌정체제 그리고 **신들**(신들은 없다) 아래서의 공화적 헌정체제. 마찬가지로 세계(世界)들은 없고, 하나의 宇宙가 있다.

---

81) 원어: aberratio luminis.

물질은 우주공간 어디에나 있다. 물체들은 분리되어 있다.

공간과 시간은 (지각의) **대상들**이 아니라, **주관적 형식들**이다.

수요일. 돼지고기와 굵은 완두콩.

목요일. **푸딩**과 마른 과일.

또 니콜로비우스[82]의 **괴팅겐** 소시지.

바질리스크〔독사의 눈〕

아스클레피아데스[83] 브라운[84] 교회 재산의 국유화

포르투갈. 미뉴 에 두로[85] 봉신〔封臣〕

그 눈길을 시민은 견뎌낼 수 없는 (군주들의) **바질리스크**〔**독사**〕의 눈.

XXI72 서기/비서-보름.[86]

한 왕 아래의 실력자들. 백성 —

제1묶음, 전지6, 1면

6

규약(與料)들에서가 아니라, 원칙(原理)들에서 그러니까 선험적으로 유래한 모든 인식은 그것들의 합성의 형식을 전제하고, 그 아래에서 그 안의 인식의 전체 안에 질료를 정리하는 하나의 체계를 정초한다. — 하나의 원리에 따라 이 잡다를 서로 합성하는 일은 매번 개념들에 의한 선험적 종합 인식으로서의 철학에 속하며, 개념들의 구성에 의한 종합 인식인 순수 수학

---

82) Friedrich Nicolovius(1768~1836). 쾨니히스베르크 대학에서 수학 후 1790년에 출판사를 설립하여 당대 최고 규모로 성장시켰다. 『판단력비판』 이후 칸트 저술의 대부분도 맡아서 출판하였다. 그가 '괴팅겐의 소시지'를 구해 칸트에게 보내준 것에 대한 칸트의 두 날짜의 감사 편지(1800. 3. 28 자와 1800. 4. 2 자, XII298)를 볼 수 있는데, "또"라는 표현으로 볼 때 두 번째 받은 것을 지칭하는 것으로 보인다.

83) Asklepiades.

84) Brown.

85) Minho e Duro.

86) 앞 XXI44 참조.

에 앞선다.

수학의 선험적 종합 명제들조차도 자기의 원리들의 범위 안에 포괄할 권리를 가질 그런 철학은 **초월철학**이라고 불러 마땅한 것이겠다. 그러한 것이 (단지 초감성적이 아니라) 의미[감각] 없는 이념들 안에서 떠돈다는 의혹에 들 위험을 무릅쓴다면 말이다. 그런 경우 그것의 선험적인 폐기된 원칙들은 **초험적인** 것 그러니까 아무런 의미도 없는 것이겠다.

원리는 자연과학의 형이상학적 기초원리들에서 초월철학의 더 고차적인 견지로 가고, 이로부터 마침내 물리학으로 간다.

무릇 그러나 뉴턴의 불멸의 저작이 그 자신에 의해『아이작 뉴턴의 自然哲學의 數學的 原理들』이라고 제목이 붙여진다면, 여기서 저자의 자기 자신과의 모순이 범해진 것이 아닌가 하는 의혹이 등장한다.

"무릇 철학의 수학적 원리들이 없듯이 — 수학의 철학적 원리들 또한 있을 수 없다." — 어느 하나가 다른 것의 원리로 쓰일 수 없다.(異類的인 것이다) 그러나 양자는 초월철학의 명칭 아래에 넣어질 수 있다.

그러나 초월철학은 개념들의 순수 이성의 이념들(예컨대 신의 이념)과의 질적 관계들의 원리이다. 이것들이 하나의 전체 체계 안에서 통합되어 생각되는 한에서 말이다. 초월철학은 철학으로서 수학에 선행하며, 수학의 양적인 관계들을 그것의 도구로서 예속시킨다. XXI73

그러므로 그에서, 모든 감각객관들 너머에 있고, **초월철학**이라는 명칭 아래 감각인식의 경계를 넘어서 선험적 원리들에 따라 규정되는 철학이 얻어지고 표상되는 하나의 더 고차적인 견지가 있어야 한다.

초월철학은 특수한 객관을 갖는 하나의 학문이 아니라, 하나의 학문을 정초하는 보편적 이성원리이다. 그 학문은 선험적으로, 이성으로부터의 학문으로서의 하나의 체계가 될 수 있고, 그를 위해 또한 대상들이 선험적으로 완벽하게 주어져 있는 철학함(哲學說)의 모든 원리들을 하나의 원리로 소급한다.

注意! 自然哲學에는 본래 人工철학이 대응하는 것으로 생각되고 있다.

그러나 자연 대상들에 관한 철학함(철학설)은 형식의 면에서 볼 때 주관에 대한 이성의 **陳述들**이다. 양자의 선험적 종합 인식의 원리들을 통합하여 함유하고 있는 이 철학은 초월철학이다.

자연과학의 형이상학적 기초원리들에서 초월철학으로의 진보.

초월철학은 자연과학의 형이상학적 기초원리들을 넘어간다. 그것은 한낱 이념들의 하나의 체계이지만, 이 이념들은 실재성을 함유하고 있다. 이론적 사변적인 그리고 도덕적 실천적인 이성의 보편적 원리는 양자의 이념들의 한 체계에 통합되어 표상되어 있는가.

XXI74 초월철학은 주관과 함께 객관을 선험적인 순수한 종합 인식의 하나의 전체 총괄 안에 포섭하고 있는 철학이다.

그것은 그 한계가 초험적인 것에 접해 있고, 한낱 초감성적인 것에뿐만 아니라 전혀 의미〔감각〕 없는 것에 빠질 위험도 있는 범위를 갖는다.

가신〔家臣〕 쾨스터[87]와 필라트[88]. —

정언명령과 그 위에 기초하고 있는, 신적 지시명령으로서의 모든 인간의 의무들에 대한 인식은 신의 현존에 대한 실천적 증명이다.

신의 현존과 오로지 신에게서 유래할 수 있는 작용결과에 대해 경험을 가지거나 이를 지시하는 지각만이라도 갖는 것 또는 그러한 것을 요구만이라도 하는 것은 광신적이다.

과연 초월철학은 곧장 사물들 그 자체와 현상들의 분간을 지향하고 있으며, 따라서 순전히 체계 안에서의 인식의 형식을 지향하고 있는가?

초월 철학.

신, 세계 그리고 세계 내의 인간의 **인격성**. 인격은 귀책 능력이 있는 존재

87) Koester.

88) Pillat.

자이다. — 自業自得. 그에서 순전히 능동적인 귀책이 발생하는 것은 신이다. 그에서 수동적인 귀책도 생기는 것은 인간이다.

이성적인 존재자의 **궁극목적** 안에 자유가 있다. 오직 같은 이성적 존재자의 기계성 안에 자연필연성이 있다.

초월철학에서 판정되는 **신**, **세계** 그리고 자기 자신을 도덕적이라고 판정하는(평가하는) 세계 내의 **인간**.

발생하고 행한(일으킨) 것 안에 하나의 의지를 갖는 이성적 존재자의 자유가 있는가, 아니면 이성적 존재자가 일으키는 모든 것은 자연필연성인가.

초월철학은 무엇인가 … . 그 자신이 심지어는 수학의 … 요청 … .

그것은 … 自然哲學 … 곧 초월적 … . XXI75

견해는 1) 미정적.

2) 확정적

3) 명증적

이다.

제1묶음, 전지6, 2면

초월철학은 주관적으로는 개념들에 의한 (선험적) 종합적 인식의 원리※이며, 그러나 객관적으로는 개념들에 의한 이념들의 체계이다.

초월철학은 순전히 그 자신에게 무한한 범위를 갖는 객관이다.(자기 자신을 대상으로 삼는다.) 감성에서 자유로운 원리들을 갖는 형이상학은 여전히 그러한 원리들의 외부에 있다.

그러나 그것은 자기 아래에 신, 세계 그리고 세계 내에서 의무에 복속하는 주관 즉 하나의 인격에 복속하는 인간이라는 **이념들**의 분야를 갖는다.

최고로 완벽한 순수 이성의 이념의 객관은 그러한 존재자의 이상이다.

※ 그러므로 초월철학은 철학으로서 수학적 판단들의 분야 바깥에 있다.

초월철학은 한낱 자기 자신에 대한 분석적 의식의 능력일 뿐만 아니라, 자기 자신을 종합적으로 자기의 일관된 규정에서 즉 선험적으로 주어진 것으로서의 이념들의 한 체계에서 표상하는 능력이다.

개념들에 의한 종합적 인식으로서, 다시 말해 철학으로서 초월철학은 수학과는 충분하게 구별되어 있으되, 특유성(내적 질)인 범위와 한계를 갖는, 이념들의 체계로서 정초적이다.

만약 초월철학의 한계를 넘어서게 되면, 그 월권적인 원리는 **초험적**이 된다. 다시 말해 그 객관은 무물[無物]이 되며, 이런 것의 개념은 자기 자신과 모순된다. 무릇 그것은 모든 앎의 한계선을 넘어서기 때문이다. 그 발언된 말은 **의미**가 없다.

XXI76 이제 여기서 우리가 상기해야만 하는 바는, 우리는 우리 앞에 무한한 정신이 아니라 **유한한** 정신을 가지고 있다는 사실이다. 유한한 정신은 다름 아니라 오직 수동적으로만 능동적이 되며, 오직 제한적으로만 절대적인 것에 도달하는 그러한 정신이다. 그러한 정신은 오직 질료를 수용하는 한에서만 활동하고 형성한다. 그러므로 그러한 정신은 **형식으로의** 또는 절대적인 것으로의 **추동**과 **질료로의** 또는 제한으로의 **추동**을 결합할 것이다. 이것은 이것이 없으면 정신이 첫째의 추동을 가질 수도 충족시킬 수도 없을 그러한 조건이다. **동일한 존재자 안에서 이렇게 대립되는 두 경향들이 어디까지 공존할 수 있는가**는 형이상학자를 당혹시킬 수는 있어도 **초월철학자는 당혹시킬 수 없는** 하나의 과제이다. — **초월철학자는 결코 사물들의 가능성을** 설명한다고 **자처하지 않으며**, 그로부터 **경험의 가능성의 가능성**이 파악되는 지식을 확정하는 것으로 만족한다. 무릇 경험은 저러한 대립 없이도 가능하지 않고 또한 저런 절대적 통일 없이도 가능하지 않을 것이므로, 초월철학자는 완전한 권능을 가진 이 두 개념들을, 그것들의 화합 가능성에 관해서는 더 이상 염려하지 않고서, 똑같이 **경험의 필수적 조건들**로 제시한다.[89)]

인식규정의 원리로서의 경험은 그 자신 단지 감각객관 일반의 하나의 이념이자 형식수립으로서, 지각들의 집합/집적[集積]에서 생기는 것이 아니라, 그에 의해 오직 보편적 형식을 함유하는 한 체계 안에서의 그것들의 총괄(連結)에서 생긴다. 그 때문에 사람들은 (객관적으로) **경험들**에 대해 말할 수 없고, 오직 (주관적으로) 경험에 대해 말할 수 있으되, 증명근거로서 이것에 의거함은 언제나 신뢰 없는 상태로, 접근 이상의 것을 허용하지는 않는다.

경험, 관찰과 실험으로의 접근의 선험적 원리들이 있다. 그러나 그 접근 자체는 쌍곡선에서처럼 점근적이다.

개념들에 의한 선험적 인식은 철학적이며, 이러한 **종합적** 인식의 총괄이 초월철학이다. —

가능성, 그러한 가능성의 원리는 하나의 체계의 이념과 그러한 체계의 XXI77
원리들의 절대적 통일성에 의거한다. 무릇 그 때문에 그것들을 헤아릴 수 있다. 곧 신, 세계 그리고 세계 내의 의무법칙에 복속해 있는 인간, 그러니까 인간을 위한 자유개념 말이다. 초월철학은 존재자들 전부에 상관한다. 초월철학의 체계가 철학이다. 초월철학은 경험의 가능성의 원리들을 완벽하게 함유하는, 따라서 모든 형이상학에 앞서 선험적인 개념들에 의한 **종합적** 인식을 함유하는 철학이다.

내재적인 것에 대해 초험[초재]적인 것은 그 개념에 전혀 어떠한 객관도 상응하지 않는 것이다. 그러나 어떤 존재자의 순전한 **이념**에 상응하는 **초월적인** 것은 원리로서 대립해 있다.

선험적 개념들에 의한 종합적 인식의 체계가 초월철학으로, 이것은 형이상학 및 수학과 대조적이다.

---

89) XXI76의 이 첫 문단은 F. Siller, *Über die ästhetische Erziehung des Menschen, in einer Reihe von Briefen*(1795)의 열아홉 번째 편지의 일부를 거의 그대로 옮겨 적은 것이다. 칸트는 이 논고를 실러로부터 받고, 그에게 감사의 편지를 보냈다.(1795. 3. 30 자 실러에게 보낸 편지, XII10~12 참조)

초월철학은 객관들 자체를 선험적으로 제공하며, 그것도 하나의 필연적인 체계 안에서 그리한다. 신, 세계 그리고 세계 내의 의무에 묶여 있는 인간. 수학이 아니며, 형이상학도 아니고, 물리학으로의 이행도 아니다.

형이상학은 그 객관의 면에서는 감각대상들에 상관하고, 형식의 면에서는 선험적 원리들의 체계, 즉 경험의 가능성에 상관한다.

제1묶음, 전지6, 3면

초월철학은, 하나의 체계가 무조건적인 전체를 이루는 한에서, 사변적이며 도덕적//실천적인 이성의 이념들의 한 체계 안의 (경험적인 것도 수학적인 것도 섞여 있지 않은) 순수 철학이다.

이성에 생겨난 체계는 어느 것이나 무엇보다 먼저 형식적인 것, 다시 말해 주어진 잡다를 하나의 전체로 통합하는 원리를 함유하며, 그다음에는 또한 질료적인 것을 함유한다. (構成的인) 성립요소들이다.

XXI78 **서론**

존재자(存在者. 즉 事物, 물건이 아니다. 무릇 이것들은 취급될 수 있는 존재자이니 말이다.)들의 **전부**와 하나의 우주가 있다. 이성은 그러한 것을 하나의 사유물/사념물(理性의 推論的 存在者)로 놓는데, 그것도 사물들의 한 체계로서, 그러나 단지 주관적으로 이념들에 속하는 것으로서 놓는다.

철학의 **전체**를 하나의 체계 안에 있는 것으로 규정하는 원리가 초월철학이다.

초월철학은 의식의 행위작용인바, 그에 의해 주관이 자기 자신의 창시자가 되고, 그에 의해 또한 한 체계 안의 기술적//실천적 및 도덕적//실천적 이성의 전체 대상의, 즉 모든 사물들을 신 안에, 하나의 체계 안에 있는 것으로 질서 짓는, 창시자가 된다. (조로아스터[90]): 공간상의 수학과의 유비

이론적//실천적 이성은 그 본성에 맞게 스스로 객관들을 곧 독립적인 이념

들을 창조한다. ― 자기 자신을 대상으로 구성하는, 모든 것을 포섭하는 이성의 체계 ― 초월철학은 실존하는 것으로 받아들인 어떤 것을 다루지 않고, 순전히 자기 자신의 사고하는 주관인 인간의 정신만을 다룬다.

한 체계 안의 사변적, 미감적 그리고 도덕적//실천적 이성의 **이념들**(最高存在者 등등), 신 등등. 형이상학이 아니라 초월철학.

개념들에 의한 선험적 종합적 인식, 다시 말해 (수학과 대비되는) 철학, 다시 말해 초월철학은 지각들의 집합/집적(경험적으로 부류정리된 것)이 아니라, 하나의 원리 아래서 자기 자신을 구성하는 이성의 하나의 체계 안에서의 이념들의 총괄(連結)이다. 최고의 현존재, 최고의 힘, 그리고 최고의 의지. 온갖 무제한. 그러나 단지 이념 안에서.

형이상학자는 **초월철학자**와 어떻게 구별되는가? 후자는 순전히 형식적 XXI79
인 것만을 고려하고 있는데, 전자는 질료적인 것(객관, 소재)을 고려한다는 점에서.

[초월철학은, 이념들이 모든 경험적인 것에 독립적으로 하나의 무조건적인 전체를 형성하고, 이성이 자기 자신을 하나의 특별한 체계인 이 전체로 구성하는 한에서, 이념들의 자율이다.] 신, 세계 그리고 이 세계 내의 이성적 존재자의 자유개념

이념들은 개념들이 아니라 순수 직관들이며, 논변적인 것이 아니라 직관적인 표상들이다. 무릇 오직 하나의 그러한 대상이 있으니 말이다. (하나의 신, 하나의 세계(宇宙), 그리고 자유법칙 중에 있는, 세계 내의 인간에 의한, 신적 지시명령으로서의 모든 인간의무들에 대한 신봉의 단 하나의 원리.) (여기서 이러한 질을 갖는 하나의 실체의 실존을 받아들이는 것은 할 만한 일이 아니다.)

감정〔느낌〕들로서의 우리의 감각지각의 기관들은 소재들, 즉 공기, 빛, 열 등의 자극에 의해 규정된다. ― 과연 듣기〔청각〕와 보기〔시각〕 그리고 자

---

90) 앞의 XXI4 참조.

기 생명을 내적으로 (따뜻하게 또는 차갑게) 느끼는 것이 작용하는 원인에 대한 인식에 선행하는가.

파쇄된 반토〔礬土〕가 풍길 때의 점액질의 냄새에 대하여.

경험은 아무런 원리도 제공할 수 없으며, 단지 지각들의 점근적인 집합〔집적〕일 따름이다. 그러므로 초월철학의 원리가 아니다. 초월철학으로의 진보와 이행은 자연과학의 형이상학적 원리들로부터 일어나며, 이에는 수학도 속한다. — **관찰**과 **실험**

초월철학은 자기 자신을 하나의 체계로 구성하는, 순수 이성의, 그리고 개념들에 따른 그것의 자율의 객관들의 이념들의 주관적 원리이다: 最高 存在者, 最高 知性, 最高 善 — **세계, 인간의무 그리고 신**

초월철학은 선험적인 개념들과 그 요소들, 즉 신, 세계와 세계 내에서 의무법칙에 복속하는 인간에 따른 종합적 통일에서 사물들의 전부(宇宙)로서
XXI80 의 무조건적인 전체의 통일을 정초함에 있어서 이성을 이론적//사변적인 그
리고 동시에 도덕적//실천적인 이성으로 일관되게 규정하는 원리이다.

초월철학은 이념들의 절대적 전체(체계)이다. 그러므로 그것은, 경험에 독립적이며, 순수 이성에 의해 경험의 가능성을 위한 경험의 대상들로 요청되는 대상들(즉 最高 存在者, 最高 知性 등)과 직접적으로 상관한다. — 초월철학은 개념들에 의한 **종합적** 인식의 원리들을 함유한다. 그런 한에서 수학에, 수학의 질료(객관)는 아니지만, 수학의 형식적 원리에 유비적이다.[유클리드의 제12명제의 철학적 증명에 의해[91]]

철학은 철학함의 한 習性이나 하나의 작품으로 여길 수 있다. 이로써 철학에서 나오는 작품은 절대적 통일의 체계로 발생한다.

물리학 교수 로이슈의 아들 의학박사 로이슈[92]가 《지성인 시보》의 편집을

---

91) XIV52 참조.

맡을 것이다.

注意! 멜론은 오늘 겐시헨[93] 교수와 함께 먹어야 한다. 그리고 이 기회에 대학에서의 소득에 대해 〔이야기를 나누어야지〕.

이제 자연과학의 형이상학적 기초원리들로부터 초월철학으로의 소급이 이루어져야 한다. 즉 이념들이 종합적으로 그리고 선험적으로 순수 이성에서 나오는 한에서, 순수 이성의 이념들의 체계로의 소급 말이다. 그것들은 신, **세계** 그리고 세계 내에서 자유를 가지고서 자기 자신을 규정하는 **인간**이다. 세계는 여기서 경험적 직관과 경험의 대상으로 이해되지 않는다.

초월철학은 하나의 절대적 전체 안에서 이념들의 체계이다.

신, 세계, 그리고 세계 내의 자유의사를 품수한 존재자

형식의 면에서 보아 그 원리들은 실로 초험적〔초재적〕인 것이어서는 안 XXI81
되고, 내재적이어야만 한다.

초월철학이 이 틀을 이끈다. 왜냐하면, 초월철학은 형이상학에 앞서가면서 이것의 밑바탕에 원리들을 놓기 때문이다.

초월철학은 선험적으로 순수 이성의 모든 대상들이 하나의 체계 안에

---

92) Karl Reusch. 앞의 XXI5의 각주 참조. 칸트의 동료 교수의 아들 로이슈는 1793~1794년에 칸트를 수강한 바 있으며, 베를린과 빈에서 의학을 공부하고 1800년에 쾨니히스베르크로 돌아와 개업하였다. 아래(XXI88 등)의 칸트 언급으로 보면 *Intelligenzblatt der Erlanger Litteratur Zeitung*의 편집 책임을 맡는다는 뜻이겠는데, 또 1801년에 *Königsbergische Gelehrten und Politische Zeitung*에서 발간하는 *Intelligenzblätter*의 편집을 맡았다는 기록이 있다.

93) Johann Friedrich Gensichen(1759~1807). 칸트의 예전 학생으로 1795년부터 쾨니히스베르크 대학의 수학 원외교수였으며, 칸트 말년의 식탁친구 중 한 사람으로 1798년의 유언장에서는 칸트의 모든 장서의 유증자로 지정된 바 있다.(이 내용이 1801년 수정되어 Wasianski가 장서 유증자가 되었다.)

필연적으로 결합되어 있음을 현시하는 철학적 인식체계이다.

이 대상들은 신, 세계 그리고 세계 내에서 의무개념에 복속해 있는 인간이다. 존재자들의 전부.

초월철학은 선험적 개념들에 의한 종합적 인식의 체계이다.

초월철학은 하나의 체계이며, 바꿔 말하면 오히려 하나의 체계를 객관적으로 그리고 동시에 주관적으로 만든다. 수학적으로가 아니다.

초월적 **이념들**은 이상들과는 구별된다.

인간은 그 자신이 스스로 성원으로 구성하는 하나의 세계존재자이다.

이념들이 경험과는 대조적으로 하나의 자립적 전체를 이루는 한에서, 이념들의 자율.

종교는 양심적임이다.(나에게 이것이 宗教的임.[94]) 인간이 자신에게 고백할 수밖에 없는 것의 승낙과 진실성의 신성성. 너 자신에게 고백하라. 종교를 갖는 것, 신의 개념이 요구하는 것도 아니고, 더욱이 "하나의 신이 있다."라는 요청이 요구되는 것도 아니다.

공기는 流動體이지만, 液體는 아니다.

초월철학은 **개념들에 의한 선험적** 종합 인식의 원리이다. (이로써 수학과 구별된다.) — 그러한 철학이 어떻게 가능한가? 세 객관들, 즉 신, 세계 그리고 의무개념을 세움으로써.

XXI82 **수학**의 철학적 원리들이 없듯이 **철학에 수학적** 원리들이란 **없**다.(뉴턴의 自然哲學의 數學的 原理들에 반대)

석영〔石英〕, 장석〔長石〕 및 운모〔雲母〕를 성분으로 갖는 화강암은 운모 안에 돌비늘[95]을 함유하는데, 그것은 러시아 유리에 있는 것으로, 그중에는 함선의 대형 접시나 현창〔舷窓〕에서 볼 수 있다.

---

94) 원문: mihi hoc religioni.

95) 원어: Mica.

제1묶음, 전지6, 4면

초월철학은 1. 개념들에 의한 철학적 인식(이며, 선험적인 원리들인 개념들의 구성에 의한 인식으로서의 수학과 구별되고), 2. 하나의 특수한 체계를 이루는 형이상학과는 구별되는 것이다. 무릇 초월철학은 단지 한 체계의 가능성을 위한 원리들의 형식적인 것을 함유할 뿐으로, 내용의 면에서 그러한 체계 자체를 함유하지 않기 때문이다. 3. 초월철학은 원리로서 선험적 **개념들**뿐만 아니라, 그 **형식들**이 이성에 의해 제시되는 **이념들** 또한 정초한다. 이 형식들이 개념들에 의한 **종합적** 인식을 주관 밑에 놓는바, 이는 하나의 체계를 성립시키는 것이 아니라, 하나의 체계**로부터** 나온다.(形式이 事物에게 本質을 준다.)

체계들은 경험적인 인식근거들(관찰과 실험)에서, 곧 경험에서 나올 수 있다. 그러나 그것들은 그것들의 토대를 위해 형식들의 완벽한 매거〔枚擧〕를 요구하되, 이것들은 오직 이성으로부터 (그 절대적 필연성과 함께) 나올 수 있으며, 이를 명증성 확실성을 가지고 현시하는 철학은 그래서 초월철학이라 일컬어진다. 왜냐하면 그것은 (**신**, **세계** 그리고 세계 내에서 의무원리에 복속되어 있는 **인간** 또한) 대상으로 함유하고 있기 때문이다:

어디에서 나에게 이념들의 이러한 규모가 생기는가? 존재자들 **전부**란 나 자신의 의식에서 생겨나 선험적으로 이성에게 주어진 개념이다. 나는 나의 사고의 대상들을 가져야 하며 이것들을 포착해야만 한다. 무릇 그렇지 않으면 나는 나 자신을 **의식하지 못하기** 때문이다.(나는 사고한다, 나는 있다: 여기서 '그러므로'를 말해서는 안 된다.) 그것은 純粹 理性의 自律이다. 무릇 이런 것이 없다면 나는 멍하게〔無思考로〕 있을 터이다. 하나의 주어진 직관에서조차도 여느 동물처럼 내가 있다는 것을 알지 못한 채 말이다.

이성 자신이 스스로 객관들을 만들어내는 것은 불가피하다. 그래서 사고 XXI83
하는 자는 각기 하나의 신을 갖는다.

초월철학은 모든 객관을 추상/도외시하고 순전히 (수학과는 대조적으로)

개념들에 의한 선험적 종합 인식의 형식적인 것을 원리로 구성해 갖는 인식의 한 체계이다. — 그러므로 그것은 모든 객관을 추상/도외시하지만, 바로 그렇기 때문에 그만큼 더 포괄적이고, 인식형식들과 관련해서는 (철학으로서) 모든 것을 포괄하며, 그 정도에 있어서는 한낱 **확정적**이 아니라, **명증적**이다. 무릇 확정적인 것이라면 한낱 **우연적인** 것을 다룰 터이다.

그러나 초월철학은 또한 이념들의 한 체계의 원리이다. 이념들이란 자체로는 (확정적이 아니라) 미정적인[문제성 있는] 것인데, 그러나 그러면서도 이성을 촉발하는 가능한 힘들로 생각되어야 하는 것이다: 신, 세계 그리고 세계 내에서 의무법칙에 복속하는 인간.

경험적인 것의 일체 영향 없이 순전히 순수 이성을 통해 생각될 수 있는 것은 초월철학에 속한다. 1. 절대적 전체성, 2. 자유, 셋째로 전부임[총체].

(**신과 나 바깥의 세계와 나 안의 도덕 감정**)

순수하게 도덕적으로 선한 인간은 스스로 악하게 되는 창시자가 될 수 없다. 자기 자신을 (근원적으로) 악하게 만드는 자는 惡魔이다.

도덕적인//선한 인간을(인간을 도덕적으로 선하게) 만드는 일은 그 자체가 신적 권세 안에 있지 않다. 인간은 스스로 그 일을 하지 않으면 안 된다.

지각들의 체계 안에, 다시 말해 경험 — 복수의 경험들이 아니다 — 안에 경험적인 것이 있는데, 그것은 그 경험적인 것이 하나의 원리에 따라서 **만들어진 한에서** 그러하다. 관찰과 실험.

모든 것을 **알고**, **할 수 있고**(할 능력이 있고), (참된 최고의 목적들을 함유하는) 모든 선한 것을 **의욕하는**[하고자 하는] 존재자가 **신**이다.

오직 합목적성의 내적 원리에 따라서만 가능한 존재자는 자기 안에 **비물질적**인 원인을 갖는다. 유기적 물체[유기체]들(식물들과 동물들 — 또한 인간)은 유기적 **물질들**이 아니다. (이것들은 도대체가 복수로 사용되지 않는데, 그것
XXI84 은 아마도 이것들이 우주 안에서 상호작용하고 있기 때문일 것이다.) 주관 **바깥에** 하나의 공간과 주관 안에 하나의 시간이 생각된다.

초월철학은 이념들의 체계로서, 이 체계는 모든 주어지는 객체들에 독립적으로 자기 자신이 이러한 이념들을 만들어 가지며, 존재자들 전부로서의 하나의 필연적인 일정한 전체를 이성에게 공급한다.

이 경우 사람들은 **하나**[一]에서 **여럿**[多]으로가 아니라, **모두**[全部]에서 **하나**[一]로 나가야 한다.

자연과학의 형이상학적 기초원리들로부터 초월철학으로의 진보.

아무런 罪意識을 갖지 말고, 어떤 罪過에도 蒼白해지지 않기.[96)]

초월철학은 순수 이성의 대상들의 하나의 완벽한 체계로의 이념들의 자기창조(자치[自治])이다. 성서에 이르기를, 우리 사람을 만들자 그리고 모든 것이 좋음을 보라.[97)]

초월철학은 이념들의 한 체계 안에서 자기 자신을 존재자들 전부로 구성하는 원리이다. 존재자들 전부란 경험에서 나오는 것이 아니고, 이 경험과 경험의 가능성을 위해 경험의 하나의 절대적 전체를 스스로 일관되게 선험적으로 규정하는 것이다. 신, 세계 그리고 세계 내에서 의무 원리에 복속하는 인간.

초월철학은, (개념들의 구성에 의한 것이 아니고, 그러니까 공간 및 시간규정들에 독립적이며) 그래서 수학과는 구별되는, 개념들에 의한 (선험적) 종합 인식의 최고 견지로서의 **순수한**(경험적으로 규정될 수 없는) 이성**의 이념들의 점근적**인(**그로써 주관이 자기 자신을 객관으로 만드는**) 형식적 체계(또는 체계에 대한 학설)이다. 그것은 하나의 집합을 함유한다: 신, 세계 및 **인간**의 의무개념, 다시 말해 정언명령. 정언명령의 지시사항은 최고 존재자이지 하나의 세계 존재자가 아니다.

신, 세계 그리고 세계 내에서 의무개념에 복속하는 (인격으로서의) 인간은

---

96) Nil conscire sibi, nulla pallescere culpa. 이것의 원문은 Horatius, *Epistulae*, I, 1. 60에서 볼 수 있다. 칸트는 이를 아래(XXI158)에도 적어놓고 있다.

97) 『구약성서』, 「창세기」 1, 26~31: "하느님께서는 '우리 닮은 사람을 만들자! […]' 하시고, […] 이렇게 만드신 모든 것을 하느님께서 보시니 참 좋았다." 참조.

이념들로서, 이것들은 질료적인 것에는 아무것도 기여하는 바가 없고, 정언명령이 그것에 주목할 것을 가르친 연후의 **자유** 개념과 같은 형식의 원리에만 기여한다. —

XXI85 사람들이 말해야 하는 것은 **질료들**이 아니라 질료, 경험들이 아니라 경험, 즉 경험으로의 점근적인 접근이다. 무릇 경험들이라고 불리는 것은 경험으로 이끄는 지각들(觀察, 實驗)이다.

화학에서는 두 종류의 자연물체들이 있다. 한 종류의 것들은 자기 자신 안에 목적들의 하나의 원리를 가지고 있으므로 오직 하나의 목적에 의해서만 가능한 것들이다. 무릇 그 하나의 목적이 그것들 자신 안에 있든 다른 어떤 합목적적으로 작용하는 원인들 안에 있든 말이다. 식물과 동물(그중에 동물로서의 인간도 포함)들이다. 이 모든 것들의 기초에는 하나의 **비물질적**인 작용 원인이 있어야만 하는바, 그것은 하나의 단순한 존재자(원자가 아님)이다. 왜냐하면, 원자론은 하나의 자기 모순적인 원리이기 때문이다. 그러나 바로 그렇다고 하나의 **정신**, 다시 말해 비물질적 오성적 존재자는 아니다.

머리말

자연과학의 형이상학적 기초원리들에서 초월철학으로의 이행 — 초월철학은, **개념들**에 의한 (그러니까 수학적 인식과 구별되며, 그러니까 또한 공간 및 시간상의 직관들과도 구별되는) 선험적 종합 인식의 최고 원리들인, 신, **세계** 그리고 세계 내에서 의무에 묶여 있는 **인간**이라는 순수 이성의 **이념들**의 체계이다.

초월철학은 선험적 원리들에 따른다 해도 감각객관들을 넘어서 철학하는 그러한 철학이 아니다.(무릇 그러한 것은 형이상학이니 말이다.) 초월철학은 오히려 자신을 철학함의 객관으로 삼는다.

그에 의해 우리가 연이음을 지각하는 시간은 내감의 하나의 규정이기는 하지만, 그것은 자기 자신을 전제로 한다. 시간은 절대적 크기가 아니라 상대적 크기〔양〕이다. 드뤽[98]의 호두껍질

빈 공간을 통한 끌어당김은 지각될 수 있는 작용이 아니다. 왜냐하면, 공간 자신이 지각될 수 있는 것이 아니라 단지 하나의 사유물이기 때문이다.

보기〔봄〕 또한 마찬가지이다. 부딪침으로서의 빛.

초월철학은 하나의 관념론이다. 거기서는 곧 주관이 자기 자신을 구성하니 말이다. 사람들은 공간상에서 빛을 **통해** 보는 것이지, 빛**을** 보는 것이 아니다.

초월철학은 철학의 여느 객관에 대한 인식방식이 아니라, 철학함을 위한 XXI86
모종의 방법 또는 (형식적) 원리이다. 즉 신, 자유 그리고 모두〔전체〕의 개념들에서 자신을 이성의 객관으로 만들어 갖는 선험적인 논변적 인식방식 일반이다.

신, **세계** 그리고 세계 내에서 의무에 묶여 있는 인간

모든 것이 단지 사고된 존재자들, 즉 주관이 자기 자신과 관계시키는 인간 이성 자신의 주관적 산물들이다.

의무는 정언명령을 그리고 이와 함께 자유를 전제한다. 그리고 신을.

바질리스크〔독사〕의 벌이가 없는 고위자의 **시샘**. 한 왕 아래의 군신〔君臣〕들. 국가원수 자신이 아니라 그 월권자들. — 그것은 그들이 그 명성에 해독을 끼치는 모든 것이다. 왜냐하면 그들이 그것을 지배하고자 하기 때문이다. 개별성에서 전체성으로, 공동성에서 자기로 올리려 애씀.

방울지는 유동체는 液體이고, 탄성적인 유동체(무게를 갖지 않는 것)는 流體이다. 열소는 이 둘 중 어느 것도 아니다. 열은 되직한 빛이고, 빛은 갑작스레 풀린 열이다.

---

98) Jean-André de Luc. 앞의 XXI70의 각주 참조.

제1묶음, 전지7, 1면

7

초월철학은 그 자체로는 미정적인(확정적이지 않은) **이념들**의 한 체계의 (이성적//) 원리이다. 왜냐하면, 그것들은 한낱 우연적인 것들만을 다룰 터이되(수학에도 속하지 않는 것이고), 그러면서도 이성적인 주관을 촉발하는 가능한 힘들로 생각되지 않을 수 없는 것이기 때문이다. 즉 **신**, **세계** 그리고 의무법칙을 촉발하는 주관, 곧 세계 내의 **인간**.

이념들로서 그것들은 인식의 질료에는, 다시 말해 객관의 실존의 검증에
XXI87 는 아무것도 기여를 할 수 없고, 단지 정언명령에 따른 **자유**의 개념이 그렇듯이 형식적인 것의 원리에만 기여할 수 있다. — 과연 하나의 신이 있는지, 과연 하나의 절대적 세계전체(宇宙) 또는 세계들이 있는지, 이에 관해서는 여기서 아무것도 결정되지 않는다.

자연과학의 형이상학적 기초원리들로부터 물리학으로의 진보는 일어날 수 있는바, 그 진보는 경험적 원리들에 기초해 있고, (언제나 오직 하나만 있는) 경험의 가능성을 대상으로 갖는 것이며, 하나의 선험적인 형식적 원리와 하나의 체계를 전제한다. 직관들의 집적/집합으로서의 관찰과 실험은 '경험이 있다'라는 히포크라테스의 명제를 정초하는 것과는 거리가 멀다.

초월철학은 모든 순수한 철학에서 나온(그러므로 경험적인 원리들에서도 수학적인 원리들에서도 나온 것이 아닌) 그러한 철학이다. 그것은 자기 자신의 인식의 원리에서 나오고, 자기 자신을 주관으로 자기규정하는 것으로서, 개념들에 따른 선험적 종합 인식이다.

현존하는 것, 존재했던 것과 존재할 것은 자연에, 그러니까 세계에 속한다. 오로지 개념에서 생각되는 것만이 현상들에 속한다. 그래서 객관들의 관념성과 초월적 관념론.

초월철학은 사고하는 주관의 이념들의 체계이며, 이것(체계)은 **개념들**에 의한 선험적인 인식의 형식적인 것을 (그러므로 모든 경험적인 것을 격리하여)

경험 가능성의 하나의 원리로 통합한다. 수학의 철학적 기초원리가 없듯이, 철학의 수학적 기초원리도 있을 수 없다. 비록 뉴턴이 이 분야를 통합하고 있지만 말이다.

우리가 순수 직관에서 신을 표상한다는 스피노자의 신. 注意! 공간 역시 순수 직관의 객관이다. 그러나 이념은 아니다.

셸링, 스피노자, 리히텐베르크 등, 말하자면 3차원: 현재, 과거 그리고 미래에 의한 초월철학의 체계.[99]

초월철학은 **개념들**에 의한 선험적 종합 인식의 형식적인 것으로서, 하나 XXI88
의 **객관**을 정초하는 것이 아니라, **단지** 개념들의 **이념들**을 선험적으로 완벽하게 (경험적인 것과 대조적으로) 제시한다. — 만약 (나 자신만이 세계라는) 관념론적 체계가 유일하게 우리에 의해서 생각될 수 있는 것이라면, 어떨까? 학문은 그때 아무것도 잃지 않을 터이다. — 관건은 단지 현상들의 합법칙적인 연관이다.

초월철학은 가능한 **지각**의 대상들인 모든 객관들은 추상〔도외시〕하고, 인식의 형식적인 것의 원리와만 상관한다.

폰 훔볼트[100] 씨는 쿠마나(카라카스)에서 **대기 중에 밀물과 썰물**이 일어나는 신기한 현상을 관찰하였다. 기압계는 거기서 끊임없는 운동 중에 있다. 수은주는 오전 9시부터 오후 4시까지 내려간다. 그러고는 11시까지는 다시 올라간다. 그리고 다시 아침 4시까지 내려가고, 다시금 11시까지 올라간다. 그래서 오직 태양만이 이러한 경과에 영향을 미치는 것으로 보인다. 헬몬트,[101] 클라라몬티우스.[102]

---

99) 여기의 서술 순서로 보면 셸링-현재, 스피노자-과거, 리히텐베르크-미래가 대칭을 이룬다. 그러나 셸링-미래, 리히텐베르크-현재로 바꿔 대칭시켜야 한다는 의견도 있다.

100) Alexander von Humboldt(1769~1859). 훔볼트는 1799~1804년간에 남아메리카 일대를 여행하였으며, 당시에 관찰한 내용을 기록으로 남겼다. S. v. Zach에게 보낸 편지(1799. 9. 1+11. 17 자) 내용이 *Monatliche Correspondenz zur Beföderung der Erd- und Himmelskunde*, Bd. 1, 392ff.에 수록되어 있다.

이념들은 공간 · 시간상의 현상들에 선행한다.

과연 나의 감관에(세계에) 작용하는 모든 것이, 설령 그를 통해 모두 지각되지는 않는다 하더라도, 세계에 속하는지.

산화〔酸化〕, 탈산화〔脫酸化〕 그리고 수소화〔水素化〕. 중화〔中和〕. 분할되지 않은 상태에서의 태양광.

에를랑겐 문예 신문의 《지성인 시보》 제16호. 화학의 극성, 전기, 정상〔定常〕 전류, 자기, 열의 극성. — 가장 순수하고, 가장 자유로운 현상에서 하나이자 모든 것은 **빛**이다. — 리터, 1801년 봄.[103)]

바질리스크〔독사〕의 알. 군주들.

자기의 스스로//만들어낸 이념들에게 균형, 범위와 한계를 정하기. 그 이념들에서 모든 근원적 사고가 나온다.

XXI89 # 그것은 모든 인식(認識)과 교설(教說) 정립에 선행하는 사고이다.

초월철학은 모든 객관들을 추상〔도외시〕하고, 객관 일반을 위한 자기규정 외에는 아무것도 일거리로 삼지 않는 순수 이성이다. 이것이 순전히 개념들에 의한 선험적 종합 인식의 형식적인 것과 이 종합의 원리들만을 일거리로 갖는 한에서 말이다. — 절대적 통일성을 자기 안에 갖는 한에서의 존재자들 전부와 자기로부터 출발하는 법칙들의 자율성이 스피노자의 신을 만든다. 이 신은 실체로서 생각되면 무물〔無物〕이지만, (구성적이 아니라) 규제적 원리로서는 실재적이다. 推論된 理性의 *存在者* — **경험들**이 아니라 **경험의 통일성**. **질료들**이 아니라 질료. 그 자신이 하나의 **산**〔酸〕 아닌 산들의 **기**

---

101) Jean Baptista van Helmont(1577~1644). 연금술사, 의사, 점성술사, 신비가로 Paracelsus(1494~1541)의 전통을 이어 생명의 원리로서 불가사의한 원소(archeus)를 이야기했다.

102) Scipio Claramontius(1565~1653). 이탈리아의 철학자, 수학자이자 사제. 칸트는 그의 저술 *De universo*(1644)를 소장하고 있었다.

103) 1801년 4월 18일 자 에를랑겐 문예 신문의 《지성인 시보》 제16호, 121~123면에 Johann Wilhelm Ritter의 논고, "Chemische Polarität im Licht. Ein mittelbares Resultat der neuern Untersuchungen über den Galvanismus"가 실렸는데, 칸트가 그 내용을 메모한 것으로 보인다.

〔基〕로서의 **산소.** (그 (**바탕**인) **산소**는 **시지** 않다.) (무릇 그렇지 않으면 시계 만드는 것이 수없이 많을 것이니 말이다.) — 물질은 공간을 **차지**하는 것으로서, **침투**〔浸透〕/**삼투**〔滲透〕**적**이거나 **충전**〔充塡〕**적**이다. 빛과 열, 전자는 **직관**에 대해서, 후자는 **느낌**에 대해서. (외적 지각과 내적) **直觀, 感覺**은 그러므로 한낱 끌어당김〔인력〕에 의해서뿐만 아니라 **밀쳐냄**〔**척력**〕에 의해서도 운동하면서 그에 현재하는 것이다. 운동의 용량

쪽지가 붙어 있는 야코비[104] 씨의 카카벨로[105] 한 병을 어제, 다시 말해 7월 27일 월요일에 시작했다.

초월철학은 이론적 사변적인 그리고 도덕적//실천적인 이성의 모든 원리들의 이념(지어낸 것)들을 하나의 무조건적(절대적)인 전체에서 총괄(連結)한 것, 즉 개념들에 의한 선험적 종합 인식에서 자기 자신을 정립한 것(스피노자처럼 주관을 객관으로 만든 것)이다. 세계전체는 원자론적이 아니라, 역학적이다. 세계 내의 사건들(변화들)(건강함과 병듦)은 (체계적 지각으로서의) 경험에서가 아니라, 경험을 **위해서**, (관찰과 실험에 의해서가 아니라) 그 선험적 법칙들의 자율을 위해서 확인되어야 한다. — 4월 22일 이래 나는 78세이다. — 공중〔대기〕 전기가 내 신경계를 쓰러뜨리고 있다.[106] 그럼에도 나는 고양이 XXI90
죽음의 2년생(에를랑겐 신문)에 대항하는 反革命을 희망한다.

104) 1774년에 사망한 칸트의 친구 Johann Conrad Jacobi의 조카인 Friedrich Conrad Jacobi.

105) cacavello.

106) 1799년 12월 20일 자 J. B. Erhard에게 보낸 편지를 보면 칸트는 1796년부터 당시까지 계속되고 있는 "뇌경련" 증세를 대기 전기 탓으로 생각하고 있으며, 이러한 대기의 성질이 고양이의 죽음과도 관련이 있다는《에를랑겐 학보》의 기사를 끌어대고 있다.(XII294 참조) 당시에 "바젤, 빈, 코펜하겐 등지에서 있었던 고양이의 죽음"을 대기 중의 전기와 연결 짓고, 이를 또한 자신의 머리 무거움의 증세와 연관 짓는 칸트 생각의 경직성을 Wasianski는 말년 칸트의 전반적인 쇠약 증상으로 보고 있다. (C. A. Ch. Wasianski, *Immanuel Kant in seinen letzten Lebensjahren*, in: A. Hoffmann, *Immanuel Kant, Ein Lebensbild*, Halle a. S. 1902, S. 314f. 참조)

만약 실천적 규정근거과 관련하여 쾌감이 법칙에 선행한다면, 그 규정근거는 미감적(감성적)인 것이고, 그러나 법칙이 선행하고 쾌감이 뒤따른다면, 그 규정근거는 도덕적이다.

경험이란 경험적 인식이 아니라, 자체로는 단지 한 개념의 구성의 이념일 뿐이다. 이것은 언제나 (쌍곡선에서처럼) 단지 **점근적**인 경험으로의 접근이다.

복수의 **경험들**이 아니라 경험. 공간상의 산소, 탄소 등의 원소들, 활동하는 입자들과 같은 **물질들**이 아니라 물질. 세계들이 아니라 세계. 왜냐하면, 공간들이 아니라 공간이 무한한 것으로 전제되어야만 하고, 그래서 뉴턴의 인력이 단적으로 무한히 미치는 것으로 표상되기 때문이다. 사고(즉 주관이 자기 안에서 낳는 이념)가 객관 자신을 만들어낸다. 모든 초월적인 것은 순정한 관념성(오로지 주관의 이념〔관념〕에 놓여 있는 것)이고, 체계적인 것이 도식성〔도식작용〕을 객관적으로 만든다.

오직 세 가지 순수 철학의 이념들이 있다.

초월철학은 그 원리들의 전체 체계 안에서의 개념들에 의한 선험적 종합 인식의 표상이다. 철학적 인식의 형식들의 한 원리

초월철학은 가령 이성에 의해 주관에게 선험적으로 주어지는 객관들에 대한 하나의 학문이 아니다. 무릇 그런 것은 지어내기의 자기창조물이겠다. 오히려 만약에 객관들이 주어져야 한다면 오로지 그 아래에서 현상할 수밖에 없는 형식들의 학문 비슷한 것이다.

경험적인 것의 단계들: **지각**(注意[107]), **관찰**(觀察), **실험**, **경험**(教說的 經驗). 의학자들을 위한.

마지막 활동이 완성된 경험적인 것이다.

---

107) 원어: animadversio.

초월철학의 1. 명목적 설명과 2. 실재적 설명. XXI91

경험들이 아니다. 마찬가지로 **물질들**이 아니다. 기지〔基地〕들이 아니라 **요소들**, 즉 기〔基〕/뿌리인 것이다.

하나의 신, 하나의 세계, 그리고 세계 내의 이성에서 도덕적으로 지시명령하는 원리(인간에 대한 의무법칙) 즉 자유가 있다.

⊖ 형식이 여기서 객관들의 존재를 이룩한다. 역으로는 아니다. (그렇지 않으면 경험주의이겠다.)

신, 세계 그리고 세계 내의 의무법칙에 복속하는 인간

모든 유기 조직은 내적 합목적성을 가지나, 언제나 **절대적** 합목적성을 갖지는 않는다.

미정적, 확정적, 명증적으로 규정하는 이성.

이념들의 자기창조(自治).

모든 것을 **알고**〔전지하고〕, **할 수 있고**〔전능하고〕, 세계 내의 모든 절대적으로 합목적적인 것을 **의욕하는**〔전선한〕 것은 신이다.

제1묶음, 전지7, 2면

초월철학은, 개념들에 의한 선험적 종합 인식의 전체를 이론적//사변적 및 도덕적//실천적 이성의 한 체계 안에 하나의 원리 아래에 함유하는 이념들의 총괄에 대한 교설이다. 이러한 이성에 의해 사고하는 주관은 자기 자신을 관념론〔관념성〕 안에서 물건이 아니라 인격으로 구성하며, 자신이 관념들의 저 체계의 창시자이다. (最高 存在者, 最高 知性, 最高 善). 일자〔하나〕와 일자〔하나〕 안의 모든 것을 스스로 사고하는 것은 단지 관념론적인 활동이다. 다시 말해 이 순수 이성에 의해 만들어진 이념의 대상은 그 실존에 관해서는 언제나 실질내용이 없는 공허한 개념이다. — 그러나 도덕적//실천적 이성에서는 이 이념이 그 개념에 자기동일적으로 속하는 **인격성** 덕분에 현실성을 갖는다.

모든 것을 알고〔전지하고〕, 모든 것을 할 수 있으며〔전능하며〕, 도덕적으로
XXI92 선한 모든 것을 의욕하고 모든 세계존재자들에 가장 내밀하게 현재하는 (最高로 遍在하는) 것의 이념이 **신**의 이념이다.

이 이념이 객관적 실재성을 갖는다는 것, 다시 말해 모든 전적으로 동물적이지는 않은 기형적인 인간의 이성 〔안〕에 도덕적 법칙에 걸맞은 힘을 가지며, 인간이 불가불 자신에게 "오직 하나의 신만이 있다."라고 실토하지 않을 수 없다는 것은 자연존재자의 실존이나 꼭 마찬가지로 그 실존의 증명이 필요하지 않고, '순전한 형식이 여기서 사물의 존재를 이룬다.'는 동일성의 원리에 따라 이미 이 이념의 발전된 개념 속에 놓여 있다. 계몽된 인간은 다름 아니라 스스로 저주하거나 사죄할 수 없으며, 그 안에서 (도덕적//실천적 이성이) 판결을 내리는 자는 감성적 충동에 의해 xxx하도록 마춰될 수는 있어도 xxx

과연 하나의 신이 자연 안에 (마치 세계영혼처럼) 있는지를 물을 수 없다. 무릇 이 개념은 모순적이기 때문이다. 그러나 도덕적//실천적 이성 및 정언명령에서 신은 현현한다.

초월철학은 사고하는 주관이 개념들에 의한 선험적 종합적 원칙들을 통해 자기규정하는 순수한 관념론의 체계이다. 이러한 원칙들을 매개로 해서 주관은 자기 자신을 하나의 객관으로 구성하고, 여기서 형식이 전체적 대상 자신을 이룬다.

초월철학의 대상들은 지각의 객관들이 아니다. 다시 말해 이 철학적 원리는 경험적이지 않다. 다수(즉 경험들)일 수가 없는 (주관적인 어떤 것으로서의) 경험의 가능성의 원리만이 초월철학에 속한다. 초월철학은 자기의 한계 안에 싸인 하나의 체계를 함유하거니와, 그러나 오직 그 객관의 형식적인 면

에서만 그러하다. (선험적 종합 인식이라고 하더라도 수학은 단지 초월철학의 도구이다.)

초월철학은 모든 내용(다시 말해 모든 대상들)을 추상한〔도외시한〕, 개념들에 의한 선험적 종합 인식이다. 그러므로 이론적 사변적이며 도덕적 실천적으로 자기 자신을 규정하는 주관의 형식적인 것일 따름이다. (이념〔관념〕들의 자율은 지각들의 집합인 경험**에서** 온 것이 아니라, 지각들을 하나로 선험적으로 정초하는 원리로서의 경험을 **위한** 것이다.)

초월철학은 이론적 그리고 실천적 관점에서 자기 이념들의 체계의 창시 XXI93
자라는 능력에 대한 의식이다. **이념들**은 한갓된 개념들이 아니라, 주관이 사고에게 스스로 지시규정한 사고의 법칙들이다. **자율.**

[그것은 개념들에 의한 선험적 종합적 원칙들의 체계로서의 철학에 관해 철학하는 학문이다.] 주관적 또는 객관적으로 고찰된 초월철학. 전자의 경우에 그것은 선험적 개념들에 의한 종합적 인식의 체계이다. 후자의 경우에 그것은 이념들의 자율로서, 체계들이 이론적//사변적 그리고 도덕적//실천적 관점에서 그에 맞아야만 하는 형식들의 원리이다.

그것은 **철학설들**의 하나의 총괄, 집합이 아니라, 철학을 철학함의 원리들의 (상대적이 아닌) 하나의 절대적인 전체를 이루는 **이념들**의 모든 것을 포괄하는 하나의 체계의 원리이다.

(관찰과 실험을 통해) 하나의 경험을 **한다**〔**만든다**〕는 것은 하나의 점근적 시도이다. 형이상학적 의미에서 경험들, 물질들, 세계들은 (열처럼) 오직 한 가지이며, 단지 다소간에 (질적인 것이 아닌) 구별이 있을 뿐이다. (색깔에서의 빛은 다수를 허용하고, 그래서 관찰이 필요하다. 원소로서의 열은 공간과 마찬가지로 오직 하나일 수 있다.)

초월철학은 하나의 집합이 아니라 체계이되, 객관적인 개념들의 체계가 아니라, 이성이 스스로 만들어낸, 그것도 가언적(**미정적** 또는 **확정적**)으로가 아니라, 자기 스스로 만들어냄으로써 **명증적**으로 만들어낸, 주관적 이념들의 체계이다.

초월철학은 이념들의 체계적 총괄을 통해 스스로 자기규정하는 주관의 능력이다. 〔그런데〕 이 이념들이란 선험적으로, 주관을 객관으로 (그것의 실존을) 일관되게 규정함을, 자기 자신을 직관에 **주어진** 것으로 규정하는 문제로 만드는 것이다. 흡사 **자기 자신을 만드는 것**.

XXI94 그러므로 이 철학은 모든 관계들의 한 체계에서의 형식들의 순전한 원리인 하나의 관념론이다.

신과 세계 그리고 세계 내에서 모든 것을 포섭하는 이성적 존재자에 대하여.

초월철학의 소극적 정의: **초월철학은 개념들에 의한 선험적 종합 인식의 한 원리이다.** 그렇기에 초월철학은 수학과 구별되기는 하지만, 그럼에도 그로써 초월적이라고 일컬어지는 그러한 철학이 어떻게 가능한지는 이해되지 않는다.

초월철학이 순전히 형식들의 한 체계임은, (경험적이 아니라) 선험적으로 주어져 있어야 하는 사고 가능한 객관들을 지시한다. 그러면서도 그 객관들은 (인식의 질료에 관해서는) 열거될 수 있어야만 한다. 왜냐하면, 그것들은 하나의 폐쇄적인 체계를 이루어야 하는 것이기 때문이다.

비록 철학자의 사상 안에서만 실존하지만, 그럼에도 그 안에서 도덕적//실천적 실재성을 갖는 존재자가 생각되어야 한다. 이것들은 신, 우주 그리고 세계 내에서 의무개념에 따라 정언적인 명령에 (따라서 자유원리에) 복속하는 인간이다.

이 객관들은 한낱 이념적인 것들과, 다시 말해 그 각각이 **최대의 것**인 것들과 관계 맺을 뿐만 아니라, 우리 바깥에 있는 사물들과 그리고 특히 우선적으로, 그를 통해 객관이 자신을 사고하는 존재자로서 **스스로 구성하는** 인식형식들로서의 이념들과 관계 맺고 있다.

인간은 자기 자신으로부터 무엇을 만드는가?〔인간은 스스로 무엇이 되는가?〕

피렌체 학술원.[108)]

제1묶음, 전지7, 3면

초월철학은 사고의 객관들을 원리로서 하나의 이론적 사변적 및 도덕적 실천적 체계 안에서 하나로 완벽하게 서술하도록 정해진, 선험적 개념들에 의한 종합 인식이다. XXI95

하나의 유기체의 가능성은 절대적 통일성을 함유하는 (그러나 원자론적으로 생각될 수 없는) 하나의 비물질적인 원리를 전제한다.

초월철학은 하나의 **절대적** 전체 안에서 선험적 개념들에 의한 종합적 인식의 체계의 **이념**이다. (그래서 뉴턴 또한 수학과는 다르게 애당초에 自然哲學의 數學的 原理들을 세운다.) — 이념들은 사물들(객관들)과, 예컨대 신과 세계 또는 주관적으로 사고〔의식〕하는 주관(예컨대 실천적 자유능력)과 관계맺음에 상관한다.

쾌〔快〕가 선행하고 행위의 원리(법칙)가 뒤따르면, 그 쾌는 감성적인 것이다. 법칙이 선행하고 쾌(의지)가 뒤따르면, 이 쾌는 지성적(도덕적)인 것이다. — 법칙들 아래서의 행위들의 자유의 가능성은 오직 정언적 명령을 통해서만 생각될 수 있다. — 초월철학은 수학도 철학을 위한 도구로, 예컨대 굽지 않은 직선으로서의 손잡이, 지레 등등을 법칙적으로 사용할 것을 가르치는 그러한 것이다.

초월철학의 최고의 견지는 **지혜론**이며, 이것은 전적으로 주관의 실천적인 것을 목표로 한다. — 洞察(熟練), 賢明〔怜悧〕 및 智慧의 理論, 통찰, 영리〔현명〕, 지혜. 지성, 판단력, 이성. 후자는 사변적 또는 도덕적 실천적 및 기술

108) 칸트는 1798년 4월 4일에 Firenze 학술원의 20인 외국인 회원 중 1인으로 선임되었다. 그 밖에도 비슷한 시기에 Siena와 Torino 학술원의 회원으로도 선출되었다고 한다.

적//실천적 이성 ○ ○ ○ 예컨대 xxx를 위한

(임〔마누엘〕 칸〔트〕에 의해 서술된, 체계의 완벽성에서의 순수 철학.)

초월철학은 이념들의 체계이거니와, 이 이념들이 주관의 원리들의 객관
들과의 내적 관계의 가능성을, 가능한 경험을 위해 규정하되, 모든 경험 일
XXI96 반의 가능성의 근거를 함유하며, 개념들에 의거한 종합적 인식에서 자기
자신(주관)을 객관으로 구성하고, 따라서 비경험적으로 체계적 인식 안으
로 들어간다. (그것들은 〔수학적〕 定理들도 아니고, 철학설들의 집합도 아니다.)
조로아스터교의 원리처럼 신 안에서 만물을 직관하고, (리히텐베르크같이) 만
물이 있어야 하는 바대로 구술하고, 사고능력을 내적 직관으로서 자신에서
발전시키기.

초월철학은 사물들의 **직관**과 **사고**의 종합적 원리들을 함유하고, 공간과 시간을 현상들로 함유하되, 집합들로서가 아니라, **자기 자신의 창시자인** 주관의 원리들의 통일성의 형식적 원리들로서 함유한다.

사람들은 어떠한 대상에 관해서도 이미 주어져 있는 존재자로 철학할 수는 없고, 일단 대상을 주관 자신에서 유래하는 한갓된 사유물로 철학할 수 있다. 이를 위해 자기 자신으로부터 선험적 원리들에 따라 이러한 이념들을 만들어내는 철학이 초월철학이다.

직관과 개념 (시각 감관을 위한 直觀, **공간**과 概念(連結), **만지다**라는 개념, 연이은 발생과 정지)

운동의 최초의 발생 또는 또한 도덕적//실천적 이성에 대하여. (**중심적** 관계들과 비교되는 초월철학에서의 **편심성**〔偏心性〕에 유비해서)

순수 사변 이성 및 도덕적//실천 이성의 체계의 **관념성**의 원리가 초월철학이다.

선험적, 초월적, 여타 등등의 **논변적** 판단들과 **직관적** 판단들.

XXI97 [**초월철학**은 **백과사전**이 아니다. 무릇 그런 것이라면 경험적으로 지각
들에서 긁어모은 것일 터이니 말이다.] 또한 광상곡도 아니고, 오히려 순수
이성의 하나의 체계이다.

[밖에서 안으로가 아니라, **안에서 밖으로** 선험적 개념들을 규정함,[109] 한 체계 안에서 자기 자신을 만듦, 그리고 자신을 하나의 대상으로 구성함.]

하나의 이론적 사변적 및 도덕적//실천적 체계를 위한 초월적 관념론

정언적 명령, 신과 절대적 자유, 모두[전체]와 하나[일자]의 원리로서의 존재자 전부[우주].

[쾌가 선행하고, 법칙이 뒤따름.]

초월철학은 하나의 절대적 전체 등등의 이념들이 아니라, 이념들의 절대적 전체이다. 집합으로서의 하나의 連結이 아니라, 하나의 체계의 이성개념.

세계공간[우주] 안에서 서로 교차하면서 한 방향으로 움직이는 티끌[입자]들로 인해 생긴 황도광[黃道光]의 타원 형식: 항성들의 혜성적인 편심[偏心]성 자체가 그것들의 빛을 무한하게 계속해서 체계들을 형성함; 그러나 그것의 시작을 예측할 수는 없다. 이념들은 여기서 보는 능력에 의해 좌우될 수 있다.

직접적으로 나의 감관에 영향을 미치는, 물질적 존재자들의 서로에 대한 遠隔作用은 보기[시각] 또는 듣기[청각]이며, 이것들 또한 수학에 대해 先驗的 原理들을 함유한다. 음악은 시간에 상관하고, 색채유희는 xxx에서

초월철학은 자기 자신을 인식의 객관으로 체계적으로 구성하는 형식적 원리이다.

셸링의『초월적 관념론의 체계』.

《문예지》, 에를랑겐, 82~83호[110]를 보라.

---

109) 원문: Nicht von Außen hinein sondern von innen hinaus die Begriffe a apriori bestimmen.

110) 그 전해(1800)에 출판된 Schelling의 *System des transzendentalen Idealismus*에 대한 서평이 *Erlanger Litteratur Zeitung* Nr. 82와 83(1801. 4. 28과 29 자)에 실렸다. 만약 이 대목에서 칸트의 셸링 초월철학에 대한 언급을 진지하게 받아들이면, 그것은 '초월철학'의 개념 정리뿐만 아니라, 칸트의 독일이상주의 전반과의 관계에 대한 해석에 전기(轉機)가 될 수도 있겠다.

초월철학은 자기 자신을 자기의식의 형식에 관하여 개념들에 의한 (또는 개념들을 통한) 하나의 선험적 종합 인식의 체계로 관념론적으로 규정하는 절대적 원리이다.

XXI98 나에게 宗敎的임이란 양심과 똑같은 것을 일컫는다: 그렇다! 그리고 아니다!

초월철학은 자기 자신을(나를) 선험적으로 순수 이성의 객관으로 구성하는(그 자신 주관의 창시자인) **이념들**의 체계의 원리이다.

모든 맹세가 미신에 기초하고 있고, 그래서 또한 반종교적이며 무신론적이라는 사실은 xxx.

盲目的 信仰이 아닌 宗敎

(自然) 哲學의 數學的 原理는 數學의 哲學的 原理와 마찬가지로 (초월철학의) 한 체계의 자기와 부합하는 개념을 제공하지 못할 터이다. 그럼에도 초월철학은 그에 대한 **이념들**의 한 체계이다.

초월철학은, 공간과 시간상에서 자기규정을 하기에 앞서 그것을 하기 위해, 자기 자신을 이념들에 따라 하나의 객관으로 구성하는 원리이다. (존재자들의 전부인 신 안에서 자기를 직관하는, 리히텐베르크의 스피노자주의)

수학의 **사용**에 관해서도 철학함은 가능한 일이다: 그것은 적어도 학문 분야에서는 필연적이다. 이런 것으로 뽐내는 순전한 수학자의 품성은 시적으로 조소적일 수 있고, 그래서 비도덕적일 수 있다. — 케스트너처럼.

✢ 自然科學(또는 좀 더 정확하게는 **自然의** 科學)의 數學的 原理라 일컬어져야 한다.

철학의 수학적 기초원리들이 있을 수 없듯이 수학의 철학적 기초원리들도 있을 수 없다. 그럼에도 뉴턴은 自然哲學의 數學的 原理들을 내놓고 있다.

제1묶음, 전지7, 4면

XXI99

동물생리학[111]은 인간의 신체 이론이 아니라 동물의 몸(그 아래에 인간의 몸도 함의된다)에 대한 이론이다. 생리학은 유개념이다.

사고의 첫째 작용은 현상으로서 나의 안과 밖에 있는 객관의 관념성의 원리, 다시 말해, 순전히 경험 일반으로 진보해나가는 형식적인 것을 함유하는 이념들의 한 체계에서 자기 자신을 촉발하는 주관의 원리를 함유한다.(에네시데무스) 다시 말해 초월철학은 관념론이다. 무릇 경험은 한낱 지각들의 자의적인 집합이 아니라, 순전히 하나의 완벽한, 그러면서도 결코 완성되지 않는 지각들의 체계로의 **추세**이니 말이다. 경험은 (관찰과 실험을 통한) 감각경험적 표상들의 하나의 전체로서 이 전체의 절대적 통일[하나임]을 위한 것이며, 언제나 오직 하나일 수 있는 경험(무릇 **경험들**이란 없는 것이니까)은 언제나 오직 미정적인 (확정적인 것이 아닌, 명증적인 것은 더욱이나 아닌) 앎으로서, 한낱 탐구와 그를 향해 전진해나가고 있는 중에 있는 것이다.

우리는 우리가 우리 자신 안에 있는 일정한 법칙들에 따른 인식 作用을 집어넣는 방식 이외에는 우리 안에 있거나 우리 밖에 있는 어떠한 대상도 인식할 수 없다. 인간의 정신은 (모든 감각대상들의 형식적인 것에 관한 한) 스피노자의 신이며, 초월적 관념론은 절대적 의미에서 실재론이다.

오직 **자유**만이 그리고 이 이념을 절대적으로 구성하거나 이로부터 명증적으로 따라 나오는 것, 즉 정언 명령, **인격성**의 주체만이 객관을 그리고 인격의 행위들을 명증적으로 규정한다. (그러므로 개념들에 의한 철학의 선험

111) Erasmus Darwin(1731~1802)의 *Zoonomia, or the laws of organic life*(1794)의 독일어 번역본이 출간(1795~1799)되었는데, 칸트 유고에는 이에 관한 언급이 종종 등장한다. 이와 관련한 S. Th. Sommerring의 편지(1795. 8. 22 자)도 있다.(XII40 참조)

적 종합 명제들의 지시명령의 세 힘들)

초월철학은 **순수한**(경험주의나 수학이 섞여 있지 않은) 철학으로서, 선험적인 종합적 원칙들의 절대적 전체를 이념들의 한 체계에서, 그러므로 인식의 형식적인 것에서 포괄적으로 서술하며, 경험에서 독립하여 선험적으로 경험의 가능성의[112] 〔절대적 전체를〕 자기 안에 함유하고 있다.

XXI100 ⁑ 초월철학은 **개념들에** 의한 종합 인식의 순전한 형식들의 학문이다. (그러므로 개념들의 구성을 함유하는 순수 수학이 아니다.) 다시 말해 그것은, 자기 자신을 자기의 의식에서 (내적 지각에 따라서가 아니라) 원리들에 따라서 인식의 형식의 면에서, 이론적 **사변적**인 그리고 동시에 **도덕적 실천적**인 이성의 하나의 체계 안에서 절대적 통일성 속에서 서술하는 보편적 원리들의 학문이다.

⧻ 생에 **뒤따라오는 생기 없음**이 죽음이다.

유기적 **물체들**(물질이 아니다) 내의 (하나의 비물질적 원리에 기초되어 있을 수밖에 없는) 합목적성 그리고 식물이든 동물이든 질병과 건강이 전 우주와 상관하는 경우 그리고 자기는 비유기적인 모든 물체들이 그럼에도 만유를 포섭하는 유기적 세계의 일원(한 공간상에서 그리고 한 시간상에서의 효력 발휘)으로서 마주치는 경우. — **시작**과 **끝**이 아니다.

과연 유기적 물체들이며 오직 목적들의 원리로서만 생각될 수 있는 비물질적 원리가 하나의 사고하는 존재자인지, 그리고 그에게 인격성이, 또한 실로 절대적 개별성이, 그러니까 신성〔神性〕의 술어가 귀속하는지는 초월철학을 통해 결정될 수 없다. — 합목적성과 함께하는 물질이 하나의 **세계 건물**〔**우주**〕을 구성한다. (한계 없는) 공간의 통일성〔단일성〕이 뉴턴에 의한 끌어당김〔인력〕의 통일성〔단일성〕이다. — 빛에 의한, 그리고 침투〔삼투〕에 의한 밀쳐냄〔척력〕의 통일체가 》열소《이다.

---

112) 원문 “der Möglichkeit der Erfahrung”을 “die Möglichkeit der Erfahrung”으로 고쳐 읽자는 의견도 있다. 그에 따르면 이 대목은 “경험의 가능성을”로 옮겨지겠다. 그럴 경우에는 다음의 〔 〕 말을 넣어 읽을 필요가 없겠다.

초월철학은 이론적//사변적 및 도덕적//실천적 이성의 자기창조물(自律)이거니와, 이성은 개념들에 의한 선험적 종합 인식의 이념들을 위한 형식적인 것을 함유하며, 그래서 적용 면에서 **순수** 수학을 넘어선다. — **물질들**(토대)은 없다. 경험들은 없다.

그것은 자기 자신을 모든 지각에 앞서 순수 직관의 대상으로 구성하는 이념[관념]들의 한 체계에서 개념들 일반에 의한 선험적 종합 인식의 원리이다. 절대적 통일로서의 경험 일반의 가능성의 자율

초월철학은 ✢ 순수 이성의 모든 이념들의 체계이거니와, 이를 통해 주관은 자기 자신을 종합적으로 그리고 선험적으로 사고의 대상으로 구성하고, XXI101
자기 자신의 현존의 창시자가 된다. 어떠한 외적 대상도, 실로 어떠한 지각의 대상도 함유하지 않는 스피노자의 신.

✢ 이념[관념]들(이성이 지어낸 것들)의 한 체계를 안으로 수납함, 이를 통해 주관은 자기 자신을 하나의 원리에 따라 사고의 객관으로 만들고, 개념들에 의거한 선험적인 종합적 통일을 정초한다. 그것은 1) 내 안의 인격성의, 2) 세계지[世界誌] 즉 내 밖의 우주 이론의, 3) (스피노자에 따라서) 내 안에 있는 하나의 체계 내에 있는 것으로, 그리고 그럼으로써 (경험 원리와는 다르게) 내 밖에 있는 것으로 생각되는 존재자들의 형식들의 한 원리이다.

> 유피테르는 어디에든 머무시지 않느냐. 땅이나 바다나 공기 중이나
> 천상이나, 그리고 **덕**에서나. 왜 너는 그것 이상의 것을 찾느냐?
> 유피테르는 네가 보는 어디나 네가 가는 어디에든 계시다.[113] 頂點.

자기 자신의 현존을 선험적 원리들에 따라 정초하는 이념[관념]들의 체계

---

113) 이 구절은 칸트가 M. A. Lucanus, *De Bello Civili: Pharsalia*, IX, 578~580: "Estque dei sedes, ubi terra, et pontus, et aer, / Et coelum, et virtus. Superos quid quaerimus ultra? / Iuppiter est, quodcumque vides, quodcumque moveris."를 옮겨 적은 것으로 보인다. 아래 XXI155에서 다시 인용되고 있다.

의 자율. 종교란 다른 모든 존재자가 그 앞에서 무릎을 꿇고, 다른 모든 존재자가 자신이 유일하게 그의 존엄성에 복속되어 있음을 느끼는 한 존재자에 대한 숭배이다.

순수 이성의 이념〔관념〕들(지어낸 것들)의 체계의 절대적 통일성은 가능한 경험의 통일성과 관계되어 있다. **경험은 항상 하나의 체계**이며, 오직 그러한 선험적 원리들에 따라서 가능한 체계로서만 초월적인 유일한 것이다. 그러나 이 철학은 한낱 이 원리들에 제한되어 있을 뿐만 아니라, 또한 이념들 일반, 즉 신, 세계(인간 포함) 그리고 자유에도 제한되어 있다. 그것은 초월철학에서 사고의 형식들로 상승한다: 그 형식들에 대상들이 경험적으로 (**현실에서**) 대응하든 말든 말이다. — 사람들은 **아래로는 자연과학의 형이상학적 기초원리들로, 그러나 또한 위로는 초월철학으로 올라갈** 수 있다.

XXI102 초월철학은 주관적으로 그리고 논리적으로 보면 개념들에 의한 선험적 종합 인식이지만 객관적으로 보면 순수 이성의 이념〔관념〕들(만들어낸 것들)의 **체계**로서, 인식의 형식의 면에서 수학 및 물리학과는 구별되며, 그러한 것의 객관의 전체이다. 수학도 이런 인식 사용의 도구로서 초월철학의 원리들에 속한다.

물리학에는 실천 약학도 속하는바, 이것의 최대 공적은 오직 하나, 히포크라테스적 의사가 되는 것이다. 곧 **경험들에 의거하는 것이란 지각에** 기초함을 말하는 것이며, 이것은 단지 오직 하나이다.

초월철학은 하나의 체계를 위해 개념들에 의한 원리들을 서술하거나 정초하는 명제들의 교설이 아니라, 그 자신이 개념들에 의한 선험적 종합 인식을 함유하는, 절대적 통일성의 한 체계이다. 다시 말해 비록 미정적으로 표상되지만 필연적으로(확정적 그리고 명증적으로) 생각될 수밖에 없는, 순수 철학의 **이념〔관념〕들,** (흡사 주어진 대상들인 양) 만들어낸 것들의 전체 체계이다.

자연과학의 형이상학적 기초원리들과 이로부터 물리학으로의 이행의 원리는 ✢ 이제 한 걸음 더 이념들의 한 체계로 나아가거니와, 이를 통해 주관은 자기 자신을 선험적으로 정초하며, 그것도 절대적인 통일성으로서 초월철학이라고 불리는 객관으로서의 하나의 전체의 형식적인 것을 향해 그리고 경험의 통일성을 향해 진보한다.

✢ 이로부터 초월철학으로의 이행은 전혀 다르다. [경험의 가능성의 한 원리로서] 경험의 가능성을 위한 감각대상들의 체계의 하나의 자율로서의 초월철학 말이다.

링크 교수의『자연지리학』[114] 작업은 얼마큼이나 진도가 나갔나? 몇 부?

경험으로부터가 아니라(무릇 경험은 언제나 진보 중에 있는 하나의 경험적 표상이다), 하나의 체계로서의 경험을 **위해** 선험적 종합 원칙들을 찾으며, 이러한 교설이 초월철학이다. 이념들을 통한 그것으로의 이행이 있다.

'내가 사고한다'는 것은 하나의 분석 명제로서, 이 명제는 어떤 추론('나는
사고한다. 그러므로 있다.')을 함유하고 있는 것이 아니며, 단지 자기 자신을 XXI103
원리들에 따라 규정하고, 하나의 체계로서의 경험(물리학)으로 진보해가는
선험적 종합인식의 자율이다.

초월철학은 자기 자신을 개념들에 의거한 선험적 종합 인식의 한 원리 아래서 하나의 객관으로 구성하고, 한 체계 안에서 자기 자신 및 자기 바깥의 다른 존재자들과의 관계에서 현시하는, 순수 이성의 **이념들**에 의한 능력이다. 자유의 **자율**. 공간 · 시간상에서의 나의 실존은 경험적으로 규정 가능하다. 나는 나 자신에게 하나의 감각객관이다. 그러나 이것을 말할 수 있기 위해서 **'나는 사고한다'** 즉 나는 사고적이다[115]는 경험적이지 않다 —

---

114) 칸트의 의뢰에 의한 링크(Friedrich Theodor Rink, 1770~1821)의 편집본『임마누엘 칸트의 자연지리학(*Immanuel Kants Physische Geographie*)』(Königsberg, bei Göbbels und Unzer)이 1802년 부활절 전시장에 맞춰 출간되었다. 그런데 이에 앞서 서적상 폴머(Gottfried Vollmer)에 의해 1801년과 1802년에 같은 제목의 책이 두 권으로 출간되어 적법성과 정본 여부를 둘러싸고 다툼이 있었다.(1802. 7. 13 자 Rink가 보낸 편지, XII341이하 참조)

왜 우리는 보기〔시각〕의 객관들을 눈의 내부에서 망막 위에서 일어난 인상들로 느끼지 않는가?

공간 · 시간상의 하나의 감각객관으로서의 나의 실존은 ⊕ 선험적으로 원리들에 따라 규정 가능〔하다〕. — 뉴턴의『自然哲學의 數學的 原理들』. 수학의 철학적 원리들이 없듯이 철학의 수학적 원리들도 없다.

⊕ 그다음에 감각주관으로서의 나의; 그다음엔 지성으로서의 나의 인격적 질〔質〕 — 행함(行爲함)이 결과를 낳는다(作業한다).

인간이 사고할 뿐만 아니라 내가 사고한다는 것을 자기 자신에게 말할 수 있다는 것이 그를 하나의 인격으로 만든다.

사고함〔하기/하다〕은 말함〔하기/하다〕이며, 이것이 하나의 더 높은 xxx 표정으로 드러내는 **보기**〔**시각**〕와 듣기〔청각〕 — — — 귀머거리.

XXI104

제1묶음, (반)전지8, 1면

8

초월철학은 경험 일반의 가능성의 선험적 원리를 매개로 해서 경험의 절대적 전체의 가능성의 완벽한 한 체계를 정초하는 문제성 있는〔미정적〕 학문이다.

초월철학은 경험의 가능성의 체계에서 하나의 절대적으로 자기 자신을 일관되게 규정하는 주관에서의 개념들에 의한 선험적 종합 인식의 교설이다.

인간의 이성에는, 포괄적으로 생각해낸 것이 아니라 이성 안에서 체계적으로 정초되어 있는 선험적인 종합 인식의 하나의 원리가 있다.

학문〔지식〕과 지혜는 사고의 전혀 다른 원리들이다. 이 둘을 향한 노력이

115) 원문: **cogito** sum cogitans.

서로 다른 두 작업을 이룬다. 주관의 전자의 노력은 순전히 자기 안에서, 후자의 노력은 자기 바깥에서, 두 노력 〔모두〕 선험적 원리들에 따라서.

그러나 철학에는 또한 수학이 맞서게 된다. 후자는 절대적 목적들이 아 XXI105
니라, 한낱 조건적인 목적들, 곧 일정한 맞음에 이르기 위한 숙련성의 목적들을 함유한다.

그와 같은 것은 목적들을 위한 수단들의 이론이며, 수학은 순수 이성의 가장 큰 도구이다. 유기적 존재자들.

초월철학은 경험 일반의 가능성의 한 선험적 종합 인식의 최상의 이성개념이다. — 무릇 경험들이 아니라 단지 지각들의 집합들이 있는바, 그러나 그것은 지각들의 절대적 통일로서의 경험과 관계 맺을 수 있으며, 지각들 자신은 현상들로부터 시작될 수 있다. (하나의 정신〔靈〕에 대한, 신 등등에 대한 개념들은 지어낸 것들이다. 이것들은 그 자체로 근거를 갖는 것이기는 하지만, 실재적인 것이 아니라 언제나 단지 관념〔이념〕적인 것일 수 있을 뿐이다.) 이에 대한 고찰은, **이것들이 버려지든 취해지든 간에**, 필연적으로 **초월철학에** 속하는 것이다. 여기서 오로지 관건이 되는 것은 **이념들의 체계**, 즉 이것이 완벽하게 생각되는 것이다. 실재적인 이념들을 특별히 헤아릴 수 있다.

이성의 첫째 작용은 **의식**이고, 둘째 작용은 자기 자신에 대한 **직관**(統覺)이다. 셋째가 인식(認識)이다. **첫째로**는 현상 중의 객관으로서 내감 및 외감에 (所與可能한 것으로): 둘째로 한낱 **지각**에서가 아니라 자기 자신을 선험적으로 만들고, 자기의 이념〔관념〕들의 창시자인 xxx

빛과 열을 통해 세계들은 (뉴턴의 모든 것에 침투하는 끌어당김〔인력〕을 도외시하고) 상호 작용에 들거니와, 공간을 **채우는**, 한낱 공간 안에서 작용하고 있기만 하는 것이 아닌 **소재**〔素材〕**들**로서 그러하다.

밀쳐냄(排斥)은 **누름/압박**(壓迫)이거나 **부딪침/충격**(衝擊)이다. 始初 接觸. 전자는 **죽은** 힘〔死力〕이고 후자는 **살아 있는** 힘〔活力〕이다(생명력 生命力이 아니다). 속도의 제곱에 의한 활력의 측정이 쟁론을 일으켰다.[116)] =

철학은 1. 자기인식 2. 자기규범〔자율〕이다. 학문〔지식〕과 지혜. XXI106

초월철학은 이념들의 체계에 대한 이념이다. 이 체계를 통해 가능한 경험의 전체가 주관 안에서 하나의 종합적 원리를 통해 자기 자신을 선험적으로 하나의 전체 안에서 통일하고 사고한다. 즉 백과사전으로서가 아니라(무릇 그런 것은 하나의 경험적 집합이겠다), 자율에서 나오는 것으로서.

경험은 오직 하나인 질료이다. **질료들**이 아니다.

초월철학은 종합적이고 선험적이며 자기 자신의 이념들의 창시자이므로, 자기 자신을 하나의 인식원리로 끌어올리는 하나의 교설이다.

백과사전이 아니다. 무릇 그런 것은 지각들의 하나의 경험적 집합이겠다.

과연 **생리학**을 **철학**이라 일컬을 수 있는가. 할 수 없다. 왜냐하면, 생리학은 **지혜**가 아니라 한낱 **기술**이기 때문에.

초월철학은 자기 자신을 이념들의 하나의 절대적 전체로 구성하는 이성(자율)이다. 이 이성은 선험적으로 모든 경험에 선행하며, 그러면서도 모든 경험의 가능성을 정초한다. 그것은 한낱 인식의 형식적인 것만을 주시하는 이성의 논리적 사용이 아니라, 오히려 자기 자신 등등의 창시자이다. 도구로서의 수학은 함께 철학에 속한다.

수요일과 토요일. 총회[종교국] 위원 하세.[117] — 초월철학. 청어와 함께 썰어놓은 콩. — — **자율**의 **원리**.

학문으로 여겨지는 모든 이성인식은 철학과 수학에 있다.

그 체계의 절대적 전체에서의 철학은 **백과사전이 아니라**, 가능한 **경험**의 **통일성**과의 합치에서의 통일의 순수 **원리**이다. 무릇 그런 것은 하나의 경험적 집합이겠다. 초월철학.

---

116) 힘이 질량(m) · 속도(v)로 측정되느냐 $m \cdot v^2$로 측정되느냐를 두고 데카르트학파와 라이프니츠 사이에 있었던 쟁론 참조. 칸트는 그의 최초의 저술『활력의 참측정[GSK]』(1749)에서부터 이 문제를 깊이 있게 탐구하였다.

117) Johann Gottfried Hasse(1759~1806). 그는 1789. 11. 19 자 Kiesewetter가 칸트에게 보낸 편지에도 등장한다.(XI108 참조) 그는 말년 칸트의 식탁친구의 일원으로 당시 상황을 서술한 책 *Letzte Äußerungen Kant's von einem seiner Tischgenossen* (Königsberg 1804)을 출간하기도 했다.

모든 존재자들은 서로 친화〔친족〕적이다. 親和性 XXI107

존재자들 전부(全部)를 하나의 전체(宇宙)로 놓는 일이 자기 자신 안에서 이념들의 하나의 체계 안에서 이루어진다.

제1묶음, (반)전지8, 2면

초월철학은 개념들에 의한 선험적 종합 인식에서의 형식들의 원리이거니와, 그것은 자기 자신을 객관으로 구성하는 이성의 하나의 보편적 원리에 따라 경험 가능성의 자율의 한 체계에서 인식의 잡다의 통일성을 정초하기 위한 것이다. 〔여기서 객관이란〕 현상(現象體)에서의 대상으로서, 이것은, 이것이 하나의 이성원리에 따라서 하나의 전체를 현시하는 한에서, 하나의 이성원리(叡智體)의 기초에 놓여 있는 것이다.

초월철학은 이념들의 한 체계의 원리인데, 〔여기서〕 이념들이란 개념들에 의거한 선험적 종합 인식의 전체에서 나오는 것으로서 지각에서의 객관들의 한 집합이 아니라, 현상에서의 사고하는 주관의 전체를 자율적으로 현시하는 것이다.

철학적 인식과 **수학적** 인식은 둘이 합해서 모든 선험적 인식방식의 두 분야를 차지한다. 그러나 수학은 독자적으로 어떠한 체계도 하나의 절대적 전 XXI108
체로 현시하지 않으며, 오히려 순전히 계산의 기술의 산물로서, 간접적으로 그리고 오직 매개적(조건적)으로만 목적들을 향해 있다. 그 반면에 **절대적** 목적들을 향해 있는 철학은 그것들의 최상의 **지혜**를 주시하며, (목적들을 위한 수단의) 학문〔앎〕으로써 만족하지 않는다. 그래서 명칭이 세계지: **세계 지혜**

초월철학은 감관의 객관들의 총체가 Φ 아니라, 가능한 경험의 한 객관의 유추에 따라 자기인식의 한 체계 안에서 서로 연결되어 있는 이론적// 사변적 이성과 도덕적//실천적 이성의 관계이다. 그러하되 그것은 경험에서가 아니라, 선험적으로 이성에서 유래한 것으로서, 그러므로 경험적으로 정초되고 현상에서 **확정적으로** 주어진 것이 아니라, **미정적으로** 단지 생각된 것이다. 理性의 *存在者*는 *存在者*가 아니다.

Φ 철학 (역사와 경험이론〔경험학〕도 수학도 아니고) 이성학문〔이성학〕. 그러나 (한낱 사고의 형식적인 것을 함유하는) 논리학도 아니고, 객관들(내용 — 질료적인 것). 수학 곧 순수 수학 또한 순전한 형식들을 함유하지만 순수 사고의 형식들은 아니다.

초월철학은, 자기 자신을 선험적으로 일관된 규정 중에서, 경험적이거나 현상 중의 잡다의 집합으로서가 아니라, 전체의 절대적 통일로서 하나의 객관으로 구성하는 이념들의 체계의 자율이다.

[점 원자적 양으로서의 선 — 선, 평면 원통 그리고 물체]

XXI109 초월철학은 지성이 객관들을 따르는 것이 아니라, 거꾸로 객관이 지성을 따르는 것을 다루는 그러한 이론이다. 〔그것은〕 오직 지각들의 (현상으로서가 아니라 —) 하나의 잡다로 생각되는 경험의 가능성을 위해 필요한 모든 지각들의 경험적 인식들의 체계 전체〔이다〕.

그것은 선험적으로 그 형식적인 것이 그 기초에 놓여 있는 하나의 건축술적인 백과사전이다.

(원리로서) 초월철학의 전체를 이루는 가능한 경험을 위한, 도덕적//실천적 이성과 결합되어 있는 이론적//사변적 이성의 자율.

한낱 총괄(連結)로서가 아니라 하나의 연결된 전체로서 단지 **생각되는** (관념적인) 것이 아니라, 또한 그러한 것으로 주어진(실재적인), 但只 思考可能한 것이 아니라 所與 可能한, 존재자들(그 안에 비이성적인 존재자들 즉 물건들이 포함되는 事物들이 아닌 *存在者*들) 전부에 대한 학문이 초월철학의 객체이다. 경험적 표상들의 하나의 집합이 아니다.

초월철학은, 하나의 선험적 체계로서의 개념들에 의한 종합 인식의 **전체**를 향해 있고, 그리하여 합성의 형식에 따라 자기 자신을 하나의 절대적인 **관념적** 또는 **실재적** 전체로 구성하는 하나의 철학이다.

목적으로서의 앎〔知〕들을 위한 수단으로 사용되는 기술로서의 수학도 철학에 속하므로 초월철학 또한 그 안에 함께 포함되어 있다. 그러나 오직 그런 한에서 수학은 한낱 도구로서 쓰인다.

특수한 원소로서 **열**을 느낄 수 있는가? — 나에게 따뜻한 것은 한낱 주관적인 어떤 것이다. — 나는 '나에게는 따뜻하다 또는 춥다'고 말할 수 있고, 그렇게 함으로써 다른 누구에게 무엇인가를 가르친다. 열에 의한 물체 XXI110 들의 연장은 전혀 다른 종류의 현상이다. 그것은 객관적이다. — 추위에 의한 어떤 물질의 연장은 이런 종류의 어떤 주관적인 것을 주는 것이 아니라, 오히려 정반대이다.

하나의 특수한 원소로서 열소가 있는가, 바꿔 말해 열은 물질의(원소 일반의) 밀쳐내는 힘〔척력〕들의 순전한 지각능력인가?

과연 사물들의 성질이 **가시적이다** 함이 **열을 느낄 수 있다**라는 공간상에서의 속성과 유비적이며, 공간상에서 이를 위한 한 원소가 받아들여질 수 있는가?

오직 음향과 **광선**만이 인식매체로 있다. 둘 다 **직선상에**.

머리말. 철학은 무엇인가. 수학과 대조해서.

초월철학은 무엇인가. 철학적 학문으로서의 백과사전과 대조해서.

초월철학은, 철학이 선험적으로 종합적으로 그 자신에게 주관이자 동시에 객관(존재자들 전부이고 동시에 앎의 전부)인 한에서, 모든 철학을 위한 법칙수립적 원리이다.

초월철학은 모든 존재자, 즉 인격들과 물건들의 절대적 전체를 순수 이성에 의해(선험적으로) 하나의 **체계** 안에 주어져 있는 것으로 표상하는 이념이다.

초월철학은 체계로서의 하나의 총괄 안에 요약되어 있는, 선험적 원리들에서 개념들에 의한 선험적 인식의 전체를 그 지체들(특수 체계들)에서 완벽하게 서술하는 그러한 학문이다.

그것은 백과사전이 아니다. 무릇 그런 것이라면 지각들의 하나의 경험적 집합일 터이나, 그것은 자기 방식의 개별적 이념[관념]이니 말이다. 질의 면에서 볼 때 곧 수학이 아니다.

XXI111 **갈석**(褐石)에 의해 적셔지고 달궈진 …에서 **순수 산소**가 생겨난다.

수요일 아침 총회[종교국] 위원 하세 돼지 발굽. 모더비[118] 박사. 모레 쾨니히스베르크의 볼케[119] 씨 …… 망겔스도르프.[120]

크라우스 교수의, 폐에서 가래 기침하는 유전적인 소결절. 혹시 석회질에 의한 결석 비슷한 응회석[凝灰石]에 의한 것은 아닌지.

크라우스 교수. 폐결절 가래기침.

한갓된 아첨으로 그러한 것을 실제로 받아들일 아무런 근거도 갖지 못한 채, 어떤 신성[神性]과 인격의 존재자에 대한 숭배에 대하여.

암모니아와 **인**[燐]. 금속 물체에서의 산소.

고등교육평의회[121]와 **인지지** 준비[122] 키제베터에게 보낸 편지.[123]

빵과자와 시금치. 참사관[124] 일요일

(굵은 완두콩)

---

118) Dr. William Motherby(1776~1847). 칸트의 친구인 영국 상인 Robert Motherby(1736~1799?)의 아들.

119) Christian Heinrich Wolke(1741~1825). 그는 1778~1784년간에 J. B. Basedow를 승계하여 Dessau의 박애학교를 이끌었고, 1784~1801년간에는 러시아에 초청되어 St. Petersburg에 박애학교의 원리에 따른 교육기관을 설치하여 운영하다가 1801년에 독일로 돌아왔다.

120) Carl Ehregott Mangelsdorff(1748~1802). 쾨니히스베르크 대학의 역사 및 시학 교수.

121) Oberschulcollegium. 프로이센에 설치되어 있던 최고 학교 관리기구로, 1788년부터 시행된 Abitur 시험도 관장하였다.

122) 1800. 11. 26 자 Johann Friedrich Vigilantius와 주고받은 편지(XII326) 참조.

123) 1800. 7. 8 자 J. G. C. C. Kiesewetter에게 보낸 편지(XII312이하) 참조.

124) 아래 XXI113 참조.

제1묶음, 전지9, 1면

9
서론

뉴턴은 그의 걸작에 그 원리들을 수학에서 빌려온 것으로 보이는 **철학**이라는 명칭을 붙여서 장막을 치고 있다. —『自然〔的〕哲學의 數學的 原理들』※

그러나 자구에 얽매이는 속임수를 제쳐두어도, 여기서 주저스러움이 등 XXI112
장한다. 즉

"수학을 위한 철학적 원리들이 있을 수 없듯이 철학을 위한 수학적 원리들도 없다." 하나가 다른 하나의 원리로 쓰일 수 없다. (이것들은 對立的인 것이 아니라, 異類的인 것이다.)

그러나 그럼에도 수학은 철학의 도구로는 쓰일 수 있다.

초월철학은 또한, 자기 자신을 객관으로 만들기 위해서 공간과 시간에서의 직관에 관해서는 순수 수학에 선행한다.

酸素 산소 탄소, 수소 그리고 질소.

"아마도 (**센**물이라고 일컬어지는) 우리 성〔城〕의 물은 음식물의 **소화**에 좋지 못하다. 아마도 **탄산수 층**에서 나온 **명반**〔明礬〕**성**이다. **석회질의 단**물. 그것은 수렴〔收斂〕성이 있는 것으로, 모든 음료, 심지어 순전한 물에서도 나의 맛에 달려 있는 것이거니와, 아마도 **끓이고 나중에 차게** 해서 마시거나 약한 차로 마시면 사라질 터이다.

초월철학은 자기 자신을 **직관**과 **사고**의 하나의 전체로 종합적으로 하나의 원리에 따라서 객관으로 만드는 형식들의 학문이다.

注意! 가사〔家事〕: 레만[125] 씨의 건과는 요리사〔식모〕에게 보관하라고 보내

※ 哲學的 物理學的 原理들 또한 이념에 맞지 않다.

※ 自然的이라는 말에 문자적으로 대립하는 것은 人工的(곧 말하는 자의 사상 안에 있는 것의)이라는 명칭이다. 이는 여기서 하나의 **혼성어**(混成語)겠다. 이에서 사물에 대한 말 그리고 거꾸로 뒤바뀌어 **주관적인** 것을 뜻할 것이니 말이다.

지 않고, 내 식당의 **화덕 뒤** 봉인되어 있는 하나의 자루 안에, 또 자주 털어내는 두 개의 자루에 있다.

///초월철학은 **이론적**//**사변적**이고 도덕적 실천적이며 이 둘을 하나의 원리 안에서 통합하는 이성의 체계이다.

-oϕo- **공간**과 **시간**은 직관의 資料이고 수학적이다 — **의무법칙들**은 **초감성적인** 것과 관계가 있고, 또한 원리들의 필연성을 함유하며, 순수 수학을 도구처럼 〔함유한다〕.

XXI113 폰 헤스 씨가 나에게 보내준 포도주들과 훈제고기(그중에는 큰 병 두 개가 있다) — 바클리[126] 씨가 나에게 그 포도주 상자를 보내왔다. 나는 헤스 씨에게 감사 인사를 하고, 과일과 훈제고기에 불상사가 있었음을 알려야 한다.

공간 · 시간상의 관계들은 외적 · 내적 직관의 관계들이고, 주관의 객관들에 대한 관계들이며, 주관과 객관에서의 이론적(사변적)이고 도덕적//실천적 이성의 관계들이다.

-oϕo- 의무법칙의 (권위를 갖고 말하는) **지은이**〔作家〕는 신이다. (하나의 순전한 이념이 신이다.)

現在, 過去 및 未來는 신 안에서 일어나지 않는다. 왜냐하면, 신은 **시간상에** 있지 않기 때문이다. — 마찬가지로 신은 인격이 아니라 오히려 **전부**〔**모든 것**〕이다.

賢明하게도 未來 時間의 結末을 神은 가장 어둑한 밤에 숨긴다.[127]

---

125) 목사 Johann Gottfried Lehmann(1737~1820)의 아들인 Johann Heinrich Immanuel Lehmann(1769~1808). 칸트에게 6년간 수학했으며 한동안 비서 역할도 했는데, 당시에는 Göttingen 대학에서 공부하고 있었다. 그는 간간이 칸트에게 괴팅겐의 소시지와 마른 과일을 보내주었다.(1799. 1. 23 자 J. H. I. Lehmann의 편지, XII273; 1800 가을에 J. G. Lehmann에게 보내려 했던 칸트의 편지, XII325이하 참조)

126) 추정컨대 David Barkley(?~1809).

127) Horatius, *Carmina*, III, XXIX, 29~30: "prudens futuri temporis exitum / caliginosa nocte premit deus"에서 인용한 것으로 보이나, 칸트 원문에는 'premit' 다음에 낱말 'texit'가 덧붙여 있다.

초월철학은 객관이 아니라 사고하는 주관 안에 선험적으로 함유되어 있는 개념들에 의한 종합적 인식의 형식들이 함유하는 공간·시간상의 모든 감각객관들의 전체를 함유하는 이념들의 체계이다.

초월철학은 공간과 시간에 대한 순수한 (수학적인) 직관들을 자기 안에 함유하고 있다.

모더비 박사 — 오늘 **고등교육평의회**의 분기가 시작되지 않나? 참사관 겐시헨 교수, 납작콩. 급여 땔감 (총회[종교국] 위원 하세, 교장 그레제[128] 박사)

참사관과 안더슈[129] 씨 — 시금치와 빵과자, 시금치 구운 소시지. 모더비 박사.

주관적인 것이 직관에서의 객관적인 것에 선행한다. 자기 자신에 대한 XXI114
의식이 외적인 것, 외부 존재들에 선행한다.

形式이 事物에게 本質/存在를 賦與한다.

우리 성의 물에는 내가 목구멍에 느끼는 수렴성의 맛이 있다.

화덕 뒤에 건과가 들어 있는 자루.

일요일, 참사관과 안더슈 씨. 시금치와 빵과자, 상트 오메르 소시지와 뒨키르히 에딘버러.[130]

참사관 안더슈 씨 그리고 로이슈 박사, 시금치, 빵과자와 구운 소시지

참사관과 부목사와 어느 수요일 어느 회의에서, 인사들은 아직 확정하지 않고.

---

128) D. Graese.

129) Timotheus Andersch(1736~1818). 칸트의 학생이었고 칸트의 잦은 식탁손님이었으며, 쾨니히스베르크에서 포도주 상거래에 종사했다.

130) Dünkircher Edinburger. 포도주 또는 그와 같은 것으로 추정됨.

A

머리말

B

서론

1. 지각과 대비되는 현상. 2. 오직 하나인 경험과 함께하는 지각: — 하나의 원리 아래에 있는 직관과 사고의 형식들의 학문이 초월철학이다.

철학설들의 混合物은 아직 철학이 아니다. 철학은 철학을 형성하는 사변적 이론적인 그리고 또한 도덕적//실천적인 것의 집합이 아니라, 하나의 원리 아래서의 이러한 것의 체계이다.

철학적 인식은 논변적이고 — 수학적 인식은 직관적이다. (개념들에 의한 것 — 개념들의 구성에 의한 것)

⊖ 여기서 自然哲學에는 두 원리들의 융합은 아닐지라도 하나의 합성이 있다.

XXI115 自然 科學의 認識의 原理들. 哲學的이거나 數學的이거나. 그러나 수학적인 것은 그 자체로 철학을 위해 단지 그래도 도구이다.

초월철학은 철학의 한 특수한 가지가 아니라, 철학의 보편적인 제일 원리들 일반을 통한 철학의 정초이다.

초감성적인 것

수학자들이 순수 철학을 인정하지 않을 수 없듯이, 철학자들 또한 순수 수학을 인정할 것이다. 그러나 단지 **간접적으로 도구**로서. — 이 최상의 이성//원리가 초월철학이다.

공간과 시간상의 외적 · 내적 직관들 그리고 이와 함께 초월철학. 그러므로 철학은 수학적 **원리들**, 그것도 **형식들의** 원리들을 세우고, 현상들로서의 근원적 직관을 개별적인 객관으로 그리고 그와 함께 자기 자신으로 만드는 것이다. (混血 發生)

인식능력의 모든 교화는 두 가지, 즉 **역사**와 **철학**으로 나뉜다.

초월철학은 자기 자신을 **종합적**으로 선험적으로 (주관을 객관으로) 만드는 순수 이성의 **자율**이거니와, 그것은 초월적 원리들이 **초험적**으로 되지 않음으로써, 다시 말해 현상들이 그 자체로 그리고 우리 사고 바깥에 있는 객관들로 되지 않음으로써 지켜진다.

제1묶음, 전지9, 2면

초월철학은 선험적 인식의 모든 철학설을 종합 인식의 하나의 전체 안에서 결합하고, 그렇게 함으로써 그것들이 서로 하나의 절대적 전체로 교호적으로 통합되는, 철학의 그러한 체계이다.

초월철학은 공간 · 시간상의 모든 감각객관들의 전체를, 감관의 객관 안이 아니라 사고하는 주관 안에, 그것도 자기 자신에게 현상인 주관 안에 함
유되어 있는 개념들에 의거한 선험적 종합 인식의 형식들에 따라 함유하는 XXI116
이념들의 체계이다.

초월함이란 자연과학의 형이상학적 기초원리들에서 물리학으로의 이행을 함이며, 그것도 이념〔관념〕들을 통해서 그렇게 함이다.

주관적으로 이념〔관념〕들 전부가 종합적 통일의 원리들에 따라서 존재자들 전부와 연결되어서 자기 자신을 한 관념론에 의해 1. 물리학의, 2. 도덕〔학〕의, 3. 이 둘의 결합의 한 전체 안에서 구성하기

1. 공간 · 시간상의 직관의 전부, 2. 항상 하나의 비물질적인 것인 목적들의 전부, 그리고 거꾸로 3. 이 둘의 자율.

길버트의 《연보》[131]에 의하면 함께 퇴적된 이질적 금속들은 상위 층의

---

131) *Annalen der Physik*. Friedrich Albrecht Carl Gren(1760~1798)에 의해 1790년에 창간되어 1794년까지는 제호 *Journal der Physik*로, 1795~1797년간에는 *Neues Journal der Physik*로 발간되다가, Gren 사후 Halle 대학 교수 Ludwig Wilhelm

금속이 갈바니학설[132]대로 하위 층 금속과 직접적인 상호작용을 하는 것과 똑같이, 전기의 전기적인 이질적 층들도 동일한 것을 수행할 것이다. — 우유가 들어 있지 않은 커피는 영양소가 아니지만, 혈액에 영양을 공급하는 점액을 움직이고 침투하여 분산시키는 작용을 한다. — 그러나 포도주는 산성의 점액을 통해 실체를 증가시키는 소재로, 특히 **물을 타 희석되어 수렴하는 붉은** 포도주가 그러하다. -o-o-o-

석탄, **갈탄**, **토탄**은 광물계에서 나온 세 가지 땔감이다. **바이에른**의 거대한 **소택지**, 넓게 펼쳐져 있는 **습지**, 이를 통해 (오스트리아와 **바이에른** 구역) 한 하천이 펼쳐져 있다.

1. 수학적 인식과 구별되는 철학적 인식

2. 그에 따라서 선험적 원리들에 의거하여 체계들을 세우는 한 원리 아래에 있는 철학적 인식의 총괄로서의 철학

3. 물리학으로의 이행으로서의 물리학을 위한 그러한 것이 경험을 위해 그를 통해 형성하지 않는 한에서.

4. 절대적인 전체성에서의 하나인 한에서 초월철학

XXI117 -ǫ- 초월철학은 개념들에 의한 선험적 종합 인식의 한 체계를 개념들에 의한 하나의 절대적 전체로 승격시키고 확장하는 것이 아니라, 자기 자신을 현상에서의 형식적인 것의 면에서 **물리학으로의 이행**으로서 — 그러나 아직 물리학(경험적 인식) 자체로서가 아니라 —, 서술함이다. -ǫ—ǫ-

자연과학의 형이상학적 기초원리들은 물리학으로의 이행을 규정하지 않을 수 없으며, 초월철학은 형이상학적 기초원리들로의 이월을 하지 않을

Gilbert(1769~1824)가 승계하여 1799년부터 제호 *Annalen der Physik*로 속간된 대표적 물리학 전문학술지.

132) Galvanism. 칸트 당대 이탈리아의 생리학자이자 물리학자인 Luigi Galvani(1737~1798)에 의해 주창된 화학적 에너지가 전기 에너지로 전환한다는 학설. 이를 통상 '갈바니전기'라고도 일컫는데, 이 개념을 넓게 적용할 때는 '갈바니현상'이라고 말할 수도 있겠다. Wasianski에 의하면, 칸트는 당시 이 학설에 유별하게 경도되어 있었다.

수 없다.

哲學(智慧의 教說)은 인간에서 무엇을 만들 수 있는가의 기술이 아니라, 인간이 자기 자신으로부터 무엇을 만들어야만 하는가의 〔교설〕이다. "果敢히 分別하라." 너 자신의 이성을 너의 참된 절대적 목적들을 위해 이용하도록 해라. — 그를 위해서는 아무런 학문〔지식〕(學問〔知識〕)도 필요하지 않다. 누구나 최상 목적(지시명령/계명)의 이론은 알고 있다.

판〔板〕 초콜릿

보기〔시각〕는 빛 표상에 앞서는 개념이고, 듣기〔청각〕(이 둘은 공간상의 규정들의 내적 자극들), 냄새맡기〔후각〕 그리고 맛보기〔미각〕는 전적으로 주관적인 것이다. 卌

나에게 따뜻한 것, 나에게 추운 것은 전혀 아무런 객관적 지각들이 아니다. — 느끼기〔감각〕, 냄새맡기〔후각〕, 맛보기〔미각〕 —

질적 관계들이 양적 관계들에 선행한다. 원자론이 아니라 자기 자신을 선험적으로 대상으로 만드는 역학 卌

부목사가 참사관에 대한 고등교육평의회의 편지들을 어떻게 송달할지를 말한다.

등등에 의해 세워진 그 원리들의 전체에서의 순수 철학의 체계. 전부에서 그 부분들.

초월철학은 자기 자신을 개념들에 의한 종합적 인식의 하나의 절대적 전체로 정돈한 체계이되, 형식적인 것에서 (하나의 분할 원리에 따라서) 배진적으로 또 전진적으로 표상한 것이다.

갈바니현상은 다른 것이 아니라 상층의 대기에 있는 대기 전기성이다.
상층 대기가 하층 대기를 습하고 건조함, 따뜻하고 차가움에 관련하여 변 XXI118
양시키고, **대기층**[133]이 아닌, **포함하는 것**이 아니라 **포함되어 있는 것**인,

133) 원어: Athmospäre.

공기층[134]이라고 일컬을 수 있는 것이다.

순수 철학의 체계. 제1부 — 초월철학. 우리가 우리를 객관으로 만드는 것. **제2**부: 자연이 우리를 객관으로 만드는 것.

초월철학은 자기 자신을 객관으로 만들기 위해 공간·시간상의 순수 직관과 관련하여 순수 수학에도 선행한다. 자기 자신에 대한 의식의 전체성에서 그리고 선험적인 종합적 원칙들과 자기 자신을 객관으로 현시하는 외적·내적 직관의 형식들에 따라서 전진하는, 이론적//사변적이며 도덕적//실천적인 이성의 체계로서 말이다.

現在, 過去 및 未來는 신에게는 일어나지 않는다.(動詞도, 名詞도, 副詞 등등도 없다.)

의무법칙의 (권위를 갖고 말하는) 지은이는 신이다.

천연탄산수는 미네랄알칼리이다. 산소//공기와 그에 속하는 질소는 비를 막아주는 지붕 아래의 질산염 벽에 다량의 순수한 생명에 필요한 공기〔산소〕를 모은다.

석회토 층에는 천연탄산수가 없을 수 있고, 모래의 여과 외에는 아무것도 함유하지 않을 수 있다. 그러나 석회가 이미 고정된 공기를 함유할 수 있다.

과연 모든 사람이 모든 순간에 병이 나고 또 그럼에도 언제나 생기를 얻어 끊임없이 다소간에 회복되는 것이 아닌지. 항구적인 상태는 죽음이다.

따뜻함〔열기〕의 **감정**〔느낌〕(삶) 차가움〔냉기〕의 감정〔느낌〕(죽음). 둘 중 어느 것도 원소는 아니며, 단지 힘들의 관계들일 따름이다. 공기, 빛, 열; 양전기와 음전기

수호신 악마

---

134) 원어: Aerosphäre.

그 원리에 따라 정돈된 전 철학의 체계: 1. 초월철학, 2. XXI119

야간에 학술 신문을 읽을 때 여가를 태워버리지 않기 위해서는 신문을 남독〔濫讀〕 **옆에** 두지 말고, 남독과 독자 **사이에** 둘 일이다.

종두〔種痘〕 우두접종은 야만접종이 아니다.

교장 니콜라이[135]

암소〔牝牛〕 집게
집게〔鉗子〕 암소
시골〔田野〕의 멧돼지 사냥 창〔몽둥이〕
협잡꾼이다 너는.

제1묶음, 전지9, 3면

초월철학은 개념들에 의한 그리고 이 개념들에 종속하는 직관들에 의한 이성인식의 체계이거니와, 수학 또한 선험적 종합 인식에 종속되어 있는 한에서, 존재자 전부니 신이니 하는 개념이 그 안으로 들어올 수 없는 공간·시간상의 관계들에 관해서 그러하다.

철학은 문자 그대로 지혜에 대한 사랑(지혜론, 智慧의 敎說)이며, 지혜의 연습이다.

철학이 확실한 인식에 대해 자신을 내세워야 한다면, 그 자신 확증된 인식에서 출발하지 않으면 안 된다.

지성의 첫째 활동은 '나는 있다'라는 말 속에 들어 있다. 이에 의해 나는 자신을 객관으로 만드는바, 그것은 자기동일적〔동어반복의〕 활동이다. (지성은 xxx

철학은 순전히 하나의 이성추리〔궤변〕의 활동이거나 한 체계 안에서 개념

135) Nicolai는 1789. 11. 19 자 Kiesewetter가 칸트에게 보낸 편지에서는 부교장(Prorector)으로 지칭하고 있다.

들에 의한 이성인식의 전체이다. 하나의 知識 世界.[136] 지혜에 대한 사랑은 지혜 자신과는 전혀 다른 것이다. **세계**지〔혜〕[137] 또한 오직 독일어에서만 통용되고 있다.

XXI120 지혜롭다는 것은 한 인간이 스스로 뽐낼 수 있는 이상의 것이다. 그럼에도 인간은 그를 향해 애써야 하고, 이상으로서 따라가야만 한다.

크리스마스를 기해 하인의 복무를 변경하거나 새로운 수당을 승인

초월철학은 순수 이성의 이념들의 체계의 하나의 절대적 전체로의 자기 진입의 주관적 원리이거니와, 순수 이성은 하나의 원리로부터의 모든 이성의 형식적인 것을 종합적으로 개념들에 의해 자기 안에 함유하고 있다.

박학다식은 형식상 범지학〔汎知學〕이다.

수학은 순전한 **도구학문**, 즉 다른 학문을 위한 도구이다. 이것의 사용 (또한 재능 일반을 예리하게 함으로써) 세계지〔혜〕

(철학설의 집합이 아니다)

주관적 철학의 철학적 인식은 초월적이다.

지혜는 오직 **신**에서만 모든 이론적 그리고 도덕적//실천적 앎의 최고 원리이다. **세계지〔혜〕**라 일컬어지는 **인간적** 지혜는 자기 자신과 타인을 개선된 인간으로 만드는 기술〔기예〕 같은 것이 아니다. 모든 공익적인 목적들에 관한 현명함〔영리함〕이 **세계**지〔혜〕이다.

사람들이 그에 의해 무엇인가를 배울 수 있게 되는 **앎**의 기계성〔기제〕은 아직 전혀 철학이 아니다. 그런 것은 경험적인 것의 집합으로, 전혀 철학이 아니다. — **세계지〔혜〕**라는 말은 철학과 함께 주어질 수는 없고, 하나의 수단개념으로 주어질 수 있으며, 〔따라서〕 학교에 속한다.

철학은 가장 이성적인 존재자의 인간 이성의 **최고 목적들**에 대한 **사랑**이다. 혹은 세계지〔혜〕는 철학의 이론적 인식, 즉 **철학설**의 인식이다. 그러나

136) 원어: orbis Scientiae.

137) 곧 'Weltweisheit'.

지혜로운 것은 인간 능력을 뛰어넘으며, 오직 신만이, 다시 말해 모든 목적들을 달성하는 존재자만이 지혜로운 것이므로, 세계지〔혜〕는 인간에게 알맞은 지혜의 유사물로, 다름 아니라 지혜에 대한 참된 진정한 사랑이다. — **인간의 실천 이성의 최고 견지는 지〔知〕의 지혜로의 애씀**(철학)이다. **'너 자신을 알라'**[138]는 것. — 지혜로의 이끎을 함유하고 있는 한에서 지〔앎〕의 체계가 초월철학이다. XXI121

((정어리 한 마리)) 〔〔크스토렌[139] 맥주 20병〕〕

한 (중심// 그리고 한 괴팍한 인사).

람페가 어제 오후에 나의 겉옷과 실내복을 식당의 화덕 뒤에 걸어놓았는데, 그것은 그가 그러고 나서 식사 후에 따뜻하게 입을 수 있고, 춥게 입지 않기 위해서이다.

요리사〔식모〕가 미친 듯이 람페에게, 그가 그녀를 뜻대로 하게 내버려두라고, 그리고 집주인이 아닌 그는 순종할 줄 알라고 욕설을 해댔다. 그러나 그녀는 그녀 자신이 주인 노릇을 하려 하고 있다.

人間은 人間에게 늑대이다.

길버트의 《물리학 연보》 제8권 제4호.

요리사〔식모〕는 두 가지 요리 요구를 꺼린다. 1. 물고기, 이를 위해서 그녀는 장화를 신어야 할 터이다, 2. 감자.

위 선반에 아직 붉은 포도주(赤葡萄酒) 한 병이 있다. 요리사〔식모〕가 알려주려 하는 것은 흑맥주가 아니다.

요리사〔식모〕는 아직도 헝가리산 포도주//병 5× 또는 6×가 위에 있을 거라고 생각하고 있다.

요리사〔식모〕는 위층에 포도주 한 병을, 곧 흑맥주가 아니라 적포도주 한 병을 가지고 있다고 믿고 있다.

---

138) 원문: nosce te ipsum.

139) Xstoren.

겐시헨 교수, 납작콩 — 람페의 **작은 방에 목재 시계 하나 걸기**

XXI122 오늘 수요일에 부목사, 초에 절인 양배추와 참사관. 살펴볼 일. 과연 고등교육평의회에서 작고한 내 아우의 딸을 위해 야코비 씨를 통해 55[제국]탈러를 이제 해결해줄 수 있을지.

인[燐]이 소결절을 용해하지 않는가 하는 물음이 있다. 왜냐하면 인은 산에 맞서 방광의 결석을 용해하고, 그것은 결정체가 된 암모니아가 작용해서 이룬 것과 정반대이기 때문이다.

하나의 공간, 하나의 시간, (원자론 없이) 모든 것에 침투하는 빛과 열소, 하나의 원리에 따라서 자기 자신을 생기 있게 하는 하나의 정신

+ 유기적 존재자들은 오직 **목적들**에 의해 가능하다고 생각되는 물체들**이다**. 그것들 안에서는 (바로 영혼과 같은) 비물질적인 하나의 이성존재자가 생각되지 않을 수 없다. 비록 실제로가 아니라 (열소처럼) 내재하는 것으로 생각된다 할지라도 말이다.

발견적 방법들 또는 원칙들에 대하여

초월철학은 자기 자신을 통해 종합적으로 일관적인 규정에서 잡다한 경험적인 것에서의 직관의 소재로, 객관으로 현시하는, 그것도 경험적인 것의 형식의 면에서 그렇게 하는, 한 이성적 존재자의 종합적 규정이다. 가능한, 그는 xxx

---

철학은 한갓된 철학설이 아니고, 교조적인 것이 아니라,

이론적 · 사변적이고

도덕적//실천적인

이성의

전체 총괄에서 비판적이고 발견적인 것이다.

그것의 두 부문 중에서 첫째 부문인
초월철학은
자기 자신을 다루며, XXI123
또한 우리 밖의 존재자들의 이념들을
향해 있다.

고지대 허공에서의 갈바니현상이 전기현상이라는 것. — 열이 외적 소재〔외부 원소〕인지 — 아니면 감정〔느낌〕 및 직관인지.

인지회계에서 6그램 전지 한 장 또는 두 장 —

지난밤에 **목재 시계** 소리를 들을 수 없었다.

제1묶음, 전지9, 4면

우리의 모든 인식은 경험적이거나 선험적 인식(윤리, 또는 이성인식)이다. 학문으로서의 이성(한낱 학문적이 아닌)인식은 철학이거나 수학이다. 그러나 철학이 선험적 학문의 더 넓은 범위를 갖는다. 무릇 사람들은, 만약 수학이 어떤 다른 의도를 위한 곧 철학을 위한 한낱 수단(도구)으로 사용되고, 그런 한에서 철학에 종속된다면, 수학을 넘어서도 철학할 수 있으니 말이다. 또 수학이 공간 및 시간직관에 제한되어 있음으로써 수공업이라 한다면, 철학자는 그러한 것에 제한받지 않으니 말이다. — 철학에는 현상들인 대상들이 있다.(한낱 주관적인 — 한낱 이 주관 또는 저 주관에 타당한 또는 이것에

xxx

이러한 가능한 불일치와 관련하여 초월철학이라고 일컬어지는 하나의 철학 개념이 있다. XXI124

그를 통해 이성이 자기 자신을 체계의 한 전체로 구성하고, 사변적 이론적 및 도덕적 실천적 의도의 체계 안으로 객관을 만들고(대충 집합시키는 것

이 아니라, 結合해서 정초하고), 그리하여 물리학과 도덕학을 위해 하나의 전체를 하나의 원리에서 설립하는, 이념들의 連結의 절대적 종합적 통일

오늘 모더비 박사와 시감독관 부목사. 요리사[식모]는 굵은 완두콩, 커피 그리고 계속해서 적포도주를 내고자 한다.

전지[全知]적인 존재자는 동시에 전지적이다. 다시 말해 완전한, 이론적일 뿐만 아니라 도덕적 실천적인 [지혜](최고 목적들을 자기 안에 포섭하고 있는 이성)(전지)를 가지고 있다. 모든 선한 것을 알고 의욕하며, 이 의지를 통해 할 수 있는 자는 신이다.

철학(세계지[혜])

인간은 지혜를 가지고 있지 않다. 지혜는 오직 신에게만 있다. 인간은 지혜를 가지려 각별하게 힘씀 없이 어쨌든 그것을 소중하게 여긴다. 왜냐하면, 지혜는 인간이 도달할 수 없는 것이기 때문이다. 그 대신에 세계지[혜]는 감각대상들의 체계(세계)로서, 그것은 인간과 상관되지 않을 수 없는 것이니, 그 대상들의 첫 번째가 인간 자신이다.

만약 실재성을 주는, 밀쳐내는 운동력들이 주어질 소재가 주어져 있지 않다면, 뉴턴의 인력들의 기초에 놓일 공간은 없을 터이다. — 외적인 것과 관련해서는 빛, 내적인 것과 관련해서는 열

초월철학은 한 체계 내에서 그 형식의 면에서 경험의 가능성의 원리 아래서 고찰된, 감관의 대상들의 전체의 이념이다.

XXI125 자연과학의 형이상학적 기초원리에서 물리학으로의 이행

전체로부터 부분들까지 개관 a) 대충[군데군데] b) 分割해서

이른바 世界 밖의 *存在者*[140)]는 그럼에도 **어디엔가** 있다고 언급될 터이다. '어디에도 없는'이라는 표현이 의미하는 바는 **그것이 전혀 없다**는 것이 아

---

140) 원어: ens extramundanum.

니라, 단지 공간관계 중에는 없다는 것이다.

종합적 표상의 **慣用語들**.

화요일 조셉 모더비와 모더비 박사가 오늘 나와 함께 식사하다. 사무실에 **새로 교체한** 상석. 그것이 1802년 1월부터 기록될까. 두껍게 버터를 바른 대구, 감자. — 위 서랍에 교체한 것 수리하기

1[월] 현상들로서의, 2[목] 나 자신의 사고의 산물로서의 감각대상들, 그리고 형식들의 초월철학의 이념들, 흡사 전기의 갈바니현상에 따른 것 같은, 가능한 경험과의 관계, 그러나 단지 점근법적으로 절대적인 전체로서, 경험의 절대적 전체로서.

모더비 박사 한 사람의 상업인 — 모더비

≡ 자연과학의 형이상학적 기초원리들에서 물리학으로의 이행은 **또한 단지 형식의 면에서, 한낱 현상들과 관련해서** 일어날 수 있다. 현상들은 선험적으로 규정 가능하되, 事實들로서, 다시 말해 경험적 資料[주어진 것]로서 타당한 것이 아니다.

자연과학의 형이상학적 기초원리들에서 물리학으로의 이행 — 지각들과 관련해 감각기관들에 대한 수용(가능)성.

초월철학은 지혜를 도외시하고 단지 지[知]에만 상관한다. 지[知]는 대상들의 질료적인 것이나 한낱 형식적인 것에 지향되어 있는데, 거기서 경험 또는 한낱 경험의 가능성에만 지향되어 있는 것이다.(경험은 언제나 하나일 뿐이며, 의학적 **경험들**과 히포크라테스들이란 없다. 사람들은 경험을 증거로 끌어댈 수는 없고, 단지 단편[斷片]적인 가르침들인 지각들만을 끌어댈 수 있을 뿐이다.)

폰 헤스 씨, 병 포도주 한 모금 그리고 절정[絕頂]의 훈제고기. XXI126

(부목사 님) 매일.

겐시헨 교수와 함께 마지막 **4분기**에 무엇을 포함시키고, **12월**에는 얼마만큼 어떤 **추가목록**을 포함시킬 것인지 상량하기. 그리고 그가 들어와 있는지, 아니면 아직도 문 앞에 있는지. 참사관, **납작콩**에 이어서 **돼지족발**.

그다음에 청어. 그런데 청어 요리인지 양배추 요리인지
형사관 엔슈와 좀머[141].

초월철학은 일체의 경험적인 것에서 독립적으로 자기 자신을, **이념들**에 의해, 바꿔 말해 지각들이 아닌 지어낸 것에 의해, 객관의 한 절대적 전체를 그 형식의 면에서 완벽한 전체로 만드는 하나의 체계로 구성하는 철학이다.

형사관 엔슈를 위해 **비숍**[142] 한 모금 〔x 트로시나[143]〕

초월철학은 (어떤 외부의 의도를 위한) 하나의 가설이 아니라, 이론적//사변적 그리고 도덕적//실천적 이성의 하나의 요청이다. 왜냐하면 철학은 하나의 절대적 전체이기 때문이다.

술잔들은 편심〔偏心〕적이거나 동심〔同心〕적으로, 후자는 다시금 **저**〔低〕중심적이거나 **고**〔高〕중심적으로 세워져 있으며, 전체적으로는 **점근법적**으로, 다시 말해 **쌍**곡선적으로 세워져 있다.

전기와 자기적인 물질은 기체(산소, 탄소, 수소 및 질소)가 아니지만, 빛과 열로서 **계량 불가능하고, 저지 불가능하며**, 원소로서 **응집 불가능하고, 무한계적**(무경계적) 無限界的이다. 그것은 **개념들**에 관한 것이지 **사상**〔事象〕**들**에 관한 것이 아니기 때문이다.

산소는 고지에서 작용하는 전기의 원리로서, 모든 계량할 수 있는 기체를 넘어서 있는 것이다.

많은 표적들과 지적들은 중심적이며, 다른 것들은 초월적이다. 통상적인 것들은 동심적이거나 편심적이다(언제나 한낱 개념들로서).

---

141) Georg Michael Sommer(1754~1826). 쾨니히스베르크 인근 마을 교회의 목사로 자연과학에 관심이 많았고, 칸트의 『천체 일반 자연사와 이론』에도 큰 관심을 보였다.

142) Bischof: 붉은 포도주에 설탕과 향료를 섞은 음료.

143) trosina.

물질의 질적으로//그리고 양적으로 구별되는 **소립자들**의 차이. 플로카티 XXI127
우스[144].

하나의 世界 밖의 *存在者*는 역시 절대적으로//빈 공간에, 그러면서도 역학적으로가 아니라 원자론적으로 있을 터이다. 신.

철학은 자기 자신을 이론적이고 실천적인 관점에서 객관으로 만드는, 이성의 자기 자신에 주어진 과제이다.

초월철학은 만약 그것이, 이러한 인식의 전체를 그 자체로서, 한낱 이론적인 관점에서, **지혜**로가 아니라 **지**〔知〕로 서술하는 것에 지향되어 있다면, 이러한 철학이다.

바질리스크〔독사〕(군왕들)의 눈

제1묶음, 전지10, 1면

10

철학은 문자적으로 지혜론이 아니라 오히려 지혜론을 향한 힘씀을 의미한다. 철학의 기초에는 사람들이 흔히 그리고 당연히, **지혜로운** 것이 모든 지〔知〕보다 낫다고 말하는 바 바로 그 학문이 놓여 있다. 특히 궁극목적을 지향하고 있는, 목적들의 이론

이성추리(理性推理)는 대〔大〕학문과 함께 있을 수 있다. 지혜론은 객관적으로 주관으로서 고찰하고, 둘째로 지혜로운 자로서의 주관 안에서 자신이 지혜로운 주관으로서 고찰한다. 인간은 지혜로운 자는 아니지만, 앎〔知〕을 향해 힘쓴다.

---

144) Plochatius. 누구를 지칭하는지 정확하게는 알 수 없으나, 아마도 당시 쾨니히스베르크 대학의 철학 객원교수였던 수학자 J. W. Wochatius를 칸트가 잘못 표기한 것이 아닌가 하는 추정이 있다.

리히텐베르크에 따르면 스스로 창작해낸 이념들의 한 체계가 있고, 이를 통해 사고하는 주관이 형식의 면에서 사고와 순수 직관의 대상이 되며, 자기 이념들의 창시자가 된다. 그는 모든 경험적인 것에 독립해서 일련의 사
XXI128 고에 들어서거니와 그 원리가 초월철학이라고 일컬어진다. 그것은 아직 공간도 시간도 운동도 아니고, 순전히 사고이며 자기규정이다.

초월철학은 개념들에 의한 모든 선험적 종합 인식에 선행하여, 따라서 모든 경험적 인식(철학설)에 선행하여, 자기 자신을 직관// 및 감정〔느낌〕// 표상들 안에 통합하여 하나의 체계 안에서 하나의 절대적 체계로 서술하는 학문이다. (기껏해야 수학처럼) 집합으로서가 아니라, 수학 또한 그 안에 포섭하는 체계의 절대적 전체에서.

학문〔지식〕과 지혜(學問〔知識〕 及 智慧) 지혜에 대한 사랑(철학). 전자는 한낱 이론적일 뿐만 아니라 동시에 실천적인 하나의 인식원리이다. — 지혜는 세계지〔혜〕보다 고차적인 것이다.(후자는 단지 전자의 유비물일 따름이다.)

정언명령에 따른, 그 자체로 목적인 것에 대한 학문

하나의 주관이 자신을 단지 대상으로 생각하는 것이 아니라, 자기 자신의 대상인 객관으로 자기규정함

초월철학은 어떤 다른 학문의 일종이 아닌, 순전히 자기 자신 안에서 (하나의 절대적 전체라는 그 개념과 함께) 정초되어 있는, 그러한 **이성//학문**이다. 만약 사람들이 이제 철학과 수학을. — 그러므로 초월철학은 그 자신 하나의 학문의 한갓된 하나의 이념이며, 단지 간접적으로만 하나의 이론으로서, 대충 집합된 철학설이다.

1 2 3

1[월]: 공간, 시간과 운동 및 궁극목적 4(공간과 시간상의) 직관의 대상들로서, 그리고 수학적 규정들인, 나 자신을 복과 화로써 촉발하는 것으로서의 **감정〔느낌〕**. 형이상학적 기초원리들.

XXI129 철학적 기초원리들. 1) 대충〔군데군데〕 2) 結合된 체계에서 결합해서 고찰

함 3) 통일로서의 가능한 경험을 위해. 4) 고통 또는 쾌감 a) **현상들**로서의 지각으로의 진보로서 b) **초월적인** 것 안에서 서로 관계되어 있는 사물들 자체로서

1. 겐시헨 교수: 존재의 경험적 관계. 2. 설교 또는 그[145]의 시험들에서의 타인(학설)들과의 공유, 철학. 3. 타인들에 대한 (형사관[146] 또는 목사[147]로서의) 그의 힘들의 측량 4. 푀르슈케. 없어서 아쉽다.

뉴턴의 **자연과학**의 수학적 기초원리들: **공간**, **시간** 그리고 **공간·시간상의** 한 물체(물질)의 공간상의 **운동**.

굵은 완두콩, 족발 그리고 모더비 박사, 대구.

직관들은, **감정**〔느낌〕**들은 아니고**, **원리들**로 높여질 수 있다. 그것들은 경험적이고, 이것들만이 선험적이다.

사람들이 **공간**, **시간** 그리고 **힘**을 원리들로 만들고자 한다면, 마지막 것은 **감정**〔느낌〕이라고 일컬어져야 할 터이다.

지혜는 가장 완전한 이성의 속성이다. 과연 이러한 수준의 존재자가 있
는지: 과연 그런 존재자가 있다면, 이런 유의 존재자가 단 하나일 수 있 XXI130
는지: 과연 만약 그런 존재자가 있다면, 또한 모든 것을 할 수 있는지는 우
리의 개념〔이해〕의 권역을 넘어서는 것이다.

현자〔賢者〕, 지혜로운 자 대신에 학문, **철학**

그것을 철학이라고 부르는 것과 그를 향해 힘씀이라고 부르는 표현은 다른 것이다.

지혜는 인간의 본질속성이 아니다. 지혜로운 자는 오직 하나가 있을 뿐이다. 그러나 지혜에 대한 사랑, 그를 향한 힘씀은.

철학은 하나의 기술적 사변적 표현이거나 도덕적 실천적 표현

뒨키르히와 안더슈

145) 궁정목사 Schultz를 지칭하는 듯함.

146) 앞서 언급한 바 있는 Jensch를 염두에 둔 것으로 보임.

147) 앞서 거명한 바 있는 Sommer를 염두에 둔 것으로 보임.

시금치, 빵과자와 소시지. 뒨키르히, 참사관 그리고 안더슈 씨, 〔넓적한 장화 모양의〕 맥주잔. 카츠[148] 씨의 윗저고리

초월철학은 리히텐베르크의 이념에 따르면, 순수한 이성활동으로, 경험적으로 지각될 수 있는 산물이 아니라, 이성이 자기 스스로 만들고, 그것을 통해 자기 자신을 만드는 하나의 체계이다. 리히텐베르크.

월요일, 화요일 — 목요일, 금요일 (근무일들). — 수요일, 윤일 閏日인 토요일, 말하자면 휴식// 또는 풍금, 휴일들. — 부목사 바지안스키

어음거래는 완전히 정리되었다.

시간 나누기. 1. 월요일 겐시헨 교수. 2. 화요일 (덴마크인 콘술 코흐[149]와 상업인 슈빙크[150])

크리스마스 연시〔年市〕 그리고 다음에 각기 개별적인 권리 관계.

세계지〔**혜**〕가 **철학**에 적중하는 말인가? 아니다. 지〔知〕. **지식**〔**학문**〕과 **지혜**.

현시(**공간 · 시간상에서의 직관**)로서의 **순수 수학**과 **운동**, 순수 직관들이

XXI131 토대를 만들거나 무대로 입장하게 한다 … 뉴턴의

제1묶음, 전지10, 2면

지혜는 이론적인 관계에서든 도덕적//실천적 관계에서든 가장 완전한 이성의 속성이다.

과연 그러한 수준의 존재자가 있는지: 과연 그러한 것이 있다면, 이런 것의 한 종〔種〕이 생각될 수 있는지, 아니면 지혜로운 자는 **유일한** 것인지는 우리 지식의 권역 밖에 있다.

어떤 기예나 학문에 전력을 기울이는 자(기예 혹은 학문의 전문가) 無味한 賢者

---

148) Katz.

149) Consul Koch. 아마도 쾨니히스베르크에 거주한 포도주 매매업자.

150) Schwinck.

지혜는 가장 완전한 이성의 목적들의 총괄이다. 그것의 개념은 그것의 하나의 전체를 표상한다. 집합으로서가 아니라 하나의 체계에 적합한 것으로서 그러하다.

초월철학은 체계에서의 순수한(경험적으로 촉발된 것이 아닌) 이성의 이념들의 전부이다. 이것이 자기 자신을 선험적 종합 인식의 한 체계로 구성하고, 자기 자신을 객관으로 만드는 한에서 그러하다.(리히텐베르크) — 초월철학은 이 인식의 형식적인 것에서 출발해서 질료적인 것으로, 곧 오직 하나만 있을 수 있는 경험의 가능성으로 전진해간다. (무릇 **경험들**이란 있지 않다. **질료들**이 있지 않듯이 말이다. 의료학에 있어서 히포크라테스적 지혜란 하나의 순전한 이념이다.)

원소들은 운동력들(산소, 탄소, 수소, 질소)이다. **열소**와 **광소**〔光素〕는 모든 것에 침투하면서 동시에 위치 변화시키는 그러한 두 원소들이며, 여타의 것들은 단지 자기 위치에서 운동한다(진동한다).

초월**철학**은 하나의 활동에서 동시에 **수학**의 가능성을 자기 안에서 통합하고, 또한 (**지혜**를 통한) 이성적 존재자의 최고의 **물리적 안녕**을, 세계존재자들의 최고의 **건강**을 **학문**의 완벽성의 원리들로써 서술하는 그러한 철학이다.

초월철학은, 수학적 원리들에 따라, 자기 자신의 선험적 체계의 창시자인 순전한 이념들에 따라 xxx 한에서, 자연과학의 이념이다. XXI132

자연철학이 그 **수학적** 관계와 **물리적 기계적**〔역학적〕 관계들에서 통일되어(체계적으로) 생각된다면 **초월철학**이다.

수학은 체계로 나아가는 자연철학을 위한 **도구**로 있을 뿐이다.

열은 **원소**로서가 아니라 힘으로서 가속의 운동량을 가지며, 철학에 속한다.

(뉴턴에 따른) **자연철학**이 힘들의 행사에 대한 수학적인 그리고 물리적// 기계적〔역학적〕인 관계들에서 통일되어 이성적 존재자들과 합일할 수 있으면 **초월철학**이다.

열정들을 고삐로 제어하는 말조련사[151]: 열정들이 유약해지지 않게 유연하게 하면서도, 못이 박히지(무감각하게 되지) 않게 한다.

법칙이 쾌감에 선행하면, 그 법칙은 도덕적이고, 반면에 쾌감이 법칙에 선행하면 그 쾌감은 미감적이다.

잉크를 천으로 여과하기와 천을 치우고 특수한 병에 흘려 채우기.

注意! 후추와 생선 경단으로 부드럽게 속을 채워 넣은 초에 절인 양배추는 기분을 상쾌하게 해주는 음식이다. 모더비 박사, 대구, 조셉 모더비

제1묶음, 전지10, 3면

불멸의 정신의 산물의 제목: 아이작 뉴턴의 『自然哲學의 形而上學的 基礎
原理들』은 그 문턱에서부터 어긋나는 것으로 보인다. 무릇 수학의 **철학적**
원리가 있을 수 없듯이, (사람들이 의당 생각해야 할 바) 수학은 철학을 정초
XXI133 하는 일에 적합하지 않을 것이다. 만약에 어떤 정신의 산물이 **초월//철학**이
라는 이름 아래서 그러한 것을 탄생시켜 새로운 종[種](잡종)을 낳는다는 과
잉을 참고 견뎌야 할 운명을 갖지 않는다면 말이다.

그 명제들이 여기서 분석적으로 진술되되, 그 **원리들**은 **수학적**인, 다시 말해 종합적인 하나의 **철학**이 있다는 사실이 그 철학을 **초월철학**으로 만든다. 무릇 수학은 이러한 관계에서는 단지 도구로서 간주되기 때문이다. ―(물리학은 경험//과학이다. 그러나 경험들은 있지 않고, 오직 경험이 있을 따름이다.)(히포크라테스)

초월철학은 자기 자신을, 체계에서의 전체의 통일성에 어긋날 수도 있는, 모든 활동에 대해 책임 있는 것으로 만드는 理性의 하나의 陳述이다.

초월철학은 거기에서 **수학**과 철학이 선험적으로 하나의 인식원리 아래

151) 플라톤도 마음의 욕구적인 부분과 기개[용기]적인 부분을 두 마리 말로, 이성적인 부분을 마부[조련사]로 비유한 바 있다.(Platon, *Phaidros*, 246a~b 참조)

서 교호적으로 근거와 귀결로서 서로 완벽하게 의존되어 있는 선험적인 교설이다.

— **초월철학**은 하나의 **갈바니학설**이다. 거기서 초월철학도 갈바니학설이 되는 로이슈 박사.[152)]

초월철학은 그에 따라 **수학**과 **철학**이 하나의 선험적 종합 인식 안에서 하나의 원리 안에 통합되어 가능한 경험의 대상을 이루는 인식원리이다.

철학 또는 인류/인간성의 무조건적인 목적들에 전력을 기울임. 궁극목적.

인식의 하나의 초월적 원리: 또는 초월적 인식의 하나의 원리

추론하는 인간이 자기의 안녕을 위해 이용할 수 있는 모든 **지식**(知識)을 XXI134
위한 것이 자기인식('너 자신을 알라')이다. 모든 것을 함유하는 이성의 지시명령: '果敢히 分別하라'는 지혜로운 것이다. 이것은 만약 사람들이 그 자체로 이미 소유하고 있지 않다면 역시 소유에 이르지 못할 것이다.

그러나 순수한 의미에서의 지혜란 오직 최고 존재자에게만 있는 것으로, 그것의 대용물인 세계지[혜]는 하나의 **기술숙련성**이다.

국유화에 따른 또는 상관없는 **보상**(補償), 聖職者와 平信徒, 성직자와 일반민

수재[머리] — **둔재**[꼬리털] 수재란 자기 자신의 힘으로 무엇인가를 할 수 있는 자이다. 둔재란 타자가 그 손을 끌어주지 않으면 안 되는 자이다.[153)]

4월 22일에 내가 79세가 된다.

부목사를 예의로 맞을 것. 사무실을 갉아먹는 생쥐에 대해.

궁정목사와 슐츠 교수.

내 생년월일은 1724년 4월 22일.

---

152) 1802년 초에 D. Reusch와 Friedrich Conrad Jacobi가 갈바니현상을 칸트의 초월철학을 유추하여 해명하려는 작업을 했던 것으로 보인다.(Refl 1557, XV977 참조)

153) 칸트는 곳곳에서 유사한 구별을 하고 있다.(*KU*, B183=V308; *Anth*, BA21=VII138 참조)

섬유소〔纖維素〕에 의거해 있는 근력은 심장에 놓여 있는 힘이다. — 순전한 곤죽으로 자신은 움직이지 않으면서 근육은 움직이게 하는 신경의 힘. 시지 않은 산소. 모든 것 중에서 가장 가벼운 것인 질소. 만물을 살아 있게 하는 지상의 전기와 빛과 열.

종교기관의 **국유화**에 따른 또는 상관없는, **보상**. 전자는 황제의 오산된 전권에 의거하는 것이겠다.

聖職者와 平信徒, 보통의 일반민도 마찬가지로 고귀하다. 그들이 성직자들의 어떤 규칙 아래에 서 있는 것이 아니기 때문이다.

저술은 xxx하지 않으면 안 된다.

自然哲學은 물리학이다.

경험체계로서의 물리학은 경험에 의거해 있지 않고, 오히려 가능한 경험을 위해(오직 하나일 뿐인 경험을 위해) 그리고 선험적 원리들에 의거해 있다. 히포크라테스가 의료학 일반을 의미하는 곳에서.

XXI135 초월철학은, 선험적 종합 명제들을 함유하는 한에서, 철학에 대한 철학이다.

초월철학에는 마침내 이성 자기 자신이 만들어낸 **이념들**의 체계 또한 속한다. 즉 最高 *存在者*, 最高 知性, 最高 善 그리고 **주관적으로는** 이것들의 총괄 즉 자기 스스로 구성하면서 자기 스스로는 파악될 수 없는 이 지고〔至高〕의 것의 유일성 말이다. 스스로 한낱 **사고**만 하는 것이 아니라 감관 없이도 직관하는, 그래서 **유일한** 존재자.

주관적으로 형식적인 것의 원리가 소재의 원리, 다시 말해 객관의 원리, 다시 말해 질료에 선행하고, 실로 자기 자신을 객관으로 다루는 것이 **초월철학**의 원리를 이룬다.

무엇이 나의 본래 날짜가 정해진 생년인가.

인지회계에서 8그램 전지 두 장 구입.

= 초월철학 자신이 하나의 갈바니학설이 아닌가 =?

천을 통해 여과된 잉크

랑가세의 중개상 조셉 모더비와 니콜로비우스 출판사의 모더비 박사에게 부탁.[154)]

제1묶음, 전지10, 4면

초월철학은

그 안에서 철학과 수학이 하나의 선험적 종합 인식에서 합일되어 교호적으로 근거와 귀결로서 상호 관계에 있으면서 하나의 전체를 이루고 있는 학문이다.

수학은 단지 철학을 위한 하나의 도구이다. 그것은 (뉴턴의 自然哲學의 數學的 原理들에 따른) 물리학을 위한 것이되 **직접적으로** 지혜론으로서가 아니고, 한낱 **학문**[**지식**](智慧論)으로서가 아니며, 그 반면 도덕적//실천적 순수 이성이 **초절적**(초험적)이라고 불러야 할 만물의 **최고의 궁극목적에서** 출발한다(조로아스터와 리히텐베르크)는 것은 그럼에도 문제성 있는 것으로 생각 XXI136
(신의 개념)될 수 있지만 **초험적으로** 주어지지는 않는다. //공간, 시간, 운동 그리고 정신. //

유일한 존재자로서 그리고 지적 존재자로서 존재자들의 전부, 절대적으로 선일 뿐만 아니라 대자대비한 것.

초월철학은 수학 없이는 철학적일 수 없고, 철학 없이는 수학적일 수 없는 하나의 인식원리의 정초이다. 그리고 **오로지** 이러한 이심성[離心性] 위에 순수 이성의 하나의 철학적 체계를 세운다.

철학은 형식과 초월철학으로 구분된다.

철학적 인식은 개념들에 의한 이성인식으로서, 개념들의 구성을 통한

154) 이와 연관성 있는 조각글들이 남아 있다.(Refl 1554~1557, XV979~980 참조)

이성인식인 수학적 인식과 대조된다.

인간을 가르치는 주체(교사)로서의 지혜 곧 철학

사람들은 철학을 단적으로 저러한 인식들의 체계로 이해한다. 그 체계가 자기 자신에 의해 정초된 것인 한에서 말이다.

그러나 이것도 두 가지로 이해되니, **학문**〔지식〕 또는 **지혜**가 그것이거니와, 이것들은 서로 멀리 떨어져 있는 개념들이다.(文字의 갈바니현상) 그러나 곧 **촉발되는 주관**에 관한 것 또는 저 인식의 **객관 및 작용결과**에 관한 것, 즉 지혜는 **유일한 실체** 즉 **신**을 전제한다.

공간은 지각될 수 있고, 감관에 감촉되는 것으로 현시될 수 있는 **실존하는 사물**이 아니다. (사람들이 하나의 크기를 술어화한다면, 하나의 양이 그러하다는 것으로, 이것은 主述語〔範疇〕的인 것이 아니라 단지 準述語的인 것[155]이다.) 그리고 공간, 시간, 운동은 感覺的인 것도 예지적인 것(기쁨과 고통)도 아니지만 동인〔動因〕들이다. — **빛, 열, 전기**와 **신경 영향**은 우주 안의 생명에 마치 **갈바니전기**처럼 영향을 미치는 운동하는 힘들이다.

XXI137 세계는 하나의 동물이다. 그러나 그것의 영혼이 신은 아니다.

부활절 때 **단치히**로부터 자연지리학

하겐[156] 박사로부터 비숍 1병.

형사 프라이,[157] 고등검사관 브랄,[158] 그리고 총회〔종교국〕 위원 하세

학문〔**지식**〕 일반에 대한 사랑 — **지혜**에 대한 사랑. 후자는 高貴한 價値를 가지며, 전자는 通俗的 價値를 갖는 것, **사고팔** 수 있는 것이다.

모르츠펠트,[159] 헤리히[160] 그리고 하버란트[161]

---

155) '주술어=범주, 준술어=파생 범주'의 구별에 관해서는 『순수이성비판』 A81이하=B107이하 참조.

156) Dr. Hagen.

157) J. G. Frey(1762~1831). 쾨니히스베르크 시재판소 근무.

158) Johann Brahl(1752?~1812). 작가이자 쾨니히스베르크 시고등검사관.

159) Dr. med. Mortzfeld. 칸트 생전(1802)에 간략한 칸트 전기를 익명으로 출판한 바 있다.

160) Herrig.

注意! 쿠르란트에 있는 작고한 내 아우의 딸을 위한 50탈러가 아직도 모자란다는 소식.

전 우주에서의 신경감수성의 갈바니현상. 그것이 없으면 인간은 결코 **우주 안에서** 자기 자신을 직관적으로 놓을 수가 없을 터이다. — (초월철학 + 갈바니현상 + 대기 전기성 + 신경 + 우주의 빛과 열)

(세계영혼이 아니라, 하나의 보편적인 세계정신에 대하여)

뇌수질은 분리(신경섬유)에서 자기 자신으로서는 아무런 가시적인 운동(場所移動能力)도 하지 않지만, **사고**는 또는 감각 없는 동물에서는 순전한 **표상**능력(內的 原動能力)이, 아니면 자기 자신이 (그리고 정맥과 동맥의 신경섬유가) 운동을 개시시키는 **신경**이, 동시에 주관을 물리적으로 살게 만드는 사고의 창시자이다. — **단지 골수인 신경**은 혈관들이 그것들을 이루는 섬유들에 수반하고, **맥박**이 작동하게 하는 것이다.

注意! 아직도 비숍 10병.

흑맥주는 **항산**〔抗酸〕에 좋다. **위쪽에** 이의 **재고가 있다**. 뒨키르히, 상트오메르.

하나의 인식작용에서, 철학적으로 그리고 수학적으로 교호적으로 서로 규정하는 철학이 **초월철학**이다.

우리는 우리 이념들의 하나의 전체로서의 여럿을 통괄하는 객관적인 것에서가 아니라, 오로지 전진한다는 주관적인 표상에서 정초할 수 있다.

그렇게 하나의 전체로서의 세계건물〔우주〕이 있다. — 그것은 영속적인 XXI138
생성 중에 있다.

학문〔지식〕(學問〔知識〕)과 지혜(智慧)는 두 가지 아주 서로 다른 인식능력들

161) Haberland.

이지만, 그중 하나는 인간에 의해 규정될 수 없는 높거나 낮은 정도에서 얻어질 xxx

공간, 시간 그리고 공간 · 시간상의 물질의 **운동**. — 이에 더하여 (쾌 또는 불쾌에 의한) **내적 촉발**

이로부터 뒤따라 나오는 **욕망**들과 **혐오**들.

왜 사람들은 **물질들**이 아니라 **원소**〔**소재**〕들을 말하고, **경험들**이 아니라 **관찰들**을 말하는가.

월요일과 목요일에 하르퉁 신문들을 가져와서, 그다음에 조셉 모더비 씨에게 건네줄 것이다.

뉴턴이 自然哲學이라고 부른 것은 경험적 인식(지각들)의 하나의 집합이 아니라, 자신을 오직 하나로, 다시 말해 원리들에 따라 체계 안에 있는 것으로 발현시킬 수 있는 **가능한** 경험의 한 원리이다. (초월적 xxx

---

이 철학을 초월철학이라고 부를 수 있다.(混血語) 恰似 超驗的

그에 따라 수학의 직관적 인식이 논변적인 철학적 인식을 대리하는 하나의 인식의 길

초월철학은 (일종의 갈바니현상으로서), 자기 안의 논변적인 것에서 선험적으로 개시하여 판단력에 의해 직관적인 것을 원리로 만드는 인식이다.

XXI139 그는 쏟아진 황천을 저지한다.

상공에서의 전기적 성층. 신경과 섬유

왜 **손발톱**은 **치아**처럼 잘 빠지지 않는가?

설날에는 새로운 **전환**

제1묶음, 전지11, 1면

A

철학

개념들에 의한 이성인식이 체계적으로 서술되면 **철학적**이다. 개념들의 구성을 통한 이성인식은 **수학적**이다. 그 철학설이 수학을 매개로 철학으로 전진해가서 생성되는 것이 **초월**//**철학**이다.

주석

뉴턴은 그의 불멸의 걸작에서『自然哲學의 數學的 原理들』이라는 제목 아래 등장한다. 여기서 이내 걸림돌과 부딪친다(문턱에 부딪친다). 무릇 xxx 없듯이 xxx 또한 없다. 사람들이 응당 생각해야 할 바는, 수학을 위한 철학적 기초원리들이 있을 수 없듯이, 철학을 위한 수학적 기초원리들도 있을 수 없다는 점이다. 그러므로 이 원칙들이 對立的인 것이 아니라면, 확실히 異類的인 것이다. — 자연철학은 물리학이다. 그것이 경험적 원리들에 기초해 있고, 그래서 철학의 긴 의자에 자리를 차지할 정도로 그렇게 강한 주장을 할 수 없는 한에서 말이다.

B

(철학 일반의) 이러한 뿌리에서 **초월철학**이라는 이름을 가진 하나의 가지가 생겨나는데, 이것은 **수학**이 철학적으로, 다시 말해 다른 부류에서, 곧 철학에서 전진의 **수단으로** 사용되는 점에서 성립하는 것이다.

무릇 수학은 철학자가 이용할 수 있는 일종의 산업 부문이다. (수공업) XXI140
순수 철학은 하나의 **천재산물**이다. 그에는 **신**과 그것의 현존**에 대한** 개념과 **이론** 내지는 이러한 이념에 인간의 이성이 이를 수 없음이 포함된다.

C

그러므로 한 존재자의, 그것도 (하나이면서 모든 것을 자기 안에 포섭하는) 유일한 존재자의 **실존을 요청하는, 개념들에 의한 하나의 선험적 종합 판단**은 비록 단지 하나의 이념이기는 하지만, 주관적으로는 한 존재자의 최고 완전성의 규칙으로서(先驗的인 모든 *方式*으로 *規定*된 *存在者*로서) **생각될** 수밖에 없는 이념이다. [自己의 **本質**을 自身에 依해 스스로 *受容*하고 있는 것은 **實存**을 **包含한다.**[162]]

D

사람들은 **신**을 **그것의 종**[種](신들)**이 있을 수 없는** 하나의 **지적 존재자**〔지성〕라고 생각한다. 바로 그 때문에 역시 신들이란 없다.

존재자들의 전부는 (**대충**) 선언적으로 (논리적 관점에서) 고찰되지 않으며, **논변적**인 인식에 대해서가 아니라, 連結된 直觀的 인식에 대해서 있다.

신과 **세계**는 그 각각이 하나의 절대적 통일성을 함유하는 서로 다른 두 개별적 존재자로서뿐만 아니라, 또한 절대적 개별성을 함유하는 존재자로
XXI141 서 있다. 다수의 신이 생각될 수 없듯이, **여러 개의 세계란** 생각될 수 **없다.**

XXI140 ※ [163]**세계지〔혜〕**[164]는 또한 **철학**[165]에 알맞은 번역어가 아니다. **지혜의 사랑**[166]이 그 개념에 더 알맞을 것이다. 이제 세계지〔혜〕는 **신**과 **세계**의 대립을 함유하는 것으로 보인다. 그런데 이 구별은 **신학, 신의 = 학식**을 끌어들인다. 세계지〔혜〕는 신에 대한 학식과는 반대 짝이 되어야 하는 것으로 보인다. 세계의 相關者가 신이다.

신은 單一 *存在者*이다.

162) 칸트 원문: Cuius **Essentia** per ipsum sui conceptum *involvit* **existentiam**.

163) 이 원주는 본문 중 특정 대목과 연관없이 이 위치에 있음.

164) 독일어 원어: Weltweisheit.

165) 독일어 원어: Philosophie.

166) 독일어 원어: Liebe der Weisheit.

오히려 하나의 세계가 다른 세계 안에 있다. 그것들은 이질적인 것이다. **하나의 세계가 또한 다른 세계의 기관이 아니다.**

신은 감각대상이 아닌 하나의 이성존재자로 생각된다. 모든 것을 알고(보고) 있는 자(마음을 꿰뚫어 보는 者/心中 探索者), **신을 두려워하다**

영감〔靈感〕이 아니다

철학: 지혜의 이론 및 연습(한낱 학문〔지식〕이 아님). 그렇기 때문에 이론적으로 실천적으로 동시에 자기의 인격에서 하나의 **지혜로운 자**를 표상하지 않는다(그렇기 때문에 **學問**〔**知識**〕은 무엇인가 **主述語的**인 것이 아니다. 그럼에도 **準述語的**인 것이다).

이론의 면에서 **지혜로운** 자가 **세계지자**〔世界智者〕이자 **철학자**, 다시 말해 이론에 있어서 **지혜의** 순전한 **구애자**이다(**智慧로운 자가 아니라** 지혜를 사랑하는 자이다[167]).

철학은 그 형식에서 보자면 다른 부류의 개념들로 **전진해가는** 것이자 **넘어가는 것**, 예컨대 철학적 개념 부류에서 수학적 부류로 넘어가는 것, 다시 말해 **초월적인** 것이다. 거기서 곧 수학은 철학적으로 다른 부류의 인식들로 전진해가는 데 수단으로 통합이 된다.(예컨대, 뉴턴의 『自然哲學의 數學的原理들』)

그러나 그 철학은 **초험적인** 것이겠다. (초절적) **이념들**의 철학.

인간은 **지혜**를 갖고 있지 않다. 인간은 단지 그것을 향해 애를 쓰며, 단지 그것에 대한 **사랑**을 가질 수 있고, 그것으로 그 공적이 이미 충분하다.

그렇게 모든 것을 인지하고, 모든 것을 아는 자.

세계지〔혜〕. 創立하다, 作用하다, 行爲하다, 作業하다.

(실체상) 인격으로서의 지혜로운 자는 오직 단 하나(원형)이다.

---

167) 이러한 '철학자' 개념의 원천에 관해서는 Platon, *Phaidros*, 278d 참조.

학설체계로서의 철학

XXI142 모든 이성인식 안에 선험적 개념들에서 나오는 것이 있으며, 원리들에 따른 체계 안에 수학이나 철학이 존립한다.

철학적인 것에는 순전한 **이념들**, 예컨대 유일한 것인 신의 이념도 속한다. — 그러고 나서 공간 및 시간상의 세계존재자들의 **전부**도 그에 속한다.

사람들은 **질료들**에 대해서가 아니라 원소[소재]들에 대해 이야기할 수 있다.

超自然의 哲學은 오직 **신적 영감**에 의한 철학이겠다.

신은 인간의 감관을 통해 인식될 수 있는 존재자가 아니다. — 그러므로 과연 어떤 존재자가 신인지 어떤지 현상으로서는 아무런 식별할 수 있는 징표를 가지고 있지 않다.

신은 순전한 이성이념이다. 그러나 최대의 내적인 그리고 외적인 실천적 실재성을 갖는다.

人格[168]은 가면을 뜻한다. 假面은 벗겨져 나가고, 實相이 남는다.

[그때에야 마침내 진짜 목소리가 이끌려 나오며, 假面은 벗겨져 나가고, 實相이 남는다.[169]]

공간과 시간에 앞서 자기 자신을 구성하기 위해 **이성**이 그와 함께 시작하는 것은 순수한 **이성적** 인식이지, **지성**이 하는 **경험적** 인식이 아니다.

신과 세계 그리고 세계 내에서 나 자신을 현시하는 자아[나] — [신은 **감각대상**이 아니라, **이성**만의 대상이다.]

고등교육평의회에서 온 쿠르란트의 내 아우의 딸의 소식

내 오리 솜털 이불을 다시 만들어야 한다. 양모 이불이 지난밤 나를 얼게

---

168) 원어: persona.

169) 라틴어 원문은 Lucretius, *De rerum natura*, III, 57~58에서 볼 수 있다.

만들었다. 그 양모 이불을 다시 만들지 않으면 안 된다. 그러나 **아마포 홑청 없이.**

아마포는 열의 **절연체**이다. **양모**는 **전도체**이다.

제1묶음, 전지11, 2면

만인이 자기의 의사를, 본래는 단지 하나의 이상일 뿐이지만, 그럼에도 만인이 그 앞에서 무릎을 꿇는 유일 최고인 자의 법칙들 아래 복종함이 인 XXI143 간 이성에서 의무를 위한 하나의 원리이다. 오직 도덕적//실천적인 것과 관련해서만 이성은 확실하게 그러한 요구주장을 할 수 있다.

순수 이성의 두 가지 이상. 신과 세계. — 각각에 대해 사람들은 단지 하나만을 생각할 수 있다. **다수 세계들**이란 없으며, 그것은 **다수의 신들**이 없는 것과 마찬가지이다. 이 두 가지는 그럼에도 서로 불가분리적으로 결합되어 있다. 비록 공간과 시간에 의한 것은 아니지만. 무릇 이것들은 감관으로 감지될 수 있는 대상들이 아니라, 단지 직관의 형식들이니 말이다.

종교는 특별한 신성성, 지위, 최고권력을 가져, 사람들이 그 앞에서 아부함으로써 총애를 얻고 총애를 마련할 수 있는 어떤 실체에 대한 믿음이 아니다.

신, 세계 그리고 세계 내에서 사고하는 존재자인 **인간**. — 자신을 스스로 구성하여, 현상으로 주어져 있는 것이 아닌 한 존재자. — **하나의** 신 그리고 하나의 세계

고유의 도덕적//실천적 이성 또는 그 안에 있는 본부인 신, 그리고 **세계** (즉 교호적 관계에 있는 존재자들 전부) **내에서** 자기 자신을 도덕적//실천적 관점에서 인식하는 인간.

(단치히의 링크 교수에게 『자연지리학』에 관해 보낼 편지[170]와 그가 나에게 보낼 책의 부수.)

절대적 (종합적) 통일로서의 세계 개념이 아니라, 역학적이고 도덕적인

통일로서의 신 개념이 선행한다. 최고 의지가 자신을 最高 存在者, 最高 知性, 最高 善인 최고의 존재자로 구성한다.

작용하는 원인(作用因)들은 하나의 이념 안에서 그리고 하나의 원리에 의해 목적들의 원인과 결합함으로써(目的因들의 統一性) 신의 이념을 현시한다. (하나의 신과 하나의 세계) [모든 것을 계시하고 전능한 도덕적 존재자로서 신성한(불가침의), 찬미가 아니라 **숭배**되어야만 하는 존재자로서의 신 개념이 아니다. — 이와 대조적으로 하나의 체계 안에서 존재자들의 전부를 형성하는 가능한 경험의 대상(감각대상들)으로서의 세계]

XXI144 신은 순전한 순수 이성의 하나의 이념으로서, — 감관들의 대상이 아니고, (감관들을 통해 주어지는 것이 아니며), 그러면서도 **모욕받을** 수 없는 **인격**〔**위격**〕으로 표상된다.

우리는 스스로 그에 대해 우리가 감사와 경의와 자선 등등까지도 행하는, 그것도 직접적으로 우리 자신을 위해서 하는, 한 존재자를 만들 수밖에 없다. — 그와 같은 고귀한 감정들 없이는 우리는 오로지 자신을 위한 대가만 찾는 자이다.

신과 세계는 필연적으로 존재자들의 전부 안에 포섭되고, 이념들의 하나의 체계를 이루는 두 가지 상관자이다.

도처에 있고, 모든 선을 할 수 있으며, 또한 할 수 있는 모든 것을 의욕하거나 지시명령하며, 모든 것을 알고 이 모든 것에 대해 감성존재자로 규정되어 있지 않은 하나의 존재자가 — **신**이다. — — **하나의 신**이 있거니와, 그는 모든 것을 **알고, 할 수 있고, 가지고 있으며**, 그에 대한 순전한 이념은 도덕적//실천적 요청으로서 그를 실체로서 알지 못해도 공허한 개념이 아니다.

신들도 없고 세계들도 없으며, 존재자들의 **전부**가 있다. 신과 세계이다.

---

170) 1802. 5. 11 자 칸트가 Rink에게 보냈다는 편지 내용(XII339 참조) 및 1802. 7. 13 자 Rink가 칸트에게 보낸 편지(XII341이하) 참조. 앞(XXI102)의 관련 구절 참조.

이 이념들은 순전히 **지어내는** 이성의 역학적//실천적인 관계 속에 있다.

내 바깥의 **공간 · 시간상**의〔감성존재자들의〕 **모든 것.** — 내 안의 **도덕적인 것**에서의 **자기규정.** — '너 자신을 알라'는 것 — 신은 경험//대상이 아니라 이념이다.

신과 세계는 두 개의 절대적으로 **개별적**인 존재자이다.(그중 어느 것도 여럿이 있을 수는 없다.)

—0—0— 신은 내 바깥의 실체로 표상되어서는 안 되고, 내 안의 최고 도덕적 원리로 표상되어야 한다. 그러나 간접적으로 내 안의 힘으로서(신들이란 없다) 힘과 지혜의 이상이 한 개념 안에 있고, 그것이 **내 바깥에** 있는 실체가 되고, 그 개념이 나의 **편재**〔遍在〕의 규정근거이다.

작고한 재단사 켈히브라운[171]의 금실 단추 달린 윗저고리 — 세르게 데 브리[172]의 바지

앙고라염소 털로 짠 세르게 데 브리(낙타 털이 아니라 아프리카의 앙고라 XXI145
염소 털로 만든 것)

신은 내 바깥의 존재자가 아니라 한낱 내 안에 있는 하나의 생각된 것

신은 도덕적//실천적인 자기 스스로 법칙을 수립하는 이성이다. — 그래서 오직 하나의 신이 내 안에, 내 주위에, 그리고 내 위에 있다.

세계는 전체 감각객관이다. 세계들이 있지 않다: 무릇 그렇다면 각각이 세계의 집합일 터이고, 하나의 세계는 아닐 터이기 때문이다.

그와 꼭 마찬가지로 신들(多數)도 없다.

공간과 시간은 선험적 순수 직관들이고, 보편적인 공간상의 대상들(행성, 혜성, 항성 등등)은 이 직관들의 지각들의 가능성의 근거를 이룬다.

171) 원어: Kelch braun.

172) 원어: Serge de Brie.

시간의 무한한 경과(있음, 있었음, 앞으로 있을 것임)도 똑같은 사정이다. — 순전히 형식.

케레스[173]가 화성과 목성 사이에 자리 잡고 있는 행성인지, 아니면 올버스[174] 씨가 새로운 행성을 발견한 것인지.

모든 목적들의 최고 원리는 신이다.

까마귀 눈 마전자(馬錢子)의 씨

原因/理由/動機/事件 創立하다, 作用하다, 行爲하다, 作業〔處理〕하다.

注意! 쿠르란트에 있는 작고한 내 아우의 딸이 아직도 50탈러를 받지 못했다는 사실

1) **총괄**로서의 존재자들의 전부, 즉 세계

2) **근원**〔**원근거**〕으로서의 모든 존재자들의 존재자, 즉 세계 바깥의 **신**

모든 것을 **알고**, 모든 선한 것을 **의욕하고**, 의욕하는 것을 할 수 있는 자 — 오직 하나의 지혜로운 자만이 있다는 사실. 신

우리는 우리의 이념들을, 만약 그것들이 **한낱 현상들**이 아니라 한다면, **스스로 만든** 것이 틀림없다. 그러나 이런 일은 우리가 경험적인 것을 넘어섬으로써 일어난다.

국유화에 따른 또는 상관없는, 보상.

XXI146 솀페르[175]는 뜨거운 여름철의 약한 씁쓰레한 음료인, 샴페인[176]의 왜곡

173) Ceres. Giuseppe Piazzi(1746~1826)가 1801년 1월 1일에 화성과 목성 사이에서 발견한 소행성.

174) 원서에는 'Olmers'로 표기되었으나 이는 'Olbers'의 오식으로 Heinrich Wilhelm Olbers (1758~1840)를 지칭하는 것으로 보인다.(아래 XXI154에는 Olbers로 표기되어 있다.) Olbers는 1802년 3월 28일에 피아치의 케레스에 이어서 화성과 목성 사이에서 소행성 Pallas를 발견했다.

175) Schemper.

된 말이다.

종교기관에 의한 **보상**. 聖職者 或 平信徒. (예컨대 聖 **베네딕투스의 規則에 따라**) 世俗者 或 修道者. **과연 각급 수도원 또는 수도회의 이 성직자들**, 예컨대 성 마우리우스 수도회.

魂은 안으로부터 자란다: 精神은 전체 덩어리를 흔들고 큰 몸체에 섞인다.[177] — 이제 두꺼운 검은 윗저고리는 완전히 벗어버리고, 금수 놓은 (아마 과부 켈헨 네의) 그 예전 것 또는 xxx를.

제1묶음, 전지11, 3면

순수 철학의

체계,

그 전체적 총괄

우리는 원인과 결과로서의 사물들의 연쇄와 그에 따라 질서 지어진 세계를, 우리가 그러한 체계를 우리 자신의 이성에 의해 우리 스스로 구성한다는 것 외에 다른 방식으로는 생각할 수가 없고, 그렇게 함으로써만 이러한 연쇄를 현실적인 것으로 인정하는 것도 가능하다. — 최상의 것, 그것은 연쇄의 한 **항**이 아니라, 그러한 항을 만드는 것이다.

사람들은 수학을 철학적 사용에도 적용할 수 있다.

철학은 객관적으로 또 주관적으로 고찰되거니와, 전자는 주관의(자기 자신의) 인식능력인 것이고, 후자는 대상들의 인식의 체계적 이론이다. 두 가지 체계 안에서

'하나의 신이 있다.'라는 명제는, 인간의 자기 자신을 도덕적으로 규정하

176) Champagner.

177) Vergil, *Aeneis*, VI, 726~727을 다시 인용. 앞(XXI61)의 각주 참조.

는 이성 중에는 자기 자신이 소홀함이 없이 그러한 원리에 따라 행위하도록 정해져 있고 강제되어 있다는 하나의 최고 원리가 있다는 것 이상을 말하지 않는다.

XXI147 철학하기의 일로서가 아니라, 하나의 완벽한 전체를 서술하는 것으로서의 철학. 어느 누구라도 **초월**철학자라고 부를 수는 없다.

'하나의 신이 있다.'라는 명제는 순전히 사고의 하나의 주관적 원리, 곧 그에 의해 내가 최초이고 하나이며 모든 것을 포섭하는 어떤 것을 경의와 순종의 객관으로, 그리고 최고 대상으로 구성하는, 한 개념을 정초하는 하나의 주관적 원리이다. — 이 하나인 것이 **유일한** 것으로 표상되고, **전지**하고, **전능**하며, **최고로 신성**하고, 또한 마음을 꿰뚫어 보는 자로 표상된다.

(낮에 신을 연사〔撚絲〕 양말 살 것, 그리고 그 밖에도 비단 양말, 또 그와 함께 새로운 반짝거리는 가죽 양말이나 송아지가죽 양말)

나 자신이 썼던 자연지리학의 링크 교수 편집 분책들을 모두 교정할 일.[178)]

'하나의 신이 있다.'라는 이 요청은 도덕적//실천적 이성의 원리에 기초하고 있다. 왜냐하면, 인간 이성은 저 요청 없이는 인간에 의해 도대체가 고삐 채워지지가 않을 것이기 때문이다. 이 명제는 객관적으로가 아니라 주관〔주체〕적으로 정초되어 있다. 그것은 철학 일반이라고 불리는 하나의 전체를 정초하기 위한 이성의 체계적 사용이다. 개념들에 의한 인식 — 그러나 그것 또한 개념들의 구성에 의한 인식(수학)으로, 철학의 도구로 쓰이며, 그러한 한에서 간접적으로 철학에 속한다.(신과 세계에 대한 이론 ○=○)

신은 보편적으로 마음을 꿰뚫어 보는 자이며, 동시에 그는 전권을 가지고 최고의 심판석에서 상을 주고 벌을 준다.

그것은 인간 안에 있는 자기 자신을 도덕적 법칙들로 규정하는 **이성** 즉
XXI148 최대의 존엄성과, 그러나 동시에 최대의 영향권(존재자들 전부)의 절대적 통

178) 칸트 『자연지리학』(1802)의 출판 과정에 대해서는 편찬자 Rink의 '편자의 머리말' (IX153~155) 참조.

일성이다.

갈바니현상, 바꿔 말해 **대기전기**는 사람들이 은면이나 아연면의 열〔列〕을 건드릴 때의 **볼타식 전지** 같은 것이다. 그렇게 또한 성층〔成層〕-)))

신 즉 **최고위**는 직관의 대상이 아니다. 무릇 그런 것은 경험적 표상일 터이기 때문이다. 오히려 사고의 대상이다. 그러나 그럼에도 그러한 존재자의 사고의 필연성에는 비록 실재성이 없지만 xxx

[이성의 갈바니현상 및 이성추리의 갈바니현상]

초월//철학은 도구로서의 수학(개념들의 구성)을 철학을 위해 사용하는, 그러한 철학적 법칙수립〔입법〕이다.

자기 자신을 구성하는 한 존재자의 근원적 현존의 의식은 '**나는** 독립적으로 **현존한다**.'라는 의식이다.

쾨니히스베르크의 내 흉상〔胸像〕[179)]

바클리 씨 — 위층에 있는 폰 헤스 씨의 함부르크 훈제고기, 폰 헤스 씨의 훈제 쇠고기.

아이올로스의 하프, 풍금〔風琴〕

신은 그 자신이 모든 관점에서(**인식**에서도 **의지**에서도) 충분한 하나의 존재자이다. 이 점은 모든 가능한 것에서도 그러하다.

╫ **오로지** 그에게만 **지혜**와 **완전자족**이 내재한다 ╫

나는 盟誓한다: 즉 나는 神의 이름으로 證人을 保證한다. 그로써 내가 신이 단적으로 **있음**을 아는 것은 아니다. 내가 거짓말쟁이라고 일컬은 것이 참되지 않게 말한 것이면, **나는** 그것을 **양심상으로 책임을 진다**.

여성은 서로 간에 서로 자기가 우선권을 얻기 위해 내내 **경쟁**하고, 기꺼이 남자들 서로를 부추긴다.

힐데스하임의 교구기구들을 통한 보상

---

179) J. L. von Heß의 주문에 의해 쾨니히스베르크에 있던 칸트 흉상을 모델로 해서 Frierich Hagemann이 1801년 1월에 제2의 칸트 흉상을 제작하여 Hamburg로 보냈다.

'盟誓하다'[180]는 '주에게 말하다'[181]이다.('주'는 야훼, 여호아, 유피테르이다. 그 앞에서는 내면이 들추어지니, 마음을 꿰뚫어 보는 자이다.)

XXI149 주관〔주체〕(순수한, 도덕적//실천적 이성)을 위한 하나의 원리(理性의 陳述)가 있으니, 그것은 모든 의무법칙에 관해 명증적으로 지시명령하는 것이다. 그것도 그에 대한 著者(하나의 실체), (**유일한**) **신성한** 존재자, (흡사 그에 대한 갈바니현상을 통해 마법으로 불러내는 것 같은) 하나의 이상 없이 말이다.

(注意! 『**자연지리학**』 **10부** 완벽하게 배달)

[나와 수학 교수(궁정목사)[182]는 15년 차이

이 사람이 나보다 15년 더 젊다. 나와 크라우스 교수는 30[183)]]

실천 이성의 **무조건적인 의무**와 조건적인 의무의 차이. **전자의 창시자**는 신이다. — 그러므로 신은 **나의 바깥에 있는 실체가 아니라**, 순전히 내 안의 하나의 도덕적 관계이다.

신은 하나의 **인격**으로 생각된다: 권리들을 갖는 하나의 존재자로 생각되는 것이다. 그러나 그는 유일하며, 어떠한 **훼손**을 당하거나 **보답**을 받거나 (아부로서의) **기분 좋은 칭송**이나 감사를 받을 수 있는 존재자가 아니다. 양심에 고통을 주는 비난은 **실천** 이성 안에 있는 신의 음성이다.

철학(**지혜론**)이 독일어에서 **세계지**〔**혜**〕로 불렸던 일이 그래서 일어난 것인데, 그것은 지혜, 그 안에 있는 학문이 **궁극목적**(최고선)을 의도하고 있기 때문이다. — 그런데 지혜란 엄밀한 의미에서는 오직 신에게만 부가될 수 있는 것으로서, 그러한 존재자는 동시에 모든 **힘**〔**위력**〕을 갖추고 있을 것이

180) jurare.

181) ju orare.

182) 곧 Johann Friedrich Schultz(1739~1805). 신학자, 수학자, 철학자로서 1776년부터 쾨니히스베르크 궁성교회의 목사, 1786년부터 쾨니히스베르크 대학 수학 교수, 1802년에는 대학 총장직을 수행하였으며, 칸트의 종교철학을 전파하는 데 큰 기여를 했다.

183) 실천철학 교수였던 Christian Jakob Kraus(1753~1807)는 칸트보다 29년 후배이다.

틀림없다. 왜냐하면, 이런 것이 없으면 궁극목적(최고선)은 실재성이 없는 하나의 이념일 것이기 때문이다. 그래서 **'하나의 신이 있다.'**라는 명제는 **하나의 실존명제**가 된다.

지친 수사슴 또는 사냥감. (마찬가지로 암컷 없는 참새)

피레네 산맥 — 안데스 산맥 (대산맥).

섬의 중요성. 트리니다드[184]의 공동통치.

나 자신에 대한 의식의 통일성은 나 바깥의 객관들에 대한 의식 없이는
생길 수 없으며, 이러한 모든 것을 포섭하는 존재자는 어떤 다른 존재자에 XXI150
서도 독립적인 순전한 이념으로서, **마치** 실체**처럼**, 모든 것을 **알고**, 모든 선한 것을 **의욕**하고, 의욕한 것을 **할 수 있는** 신이다. 공간과 시간에 있어서도 그러하듯이, 신은 오직 우리 안에서 찾을 수 있을 뿐이다.

존재자들의 전부는 신이며 세계이다.

'하나의 신이 있다.'라는 명제는 (독자적으로) 순수 이성에 의해서도, 경험적 인식원천에서도 밝혀지지 않는다.

모든 감각객관들의 전체로서의 세계는 그에 상응하는 개념, 곧 절대적 통일이자 자기 자신을 그러한 존재자로 인식하고 자기 자신을 (모든 것을 할 수 있고, 모든 선한 것을 의욕하는) 그러한 존재자로 구성하는 하나의 전부라는 개념을 여전히 필요로 한다.

기구〔祈求〕**의 날**이라는 것은 모든 일요일이 질책받고 아무 기능도 못하게 하는 전혀 쓸데없는 것이다. — 그러나 **속죄의 날**[185]은 효력 있게 그리고 영혼을 파고들게 시행한다면 진실로 **성스러운** 날이다.

금욕적, 규율적, 예방적 및 경고적.

---

184) Trinidad.

185) 1802년에는 5월 12일이 '속죄와 기구의 날'이었다는데, 이를 두고 적어놓은 글귀로 보인다.

신은 모든 목적들의 유일한 최상의 능동적 원리이다. 자연으로 고찰된

XXX

빛과 열처럼 (객관적으로 그리고 주관적으로) 음향과 음조(음악)도 나 바깥의 객관들의 직관들이 아니다. 그처럼 별무리도 공간을 규정하는 것이 아니다.

사람들은 다른 모든 가능한 존재자들과의 관계에서 무엇이 신인지를 규정할 수 없다. 사람들이 이 개념을 **세계**와의 관계 중에 (공간 및 시간상에서 역학적으로 그리고 도덕적으로) 놓지 않는다면 말이다. 신성성과 그에 알맞은 흠숭. 우상숭배[186]가 아니라 **신정**〔神政〕.

족발, 일주일에 두 번(일요일, 금요일).

무엇이 **성스러운** 것이며, 누가 유일한 성자인가. 성자의 원형은 인격 안의 최고선이다.

XXI151 **신**과 **자연**. 뉴턴에 의하면 공허한 공간은, 하나의 물체가 실존할 때만, 무엇인가이다. 무릇 인력은 공허를 통해 작용하니 말이다.

공간이 행성들과 항성들을 위해 먼저 있는가, 아니면 이념〔관념〕들과 공간에 대해 현존하는 힘들, 즉 표상//방식들이 공간을 비로소 가능하게 하고, 그리하여 이 모든 대상들은 한낱 인간의 정신 자체에서 나오는 것인가?

신은 **포착**〔감각지각〕**될 수 있는**〔포착 **가능한**〕 대상이 아니라, **생각될 수 있는**〔**사고 가능한**〕 대상이다. — 공간 및 **시간**은 (비록 무한하긴 하지만) 결코 **이념**〔관념〕**들**이 아니라, 순전히 **감성**의 내적 **형식들**이다.

제1묶음, 전지11, 4면

'하나의 신이 있다.'라는 명제는 순수 실천 이성의 필연적 가설이다. 이 명제는 또한 초월철학의 최고 원칙으로서, 수학의 원칙과 같은 것이다.

---

186) 칸트는 이 표현을 하면서 "'idololotrie'가 아니라 'idololatrie'임"을 강조함.

그것의 실존이 선험적으로 이미 그것의 개념과 자기동일적으로 결합되어 있는 것

原因/理由/動機/事件: 創立하다, (동의하다) 作用하다, 行爲하다, 作業[處理]하다. 知性的(理性的 乃至 知性) 原因/理由가 人格이다. 最高 知性(同時에 唯一)이 神이다. — 신의 **이념**(개념이 아니다)은 하나의 **실체**에 대한 **개념**이 아니다. 사람들이 이에 부가하고, 또한 이 객관의 **유일성**과 결합되어 있는 인격성(다수의 신들이 아니다)

豫感[187]은 어떠한 경험적 재능도 탐구해내지 못할 것을 탐구해내는 재주를 의미하기도 한다.

사람들은 **존재자들 전부**를 두 부류로 또는 오직 개별자들로, 즉 **신과 세계**로 나눌 수 있는가? — — 신들과 세계들을 받아들이기 등등.

신과 세계는 이성에서 나온 이념들로, 이것들은 개별적으로 독자적으로는 둘이되, 함께 통일되어 하나의 절대적 전체를 이룬다.

(엄밀한 의미에서) **신들**은 없다. 마찬가지로 **세계들**도 없다. **하나의 신**이 XXI152
있다. —: **하나의 세계**가 있다. 最高 *存在者*, 最高 **知性**, 最高 **善**.

모든 것을 할 수 있는 그러한 자의 이념에까지 이르는 활동성의 질로서의 한 존재자의 신성[神性]은 **실체성**이겠다. 과연 이러한 것이 또 최고 존재자에게 부속하는지는 우리의 개념[이해]을 넘어간다. 이러한 것은 그러한 것의 **인격성**이겠다.

‖ 모든 존재자들의 절대적 전체를 하나의 체계 안에서 자기 자신을 한낱 분석적으로가 아니라 종합적으로 규정하는 이성의 원리에 따라 서술하는 형식적인 것은 세계 **내**의 존재자로서의 신이 아니라, 자기 구성의 순수한 이념, 즉 주관 자체의 순수 지성[지적 존재]이다. — 최고 지성.‖ 최고의 봄[視覺], 상상 그리고 공상은 한가지가 아니다.

187) 원어: divinatio. 『인간학』에서는 또 다른 "예감(praesensio)" 능력이 다루어지고 있다. (*Anth*, AB100=VII187 참조)

最高 存在者, 最高 知性, 最高 善이라는 이념들은 동일한 이념들이다. — 최고 **존재자**(存在者) 내지는 최고의 만들어냄 및 영향 행사

도덕적//실천적 이성과 연결된 이론적//사변적 이성의 통일 중의 의무의 원리에서 정언명령은 신의 이념이다. 신은 모든 의무개념의 실재적 원리를 자기 안에 함유하는 존재자이다.

하나의 체계 안에서 자연과 자유 — 수학적인 그리고 철학적인 원리들의 합인 철학 — 하나의 신 그리고 하나의 세계.

[신의 현존을 인정함 없이 신에게 맹세한다는 것은 양심상의 선언 이상의 것을 의미하지 않는다. 신**에 대한** 이념이 아니라, **신**이라는 이념이 자기 동일적이겠다.]

철학은 수학을 단지 도구로 이용한다.(지혜론) — 전체로의 철학 체계.

XXI153 단적으로 말해, '하나의 신이 있다.' 또는 '우리 바깥에 감성존재자들의 하나의 전부가, 다시 말해 하나의 세계(즉 감성존재자들의 한 체계에서의 하나의 보편적 전체)가 있다.'라고 함은 하나의 공간과 하나의 시간이 〔있다〕는 명제들과 유사한 것이다. 지〔知〕의 이러한 모든 대상들은 순전히 우리 자신이 만들어낸 표상들(이념〔관념〕들)의 산물들이며, 그 가운데서 신에 대한 이념이 최상의 것이다.

저것들은 **외적** 대상들이고; 이것들은 **사고의** 내지는 순수 직관의 **외적** 대상들이다.

'신'이라는 이념(신**에 대한** 이념이 아니다). 무릇 그런 것은 실존하는 것으로 생각된 하나의 객관일 터이기 때문이다.

신은 나의 바깥에 존립하는 어떤 사물〔것〕이 아니라, 나 자신의 **사상**〔생각한 것〕이다. 과연 하나의 **신**이 있는가를 묻는 것은 이치에 맞지 않다. 人稱語는 문법에 딸린 것이다.

사람들은 그 현존을 인정하지 않고서도 신에게 맹세할 수 있다.

이○ 신의 현존을 인정(주장)함 없이 신에게 맹세한다는 것은 단지 **양심적임**을 의미한다.

목요일 아침에 함부르크로 보낼 편지에 우표를 붙였다: 폰 헤스 씨에게 하겐 박사를 통해 6월 3일 자로 보냄.[188)]

사람들이 신의 현존을 인정함 없이 신에게 맹세할 수는 없다. 그러나 그것은 양심적으로 무엇인가를 보증함을 의미한다.

벤자민 또는 윌리엄 톰슨, 폰 럼포드 백작.[189)] 베스비우스,[190)] 에트나,[191)] 그리고 피코/테네리파[192)]

세르게 데 브리느,[193)] 샤케르거 있는 바지.[194)]

(안 데어 알레) 본스도르프의 슈뢰터[195)] 장관 — **시계태엽이 달린 두 개의 주머니**.[196)] **샤흐레거**.[197)]

하겐 박사가 내 광으로 보내온 비숍 두 병. — 막대 설탕을 설탕 가위로 서랍장 안에 잘라놓기.

하나의 지친 수사슴, 하나의 사냥감 …

넙치에 소금을 너무 많이 쳐서 **예수승천일** 아침 일찍이 실패한 요리가 더 생겨서는 안 된다.

---

188) 날짜와 요일로 미루어볼 때 1802년. 이 편지 내용은 수집되어 있지 않으나, 1802. 5. 15 자 Jonas Ludwig von Heß의 편지(XII339~340 참조)가 있었으니, 그에 대한 회신으로 보인다.

189) Benjamin Thompson Graf von Rumford(1753~1814). 미국 태생의 물리학자. 1783년 이후 London과 Bayern에서 활동했고, 1805년 이후에는 Paris에 거주하였다. 칸트는 그에 대해 1800. 4. 2 자 C. G. Hagen에게 보낸 편지에서도 언급하고 있다.(XII299~300 참조) 칸트는 그의 '에테르'관에 상당한 영향을 받은 것으로 보인다.(앞의 XXI36 각주 참조)

190) Vesuv.

191) Aetna.

192) Pico auf Tenerifa.

193) Serge de Briene.

194) Hosen mit Schackerger. "Schackerger"가 무엇을 뜻하는지는 알 수 없다.

195) Friedrich Leopold von Schroetter(1743~1815). 제국남작으로 칸트와 친교가 있었고 후원자였다.

196) 칸트의 하절기 바지의 부속물.

197) Schachleger. 무엇을 뜻하는지 확실하지 않으나, '옷걸이'로 추정하는 이도 있다.

XXI154 한 인격 안의 최고의 힘, 최고의 지혜

이 존재자가 인격성을 가지고 있다는 것은 그에 대한 우리의 개념 안에 함유되어 있지 않다.

신의 현존에 대한 믿음은 인간에게는 천부적 자질의 위대한 선행에서 생기는 것이 아니라, 그의 완전성에 대한 경탄의 하나의 속임수의 둘러대기이다.

나의 능력의 등급에 있어서 동시에 상승의 동인이 최고 단계에 있다.

인간 이성 자신이 우주에서 만들어내는 것에 대한 이념이 신에 대한 능동적 표상이다. 하나의 특수한 인격성의, **나의 바깥의 실체**로서가 아니라, **내 안의** 사상[생각된 것]

(올버스의 새로운 혜성)

케레스 행성

모든 관계에서의 갈바니현상에 대하여

장래의 달력에는 매년 **기구의 날** 대신에 매년 **속죄의 날**을 장차 공시할 것을 당국에 청원

배상 이외의 어떠한 것도 여기서 양심을 편안하게 할 수 없다. 또는 만약 저것이 가능하지 않다면, 적어도 속죄는 해야 한다. 마치 그가 정직했던 것 마냥 명예를 훔쳐서는 안 된다.

속죄의 날은, 내가 타인에게(그 피해를 느끼지 못할 만큼 충분히 부유한 당국에 대해서조차) 가한 부당함을 복구해야 하는 날이다. — 그렇게 해서 영국 도서관에서는 일 년 내내 도서관을 속였던 사람이 양심의 가책을 느껴 자기가 속인 것을 이야기하고, 배상을 한다.

만약 네가 너의 적수와 함께 길을 가고 있다면 그에게 고분고분해라. 그가 너를 재판관 앞에 보내 감옥에 넣지 않도록 — — 진실로, 너는 마지막 동전을 던진다. 운운.

속죄의 날은 내가 타인에게 진 빚을 용서를 빎으로써가 아니라 그 진 빚을 배상함으로써 빚을 갚는 날이다. 나는 내가 나의 주인의 또는 동료시민의 재산을 축냈다는 것을 알고 있다. 즉 나는 부끄러움 없이 원상 회복시켜야 하는 것이다. 영국도서관. XXI155

하늘에 그에게 저지른 잘못에 대해 용서를 비는 것이 아니라, 배상하는 일이 **속죄의 날**이다.

오늘 거행해야 할 것은 한낱 **기구의 날**이 아니라 **속죄의 날**이다. 나는 남에게 행한 해악과 관련한 나의 죄과에 대해 속죄하지 않으면 안 된다.

피레네 산맥을 넘는 휘파람새, 피레네 산맥.

안데스의 대산맥은 후자와 비슷하다. 피레네 산맥을 넘는 휘파람새. 전기에 의한 갈바니현상과 이에 의한 광범위한 습격

제1묶음, 전지12, 1면

하나의 완벽한 체계 안에
세워진
학문론으로서의
철학

유피테르는 어디에든 머무시지 않느냐. 땅이나 바다나 공기 중이나 천상이나, 그리고 덕에서나. 왜 너는 그것 이상의 것을 찾느냐? 유피테르는 네가

보는 어디나 네가 가는 어디에든 계시다.[198)]

지혜의 사랑은 사람들이 가질 수 있는 최소한의 것이다. 지혜는 (인간에게는) 최고의 것이다. 그래서 과도한 것이다. — 초월철학, 이것에서 저것으로 전진함. —

XXI156 모든 앎[知]의 **궁극목적**은 최고의 실천적 이성에서 자기 자신을 인식하는 일이다.

조로아스터: 또는 그 총괄의 전체에서 하나의 원리 아래서 개괄된 철학.

철학은 앎[知]의 목적들에 상관하며, 또한 사물들 일반의 궁극목적에 상관한다.

서장[序章]. 지혜로 이끌 학문의(역사적) 인식

A) 개념들에 의한 선험적 인식(철학)

B) 개념들의 구성에서의 선험적 인식(수학)

전자가 더 고차적.

순수 이성의 이념들을 하나의 학문의 자기 자신이 구성하는 체계로 고양함을 **철학**이라 부르는바, 이것은 스스로 수학을 자신의 도구로 자신 아래에 포함한다.

자연과 자유는 철학을 정초하는, **철학**의 두 (원리) 돌쩌귀이다. **자연학**은 (순수 이성의//산물로서는) 학문론 내지 **지혜론**일 수가 있다.

철학의 주관적인 것과 객관적인 것, 그곳에 초월철학이

수학은 한낱 **도구론**이다. 그러나 한낱 **학식**이 아니다.

수학은 철학의 명칭 아래에 함께 속한다. 무릇 저것은 (그것이 순수한 한에서) 역시 **공간**, **시간** 및 (양자의 관계인) **공간 · 시간상에서의 운동**에 의거하고 있기 때문이다.

---

198) M. A. Lucanus, *De Bello Civili: Pharsalia*, IX, 578~580. 위(XXI101)에서도 인용된 바 있다.

두 부분: **물리학**과 **초월철학**. **세계**와 **신**. 같은 것의 대립에서의 객관들로서.

비겁자(拇指 切斷者)[199]

제1묶음, 전지12, 2면

철학 — 경험(감각자료)을 함유하고, 감관에 의존해 있는 것에서 격리되어, 이성의 순수 원리들에 의해 정초되고 독자적으로 자립적인, 순수 이성의 한 체계.

철학적 인식이 수학적 인식과 본질적으로 구별되지는 않는다. 그러나 XXI157
철학은 수학과 능히 구별된다.

철학은 주관적인 것으로서, 자기 자신을 근원적으로 구분하고 형성하는 객관적인 것인 **초월**철학과 구별되어야 한다.

초월철학: 인간의 **자기 자신**과 **세계**와 **신**에 대한 인식. 마지막 것은 잘못 생각된 학문으로서 **초험적**인 것이다. 그것은 그럼에도 학문 일반을 위해서는 필연적으로 **미정적인**〔문제성 있는〕 것이다.

세계지자〔世界智者〕라는 칭호는 정확하게 받아들이면 하나의 조롱이다. 무릇 그는 하나의 세계존재자이겠으나, **지자**〔智者: 지혜로운 자/현자〕는 신 외에는 없다. — 이러한 자는 오직 하나이다. 그러니 사람들이 **지자/현자**를 헤아릴 수는 없다.

智慧로운 者(지자/현자)는 순전히 하나의 이상이고 **유일**하다. 哲學者〔지혜를 사랑하는 자〕는 人間이다. 賢者 哲學 **基礎的** 或 **超越的**.

199) 이에 대한 설명을 『실용적 관점에서의 인간학』에서 볼 수 있다.(*Anth*, A211=B210=VII256 참조)

하나의 신이 있다. 무릇 이성적 존재자들 전체에 대해 책무를 지고 있는 권능〔힘〕도 하나가 있기 때문이다. **하나의** 세계가 있다. **많은** 세계들이 있지 않다.

最高 *存在者*. 最高 知性.

고딕 문자의 **철자**: 너도밤나무 막대기.[200] 위에는 손잡이: 아래는 쇠테.

XXI158 초월철학은 자기 자신을 **분석해서** 종합적으로 기록해 보여주는 이성이론이다.

선험적으로 형식의 면에서 표상될 수 있는 한에서 자연의 전체. 수학은 이와 함께 스스로 철학에 속한다.

제1묶음, 전지12, 3면 (4면은 쓰여 있지 않음)

학문으로 완벽하게 서술된
철학

서론
철학

참사관 피길란티우스 씨와 살인범 드란슈에 대한 그의 훌륭한 해부[201]
마치 돌 같은 **분문**〔噴門〕**에** 괴로운 **가스가 참**
하르퉁 신문을 조셉 모더비 댁에 건네다.
구리와 은박 또는 황동.
그것은 青銅 城壁으로 있으니; 아무런 罪意識을 갖지 말고, 어떤 罪過에

---

200) Büchener Stab.
201) 한 기록에 의하면, 1803년 2월 17일, 목요일에 이 해부가 있었다 한다.

도 蒼白해지지 않기.[202]

학보는 또한 크뉘스트 다리 옆의 라우프마이어[203] 박사를 위한 것이다.

1. 두꺼운 프리즈.[204] 2. 해리 가죽 장갑.

긴 유리잔은 기압계이다. 짧은 유리잔은 온도계이다.

별들이 반짝이는 공간은 내 바깥에 실존하는 것이 아니라, 자체로 영향력이 있는 하나의 표상인데, (생각된 것은 아니고) 일정하게 생각된 표상이다.

내가 언제 고등교육평의회를 생각하는가.

철학, 하나의 학문〔지식〕 이론.

---

202) 원문은 Horatius, *Epistulae*, I, 1. 60 참조. 칸트는 이를 위(XXI84)에서도 적어놓았다.

203) Dr. Laubmeyer는 쾨니히스베르크의 일반병원 개업의였다.

204) 모직물의 일종.

XXI159

제2묶음

제2묶음, (반)전지1, 1면 XXI161

서론

철학의 추세는 선험적인 순정한 원리들에 기초해 있는 자연과학(自然哲學)의 형이상학적 기초원리들로부터 이것이 목표로 둔 **경험적** 자연학의 체계인 **자연연구**(物理學)를 향해 있다. 무릇 사람들이 (뉴턴과 함께) 자연과학의 수학적 기초원리들이라고 부르는 것은 마찬가지로 선험적 원리들에 의거해 있기는 하지만, 그것은 개념들에 의한 인식이 아니라 개념들의 구성(개념들에 대응하는 순수한 직관들)에 의한 것으로, 자연철학의 한 부분을 이루는 것이 아니라, 모든 수학처럼 이 경우 자연철학의 목적 즉 한 체계 안에서의 경험적 자연연구(物理學)에 이를, 자연철학을 위한 아주 탁월한, 실로 불결한 수단이다.

그러나 **순전히 경험적인 개념들로써** 하나의 **체계**를 짜 맞춘다는 것은 불가능하다. 그런 것은 항상 물질〔질료〕의 이런저런 속성을 관찰하여 긁어모은 것의 집합에 머무를 것이어서, 그럴듯해 보이지만 언제나 단지 단편적〔斷片的〕으로만 늘릴 수 있는 것이다. 그러한 탐구에서 사람들은 그렇게 하고 싶은 곳에 마냥 서 있을 수 있는데, 거기에는 내적으로 정초된 그리고 동시에 **자기 자신의 한계를 짓는 전체**를 결정하는 이념이 없기 때문이다. 그러나 그러한 것은 선험적 개념들에 의하지 않고서는 달리 성취될 수 없다.

그럼에도 불구하고 철학적 자연연구가가 요구하는 바는, 곧 이러한 발
XXI162 걸음이 자연과학의 **형이상학적** 기초원리들로부터 **물리학**을 향해 내딛어지며, 설령 그가 이 분야의 작은 부분만을 채울 것을 희망할 수 있다 해도, 그는 물질〔질료〕 일반의 운동력〔운동하는 힘〕들의 구분의 골조를, 그러니까 그 아래에서 모든 자연객관들이 정리될 수 있는, 모든 물리적 해설의 형식적인 것을 선험적으로 완벽하게 세워야 한다는 것이다. 무릇 사람들은 아무런 객관도, 심지어 경험적 표상에서가 아니라도, 예컨대 돌이라는 개념을 현존하는 것으로서의 운동력들의 개념: 밀쳐냄〔척력〕과 끌어당김〔인력〕, — 이런 것을 내적으로 또는 외적으로, 거기서 사용하지 않고서는 이해시킬 수가 없으니 말이다. 이러한 개념들은 온전히 선험적으로 우리의 외적 현상들에 적용되는 지성에서 나온 것으로, 이러한 개념들을 우리는 자신이 지각들로서의 표상들을 공간 · 시간상의 질료〔물질〕의 현상들의 성질에 대한 경험으로 변환시키기 위해서는 거치지 않을 수 없다.

뒷면을 보라 ⚲ 합성된 것은 그 자체로서 결코 순전한 직관에 의해서가 아니라, 오직 이 결합의 통일 의식이 함께 하는 합성을 통해서만 인식될 수 있다. 그러므로 이 합성이 저 합성된 것에 선행하며, 선험적으로 생각될 수 있고, 이에 의해 저렇게 산출된 개념이 (합성된 것 일반의) 개념들의 도식성의 자격을 얻는다. — 이행을 위해서는 운동력들에 대한 선험적 개념들이 하나의 경험적 체계 곧 경험의 가능성을 위한 형식적 조건들에 맞추는 일이 요구된다.

1. 물질의 운동력〔운동하는 힘〕. 단, 그것이 운동의 운동량(무엇이 힘인가)으로서 덩이로〔질량으로〕 움직이는 한에서 또는 용해되어 속도의 제곱으로 움직이는 한에서. 물질의 양의 척도. 2. 액체와 고체. 물질의 질. 특수한 운동력으로서의 **밀쳐냄**, 斥力은 공간상의 순전한 실존인 되밀치기〔반발작용〕가 아님. 겔러.[1] — **강체**〔剛體〕. 만약 한 부분이 특정한 방향에서 움직이면, 모든 것이 같은 방향에서 움직인다. 물질과 한 물체 사이의 차이. 물〔水〕//물체 수학적-역학적

그러므로 물질. 단, 이것이 공간상에서 움직이는 것으로서 동시에 자기 자신 안에 운동하는 힘을 갖는 한에서.

제2묶음, (반)전지1, 2면 XXI163

이 모든 것은 순전히 다음의 것을 증명하는 데 쓰이는 것이 마땅하다. 즉 자연과학에는 여태까지 형이상학적 기초원리들과 물리학 사이에 자기 자리를 가질 만한 특수한 명칭이 없다, 곧 전자의 영역에서 후자의 영역으로의 이행의 명칭이 없다는 점 말이다. 이 이행인즉 직접적으로 서로 접해 있는 소유물에서 한걸음에, 더구나 하나의 체계를 위해서는 언제나 위험한 도약을 통해서가 아니라, 협곡을 펼쳐 덮어서, 사람들이 질서 있게 그리고 확실한 원리에 따라 물리학의 영역으로 넘어가기 위해 그 위에 머무를 수밖에 없는 하나의 다리에 의거해서 이루어질 일이다.

자연과학에 속하는 이 특수한 부분은 선험적인 것인 한에서의 물질 일반의 운동력들을 다룬다.

+ 자연과학의 형이상학적 기초원리들은 오직 하나의 물리학의 관점에서만 작업된 것이다. 물리학은 그것의 목적을 결정하며, 그러므로 사람들이 그것으로의 전진(前進)을 기대하는 것은 당연한 일이다. — 오직 물음은, 과연 사람들이 저것으로부터 이것으로(즉 선험적인 원리들에서 경험적인 원리들로) 오직 직접적으로 전환해도 좋은지, 바꿔 말해 과연 그 이행(移行)이, 순전한 경험원리들(무릇 이것들은 물리학에 귀속되는 것이거니와)이 아니라 자연인식의 근거들을 함유할 터이면서, 그에 관심을 보이는 그 둘 사이의 연

1) Johann Samuel Traugott Gehler(1751~1795). 라이프치히에서 활동한 물리학자이자 법률가. 그의 『물리학사전(*Physikalisches Wörterbuch, oder Versuch einer Erklärung der vornehmsten Begriffe und Kunstwörter der Naturlehre, mit kurzen Nachrichten von der Geschichte der Erfindungen und Beschreibungen der Werkzeuge begleitet*)』(5 Bde., Leipzig 1787~1795)은 당대 지식인 사회뿐만 아니라 이후에도 큰 영향을 미쳤다.

결을 매개하기 위해서는 하나의 특수한 철학적인 선험적으로 정초된 사전 작업이 필요한지, 그러므로 과연 저 이행의 명칭 아래서 자연과학의 체계에 필연적으로 속하는 자연과학의 특수한 부분이 있는지 하는 것이다. — 경험이론으로서 물리학이 지각들에서 그리고 현상들의 설명근거들에 있어서 내용이 풍부하다는 것만큼이나, 그럼에도 그것이 언제나 자연연구의 단편적
XXI164 〔斷片的〕인 집합 이상의 것이 결코 아닌 것 역시 확실하다. 선험적 개념들에 따른 어떠한 구분에 의해서도 작성된 것이 아닌 이러한 집합은 하나의 전체의 이념을 기초에 둘 수 없어서 단지 서로 간의 친화성에 따라 찾아낸 자연법칙들을 나열한 것으로, 이러한 학문을 사람들이 결코 확신하지 못하는 항목이 없지 않은 하나의 체계 안에 있는 것으로 결코 서술할 수 없다. 만약 그 학문에 선험적으로 전체를 포괄하는 설계도가 근저에 놓여 있지 않다면 말이다.

형이상학적 기초원리들에서 물질은 한낱 공간상에서 **운동할 수 있는** 〔**운동 가능한**〕 **것**[2]으로 표상되었으며, 이 개념에 맞춰 모든 경험에 선행하는 운동의 법칙들은 하나의 체계 안에서 제시되었다.

그러나 이런 자연과학의 목적은 근본적으로 물리학이다. 다시 말해 경험을 통해 인식해야만 하는 물질의 속성들을 하나의 체계 안에서 개진하는 학문이다. 그런데 이러한 일은 사람들이 물질을 운동력을 가진 운동할 수 있는 것〔운동하는 것/운동체〕[3]으로 생각함으로써만 일어날 수 있다. — 이제 물음은, 과연 이성적인 것으로부터 경험적인 것으로의 이 발걸음/걸어감(步行)이 체계의 형식을 훼손하여 자연과학을 하나의 단편적〔斷片的〕인 집합으로 만들지 않고서도 직접적으로 일어날 수 있는지 하는 것이다. 단편적인 집합에서는 사람들이 그것의 어떤 부분이 결여하고 있는지도 알아낼 수

2) 원어: das Bewegbare.

3) 원어: das Bewegliche.

가 없고, 또는 근본에 있어서 한가지의 원리를 가지고 있는 부분들이 서로 다른 것으로 취급된다. 바꿔 말해 물음은, 이것이 오히려 그 자체를 (비약이 아닌) 부단한 이행(移行)에 쓰기 위해서, 그리하여 물리학과 전체 자연과학에 마침내 하나의 체계의 형식을 주기 위해서, 사이에 삽입되어야만 하는 선험적 원리들에 존립하는 후자를 위한 예습[예비학]이 아닌지 하는 것이다. 무릇 XXI165
지성 스스로 만듦으로써 경험에서 빌려올 필요가 없는, 물질의 운동력들에 대한 선험적 개념들이 있다. 그것들은 물질의 가능한 능동적 운동의 활동들로서, 이를 통해 물질은 인과성을 자기 자신에 함유하고, 이 개념들을 통해 형이상학적 기초원리들로부터 물리학으로의 이행이 생기며, 더 나아가 오직 합하여 하나의 특수한 체계를 이룩할 수 있는 이러한 매개개념들을 통해서만 물리학으로의 전진이 철저하게 이루어질 수 있고, 이 매개적인 중간개념들 위에서만 후자로의 확실한 발걸음을 내딛을 수 있다.

뒷면을 보라 ♀

여기서 사람들이 할 수 있는 최선의 일은 범주들의 순서를 따르는 것과 그것들의 양 등등을, 다시 말해 주술어들을 그에 부속하는 준술어들과 함께 제시하는 것이다.

물질의 운동력은 접촉해 있든 거리를 두고 있든 인력이거나 척력이며, 이 둘은 표면력이거나 침투[삼투]력이다. 운동 자체는 속도(와 이것이 방해 없이 계속되는 경우에는 그로부터 생기는 加速)의 운동량을 갖는 운동과 실제적인 운동이다. — 표면력 또는 **침투**력으로서의 운동력은 움직이는 물질의 모든 부분에 직접적으로 영향을 미친다. 침투력은 한낱 (예컨대 만유인력의) 힘으로서가 아니라 또한 침투하는 물질의 힘(예컨대 열소)으로도 있을 수 있다. 註. 실재적인 운동에서 결과하는 운동력, 예컨대 원운동하는 물질에서의 遠心力은 물질의 속성이 아니라 단지 물질의 한 상태이다. — 물질의 전진 운동이나 진동 운동도 그와 마찬가지이다. — 충격 운동이나 압박 운동도. — 덩이로의 물질은 유동에서의 것에 비하여 무한하다.

XXI166 물질의 운동력들의 구분. 첫째 그 **방향**의 면에서 인력과 척력. 2. 그 **도**〔度〕의 면에서 운동의 운동량 및 충격 속도 3. **관계**의 면에서 표면력 또는 침투력 4. **양태**의 면에서 근원적//운동력 또는 파생적//운동력. 전진적 운동 또는 진동적 운동. — 이 구분이 함유하는 바는 a) 가능한 운동력들의 선험적 개념들이다. b) 물리학의 사용을 위한 이 구분의 완벽성. 그것은 저 선험적 개념들에 따라 분류될 수 있고, 그렇게 해서 형이상학으로부터 물리학으로의 이행을 이룩하는 경험적으로 주어진 운동력들의 구분의 완벽성이다. 저 이행은 보편적 자연이론[4]의 한 고유한 부분을 이루지만, 그럼에도 이 자연이론이 아직 一般 物理學[5]은 아니다. 이것은 오직 유기적인 것과 무기적인 것에 관한 것일 뿐이다. — 저 모든 개념들은 선험적으로 생각된 것이고, 생각될 수 있으며, 물질과 그것의 공간·시간상의 외적 변화의 관계에 따른 힘의 합성의 순전한 형식들이다. 여기서는 합성된 것이 직관에 의해 인식되는 것은 아니고, 오직 합성을 통해 산출된다.

합성된 것 그 자체의 표상은 직관이 아니라, 직관에서의 잡다의 합성의 의식이다.

제2묶음, 전지2, 1면

서론

자연과학(自然哲學)은 물질(공간상에서 **운동하는** 것〔운동체〕) 일반의 속성들과 운동법칙들에 대한 학문이다. 이 학문의 선험적 원리들은 수학적이거나 형이상학적이다. 이 둘은 자연과학과는 구별되는데, 경험적 원리들에 기초하고 있는 자연과학은 **물리학**이다. — 그러나 물리학은 물질에 고유한 **운동력들**에 대한 이론이다.

4) 원어: allgemeine Naturlehre.

5) 원어: physica generalis. 아래 XXI286의 "일반 자연학(physiologia generalis)" 참조.

그러나 수학적 원리들은 (뉴턴이 그의 불멸의 저작에서 개진하고 있는 것처럼) 후자를 대상으로 갖지 않는다. 곧 비로소 경험을 통해 인식해야 할 선행하 XXI167
는 운동력들이 아니라, 단지 **운동**의 법칙들, 예컨대 하나의 각을 이루는 두 방향으로 동시에 움직이는 한 물체(운동하는 점)는 동일한 시간상에서 평행사변형의 대각선을 그리며, 여기서 그 물체는 각 변을 특별히 지나갈 것이다, 등등. 그리고 만약 원심력과 구심력의 원운동에 관해 말하자면, 그것은 어떤 한 물질의 본성에 **고유한** 힘들(예컨대 다른 물질에 대한 인력 또는 척력)을 의미하는 것이 아니라, 한낱 어떤 다른 운동들에 이미 함유되어 있는 운동들을 의미한다. 예컨대 도약에 들어간 투석기의 끈의 긴장 같은 것. 이 경우 이 끈은 이것에 어떠한 **고유한** 응력〔凝力〕을 덧붙일 필요도 없이 끊어질 수 있다. — 물체가 다른 물체에 대해서 하나의 운동력을 갖기 위해서는 운동이 선행되어야 한다면, 이 운동은 하나의 단지 전달된 운동이다. 그러나 만약 운동이 일어나기 위해서 운동력이 전제되어야 한다면, 이것은 물체의 본성적인(고유한) 힘이다.

그러므로 자연과학의 수학적 기초원리들은 물질에 고유한 운동력들에 관한 것이 아니고, 설령 그 기초원리들이 선험적인 원리들이라고 해도, 그것들이 후자의 법칙들을 위한 것은 아닌 것이다. — 그러므로 이 법칙들은 자연과학의 형이상학적 또는 물리학적(즉 단지 후험적으로 주어진) 기초원리임이 틀림없다.

무릇 그러나 왜 사람들은 형이상학적 기초원리들로부터 개시해야만 하고, 경험주의자들도 보통 다르지 않은바, 오히려 곧장 경험이론으로서의 물리학으로 발걸음을 내딛어서는 안 되는가. 또는 만약 이런 일이 일어나지 않고, 자연의 형이상학이 선행해야 한다면, 곧 제시되는 바처럼, 왜 전자와 후자 사이에 특수한 내용과 특유한 업무를 가진, 곧 순전히 전자로부터 후자의 자연과학으로의 이행을 이룩하는 자리를 열어두기까지 해야만 하는가.

XXI168

제2묶음, 전지2, 2면

⊗ 자연철학자들에 대한 후자의 주장의 원인은 여기에 있다. 모든 경험적인 원리들은 단지 단편적(斷片的)으로 주워 모은 것으로, 항상 결함 있는 집합은 결코 하나의 체계를 제공할 수 없으며, 그러한 허물은 모든 경험적 학문 중에서도 물리학에 가장 적중하는 성질을 가지고 있다. 그런데 하나의 체계가 될 수(이런 일은 감각경험을 통해서는 결코 일어날 수 없거니와) 없는, 한 학문의 그러한 결함은, 그 파악된 것조차도 전체의 나머지 것과 대조될 수 없기 때문에, 어쩌면 그 들춰내져 있는 것 또한 사람들이 이미 발견했던 것과 한가지 것이지 않을까 하는 위험에 빠뜨리고, 일반적으로 말해, 사람들이 어떻게 무엇에 따라서 찾아야 하는지를 결코 알지 못하는 재앙이다. — 그러므로 이를 달성시킬 하나의 도식, 이를테면 형이상학적 기초원리들로부터 물리학으로 건너가는 다리를 놓는 일을 착수하지 않으면 안 된다. — 자연의 형이상학에서 물리학으로의 이행이라는 이 개념은 **자연연구**의 개념에 함유되어 있거니와, 자연연구는 저 형이상학적 개념들을 **객관적으로**는 자연인식의 **경험적인** 것에 관계시키고, 그러나 **주관적으로**는, 다시 말해 어떻게 그리고 어떤 원리들에 따라 자연연구가 행해져야 하는가 하는 방식에서는 지성개념들에 따라 선험적으로 규정하는 원칙들을 따른다.

무릇 사람들이 본래적 의미에서 자연연구라고 부르는 모든 경험적 탐구에서 최우선적으로 반드시 깨우쳐야 할 것은, 어떻게 **그리고 어떤 원리에 따라서** 사람들이 물질의 잡다한 운동력들을 **찾아내야** 하는가이다. 이제 이
XXI169 런 일은 다름 아닌 하나의 선험적 원리에 따라서(이것이 없으면 우리는 다시금 곤경에 빠질 것이기 때문이다) 달성될 수 있으니, 말하자면 사람들이 모든 운동력들의 형식적인 것을 운동력에서 선험적으로 생각되는 관계개념들을 통해 상세하게 밝히는 방식으로 말이다.

⊗ 그러므로 이 이행은 일반 자연과학(自然哲學)의 한 특수한 부분, 즉 물리학을 형이상학과 연결시키기 위한 **물리학의 예비학**이다. 이러한 도식이

없이는 하나의 체계가 되어야 할 물리학[6]은 이러한 질로서는 결코 기대할 수 없다. — 학적 인식의 형식은 선험적으로 주어지지 않으면 안 된다. 그러한 골조 안에서 자연연구가 제공할 수 있는 경험적인 것이 원리들에 따라 세워지고, 그리하여 물리학은 하나의 체계의 가치를 주장할 수 있다.

이제 이러한 건축의 재료들은 선험적으로 생각 가능한 운동력들이다. 물리학이 되어야 할 하나의 학설체계를 위해 필요한, 운동력들의 결합 내지 관계의 형식성은, (경험인식의) 경험적 자료들을 체계적 완벽성의 원리에 따라 이성에 의해 총정리할 것을 요구한다.

저 이행은 보편적 원리들 안에 자연이론의 주관적인 것, 다시 말해 자연연구의 선험적 개념들을 함유하는 이론이다. 형이상학의 개념들의 하나의 도식성. 형식은 물리학의 질료적인 것이 아님.

제2묶음, 전지2, 3면 XXI170

I
물체적 자연의
운동력들의
구분

1. 그 **근원**에 관해. — 물질에는 **고유한**, 한낱 운동에 의해 **전달된** 것이 아닌 운동력들이 있다.(찍혀진 것이 아닌 胎生的 힘) 한 물체가 원운동을 하고 있다면, 그 물체는 중심점으로부터 멀리 있는 점으로 가려고 애쓰는 힘(遠心力)을 표현하고 있다. 그러나 이 힘은 그 물체의 **고유한** 것이 아니라, 그 운동에 의해 찍혀진 힘이며, 이러한 성격은 중심점을 향해 가려 애쓰는 힘(求心力)

6) 원문의 "후자"는 독일어 어순상으로는 '형이상학'을 지시하지만, 내용의 흐름을 살펴 '물리학'으로 고쳐 옮긴다.

에서도 마찬가지이다. 〔그러나〕 근원적 운동력들이 있음이 틀림없다. 어떠한 운동도 근원적이지 않고, 운동마다 나누어 받은 것이라 하더라도, 어느 하나는 시원적이지 않으면 안 된다. 그렇지 않으면 하나의 물체는 자기 스스로 운동을 한 것일 터이고, 이런 일은 관성의 법칙과 모순이기 때문이다.

2. 그 **방향**에 관해 다른 물질에 의한 물질의 모든 운동력들은 **인력**이거나 **척력**이며, 하나의 물리적 물체(일정한 형상의 물질의 자기 자신을 제한하는 정량)를 형성하기 위해서는 이 둘이 동시에 요구된다.

3. 운동의 **자리**〔**장소**〕(空間)에 관해 운동은 **전진적**(질량〔덩이〕으로 운동)이거나 **진동적**, 다시 말해 같은 장소에서 (부분적으로) 왔다 갔다 운동하는 것이다.

4. 공간의 **채움**〔**충전**〕에 관해서는 어떤 물체의 빈 장소〔자리〕를 차지〔점거〕
XXI171 함이거나 또는 다른 물체의 꽉 찬 공간을 차지함, 다시 말해 자기 실체를 침투함이다. 이것은 여기서는 단지 문제성 있게만, 그 가능성을 보증함 없이, 단지 구분의 완벽성 때문에 선험적 개념들에 따라 제시되는 속성이다.

II
자연의 운동력들에 관한 자연연구의 원리의 구분

이 원리는 선험적으로 정초되어 있어야 하는 것이므로, 비록 거명된 힘들이 우리에게는 오직 경험을 통해 알려지고, 그것도 하나의 체계 형식을 가능하게 하는 개념들 위에서 그러한 것이지만, 사람들은 저 구분이 범주들의 표에 따라 이루지는 것이 최선임을 안다. 그러니까 물질의 운동력들은 양, 질, 관계, 양태의 면에서, 경험적으로 규정될 수 있듯이, 예비학적인 자연연구에서 탐구되어야 할 것이다.

제2묶음, 전지2, 4면

구분

물질의 운동력들은 I. 물질의 본성에 있는(天性的) 운동력이거나 찍힌(印象的) 운동력이다. 후자는 단지 실제적인 운동들의 결과들이다. 원운동하는 물체의 원심력이 그러한 것으로, 원심력이란 단지 실제적인 운동의 효과로서 이 운동이 지속하는 동안에만 있는 것이다.

2. 그 방향의 면에서는 척력과 인력

3. 그 운동의 면에서 그 운동이 질량〔덩이〕으로써 전진적으로 움직이는가 아니면 진동적으로 자기 자리에서 교호적으로 밀치고 당김으로써 움직여지는가.

4. 물질로서 그 확산의 면에서 저지할 수 있는(沮止 可能한)가 저지할 수 XXI172
없는(沮止 可能하지 않은, 浸透 可能한)가. 후자의 경우에 다시 묻게 되는 바는, 과연 그것이 일반적으로 자존적〔실체적〕인 것으로 또는 내속적〔속성적〕인 것으로 간주될 수 있는가이다. 같은 곳에서 모든 다른 물질과 함께 모든 것을 움직이는 하나의 물질.

하나의 **업무**로부터 또 다른 업무로의 이행은 어떤 한 물체가 한순간에 같은 모양으로 하나의 선을 그리면서 하는 하나의 움직이는 물체의 이행처럼 일어나지 않고, 오히려 사람들이 일정한 의도에 따라서 먼저 업무를 떠나기 시작해 그것을 완수하여 다른 업무로 이행하는 데는 시간이 필요하다. 사람들은 그와 똑같은 것이 자연의 형이상학에서 물리학으로의 이행에 대해서도 필요하다고 생각할 것이다. 그러나 여기서 문제는 기계적 용무에 대한 것이 아니라, 순수 지성적인 것, 즉 한 종류의(즉 순수한 선험적인) 개념들에서 다른 종류의(즉 경험적인) 개념들로 이월하는 원리의 바꿈(他種 移行)에 대한 것이다. 여기에는 전적으로 자연과학의 영역에 속하는 것도 아니고, 전적으로 다른 영역에 속하는 것도 아닌, 그러면서도 하나는 주관과, 다른 하나는 객관과 관계되어 서로가 하나로 결합되어 있는, 그러한 중간

개념들이 필요하다.

1. 객관을 위해서는 선험적 개념들이 운동력들 일반의 체계 안에 함유되어 있다. 2. 주관을 위해서는 범주들 안에 하나의 체계(物理學) 안에 있는 것으로서 자연의 경험적 인식에 접근하는 선험적 조건들을 만날 수 있다.

자연연구의 원리들, 다시 말해 지각들의 연결의 형식적인 것을 하나의 체계 안에 함유하고 있고, 그 위에 체계로서의 물리학이 근거할 수 있는, 지각들의 예취(先取). 자연연구의 이 체계적 형식은 비록 그것이 객관적으로는 경험적이라고 할지라도, 주관적으로는 선험적으로 주어져 있다.

그러므로 학적 자연이론(自然哲學)은 한편으로는 자연의 형이상학이고, 다른 한편으로는 가능한 지각들의 체계의 원리들에 따라 경험의 대상들에
XXI173 대한 현상체들의 가능한 적용에서의 (卑近한 可能性에서의) 자연학이다. 그러나 이것으로써 아직 물리학, 다시 말해 체계 자체는 아니고, 그럼에도 그를 향한 하나의 진보이다. 그렇다고 합성된 것 자체에 대한 직관은 아니고, — 무릇 이것은 하나의 모순※7)이므로 — 직관의 대상에서의 잡다의 합성에 대한 의식이다. 그러므로 수용성에 관한 주관의 규정이 아니라, 거기에서 한 영역(형이상학)에서 다른 영역(물리학)으로의 이행이, 그러나 아직 체계로서의 물리학 자체는 아니고 그를 위한 질료 일반이 주어지는, 자발성의 한 활동이다. — — 매개개념에 의한, 물리학을 위한 예비학.

운동의 작용 자체에 속하지 않고 자연의 속성 자체에 속하는(예컨대 遠心力), 운동학에 속하는, 자연의 운동력들의 체계

사람들은, 사람들이 세계[우주]인력을, 그것이 하나의 천체가 그것의 아주 작은 부분에 대해 행사하는 천체의 인력에서 기인한 것으로 보는 대신에, 그것을 이 작은 부분이 그 천체에 대해 행사해서 결과한 것으로 보는 것이라 표현할 수도 있다. 왜냐하면 이 경우에 운동은 전적으로 동일하기 때문

7) 여기에 ※표는 있으나, 본문 중에 이에 대응하는 주해 또는 문구를 찾아볼 수 없다.

이다. 다만 그러한 작은 부분들이 상호 행사하는 운동들은 무한히 작다.

과연 운동력들은 단지 하나의 주어진 운동의 작용결과들(印象的인 힘들)인가, 예컨대 중심력 또는 근원적(胎生的)인 힘들.

a. 양. 덩이로〔질량을 가진〕 전진적 운동. 운동력, 중력. 압력, 사력〔死力〕/죽은〔활기/효력 없는〕 힘. 운동량. — 충격력에 대한 무한소.

b. 질. 액체성 또는 고체성, 그리고 후자 안에서의 전자의 상태의 변화. 과연 어떤 탄성적//유동적인〔액상의〕 것(液體, 그러므로 순전히 부정적인 것)을 액체라는 이름으로 부를 수 있을까.(流體)[8] — 그렇다. 그러나 밀쳐냄에 저항하는, 단지 표면에 견고성을 갖는, 방울지는//유동적인〔액상의〕 것의 질로서 그러할 뿐이다.

c. 關係. 충격〔력〕 또는 압박〔력〕. 활력/활기 있는 힘 또는 무한한 활력에 대한 사력〔死力〕/활기 없는 힘은, 또한 진동은 후자에 속한다. 고체와 고체 XXI174
의, 액체와 고체의, 그리고 액체와 액체의 접촉에 근접한 끌어당김〔인력〕의 **응집성**. 모세관.

D. 양태. 과연 하나의 물질이 다른 물질과 함께 동일한 장소를 차지하는지, 아니면 독자적으로 다른 물질을 배제하면서 실존하는지. 과연 이(열물질)는 무게가 없는지; 적어도 그 자신의 장소에서는 곧 만물의 부분으로서.

이행을 위해 쓰임이 마땅한 이 개념들은 선험적인 것임이 틀림없고, 그럼에도 불구하고 경험적인 것을 위해 요구되는 구성의 개념들의 도식성을 함유하고 있음이 틀림없다.

3) 기계적이 아니라 역학적인 운동력(印象的인 것이 아니라 本有的인 運動力)들에 대하여. 4) 현상학에 대하여. 모든 물질에 침투〔삼투〕하는, 그러므로 자신은 물질적이 아니면서도 물질로서 현상하는 힘에 대하여. 내속성〔속성〕 곧 자존성〔실체성〕 및 그 역〔逆〕에 대해 명증적이 아니라 가언적.

---

8) 이 구별에 관해서는 앞의 XXI40, 주해2 참조.

제2묶음, 전지3, 1면

자연과학의 형이상학적 기초원리들로부터
물리학으로의
이행

머리말

만약 (단편적인 집합에서가 아니라) 하나의 체계 안에서 그 같은 것이 철학적 **자연과학**(自然哲學) 일반이고, 자연과학의 형이상학적 기초원리들 및 물리학적 기초원리들로의 구분과 같은 상위구분이 이성에게 그 자신에 의해 제시되고, 그럼에도 그 부분들이 이종적이어서, 이것들의 덧붙임이 본래 **앞으로 나가는** 것(前進的)이 아니라면, 저 학문을 이것으로써 증대함은 자연
XXI175 과학의 형이상학적 기초원리들로부터 물리학으로의 **이행**(移行)이며, 전자나 후자나 그 자신만으로는 보충하는 것이 아니고, 후자가 전자를 위해서만 도대체가 **보충하는** 것이다. — 그것이 한 영역에서 다른 영역으로의 비약은 아니다. 무릇 그것은 하나의 자연과학의 전체를 위한 **필연적인** 결합이 아니라, 양안〔兩岸〕을 한걸음으로 동시에 접촉하기 위해 이성이 취할 수밖에 없는 위치를 내줄 터이기 때문이다. 내적 팽창력(膨脹力)의 개념들과 접촉에서의 한 물질의 부분들의 내적 압축(凝集)의 개념들: — 고체성과 액체성〔유동성〕의 개념들 — 특수한 유동적인 소재로서 또는 한 물질의 부분들의 내적 운동의 순전한 형식으로서의 열의 개념들 — 매우 많은 물질들의 저지〔차단〕할 수 있음(沮止可能性)과 또 몇몇의 저지할 수 없음의 개념들 — 심지어 지구 중심으로의 운동의 힘씀으로서의 계량할 수 있음(計量可能性)과 저런 운동에 저항하는 하나의 힘으로서의 계량할 수 없음(計量不可能性), — — 이 모든 특성들은, 경험만이 우리에게 알려주는 것이지만, 물리학에서 그것들로 합성된 현상들의 설명을 위한 원리들로서 이것들이 없을 수는 없거니와,

물리학을 위한 일반적인 예비지식이다. 여기서 또 주목해야 할 것은, 서로 상충하는 두 자연규정들의 대립은 A임과 A 아님(논리적)이 아니라 A와 -A(실재적)와 같이 서로 대항해 있는 것으로 표상된다는 점, 예컨대 응집에서는 한 물질의 부분들의 **결합의 결여**가 아니라 그 원인으로서의 **분리**가 이로써 표상된다는 점이다.

운동력, 다시 말해 운동의 원인은 아무것도 설명하지 않는다. 그것은 隱蔽되어 있는 質, 즉 운동을 일으키는, 우리가 알지 못하는 무엇이다. 이것 대신에 우리는 한 운동량에서 물질의 운동이 된다. 그러므로 물체가 더 이상 정지해 있지도 않고, 그렇다고 운동 중에 있지도 않으니 말이다. 물체의 편에서는 힘씀, 운동의 원인의 편에서는 奮發.

'奮發하다'는 거의 '자리 잡게 激勵하다'와 같다. 그래서 努力에로 奮發 XXI176
하다, 세네카.[9]

출판인 프리드리히 니콜라이[10] 씨가 이 일을 훨씬 더 좋게 만들었다. 그는 중요한 사안들을 웃음거리로 만들었다.[11]

오비디우스는 '베스타'[12]를 '힘 있게'와 '서 있는 것'에서 이끌어냈다.(『축제』, VI. 299)[13] 이름은 굳건하게 서 있는 것에서 온다.

---

9) Seneca, De *Beneficiis*, III, XI.1: "sollicitandi ad hunc laborem〔이 노력으로 분발시켜야 한다〕"을 염두에 둔 것 같다.

10) Friedrich Nicolai(1733~1811). 출판인이자 작가로서 칸트 당대 베를린 계몽주의의 대변자였다. Lessing, Mendelssohn의 친구이면서, Kant, Fichte 철학에 대해서는 비판적이었으며, 희화화하기도 했다.

11) 칸트의 작은 저술 *Über die Buchmacherei—Zwei Briefe an Herrn Friedrich Nicolai von Immanuel Kant*(Königsberg 1798)는 이에 대한 직접적인 대응이었다.

12) Vesta.

13) Ovidius는 *Fasti*, VI, 299에서 Vesta가 "vi stando"에서 유래한다고 말한다. 곧 'Vista'에서 'Vesta'가 유래한다는 것이다. 칸트는 이를 아예 "a Ve et stando"라고 적어놓고 있다.

제2묶음, 전지3, 2면

머리말

자연과학(自然哲學)은 우주 안의 물질의 운동력들에 대한 학문이다. — 그러한 하나의 체계가 순전히 선험적인 개념들과 정리들에 의거하는 한에서, 그 체계를 자연 형이상학이라 일컫는다. 그러나 그 체계가 동시에 경험 원리들에 기초하고 있는 한에서는 물리학이지 않을 수 없다. — 그러나 후자는 지각들의 한갓된 집합으로서 체계의 완벽성을 제공할 수 없고, 이 힘들의 개념들을 원리들에 따라 하나의 체계로 통일시키는 필연성이 요구되기 때문에, 물리학 그 자체로서는 체계적이지 못한 단지 단편적인 하나의 원을 그리는 학문(自然科學 世界)으로, 물리학의 하나의 체계라는 것은 그 대상으로의 접근이 이성에 의해 촉구되기는 하지만 완벽하게 도달하리라 기대할 수는 없는 이념들 중 하나이다. 그것은 다른 지역(領域)으로, 자연철학자가 형이상학으로부터 그리로 발걸음을 옮기기는 하지만, 감히 그곳으로 이주하여 측량하려 들 수는 없다.

XXI177 그럼에도 불구하고 형이상학으로부터 물리학으로의 이 이월과 저쪽 언덕과 이쪽 언덕을 연결하는 일은 자연철학자에 대한 필연적인 요구이다. 왜냐하면, 물리학은 자연철학자가 목적으로 하여 매진해야 할 목표이고, 저 개념들은 단지 이 목표를 위한 예비작업이기 때문이다.

곧 물질 일반의 운동력들을 경험 중에서 나타나는 관계들에 적용함을 매개하고, 이 관계들을 이성이 그것들의 주관적 보편성을 시인하지 않을 수 없는 경험적 법칙들 아래로 보내는, 헤아릴 수 있는 일정량의 요소개념들이 있다. 왜냐하면, 이것들이 비록 선험적으로 주어지지는 않는다 해도, 그에 이르는 자기가 만든 개념들이 없으면 어떤 철학적 자연과학도 가능하지 않을 터이기 때문이다. 이것들이 우리에게는 물질의 근원적인 속성들이다. 이성이 (형이상학적 기초원리들에서 한 것처럼) 그것들을 지시하는 바대로가 아니라, 그것들이 경험이 우리에게 건네주는 운동력으로 환원될 수 있는 바대로 말이다. 거기서 교조적인 자연과학은 한낱 자연 경험이론(물리학)의 이를테면 제정 법칙으로의 이행 활동 중에서 이 지역에서 더 전진해나가지 않은 채, 한순간에 한걸음으로 개울의 양 둔덕을 결합시키는 것 같이 간주된다.

자연과학의 형이상학적 기초원리들과 물리학 사이에 들어 있는 자연과학의 그러한 부분이 있을 수밖에 없다. 왜냐하면, 이 중간단계가 없다면 저 두 부분에는 어떠한 연속적인 연관성이 없고, 오히려 체계를 위태롭게 하는 비약이 철학의 실마리를 절단하고, 철학의 명제들을 의견과 가설들의 유희에게 넘겨버릴 것이기 때문이다.

제2묶음, 전지3, 3면

그러나 쓸모 있어 보이는 것은, 객관의 통일을 통해 서로 친화적이 된, 그리고 그것들을 취급함에 있어서 오직, 그 원리가 순전히 이성적이든 경험적이어야 하든 간에, 인식원천들을 통해서만 구별되는, (이 경우는 자연의) 모든 학문들에 대해 방법론의 하나의 공공연한 지시명령이 생긴다는 점이다. 즉 양편 사이에 다른 것이 아니라 전자로부터 후자로의 **이행**을 원칙들 아래로 보낼 자리를 열어두라는 지시명령 말이다. — 무릇 친화적 학문들은 합당해야 한다. 왜냐하면 그것들을 서로 필요로 하기 때문이다. 그것들은 단편적으로 다루어지지 않아서, 한쪽에서 다른 쪽으로의 비약이 일어나지 않고, 오히려 체계적으로, 한쪽에서 다른 쪽으로의 **이월**이 일어난다. 이러한 학문도 그러한 명칭을 갖는 참된 학문은 (백과사전의) 일반성에서 다른 학문들과 (적어도 형식상으로는) 일정한 방식으로 친화적이다.[※][14)] XXI178

※ 순수한 그리고 제정법[制定法]적 법이론[법학]은 이성적인 것과 경험적인 것이 그러하듯이 서로 구별된다. 그러나 후자는 전자가 없으면 한낱 기계적인 볼품없는 것, 본래 아무런 객관적인(이성법칙들에서 유래하는) 법이 아니고, 한낱 주관적인(상위 권력의 자의에서 나온) 그러니까 그 자체로는 전혀 아무런 법도 아닐 터이기 때문에, 아직 둘 사이에 끼워 넣어져 이것들의 연관성을 매개하는,

XXI179 그러므로 자연이론은 여기서 물리학의 개념들과 원리들을 (내가 이미 다른 곳에서 개진한) 물체적 자연의 형이상학의 그것들에 한낱 병렬하는 것이 아니라, 이 둘의 연대를 위해 필수적으로 필요한 조건들을 과제로 삼을 것이다. 한 영역에서 다른 영역으로의 이행을 가능하게 하고, 그를 통해 이론가가 이쪽에도 저쪽에도 고착하지 않고, 오히려 이쪽에서 저쪽으로 건너 도달하려는 의도를 갖는 발걸음은 종별적으로//상이한 개념들을 연결하는, 위치론〔변별론〕에 속하는 특수한 논증이다.

네 부류의 범주들(주술어들)이 구분을 제공한다.(예컨대 진동 搏動에 의한 천체들의 상호성) 여기서 범주들은 단지 두 개념들만을 갖는다. 왜냐하면, 그것들은 'a임'과 '-a임'같이 단지 서로 대립해 있기 때문이다. 그리고 모든 개념들은 역학적이다. 다시 말해 사물들의 실존에 귀착한다.

서로 결하여 그리고 서로 잇따르는 무한히 많은 **가능한** 세계들의 상호성의 범주.

법이론 일반의 한 특수한 부분이 순수 법이론으로부터 **제정법적 법이론 일반으로**의 이행으로서 필요하다. — 법이론의 그러한 부문은, 만약 그것이 장래의 법률관리인의 임명을 위한 필수적인 자가사용에 의해 어쨌든 단지 삽입적으로만 개진된다면, 이성적인 이론으로부터 경험적 이론으로의 이월로서 그리고 후자의 합리성 판정을 위해 매우 유용하고, 실로 필수적이겠다. 그러나 물론 그것은 단지 이론가로서의 철학자에게만 그러한 것으로서, 그 반면에 실천가들은 이 협곡을 뛰어넘을 상황에 놓인 것을 알고서, 과연 제정 법률 자신이 옳은지의 준거가 되는 원리들을 스스로 찾아보지 않은 채, 단적으로 무엇이 옳아야 하는지를 대담하게 단언하거니와, 그러나 그들은 그것을 위해서도 그들의 입법을 끊임없이 땜질하고 변경할 수밖에 없음을 번연히 안다.

---

14) 칸트 원서에 ※표는 없으나, 문맥상 이 대목에 원주가 위치한다고 보겠다.

제2묶음, 전지3, 4면

머리말

철학적 건축술의 주요 필수사항은 학문들의 경계들이 서로 넘나들지 않
게 하여, 각자가 (설령 그렇게 하는 것이 너무 면밀한 일이라 하더라도) 자기 영
역을 정확하게 규정하는 일이다. 그러한 세심함이 없이는 학문들의 합목적
적인 완전함에 기초한 어떠한 주장도 할 수가 없다. — 이제 사람들이 하나
의 학문적인 (하나의 체계를 이룩하는) 물리학에 이르기 위해 별도의 학문체
제인 자연과학의 형이상학적 기초원리들에서 시작한다면, 그 학문지혜가
요구하는 바는, 사람들은 물리학에 이르기 위한 발을 들기 전에 먼저 그것
이 걸음걸이〔보행〕여야 할지 뜀뛰기〔비약〕여야 할지, 그리고 하나의 보도
〔步道〕가 아니라 그 사이에 다리〔교량〕를 놓아야만 하지 않는지를 곰곰이 생
각해야 한다는 점이다. 이 다리를 매개로 사람들은 한편으로는 선험적 원 XXI180
리들(형이상학)을 되돌아보지만 다른 한편으로는 경험적으로//주어진 원리들
(물리학)을 내다본다. 그러나 그것은 물론 오직 그 자체로 (분과의) 하나의 전
체를 그리고 하나의 특수한 체계를 이룩하는 하나의 건축물을 매개로 해서
만 하는, 하나의 토대에서 다른 토대로의 이행이다. — 그렇게 해서 자연이
론의 하나의 특수한 절이 있을 것인데, 그것은 하나의 체계를 위해 자연이
론의 저런 요소들과 체계적인 배열을 완벽하게 탐구하는 것 이상의 어떠한
것도 의도하지 않는다. 이러한 것 없이는 물리학조차도 한낱 단편적인 집
합일 터이고, 그러니까 자연이론은 실로 형이상학과 물리학 이외에 전자에
서 후자로의 이행이라는 명칭의 논구를 필요로 한다.

그러나 순전히 공간상의 운동력들로 보는 물질의 이러한 속성들을 한편으로는 완벽하게 제시하고, 다른 편으로는 그 개념들을 분석적으로 그 요소들에 이르기까지 완전히 애매모호함 없이 분명하게 만드는 일은 큰 어려움이 있다. 나는 첫째 일을 범주표의 이끎에 따라서, 둘째 일을 물질 일반의 힘이론이 (확장이 아니라) 해명을 위해 수학에서 빌려올 수 있는 것을 통해

해낼 수 있을 것을 희망한다. — 무릇 어떤 곳에 정착(定住)하는 것이 아니라 한낱 이행〔移行〕이 문제일 때는, 넘치게 취득해서 짐을 무겁게 하는 것보다는 소유를 제한하는 것이 더 바람직하다.

L. e. Pag. 2[15]를 보라.

물질의 운동력들에 대한 선험적 주관적 원리들에 의한 이론.

블루멘바흐[16]에 의한 지구의 편평율〔扁平率〕의 변화로 인한 지축의 변화에 대하여.

XXI181 **관계.** 매우 긴밀한 혼합과 분석

증기 형태에 대하여

양태

공기, 증기 그리고 … 형태

제2묶음, 전지4, 1면

물질의 운동력들의 체계에 대하여

제1부

물질의 운동력들의 기본체계

제1절

I.

힘들의 질료 면에서 보면

---

15) 어떤 문서를 지시하는지 알려진 바가 없다.

16) Johann Friedrich Blumenbach(1752~1840). Göttigen 대학 교수로 동물학과 인간학을 창시한 해부학자이다. 그의 『박물학 개설(*Handbuch der Naturgeschichte*)』은 1780년에 초판이 나온 이래 1830년까지 12판까지 출간될 만큼 널리 읽혔고, 칸트도 이를 자주 언급하고 있다.

운동력들은 **장소변화적**(移動力들)이거나 **내적 운동적**(內的 原動力들): 인력(引力) 또는 척력(斥力)이거나 양자 안에서 **연속적으로** 바뀌는 것(振動, 波動)이다. 여기서 똑같은 시간 간격으로 바뀌는 충격을 **박동**(搏動)이라고, 그러나 일정하지 않게 더 빨리 서로 뒤따르는 것을 **진동**(振動)이라고 부르는데, 이것들 모두는 내적인 운동력들을 전제하는 것이다.

단지 **밀쳐내는** 것으로 운동할 수 있는 한에서의 한 물질의 운동력은 **표면력**, 다시 말해 **접촉**할 때만 작용하는 그러한 힘이다. **간접적으로**도 멀리 떨어져서도 작용하는 힘은 **침투〔삼투〕력**이다(침투〔삼투〕하는 물질이 아니다). 만약 물질이 실체 안으로 침투하는 것이라면, 그런 물질에 대해 물체는 **침투적**〔浸透的〕/**삼투적**〔滲透的〕이라고 일컫는다. 물질이 물체적 현재함 없이 XXI182
(場所적으로가 아니라) 오직 활동성으로(힘으로)만 침투〔삼투〕하는 것이라면, 그런 물질 또한 순전히 인력적으로 침투〔삼투〕적인 것일 수 있다.

물질의 운동력들은 잠재력들로서 순수하게 역학적이거나 기계적이다. 후자는 전자에 기초하고 있다. 한 운동력에 대립적인 것은 여기서 (A임과 A 아님과 같은) **논리적**인 것이 아니라, (A임과 -A임과 같은) **실재적**인 것으로 이해된다.

II.
힘들의 형식 면에서 보면

1. 그 **방향**의 〔면에서〕: **끌어당김**〔**인력**〕 또는 밀쳐냄〔척력〕

2. 그 **도**〔度〕의 면에서: 운동의 **운동량** 또는 **유한한 속도**의 운동

3. 그 **관계**의 〔면에서〕: **물체들** 상호 간의 **외적 영향**의 법칙들 또는 물체를 형성하는 물질 상호 간의 내적 영향의 법칙들에 따름. 기계성.

4. **양태**의 〔면에서〕: (운동의) **처음**에서부터 그리고 **장래의** 모든 시간에서,

※ 注意! 사력〔死力〕 또는 활력. 운동의 운동량과 가속 또는 액상〔흐름〕으로가 아니라 XXI182
질량〔덩이〕으로 운동하는 물체들의 접촉 시작에서의 충격. 후자는 전자에 대해서

다시 말해 필연적인 법칙들에 따라서 작용하는 것으로서. 무릇 영속적인
XXI183 것은 필연적인 것의 감각적 표상(永遠性은 必然性 現象)이기 때문이다. 그것은 그 현실성이 선험적으로 인식될 수 있는 것이다.

이 모든 형식들은 운동력들의 체계를 위한 선험적 법칙들이다. 이것들은 (경험대상들만이 언제나 우리에게 제공하는) 물리학의 요소들에서 도출된 것이 아니라, 우리가 이것들을 그에 종속시키는 **개념들**에서 도출된 것으로서, 자연과학의 형이상학적 기초원리들로부터 물리학**으로의 추세**[**동향**]에서만 그 규정[사명]을 갖는다.

물질의 운동력들에 대해 하나의 기본체계를 위해 선험적으로 말할 수 있는 것은 완벽성을 갖는다. 경험적인 것은 하나의 단편적인 집합이며, 물리학에 속한다. 오직 형이상학만이 전체의 형식을 만들어낸다.

끝으로: 모든 운동의 토대를 하나의 근원적 통일성 안에 함유하는 한에서의 물질의 운동력들. 기본원소.

최종[궁극]원인의 개념은 일견 모순적 개념이다. 곧 최종[궁극]이란 최초여야 하는 것이다. 원인은 선행하는 것이어야 하면서도 최종[궁극]이어야 한다. 그럼에도 이것은 하나의 선험적 개념이다.

정의들, 공리들, 정리들, 문제들과 요청들

계량 불가능한 — 저지 불가능한 — 응집 불가능한 — 고갈 불가능한

이 모든 운동력들이 범주들의 체계 아래에 있다는 것, 그리고 이 모든 힘들에는 하나의 보편적 힘이 원초적인 것으로 그 근저에 놓여 있다는 것. 그러나 이[체계]에는 하나의 최고의 곧 근원적으로 독자적인 지성이 [그 근저

무한하다. 내적인, **장소적**이 아닌 운동. 파동적, 진동적, 요동적. 외적으로가 아니라 내적으로 운동하는 세력[잠재력]들 — — 형식의 면에서 보면 1. **방향**은 끌어당김과 밀쳐냄 또는 이 둘을 서로 계속적으로 바꿔감. 2. **공간크기**[**용량**] 면에서 한계가 있거나 한계가 없음. 3. 합성의 면에서 **부단**[不斷]하거나 단속[斷續]적임. 4. 잡다성의 면에서 同種的이거나 異種的임.

에 놓여 있다.〕

始發/促進

제2묶음, 전지4, 2면 XXI184

III

힘 체계 일반의 구분의 완벽성 면에서

사람들은 곧 물리학으로의 이행의 선험적으로 규정된 한계를 넘어가지 않고서도, 그리고 물리학의 질료적인 것에 그러니까 물리학의 한 부분인 경험이론에 속하는 것을 섞어 넣지 않고서도, 만약 자연의 운동력들에 대해 이야기를 한다면, 무기〔비유기〕적인 자연과는 반대되는 **유기적** 자연의 개념을 물리학에 끌어올 수 있다. — 사람들은 곧 이것을 다음과 같이 정의할 수 있다: 유기적 존재자들은 그것들의 그리고 그것들 안의 각각의 부분들이 **다른 부분을 위하여**(**爲하여**, 같은 體系의 다른 部分에 依해서가 아니라) 현존하는 그러한 존재자들이다.

무릇 **최종**〔**궁극**〕**원인**들은 또한 자연의 운동력들에 속하거니와, 이것들의 개념은 과연 그리고 어떻게 **이것들이** 그것들의 **한** 체계를 형성하고 형이상학의 대열에 끼게 될 수 있는지를 보기 위한 자연연구의 실마리로서 물리학에 선험적으로 선행하지 않을 수 없다. — 여기서 모든 것은 단지 미정적〔문제성 있는 것〕으로 제시되지만, 물질의 운동력들의 하나의 **체계**라는 개념은 **생기 있는** 물질이라는 개념을 필요로 하는바, 우리는 이 개념에 대한 실재성을 요구하거나 사취하지 않고서, 적어도 선험적으로 사고하고 이 개념에 가능성의 한 종류를 지정하기 위해서 그러하다.

최종〔**궁극**〕**원인**(目的因)이라는 말은 문자 그대로 조건들의 계열에서 **선행하는 것**의 원인//관계의 개념을 함유하거니와, 이 선행하는 것은 (원인들과 결과들의 계열에서) 바로 그것의 후속하는 것이어야 할 바, 여기에서 하나의 XXI185
자기 자신과의 모순을 함유하는 것처럼 보인다. 무릇 어떤 하나가 시초이면서 똑같은 의미에서 또한 동일한 실재관계의 최종일 수는 없으니 말이다.

그럼에도 물질의 운동력들 아래에서는 그러한 관계가 생각될 수 있으니, 우리가 우리의 판단을 다음과 같이 제한하면 그러하다. 즉 우리는 우리가 물질에 대해 독립적이고, 그 형식들과 관련해서 건축술적인 지성을 납득하며, 물질의 운동력들을, 선험적 개념들에 따라, 경험적인 판단들을 가지고서 물리학으로 넘어 들어가는 일 없이, 일어나는 것에 **유추**하여 표상하는 경우 외에는, 그 물질의 운동력들의 체계를 달리 이해할 수 없다고 제한한다면 말이다.

물질의 운동력들의 구분은, 이것이 유기적 물체 또는 무기[비유기]적 물체를 형성하는 추세[동향]를 갖는 한에서, 그러므로 또한 한 체계 안에서 그것들을 결합하는 형식에 속한다. 그러나 그것은 단지 **이념**으로서 경험적인 것에 선행하는 **자연연구**의 하나의 원리일 뿐인데, 이러한 이념이 자연과학의 형이상학적 기초원리들로부터 물리학으로의 이행에서 완벽한 구분에서는 결여되어 있을 수 있다. 설령 그것이 문제성 있는 것이며 그러한 물체[와] 힘들의 실존 유무를 결정한다고 하더라도 말이다. 물질과 물체.

유기성은 기계로, 다시 말해 일정한 의도를 위한 운동의 도구(道具)로 간주되는 물체의 형식이다. — 일정한 방식의 운동을 의도로 갖는 물체의 부분들의 내적 관계가 그 물체의 기계성이다. — 물질의 모든 운동법칙들은 기계적이다. 그러나 부분들의 내적 관계가 일정한 방식의 운동을 **의도하고**
XXI186 **있는** 것으로 표상될 때에만, 그 물체에게 하나의 기계성이 부여된다. 기계체제(機械性)는 자연이 특정한 물질에 놓아둔 특수한 종류의 운동력들을 의미하는바, 이를 통해 운동력들은 기술적인 운동을 할 수 있다. 예컨대 받침대(支持臺) 위에서 일정한 힘으로써 일정한 화물을 의도대로 움직일 수 있는 지렛대의 견고성.

유기적 물체들은 자연적인 기계들이며, 자연과학의 형이상학적 기초원리들의 추세에서 물질의 다른 운동력들과 같이 그 기계적인 관계들에 따라서 판정되어야 하며, 그 현상들은 그에 따라서, 경험적인 근원을 갖고 물리학에 속하는 최종〔궁극〕원인에 따르는 물질의 운동력의 체계 안으로 이월함이 없이, 설명되어야 한다.

제2묶음, 전지4, 3면

III
자연적 기계로서의
물체들의 운동력들의 결합의
기계성

기계는 **의도적으로//운동하는** 힘을 갖는 물체이며, 이로써 운동의 **기관**(도구)이다. — 물질은 그것에 지성이 속하는 외에 아무런 의도도 지니고 있지 않으므로, 만약 사람들이 물질의 운동력들에서 자연법칙들에 따라 생겨나는 이 소재의 형식을 생각해본다면, 이로써 자연의 의도라는 **유비**가 생각될 것이다. 곧 사람들은 모종의 물질들의 유기성을 이런 힘들의 특종〔特種〕으로서 선험적으로 생각해볼 수 있다.

III XXI187
물질의
의도적인 또는 비의도적인
운동력들에
대하여
III
특수한 운동력을 갖는
물질의 특종 형식의
운동의
구분 원리에 대하여

운동법칙들에 따르는 물질의 운동력들의 결합이 그것의 기계성이다. 이러한 법칙들에 따라서 **의도적으로//운동하는** 힘을 갖는 물체를 **기계**라 일컫는다. 다시 말해 그러한 운동력은 하나의 **지성**이 작용 원인으로서 운동의 규정근거로서 그 근저에 놓여 있는 하나의 도구(機關)이다. 그리고 이 원인성〔인과성〕은 어떤 실제로 활동한 지성의 원인성으로서 **기예생산물**로서 생각될 수도 있고, 한낱 그러한 것과의 유비에 따라 그로부터 생겨난 것의 합법칙성을 설명하기 위한 것으로 생각될 수도 있다. — 후자의 경우 자연물체들의 기계성이 유기성이며, 물질은 어떤 지성적 존재자의 기예생산물처럼 유기조직화되어 있다. 비록 ('必要外 原理 增設 不可'라는 원칙에 따라서) 이것이 그 형식과 함께 물질의 운동력들의 자연생산물로 판정되어야 하지만 말이다.

모든 인과관계 중에서도 **최종〔궁극〕원인들**의 관계는, 힘들 일반의 집합을 하나의 체계로 통일하는 추세가 대개 동반하는 바처럼, 하나의 원리로부터 그 개념들을 도출해내기 위해서는 거기서도 가장 어려운 것이다. 왜냐하면 그것은 일견해서 자기 안에 모순을 함유하고 있기 때문이다. 최종〔궁극〕
XXI188 원인(目的因)이라는 개념은 **선행하는 것**(前件)이 동시에 **후속하는 것**(後件)으로서, 그리고 또 그 역으로 하나의 개념에 합병해 있고, 그것도 일반적으로 사고하는 형식의 순전한 관계에 따르는 논리적 관계 안에서가 아니라, 인식의 질료를 자기 안에 포함하고 있는 실재관계 안에서 그러하니 말이다.

3a. 특수한 운동력들을 함유하고 있는 물질의 특종 형식들의 운동의 구분 원리에 대하여.

제2묶음, 전지4, 4면

무릇 그 안에서 모든 부분들이 상호 간에 목적이면서 동시에 수단으로 관계하는 물체의 물질의 운동력들의 한 체계가 유기적 물체〔유기체〕이고,

비록 우리가 그러한 물체의 가능성을 선험적으로 인식하지 못하며, 자연형이상학으로부터 물리학으로의 이행에서 이에 관여함 없이 경험을 통해 그것에 대한 아무런 지식을 얻을 수 없다 해도, 물질 일반의 운동력들의 분류를 위하여 물체를 무기[비유기]적 물체와 유기적 물체로 구분한다. 만약 그 체계가 완벽해야 한다면, 비록 이 개념들을 한낱 문제성 있는 것으로 받아들인다 해도, 인간의 기계적 기예작품들(기계들)과의 유비에 따라 이념들로 생각되는 그러한 개념들은 반드시 **물질**의 운동력들에 함께 속한다.

III.
물질의 운동력들에 의한 물체의 형성에 대하여

하나의 자연물체는, 외적 형태이든 내적 형태이든(그러므로 한낱 형상에서든 직조에서든), 어떤 특정한 형식에서의 어떤 물질의 연관[응집]성 있는 전체이다. — 무릇 내적으로 형성하는 힘(內的 形象力)들은 한낱 기계적으로나 XXI189 유기적으로 형성적이다. 후자가 물체의 부분들이 교호적으로 **목적**과 **수단**으로서 서로를 결합하고, 그렇게 해서 유기적 **물체들**(무릇 자기 자신을 유기조직하는 물질은 무물[無物]/아무것도 아닌 것이니 말이다)을 이루는 힘들이다.

사람들은 하나의 유기체를 다음과 같이 정의할 수 있다: 유기체란 그것의 한 부분이 나머지 부분들을 위하여(爲하여, 다른 部分에 依해서가 아니라) 현존하는 하나의 전체이다. — 그러나 사람들이 쉽게 알아챌 수 있는바, 그러한 물체의 가능성조차가 선험적 개념들로부터가 아니라 순전히 경험에서 나올 수 있는 것으로, 그러니까 물리학에 개입하고, 그러니까 우리 논고에 미리 그어놓은 한계를 넘어간다.

그래서 물질의 운동력들을 유기적 물체의 운동력과 무기[비유기]적 물체의 운동력으로 구분하는 일은 적당하지 않겠다. 왜냐하면, 그로써 자연과학의 형이상학적 기초원리들이 인정하지 않는 그와 같은 어떤 가능성이 요청되기 때문이다. 왜냐하면, 그러한 가능성은 경험이론으로서 물리학에서

길어내지는 것이니 말이다.

XXI190 하나의 운동력으로서의 우리 자신의 유기조직에 대한 의식은 우리에게 유기적 원소의 개념을 갖게 하고, 유기 체계로서의 물리학으로의 추세를 가능하게 만든다.

정의 1. 유기적 물체란 그것의 각 부분이 다른 부분을 위하여 현존하는 그러한 물체이다. — 한 물체가 다른 분리되어 있는 물체도 그를 위해 현존하는 그러한 성질을 가지고 있으면, 그 물체는 산출적이다.

유기조직은 또한 물질의 운동력들에 속하며, 그를 위해서 가령 어떤 비물질적 존재자 즉 하나의 순수한 지성이 요구되지 않는다.

질량〔덩이〕으로/질량을 가지고서 운동하는 물질은 계량할 수 있다.

질량〔덩이〕으로의 운동성/운동하는 것 — 액상〔흐름〕에서의 운동성/운동하는 것(운동의 동일한 방향에서의 두 가지). — 그때 동일한 장소에서 부분들의 모든 방향에 따르는 것은, 이것이 폐쇄될 수 없는 것인 한에서, 근원적으로 운동하는 물질이다. 유동성〔액체성〕이 아니라 유동적〔액체적〕으로 만드는 것. — 운동력은 운동의 원인이 되는 물질의 성질이다.

물질의 근원적으로 운동하는 힘〔근원적 운동력〕들은 운동이 그로부터 시작하는, 다시 말해 운동 전체의 힘들이다.

제2묶음, 전지4, 5면

서론

선험적으로 인식될 수 있을 것 같은 물질의 운동력들의 학설체계로서의
XXI191 **자연과학**의 학적 원리는 이성적이다. 그러니까 수학적이거나 철학적이다. — 이제 문제는, 과연 이 체계들의 하나가 자기의 원리로서의 다른 하나에 의존적이라고 생각될 수 있는지, 과연 사람들이 이것들의 하나에다 自然科學의 **數學的** 原理들이라는 명칭을 붙이고, 이에 대해 自然科學의 **哲學的** 原理들이라는 반대 분과를 대응시키는 그런 서로 다른 두 분과로 구분할 수 있

는지이다. 그때 전자는 뉴턴의 불멸의 저작의 서명에도 불구하고 무물(無物)일 터이기 때문이다. — 무릇 사람들은 철학의 수학적 기초원리들이나 수학의 철학적 기초원리들이나, 이것들이 (**선험적 원리들**로 생각된다는 점 외에는) 전혀 이종적인 것이기 때문에, 병렬적으로 그리고 서로 대립적으로 세울 수가 없으니 말이다.

그럼에도 자연과학에서 수학은 철학과 결합될 수밖에 없다. 왜냐하면, 물질의 운동력들의 법칙들이 문젯거리일 때, **운동** 그러니까 순수 직관에 속하는 형식들인 공간과 시간상에서의 물질의 규정은 저 힘들에 불가피하게 수반하는 하나의 개념이기 때문이다. 그리고 이 개념은 具體的으로 힘들 없이는 아무런 학적 인식을 제공하지 못할 터이고, 단지 단편적으로 서로 연이어 있는 지각들만이 경험적 인식들을 제공할 터인데, 이로부터는 학문적인 것이 아무것도 나오지 않기 때문이다.

물체의 중력의, 중량 없는 것의 분산으로서의 빛의, 내면에서의 공기의 확산하는 진동으로서의 음향의, 그리고 또 표면에서의 파동 등의 현상 또는 분수[噴水]의 현상들은 물질의 운동력들의 체계로서의 자연과학에 수학을 응용하는 많은 계기를 제공한다. 그것의 객관은 본래 오직 철학의 것임 XXI192
에도 불구하고 말이다.

이상은 원래의 거친 상태의 자연존재자의 **물질**(原狀 物質)을 법칙들 아래서 규정하고 분류하는 방법에 관한 것이다. 이제 이것의 구분이 **자연물체들**로, 다시 말해 분리되어 있는 그 형태(形象)와 내적 구조물(織造)에 따라서 그 운동력들에 의해 자기 자신을 제한하는 전체로 숙고되어야 한다.

注意! 하나의 선험적인 구분을 위해서 사람들은 어떤 사물들의 여기서 언급된 자연성질의 현실성을 요구하지 않으며, 또한 실로 그 가능성이 실례들을 통해 그 실재성을 얻기를 요구하지 않으며, 단지 이것의 개념이 모순되지 않는 것을, 그러니까 그 객관이 생각 가능한 것임을 요구할 따름이다. 原狀의 物質이든 生氣 있는(살아 있는 것이 아니라) 物質이든 간에 말이다. '살아 있는 물질'이란 모순이다.

물질의 모든 능동적 운동력들의 기초에는 하나의 시원적인 그리고 무한히 감소되지 않는 영구적인 ⚲ 내적으로 운동하는 물질이 놓여 있으며, 이 기초에 기계들로서의 모든 물체의 가능성이 의거(依據)하고 있다. 이 물질은 스스로 단지 기계적으로 운동할 수 있는 일체의 속성이 없으며, 순전히 역학적으로 끊임없이 전환하는 끌어당김〔인력〕과 밀쳐냄〔척력〕을 통해 작용한다. ⚲

기중기들은 **지레**이다. 밧줄과 도르래, **활차**〔滑車〕, 경사면, **쐐기** 그리고 **흡기관**〔吸氣管〕. 모든 것이 화학적으로가 아니라 기계적으로 작용하고, 강체로서 자기 받침대를 갖는 고체들이다. 이 모든 기계들은 무게나 그 대용물의 크기를 통해 활력으로 생기하며, 이 모든 기계들과 그 운동의 기초에는 모든 것에 침투하는 항구적인 원소가 놓여 있다. 이것은 이제 모든 곳으로 퍼지는 열소라고 일컬어지든 보통처럼 그렇게 (에테르라고) 일컬어지든 가설적인 원소가 아니다. 그러나 또한 경험에서만 길어낸 (다시 말해 물리학에 속하는) 원소가 아니라, 기계적인 것을 위해 요청되는 것이다.

XXI193 1) 물질의 운동력들의 상호 관계의 **형식**에 따른 선험적 구분

이것은 −a에 대한 a같이 실재적인 것으로(non a〔a 아님〕에 대한 a같이 논리적인 것이 아니라) 표상되어 있다. 무릇 그렇지 않으면 힘의 관계가 아닐 터이니 말이다. 그러므로 이것은 그 연결에 있어서 하나의 대립 관계이다.

2. 운동력들에 의한 물질의 합성에 따른 **물체들**의 유기적 물체와 무기〔비유기〕적 물체로의 구분(무릇 유기 물질은 하나의 모순이다. 무릇 순전한 물질은 아직 운동력의 일정한 결합의 물체가 아니기 때문이다. 그리고 하나의 물체는 오직 기계로서만 사람들이 하나의 유기적 물체에서 생각하는 그러한 운동력을 가질 수 있다.) 비//유기적 물질을 본래대로의 것이라고 일컫는다.(原狀 物質)

그 자체로 생각되는 각각의 기계는 고정된 부분들로 이루어진 하나의 물체로서, 목적들에 기초해서 목적들을 지향하는 하나의 힘을 가지므로, 사람들은 하나의 기계를 지성을 갖는 어떤 작용하는 원인의, 다시 말해 어떤 창시자의 작품으로서의 기예생산물에 유비해서 판정하지 않을 수 없다. 설령 그를 위한 그러한 원인을 실제로 마주치지 않는다 할지라도 말이다.

즉 그것의 각각의 부분이 다른 것을 위해 그 안에 현존하는 물체로 판정하지 않을 수 없는 것이다. 무릇 이것은 유기적 물체 일반의 정의일 따름이다. 그리고 또한 물질의 그러한 분리된 체계들이 유기적 물체들(식물들과 동물들)로서 다름 아니라 그 근원의 면에서, 그러한 것의 하나의 유[類]인 인간이 타자를 위해 현존한다는 것으로 설명될 수 있다면, 세계체계는 그러한 존재자들에 유비해서 생각될 수 있을 터이고, 운동력들은 순전히 물질 안에서 찾아질 터이다.

그러면 그때 제일의 운동자는 원인의 기예유사성 때문이 아니라, 그것이 근원적으로 운동하는 것이기 때문에, 더 이상 물질적인 원인으로가 아니라 자유 안에서 하나의 의지를 통해 작용하는 것, 다시 말해 신으로 표상된다.

도대체가 철학, 다시 말해 개념들에 의한 인식의 수학적 원리들이 있는가? — **수학**의 **철학적** 원리들이 없는 것과 마찬가지로. XXI194

개념들의 구성, 다시 말해 공간과 시간상에서 선험적으로 **직관** 중에서의 현시를 통해서가 아니라, 오직 개념들에 의한 인식 일반이 있다. 수학은 철학을 위한 규준이 아니지만, 기관으로서 선험적 인식을 촉진할 수 있고, 그래서 또한 수학자는 지혜를 촉진하지 않는다.

제2묶음, 전지4, 6면

B

모든 자연물체는 무기[비유기]적이거나 유기적이다:

유기적 물체들은 **자기 자신의 힘들에 의해** 기계들로 작용하는 그러한 것들이다. 그런데 기계는 하나의 물체이거나, 그것들의 한 부분이 다른 부분을 안에서 그리고 그렇게 함으로써 외적으로도 **합목적적**으로 움직이게 하는 데 적합한 물체들의 합성이다. 물체가 **자연물체**로서 그에 쓰이는 형식을 가지고 있으면, **유기적** 물체이다.

각각의 기계에서 한 부분은 **다른 부분을 위해** 현존하고, 운동력은 외적 물질을 움직이게 함으로써 자기 내로 복귀한다. 그것은 그러니까 오직 어떤 지성(무릇 그것은 인간적인 지성일 수도 초인간적인 지성일 수도 있겠으나)에 의해서만 가능한 전체이다. 무릇 지성은 비물질적인 어떤 것이며, 그것의 운동력 자체는 외적 경험의 대상일 수 없기 때문에, 물체들을 유기적 물체와 무기[비유기]적 물체로 구분함은 선험적 개념들에 의해 일어날 수밖에 없다. 정말이지 이 구분은 넘겨지거나 그 사이에 한 체계 안에서 결합된 운동력들에 대한 다른 개념이 끼어들 수 없다. 비록 그와 같은 물체들이 감각과 표상을 가질 수도 있고 갖지 않을 수도 있지만 말이다.(후자의 경우에 물체들은 생명이 없다고 일컬어지거나, 어쨌든 그것들의 힘들과 저것들과의 유비에 의해서만 이러한 명칭을 보유하겠다.) 더구나 여기서 자연과학의 수학적 기초원리들은 생기지 않는다.

*　　　　*

XXI195 기계적 운동력과 역학적 운동력의 구분은 후자를 전자의 가능성의 조건으로 전제한다. 다시 말해 기계로서 하나의 물체는, 자기의 부분들이 상호 그 기계성이 요구하는 형식을 변화시키지 않고 그 변화에 충분하게 반작용하는 식으로 서로 간에 작용할 때만 운동력을 가질 수 있다.

그러므로 이른바 자연과학의 수학적 기초원리들은 그 자체로는 형이상학적 기초원리들에서 물리학으로의 이행을 원리들에 따라 정초하기 위해서 아무것도 하는 바가 없다. 그 원리들은 오로지 철학적인 것에서만 생길 수 있는 것이다. 일반적으로 수학이 이성인식 일반을 위해 그리고 선험적 인식과 그것이 개진하는 명증성과 학문성의 개발과 확장을 위해 가장 위대한 최선의 도구이긴 하지만 말이다. — 우리가 한낱 감관들을 위한 모종의 의도된 이익의 취득인 기예의 목적들이 아니라 궁극[최종]목적을 묻는다면, 그것은 오직 이성이 한낱 조건적인 것이 아니라 절대적 가치를 갖는 어떤 것으로, 다시 말해 인간에게 자체로 합목적적인 것으로, 다시 말해 내적으로 더 좋은 것으로 만드는 것에게만, 그러니까 철학에게 최고의 값을 승인할 수 있다.

§

물질의 모든, 감관을 움직이는 힘들은 물질의 표상들을 단지 현상들로만 정초하고, 사물들 그 자체의 것으로 정초하지 않는다. 이것이 그 힘들이, 그 자체로 목적이고 단적으로 선한 것으로 그리고 인간의 내적 가치(행복할 인간의 존엄성)를 이루는 것으로 실천적으로 이끌지 않는 근거이기도 하다.

감관의 대상들이 사물 그 자체로서는 의미가 없다는 직접적인 증명은 없을지라도, 수학은 이것을 선험적 직관에서의 이것들의 현상의 형식들을 통해 간접증명 방식으로 명증하게 밝혀낼 수 있다. — 드뤽[17]은, 그가 전체 우주를 하나의 호두껍질 속에서, 그리고 저 **탁발승**은 단 한 번의 고개 끄덕임 중에서 전체 흘러간 시간을 파악할 수 있다고 말할 때, 무엇인가 특별한 것을 말했다고 믿고 있다.

유기적 물체들에는 (식물에서든 동물에서든), 내적으로 각 개체와 분리되어서든 외적으로 (마치 세계영혼처럼) 이 피조물 종[種]의 생산을 통해 자신을 보존하는 상호 관계로 인해서든, 하나의 비물질적 생명원리가 필요하다면, XXI196
지구 표면 즉 우리의 세계는 유기적 물체와 마찬가지로 최고 지위에 있는 것으로 간주될 수밖에 없을 것이고, 그리하여 그 비물질적인 것은 모든 전체목적에 관계하는 것, 모든 생기를 띤 것은 전체 안에서 목적의 통일로 간주해야지 세계창조자로 간주해서는 안 된다. 무릇 그런 것은 순정하게 선한 목적들과는 합일될 수 없는 지성이고, 여전히 종속되어 있으면서도 목적들의 하나의 원리에 따라서 움직인다고 받아들일 수밖에 없는 것이니 말이다.

어떻게 **인력**과 중력의 개념이 중심력 이론에 들어오는가? 이것들은 가설적인 운동 물질인가?

사람들은 유기적 물체를 다음과 같이 정의할 수도 있다. 즉 유기적 물체란 전체의 **이념**이 그것의 부분들의 개념에 그 가능성의 근거로서 선행하는

17) 앞의 XXI70 참조.

그러한 물체이다. — 그래서 선험적 인식의 전체는, 수학의 **가능성**조차도, 철학에 속한다.

선형〔線形〕적 당김에서 유기적 당김의 실올(單一 發生의 생식방식)은 자기 자신의 무게에 의해 끊길 수 없다. 왜냐하면, 교차 합성의 일치에서는 언제나 오직 하나의 점이, 즉 철사의 그러나 또는 프리즘 블록의 점이, 따라서 하나의 평면이고, 접촉에서의 저 끌어당김〔인력〕에 대해 무한하며, 그 체적〔體積〕의 입방체의 척도가 사라져서, 교차의 평면은 없고 단지 접촉의 한 점만이 있기 때문이다.

2) 유기적 물체는 자기 자신을 형식의 면에서 산출하는 기계로서, 그것의 운동력은 수단이며 동시에 목적이다.

선형적// 물체// 및 평면응집 — 혼합 물체.

XXI197 공간 · 시간상의 사물들이 한낱 현상들이라는 것의 증명은 전체 세계가 하나의 호두껍질 안에, 그리고 지나간 전체 시간이 1초 안에 간직되어 있을 수 있다는 데에 근거할 수 있다. 이 점에서는 최소한의 차이도 찾아볼 수 없다. 드뤽.

수학에서는 사람들이 전적으로 고유하게 발견할 수 있다. 곧 배운 것에다 덧붙일 새로운 것을 발견하고 지어낼 수 있다. 이를 위해 원본성〔독창성〕은 필수적이지 않다.

운동량[18]은 하나의 단순한 시간 부분이나 속도의 부분이 아니라 그 원인이다.

제2묶음, 전지5, 1면

그러나 하나의 **기계**, 다시 말해 기계학의 법칙들에 따라서 **의도적으로// 운동하는** 힘을 갖는 하나의 물체로서의 물질의 **내적으로//운동하는** 힘들은

18) 원어: das Moment.

그럼에도 유기적 물체라는 개념을 선험적으로 제공한다. 유기적 물체의 부분들은 하나의 체계 안에 서로 결합되어 특수한 법칙들에 따라 운동하고, 그것도 그것의 가변적인 형식들이 자기 자신을 재생산하는 방식으로 하며, 이러한 일련의 변화 중에서 그 결과들은 언제나 다시금 그 원인들의 운동력이 되고, 기계는 어떤 지성적 존재자에 의해 형성되고 통제되는 기예작품에 유비되는 자기의 특종[特種]을 보유한다.

하나의 (물리적) 물체는 부분들로부터 전체로 전진하는 하나의 개념에 따르는 물질의 운동력들의 순전히 기계적인 체계로거나, 물질의 유기적 체계로, 즉 하나의 전체라는 이념에서부터 부분들로 선험적으로 진행해나가는 개념으로 생각될 수 있다. 전자는 외적으로 서로 규정하는 원인들과 결과들의 법칙들에 따르는 하나의 체계로 생겨날 것이고, 후자는 단지 최종[궁극]원인들의 개념에 따라 서로 내적으로 규정하는 운동력들로 생겨날 것이다. 물체는 그 부분들이 서로 일정한 목적들에 따라 (기술적으로) 운동하는 기계로 생각되니 말이다.

자연과학의 형이상학적 기초원리들로부터 물리학으로의 추세는 선험적으로 그러한 구분의 원리를 함유하고 있다. 비록 유기체라는 그러한 개념이 한낱 문제성 있게 이념으로 제시될 따름이고, 과연 하나의 스스로 유기조직하는 물질이 하나의 사물인지 무물[無物]인지 확정되지 않음에도 불구하고 말이다. 그러나 개념들의 분류 구분은, (하나의 물체 안에서 물질의 내적으로 운동하는 힘들의) 개념들을 위한 이 자리가 열려 있을 것을 요구한다. (運動力들은 作用因의 힘이거나 目的因의 힘이다.) 비록 최종[궁극]원인들의 원리에 따른 물질의 체계가 있고, 있을 수 있는지가 결정되어 있지 않음에도 불구하고 말이다. XXI198

주해

직접적으로//작용하는 원인(作用因)과 반대되는, 간접적으로 모종의 도구들의 매개에 의한 **최종[궁극]원인**(目的因)이라는 말은 일견 모순되는 어떤 것, 곧 동시에 다른 관점에서는 동일한 규정근거의 후건이기도 한 전건임을 함유하고 있다. 이러한 것의 개념은 다른 것이 아니라, 하나의 체계 안에서 운동력들의 연결이 지성을 통해 물질의 형식을 규정하는 원리에 **유비해서**, 그러니까 곧 창시자인 원인을 자신 안에 함유함으로써, 즉 (비물질적인 것인) 하나의 지성이 물질의 운동력들 중의 하나임으로써 가능하다. 그런 경우에 동시에 유기성이며, 자연과학의 형이상학적 기초원리들로부터 **물리학**으로의 전진에 일반적으로 함께 속하는 기계성이 있을 수 있다. 설령 이렇게 받아들인 운동력들이 경험적인 자료, 질료/물질적인 것들 외에 다른 아무것도 제공할 수 없다 할지라도 말이다. — 그러나 그 형식은 물질의 힘들
XXI199 안에서가 아니라 하나의 최고의 지성 안에서 (그러므로 비물질적인 것 안에서) 그것의 원인을 찾아야만 한다. — 단지 자연의 기계성뿐만 아니라 자연의 기술 또한 물질의 운동력들의 원리를 함유하고 있는 것이다.

물질의 기계적으로 — 그리고 유기적으로 — 운동하는 힘들에 대하여.

제2묶음, 전지5, 2면

IV
물질 일반의
운동력에 의한
운동의 종류에 대하여

1.) 그 **방향**의 면에서 인력 또는 척력

2.) 그 **도**〔度〕의 면에서 운동의 운동량 또는 유한한 속도

3.) 그 **장소**의 면에서 내적으로(자기 자리 안에서) 또는 외적으로 움직이는

4.) 그 **실체**의 면에서 단지 물질로서 또는 질량으로의〔질량을 가진〕 물체로서 움직이는.

주해 I.

이러한 운동력들에 의한 작용결과들의 차이에 관해 볼 것 같으면, 그것은 **사력**〔死力〕이거나 **활력**이다. 전자는 **압박**(壓迫)의 힘이고, 후자는 이것이 하나의 **물체**를 하나의 물체로 (그러므로 질량으로) 움직인다면 **충격**(衝擊)의 힘이다. 그러나 활력이 어떤 특정한 물질 전체의 장소변화 없이 부분들의 충격과 반격의 힘이라면, 이것은 **진동**(振動)이라고 일컬어진다. 동일한 시간부분에서 잇따르는 충격과 반격의 진동이 **박동**(搏動)들이다. 이는 추〔錘〕의 **흔들림**(搖動, 振動)의 유비이다. 그러나 이 운동들이 움직여진 물질 자체를 전체로 **밀어내는** 것이 아니면(예컨대 음향, 물결), 이 운동은 **파동적**이라고 일컬어진다. — 어떤 방향이든 간에 그 작용을 자신에 의해 계속하는 운 XXI200
동 일반을 촉진(促進)이라고 일컫는다.

주해 II

유한한 속도로 다른 물체와 부딪치는 한 물체의 운동은 누름〔압박〕이나 당김〔견인〕의 운동에, 다시 말해 한 운동량에 비해 무한하다. 그 때문에 전자의 운동력은 활력이라고, 후자는 사력이라고 일컫는다.

A a 한 **물체** A가 할 수 있는 만큼(예컨대 전체 지구만큼) 물질을 함유하고, **절대적-고체**인 이것의 부분들이 서로 간에 어떠한 힘에 의해서도 움직이지 않고, 다른 물체인 a에 의해 a의 중력과 반대되는 방향에서 똑같은 모양의 A에 단지 하나의 산탄〔散彈〕 알덩이처럼 부딪친다면, 사람들은 그에 의해 A가 그 방향에서 이르게 될 속도를 계산할 수 있고, 그것이 올라갈 높이 또는 거꾸로 그에 이르기 위해 떨어져야 할 것을 계산할 수 있다. (만약 부딪친 물체 자체가 절대적//고체가 아니고 납작하게 눌릴 수 있는 것이라면, 사태는 다르겠다.) — 만약 어떤 절대적으로//유연성이 없는(늘릴 수 없는, 가령 철사로 늘여 뺄 수 없는) 실린더가 자기 자신의 무게로 찢기게, 그러므로 중력의 운동량에 의해서가 아니라 충격이나 타격의 활력에 의해 내몰리면, 똑같은 일이 일어나겠다. (운동의 운동량으로서) 끌어당김〔인력〕에 반작용하는 아주 미세

한 타격이 찢어내기 위한 당김〔견인〕보다 무한히 우월하다. 거기에 매단 무게로 하는 것과 비교해볼 때 두 손을 쳐드는 운동으로 실올을 찢는 것이 이를 증명한다.

XXI201 기계적 운동력과 이것이 의존해 있는 역학적 운동력의 차이에 대하여.

3 單純한 機械的 힘들

원자론적 원리에 따라 모든 물질은 각기 견고한 부분들로 이루어져 있다. 미분의 원리에 따라 (물리적 분할은 미분량까지 진행될 수 있으므로) 진짜 액상의 물질이 있다. — **하나의** 유동체〔액체〕는 그것의 모든 부분들에 관한 미분의 원리에 따라 내적으로 운동할 수 있는 하나의 물질이다.

유동체〔액체〕는 탄성적이거나 또는 견인적이기도 하다. — 이런 속성의 결과는 무한히 서로 잇따르는 충격들의 하나의 연속적 계열로서 그것의 충격은 압박과 같고 이 압박은 무게와 같다는 사실이다. 무엇이 또 유동〔액체〕물질의 정의일 수 있는가.

다른 물질마다 전적으로 침투〔삼투〕하는 하나의 물질은 모든 것을 유동하게 만드는 근원적인 유동체이다.

제2묶음, 전지5, 3면

V

선험적 개념들에 따른 운동력들의 구분

모든 물질은: 그 운동력들과 관련해 한 물체의 다른 물체들과의 접촉에 제한되어 있거나 제한되어 있지 않다. 다시 말해 떨어져서 작용함에서 모든 공간을 채움으로써 또는 물질의 만유인력을 매개로 충격을 통해 모든 공간을 차지함으로써 채우거나 끌어당김으로써 제한한다.

모든 물질은 자기의 운동력들과 함께 공간상에 있으며, 이것은 그것의 연장성에 따라

a) 채워진 공간에서는 (한낱 접촉에서) **파악 가능**[19]하고, 또한 먼 거리 작 XXI202
용하면 **파악 불가능**하다. 다시 말해, 채워지지 않은 공간에서는 (潛在態로) 작용한다. — 후자는 빈 공간상의 물질의, 곧 거기서 지배적인 만유//인력의, 단적으로는 느낄 수 없는 운동력※이다.

b) 팽창적인 운동력으로서의 공간충전에서는 **저지**〔沮止〕 **가능**하거나 **저지 불가능**하다.(자기 자신의 운동에 관해서 차단 가능하거나 차단 불가능하다.) 이 물질이 그 팽창력에서 차단할 수 없는 물체는 이 물질에 대해 **침투/삼투 가능**하다.

c) 한 물체의 서로 접촉해 있는 두 표면의 분리에 저항하거나 표면력으로서 서로 충돌함으로써 **응집 가능**하거나 **응집 불가능**하다.

d) 공간을 채우는 물질의 양에서 일정한 공간을 완전히 비울 수 있는가 없는가에 따라 또는 동일한 공간크기〔용적〕에서의 물질의 고정불변성에 따라 **소진**〔고갈〕 **가능하**거나 **소진**〔고갈〕 **불가능하**다.

1. 물질의 운동력들은 서로 (a와 a 아님과 같이) **논리적**으로가 아니라 (a와 XXI203
-a같이) **실재적**으로 대립해 있다. 물질은 가능한 지각의 대상이거나 **감지할 수 없는** 대상(知覺可能하거나 絕對的으로 知覺不可能한 것)이다. 오직 전자만이 생긴다. 무릇 그렇지 않으면 물질이 전혀 감각객관이 아닐 터이고, 경험 일반

※ **지각 가능한**[20] 그리고 (直接的으로) **지각 불가능한**이라는 표현으로도 말할 수 있겠다. 공간과 시간은 감각될 수 없다. 거기에서의 대상들의 직관의 형식은 경험적이 아니라 선험적으로 주어진다. 물질의 운동력들은 감각의 질료적인 것을 함유하거니와, 이것이 이 직관에서의 잡다의 합성의 의식을 통해 그에 대한 경험개념을 형성하고, 감각표상의 실재적인 것을 제공하며, 이를 통해 대상이 (지속적으로) 지각 가능하게 된다.

19) prehensibel. 여기서 '파악(prehensio)'이란 낱말의 원초적 의미로, 곧 '움켜잡음' 내지는 '차지함'의 의미로 이해해야 할 것이다.

20) perceptibel. 여기서 '지각(perceptio)'이란 낱말의 원초적 의미로, 곧 '꽉 잡음' 내지는 '획득함'의 의미로 이해해야 할 것이다.

이 근거하는 경험적 직관에 대해 아무것도 아닐 터이기 때문이다.

2. 물질은 **차단 가능**(沮止可能)하다. 다시 말해 공간상에서 그것의 작용의 범위가 다른 물질에 의해 제한될 수 있다. 그 물질이 어떤 외적 물체에 관해(가령 공기와 같은) 물질의 팽창력을 전제하는 **접촉**의 관계에 있는 한에서 말이다. — 또는 물질은 **차단 불가능**(沮止不可能)하다. 그러니까 사람들이 열소를 생각해내는 바처럼, 모든 물체는 그에 대해 삼투 가능하다. 이런 경우 물질은 차단이 가능하지만, 그 작용은 遠隔作用으로서 받아들일 수밖에 없는 만유인력에서처럼 차단이 가능하지 않다.

3. 물질은 한 공간상에서 전적으로 또는 부분적으로 고갈될(消盡可能할) 수 있거나 고갈되지 않을(消盡不可能할) 수 있다. 왜냐하면, 항상 다른 물질이 그것이 떠난 공간의 자리에 들어오기 때문이다.

4. 시간의 면에서 볼 때 물질의 내적 운동은 일시적이거나 지속적이며, 물질의 양에 따르거나 물질의 힘들에 따른다.

A. 운동이론의 수학적 원리들, 다시 말해 운동의 보편적 양[量]의 이론. 이것은 오직 물질의 양에서 생긴다. 운동력은 빈 공간에서의 인력이다.

수학적 기초원리들.

XXI204 만약 한 물체가 덩이로[질량으로] 다른 한 물체에 부딪치면, 그것의 운동력은 항상 운동의 운동량에서의 물체의 것보다 더 크며, 중력에 의한 바로 그것의 운동에 관하여 무한하다.

양, 질, 관계, 양태.

자연과학의 형이상학적 기초원리들에 대하여.

하나의 천체와 원거리에서 상호 작용하는 다른 천체 사이에는 아무것도 없다.

1. 자연과학의 수학적 기초원리들

2. 자연과학의 역학적 기초원리들

유동〔흐름〕에서 무한한 것에 대해 질량〔덩이〕으로 부딪치는 한 물체의 활력에 대하여.

유기적 물질과 비유기적 물질(原狀物質)로의 구분

제2묶음, 전지5, 4면

공간과 시간은 지각될 수 없다(경험적 직관의 대상들이 아니다). 그러므로 또한 대상들에서 합성된 것이 아니라, 순수한(선험적으로 주어진) 직관의 형식적 조건들에 따른 이 경험적 표상들의 합성의 의식(통각)이다. 그러므로 운동력들 자체는 오직 경험적 표상들과 이것들의 연결을 통해 가능한 경험의 원리들에 따라서, 다시 말해 자연과학의 형이상학적 기초원리들로부터 물리학으로의 이행에서 주어질 수 있다.

그럼에도 사람들은 뉴턴의 불멸의 저작, 『自然哲學의 數學的 原理들』에서처럼 자연과학의 **수학적**(그러니까 선험적 원리들에 따라 정초된) **기초원리들**에 대해 말하는 것을 듣는다. 여기에서 이미 수학이 철학의 원리들을 함유한다는 그 제목이 눈에 띈다. 이 두 가지 학문(개념들에 의한 인식의 체계와 개념들 XXI205
의 구성에 의한 인식의 체계)은 서로 전혀 다른 원천과 취급방식을 요구하니 말이다.

이 오해에 대한 해명은 다음과 같다. — 물질의 운동에서 나오고, 그러므로 운동을 전제하는 운동력들이 있다. 그러나 또한 모든 실제적인 운동에 앞서 물질에 귀속하는 물질에 **고유한** 운동력들이 있다. 첫 번째 종류의 것 중에는 한 회전 운동하는 물체의 중심력 또는 (예컨대 수면의 또는 음파 속의 공기의, 또한 어쩌면 빛 중의 에테르의) 동일한 장소에서 파동적으로 움직이는 물질의 중심력들이 있거니와, 이것들의 운동법칙들은 저 운동들의 전제 아래서 선험적으로 그러니까 수학적으로, 원리들에 따라서, 논구될 수 있다. 그러나 이 모든 것 중에서 물질의 운동이론의 수학적 기초원리들은 **물질에 고유한** 운동력들의 그 같은 기초원리들이 아니다. 이런 것들에 대한 인식은 오직 후험적으로, 경험을 통해서만 가능하고, 이 법칙들을 인지하는 것은 수학이 아니라 **철학**의 분과에 속할 터이다. 또한 수학만이 이 힘들의 총괄의 완벽성을 개념들에 따라서 하나의 체계 안에 있는 것으로서 기대하는 것은 당연하다. 이에 반해 수학은 개념들의 구성들과 함께 무한히 확장적으로 전진해나가고, 철학을 그 전망에 관련하여 훨씬 뒤에 남겨 두니 말이다. 무릇 사람들은 수학에 관해 철학할 수는 있지만, 수학 안에서 그리고 수학과 함께 철학할 수는 없기 때문이다. 수학은 자연과학의 하나의 **도구**이지, 자연과학 자체는 아니다.

마침내 물질의 운동력들은 한낱 운동을 유발하거나(誘發力), 다시 말해 운동을 개시하거나, 나누어 받은 운동을 자기가 재생산한다(促進力). 예컨대 추의 흔들림의 운동 또는 팽팽해진 실올의 운동 또는 중력에 의한 어떤 유동체[액체]의 상승과 낙하의 운동에서 그렇다.

XXI206 기계적 힘들은 도구들인 그것들에 의해 다른 물질이 운동하도록 규정되는 그런 힘들이다. **역학적** 힘들은 그것들에 의해 다른 물질이 직접적으로 규정되는 그런 힘들이다. 전자는 후자를 필요로 하고, 이것을 통해서만 이동하는 힘들로서 가능하다. 그것들의 세 단순한 힘들

移動力과 內的 原動力. **힘**은 무엇**인가**? 現象體 原因性 誘發 或 促進. 물질의 운동력은 무엇인가

자연과학의 순수 수학적 원리들이란 있지 않고, 자연과학의 **수학적 기계적** 원리들이거나 **자연학적 역학적**인 원리들(곧 내적인)이 있으며, 전자(지레, 도르래 및 쐐기)를 위해서는 언제나 또한 기계들을 위해서는 역학적인, 다시 말해 내적인 근원적 운동력들이 필요하다.

자연학적이란 물리학적인 것과, 그것이 경험원리들이 아니라 단지 가능한 경험의 보편적 원리를 전제한다는 점에서 구별된다.

자연과학의 수학적 기초원리들에 사람들은 일반 기계론(세 단순한 힘들)도 포함시킬 수 있다. 우리는 형이상학에서 물리학으로의 이행에서 그를 통해 기계들 자체가 가능한 역학적 원리들을 취급한다.

수학에 관해, 그것이 더 지혜롭게 만드는 것은 아니고, 한낱 취급의 도구임을 철학함.

정지에서의 **역학적**, 실제 운동에서의, 예컨대 기계들(쐐기, 지레, 도르래)의 운동에 의한, **기계적**

제2묶음, 전지6, 1면

자연이론의 형이상학적 기초원리들에서 물리학으로의 이행 원리들에 따른 자연이론의 **구분**. — 이 구분은 객관들에서 취할 수 있는 것이 아니다. 무릇 그렇다면 그것은 경험적인 것이고 물리학에 속할 것이기 때문이다. 선험적 원리들 위에 정초되어야 할 이 구분은 이제 1) 구분 일반의 작업 **방법**, 2) 객관들의 형식과 관련한 개념들의 구분. 그러나 개념들에 의한(한낱 생각 XXI207 가능한) 구분이 자연과학의 형이상학적 기초원리들로부터의 이행에 속하는 한에서. 학문 자체가 유기조직화되는 곳(유기적 물체들)에서. 3) 운동할 수 있는 소재〔원소〕들의 구분. 그것들의 실제 운동이 선험적으로 인식될 수 있는 한에서.

이 모든 요소들이 물질의 운동력들의 체계에 대한 하나의 경험과학의 가능성의, 다시 말해 물리학으로의 이행의 형식적 원리들을 함유한다.

서론
I. 자연과학의 형식적 개념에 대하여

체계로서의 모든 학문에는 선험적 원리들이 있는데, 그것들은 학문의 형식에 관한 것으로, 나중에 대상들의 총괄인 질료는 이 형식에 종속되고, 그렇게 함으로써 인식은 학적으로 된다.※

※ 사람들이 그 질료(인식의 객관들)를 추상하는 학문이론〔지식학〕 일반은 순수

그러므로 물질 일반의 운동력들에 대한 이론체계인 자연과학(自然科學)의 학적 원리는 이성적인 것으로서, 그러니까 수학적이거나 철학적이며, 두 분야로 나뉠 수 있다.(自然科學의 數學的 原理들과 自然科學의 哲學的 原理들) — 그러나 사람들이 어떻게 뉴턴과 함께 『自然**哲學**의 數學的 原理들』이라는 제목을 가진 그의 불멸의 저작에서 하나의 학문을 세울 수 있겠는가. 그것은 무물(無物)인데 말이다. 무릇 사람들은 수학의 철학적 기초원리들과 마찬가지로
XXI208 철학의 수학적 기초원리들도 생각할 수가 없다. 무릇 이 학문들은, 이 둘이 선험적 원리들을 함유하고 있다는 점을 도외시하면, 그 필수적인 수행방식에서 종별적으로 서로 다르고, 상이한 근원의 피조물들이 언제나 상반될 수 있는 것처럼, 이것들은 그 목적과 그에 필요한 재능의 면에서 완연히 차이가 나기 때문이다.

그러므로 그러한 잡종 학문(混血 學問)은 있지 않다. 무릇 이미 출산할 때에 하나가 다른 하나를 파기할 터이니 말이다. 그러나 이 둘이 이를 학적 인식 일반에서 촉진시키기 위해 서로[22] 한패가 될 수는 있다.

그러므로 1.) 自然科學(哲學이 아니라)의 數學的 原理들, 2.) 自然科學(哲學이 아니라)의 哲學的 原理들이라고 일컬어져야 하고, 이 철학적 원리들에는 자연과학의 형이상학적 기초원리들도 포함되며, 그것들로부터 물리학으로의 이행이 이룩될 수 있는 것이다.※

논리학이다. 이것 이상으로, 그 자신이 역시 인식 일반의 학적인 것(즉 인식의 형식) 외에는 아무것도 함유할 수 없는, 어떤 다른 더 고차적인 보편적 학문이론〔지식학〕을 생각한다는 것은 개념들을 가지고서 헛바퀴를 돌리는 짓이다.[21]

※ 이념상 자연과학과 같은 한 학문의 선험적 원리들에 대한 이러한 분해는 하찮거나 공허한 섬세함이 아니다. — 감관의 대상으로서의 자연은 순수 직관의 형식들인 공간과 시간에 의존해 있다. 그러나 이 둘은 더 큰 크기의 부분들인 한에서 외에는 달리 실존할 수 없는 **크기들**이다. 만약 공간과 시간의 형식들

---

21) 「피히테의 지식학과 관련한 성명(Erklärung in Beziehung auf Fichtes Wissenschaftslehre)」(1799. 8. 7)에서도 유사한 의견을 표명한 바 있다.(XII396~397 참조)

22) 칸트 원문 "mit einer"를 "mit einander"로 바꿔 읽음.

수학의 철학적 기초원리들이 있지 않듯이 자연과학의 수학적 기초원리들도 있지 않다. 양자는 분리된 영역들 안에 있는 것으로서, 이웃해 있기는 하지만 섞여 있지는 않다. 수학설들은, 객관적으로 보아 하나의 체계의 이념을 자기 아래에서 기대하게 하는 철학설들처럼 그렇게 하나의 폐쇄된 **전체**를 이루는 것이 아니다. XXI209

제2묶음, 전지6, 2면

그러나 비록 수학이 자연과학을 위한 규준은 아닐지라도, 운동과 그 법칙들이 문젯거리일 때, 공간·시간상의 직관들로서의 현상들에 그 대상들을 선험적으로 적응시키는 매우 풍요로운 도구(기관)이다. 이런 일에 있어서 그 질적인 규정들을 가진 철학은 양적인 규정들을 가진 수학 없이는 학문적 명증을 위해 기여할 것이 없겠다.

II. 자연과학의 (객관의) 질료적 개념에 대하여

이것은 **물질** 일반이거나 **물체들**(곧 한낱 수학적인 것이 아니라, 물리학적인)이다. 다시 말해 자기 자신의 힘들로써 자기의 형상과 직조〔짜임새〕를 자기// 규정하고 그것의 변화에 저항하는 물질. 근원적이고 동일형식적인. 전자는 어쨌든 보편적으로//퍼져 우주공간을 차지하는 물질일 수 있으며, 이것이 순전히 우주공간을 경험의 객관으로 만든다. 무릇 순수한 공허는 가능한

이 사물들 자체의 속성들로 취해지고 순전한 현상들로 취해지지 않는다면, 이치에 맞지 않을 터이기 때문이다. 사람들은 물질의 제일〔최초〕의 운동을 가정하지 않을 수 없거니와, 그 운동 안에서 물질은 스스로 원초적으로 움직이고, 바로 그렇기 때문에 그 운동은 무한히 같은 모양으로 지속하고, 피상적이 아니라 완전 침투〔삼투〕적이다. 무릇 절대적인 것으로 생각되는 제일〔최초〕의 것은 또한 동시에 그것의 운동이 필연성을 함유하는 그런 것이다.

XXI210 경험의 객관이 아니기 때문이다. 이 물질 전부는 바로 그 때문에 **장소변화**(移動 物質)하지 않는, 다시 말해 자기 자리에서 운동은 하되 자기 자리 바깥에서 움직일 수는 없는 것이다. 그런 것의 하나인 보편적으로 퍼져 있는 우주 소재의 내적 실제적인 그리고 결코 중단하지 않는, 끌어당기고 밀쳐내는 운동은 모든 물질을 (전진하지 않는) 연속적인 분발 중에 보존하고 있다.

A

선험적 개념들에 따른
물리적 물체들의 구분
그것들은 유기적이거나 비유기〔무기〕적이다.

유기적 물체의 정의인즉 물체란 그것의 각각의 부분이 **다른 것을 위해**(교호적으로 목적으로서 그리고 동시에 수단으로서) 현존하는 물체라는 것이다. — 쉽게 알 수 있는바, 이것은 선험적으로 그 실재성이(다시 말해, 그러한 사물이 있을 수 있다는 것이) 보증되어 있는 것이 아닌 하나의 순전한 이념이다.

사람들은 이런 허구의 설명을 다르게도 해볼 수 있다. 즉 유기적 물체란 그 전체의 내적 형식이 그것의 부분들의 총체적인 운동력들과 관련하여 그 모든 부분들의(그러므로 형상과 직조에서의) 구성〔합성〕 개념에 선행하는 (그러므로 목적이자 동시에 수단인) 그러한 물체이다. —

그러나 이 정의 안에는 아직도 여전히 **비물질적**인 원리(곧 작용하는 원인의 **의욕함**)가 섞여 있고, 따라서 그 개념이 순수하게 물리적이지 않을 것이기 때문에, 이 정의는 다음과 같이 작성되는 것이 최선일 수 있다. 즉 유기적 물체란 그것의 각각의 부분이 자기 전체의 여타의 모든 부분들의 실존 및 운동 원리의 절대적 통일인 물체이다.

XXI211 하나의 유기적(분절적) 물체는 그 안에서 그 각각의 부분이 자기의 운동력과 함께 전체와, 그 합성에서의 각각의 부분과 필연적으로 연관되어 있는 그러한 물체이다.

이 통일의 생산적 힘이 생〔생명〕이다.

이 생명원리는 식물들로부터 동물들에 이르기까지 그리고 이 둘의 결합된 전체를 위하여 상호 간에 맺는 관계에 이르기까지 또한 우리 세계의 전체와 그 교호적인 필요에 의해 선험적으로 관계 맺을 수 있다.

제2묶음, 전지6, 3면

기계란 그것의 합성이 오직 하나의 **목적** 개념을 통해 가능한, 모종의 의도적인 운동의 유비에 따라 형식화되는, 하나의 견고한 물체이다. 만약 이 형식이 실제적인 의도로서가 아니라 한낱 생각 가능한 의도로서 표상된다면, 그러한 물체는 하나의 **자연적인 기계**이다. 그러므로 유기적 물체들은 자연적인 기계들이다.

자연과학의 형이상학적 기초원리들로부터 물리학으로의 이행에 속하는 물질의 운동력들의 구분에서 이제 유기적 물체와 무기적 물체로의 구분은 결함이 있을 수 없다. 그것도 이 구분은 비로소 그러한 물체들의 실존에 대한 경험을 통해 배울 필요 없이 선험적으로 생각된 것임에 틀림없다. 무릇 자연과학의 형이상학적 기초원리들로부터 물리학으로의 이행은 필연적으로 이 개념에 이르니 말이다. — 그러나 후자는 실행 가능한 것으로 보이지 않는다. 무릇 어떻게 사람들이 최고의 기예와 유사한 그러한 물체들의 산출에 이를 수 있을까. 그러한 것을 단지 문제성 있게나마 생각해보고, 그것의 내적 및 외적 합목적적 결합이 우리에게 언제나 그것의 가능성에 대한 새로운 해명을 요구할 수밖에 없을 식물계 또는 동물계를 선험적으로 생각하기 위해서 말이다.※

※ 사람들은 심지어 서로를 위해 유기조직화한 종별적으로 상이한 유기적 물체들
의 부류들, 예컨대 동물계를 위한 식물계 그리고 인류를 위한 동물계를 이의 실 XXI212
존과 보존에 필요한 것으로서, 그러니까 이것들을 모두 유기적으로 제1단계,

XXI212 우리 자신의 물체〔신체〕의 부분들의 즉 사지의 운동의 자발성의 원리는, 우리가 이 물체〔신체〕를 자기 자신으로 본다면, 하나의 기계틀[23]이다. 비록 **욕구들**에 의한 운동 원리의 저 절대적 통일성이 물질적인 것이 아닐지라도, 이성은 물질의 합목적적 기계성 개념을 유기조직의 이름 아래에서 단지 문제성 있게나마 보편화하지 않을 수 없고, 이에 비유기적 물질을 마주 세우는데, 이는 장래의 (경험적) 물리학 체계를 위해, 즉 가능한 경험의 완벽성을 위해 이성에게 물체들의 부류 구분을 제시하기 위한 것으로서, 주어진 경험 법칙들과 지각들에 의해서가 아니라(무릇 이런 것들은 원리들의 보편성을 제공하지 못한다), 개념들에 의해 구분을 선험적으로 정당화하기 위한 것이다.

xxx는 그 운동력들을 살아 있는 그러니까 비물질적인 존재자에 유비해서 운동의 원인성을, 근원적 피자극성〔被刺戟性〕을 함유한다.

사람들은 또한 그 안에서는 어떠한 형상도 다른 형상을 더 좋게 만들지 않고서는 멸망하지 않는 유일한 물체〔몸체〕의 세계유기조직을 생각하지 않을 수 없다.

XXI213 유기적 물체들의 이념은 **간접적으로는** 선험적으로, 그 안에서 하나의 실재적 **전체**라는 개념이 그것의 부분들의 개념에 반드시 선행하는, 운동력들에 의해 합성된 것이라는 이념 중에 함유되어 있다. 이 전체라는 것은 오직 **목적들**에 의한 결합이라는 개념을 통해서만 생각될 수 있는 것이다.

제2단계 그리고 제3단계로 선험적으로 분류할 수 있다. 이 부류 구분의 최고 단계는 인류이겠는데, 그것은 자연의 상이한 단계들 중에서 인류를 서로를 위해 그리고 유〔類〕의 완성을 위해 조직했을 터이기 때문이다. 그것은 아마도 지구 급변들을 통해 여러 차례 발생했을지도 모르는 하나의 사건이고, 우리로서는 과연 또 하나의 새로운 급변이 우리 지상에 그리고 그 거주자들에 임박해 있는지도 알지 못하는 사건이다.

---

23) 원어: Maschinenwesen.

직접적으로 본다면 그것은 순전히 경험적으로 인식할 수 있는 기계성〔기제〕이다. 무릇 만약 경험이 우리에게 그와 같은 물체들을 제시하지 않는다면, 우리는 그러한 것의 가능성을 단지 가정하는 것도 할 수 없을 것이기 때문이다. — 그러므로 우리는 어떻게 선험적 원리들에 따른 보편적인 분류에서 그 같은 운동력들을 가진 그러한 물체들을 구분 지을 수 있는가: — 인간은 그러한 것의 가능성을 그 이상으로 통찰할 수 없으면서도 자기 자신을 하나의 스스로 운동하는 기계로 의식하고 있기 때문에, 비록 여기에 생명력의 개념과 물질의 피자극성의 개념을 그 자신 안에서 욕구능력에 의해 일반화하고, 물체들의 유기적//운동력들을 물체들 일반의 분류구분 안에 선험적으로 넣어야 함에도 불구하고, 단지 간접적이기는 하지만, 물체의 운동력과 유비해서 기계로 간주될 수 있고, 또 간주되어도 좋다.

똑같은 원리에 따라서 식물계로부터 동물계(이와 함께 이미 물체적 실체들의 **욕구들**이 참된 **생명**력들로 개시되거니와)에 이르는 물질의 유기성과 하나의 체계로서의 그것의 유기조직이 상이한 **종**〔種〕**들**의 필요를 위해 등장할 수 있다. 그중 하나의 종은 다른 종을 위해(거위는 여우를 위해, 사슴은 늑대를 위해) 만들어졌다. 심지어는 지금은 사라져버린 상이한 원형들(그러나 그 가운데 인간은 있지 않았을 듯싶다. 지구급변들이 지층과 지구의 퇴적된 산악에 그와 같은 것을 —캄퍼르[24]에 따르면 — 보여주는 바 없다.)의 종족들의 상이성에 따라서 말이다: — 만물을 낳는 우리의 지구가 그 자신 혼돈에서 생성된 하나의 유기적 물체로서 자연의 기계성에서의 그 목적을 완성할 때까지: 그러 XXI214
나 그 기계성의 시작점이나 종점을 제시하는 일은 인간 이성의 한계를 전적

---

24) Peter Camper(1722~1789)는 칸트 당대 네덜란드의 의학자로 해부학, 골상학 분야에서 활발하게 활동했다. 칸트는 곳곳에서(*KU*, B175=V304 · B386=V428; *Anth*, A317=B314=VII322; *SF*, A151=VII89 등등) 그를 언급하는데, 여기서는 아마도 그의 골상학 저술 *De Hominis Varietate*를 염두에 두고 있는 것 같다. 이 책의 독일어 번역본 *Über den natürlichen Unterschied der Gesichtszüge in Menschen verschiedener Gegenden und verschiedenen Alters*(S. Th. von Soemmerring 역, Berlin 1792)가 당대에 읽혔다 한다.

으로 넘어선다.

그러므로 유기물과 무기물로의 물체들의 구분은 필연적으로 자연과학의 형이상학적 기초원리들로부터 물리학으로의 이행에 속하며, 전진의 최대한이다.

공간과 시간의 면에서 내적 운동력들에 의한 물질 일반의 운동의 최대한은 모든 것에 침투하는 물질의 진동 운동(이 운동의 최소한은 그것의 중량)이며, 이것의 지속하는 내적 운동에 기계적으로//운동하는 것과 그를 통한 운동의 능력은 의거한다.

제2묶음, 전지6, 4면

사람들은 이제 유기적이고 살아 있는 존재자[유기적 생물]들의 분류를 더 세세히 할 수 있으니, 곧 식물계가 단지 동물계와 그것의 증가와 다양화를 위해 현존할 뿐만 아니라, 이성적 존재자로서의 인간은 종(종족)적으로 다른 상이한 인간들을 위해 현존한다. 이러한 인간은 인간성의 한 단계 더 높은 데 서 있는 것으로서, 가령 아메리카인과 유럽인처럼 서로 이웃해서나, 또는 서로 이어가면서 그렇게 한다. 지구변혁들에 의해 우리의 스스로 유기조직된, 앞서 혼란스럽게 용해되었다가 새로 태어난 지구가 다르게 유기조
XXI215 직된 조물[造物]들을 현출하고, 이것이 다시금 파괴된 후 그편에서 다른 자리를 만들고, 그렇게 해서 유기적 자연이 서로 다른 잇따르는 세계시기에서 비록 서로 다른 형식이기는 하지만 재생산하고, 우리의 천체를 단지 하나의 기계적으로//형성된 것이 아니라 또한 유기적으로//형성된 물체로 생각하게끔 만들 때에 그러한 것이다.

그런 중에 수많은 옛적의, 지금은 더 이상 없는, 인간의 생존에 앞서 지상을 덮고 살았던 유기체들이 사라져간 그러한 변혁들이 얼마나 많이 있었는지, (캄퍼르에 의하면) 지금은 이것의 단 하나의 사례도 깊은 곳들에서 더 이상 발견되지 않으며, 무엇들이 어쩌면 더 완전한 유기조직을 가지고 목전

에 서 있는지도 우리의 탐지의 시선에 은폐되어 있다.

제2묶음, 전지7, 1면

B

자연과학의 객관은 (무형의) 물질 일반이거나 물체이다. 물체란 자기의 내적으로 그리고 외적으로 운동하는 힘들에 의해 자기 자신을 직조〔짜임새〕와 형상의 면에서 제한하면서 이것의 모든 변화에 저항하는 하나의 물질로서, 그때 그것을 물리적 물체라고 부른다.

운동력들의 이러한 형식의 주체〔基體〕로서의 물질 — 하나의 물체를 위한 원소〔소재〕, 그러나 그러한 물체를 위한 이러한 결합 없이도 생각할 수 있는 최소의 부분들(이것들이, 만약 결합이 발생한다면, 물질의 원자론이라는 허구를 제공할 터이다)에서 하나의 연속체, 다시 말해 저 부분들 사이에 빈 공간이 없이 있는 것으로 간주되는 것, 이 원소를 우리는 당분간(잠정적으로) 열소라고 부르고자 한다. 물체들에 대해 모든 것에 침투하면서 스스로 존립 XXI216
하고, 모든 물체의 부분들을 부단히 균일하게 촉진시키는 하나의 물질이 있다면, 이제 이에 대한 물음은, 과연 그러한 물질이 단지 모종의 현상들을 설명할 수 있기 위한 **가설적 원소**로가 아니라, 실재적이고 이성에 의해 선험적으로 주어진 세계원소이자 운동력들의 체계에 대한 설명을 가능하게 하는 원리로서 타당한 것으로 간주될 수 있는지이다. 만약 그 원소가 전자라면, 그 개념은 물리학에 속하지 않고, 자연과학의 형이상학적 기초원리들로부터 물리학으로의 이행에조차도 속하지 않으며, 오히려 하나의 체계를 얼기설기 엮어내는 데 들어 있는 삽입물이다. — 이제 이 원소의 실존과 이것의 선험적 전제의 필연성을 나는 다음의 방식으로 증명한다.

빈 공간에 대한 경험은 있을 수 없고, 경험의 객관으로의 추론 또한 있을 수 없다. 하나의 물질의 실존에 대해 알기 위해서 나는 물질이 나의 감관에 미치는 영향을 필요로 한다. 그러므로 '빈 공간들이 있다.'라는 명제는 결코 간접적이거나 직접적인 경험명제일 수가 없다. 그것은 한낱 〔형식적으로〕 추론된 것일 뿐이다. — '물리적 물체들이 있다.'라는 명제는 '그것의 운동력들과 운동이 하나의 물체의 산출에 시간상 선행하는 물질이 있다.'라는 명제를 전제한다. 무릇 이 산출이라는 것은 단지 물질의 형성이며 자기 자신에서(自發的으로) 생기는 것이니 말이다. — 그러나 물질 자신으로부터 생긴다는 이 형성은 그것의 가능성이 이해는 되지 않지만 그럼에도 그 근원성이 자기활동성으로서 의심될 수는 없는 하나의 시초를 갖지 않을 수 없다. 그러므로 내적인 것으로서 모든 물체들(짐, 荷物로서의)에 침투〔삼투〕하고 그것들을 고정불변적으로 운동하게 하는 하나의 물질이 (潛在力으로서) 있어야만 한다. 이 물질은 그 자신만으로 하나의 전체를 이루고, 이 전체는 하나
XXI217 의 세계전체로서 자립적으로 존속하고 스스로 내적으로 자기//운동하며 다른 모든 운동하는 물질의 토대로 쓰이는 것이다. 그것은 자립적으로 스스로 하나의 원소에서 하나의 세계전체를 형성하거니와, 이 원소는 한낱 하나의 물질의 실존만을 아무런 특수한 힘들 없이 그러니까 일반적으로 지칭하고, 이러한 질에서만 운동력을 가지며, 자기 자신의 자극의 힘 외에 다른 모든 힘들은 박탈되어 있으되, 다른 모든 운동력들을 지속적이면서 어디서나 활기찬 활동성 중에 보존한다. 이러한 주장의 근거는 이렇다: 공간 · 시간상의 직관들은 단지 형식들로서, 그것들을 오직 순전히 감관들에게 인지시키는 것이 없다면, 하나의 실존 일반을, 특히 크기의 실존을 가능하게 하는 아무런 실재적인 객관도 전혀 제공하지 못할 터이고, 그러니까 공간과 시간을 경험에 대해서 단적으로 빈 것으로 남겨 둘 터이다. 그러므로 저 보편적으로//가능한 경험의 기초에 선험적으로 놓여 있는 이 원소는 한낱 **가설적인** 것이 아니라 주어진 근원적으로 운동하는 세계원소로 간주될 수 있으며, 한낱 문제성 있는 것으로 가정될 수 있는 것이 아니다. 왜냐하면, 그것은 그것이 아니었다면 빈 것으로 지각이 없는 것일 터인 직관을 비로소 표시하고 있기 때문이다.

최초의 운동에서의 운동력들에 대하여

최초의 **운동자**는 하나의 의지에 의해 작용하는 원인을 전제하는 것처럼 보인다. 그러나 물질의 자극은 저절로 영원히 보존되는 것처럼 보인다.

제2묶음, 전지7, 2면

최초의 운동과
시원적으로 운동하는 물질
(原初的 運動의 物質)에 대하여

자신의 운동력들을 가진 물질은, 자기 자신을 외적으로 운동하게 하거나(移動力) 그것의 부분들 각각이 다른 부분들에 대하여 그러니까 상호 간에 내적으로 운동하게 하는(內的 原動力) 한에서만, 하나의 운동을 개시할 수 있다. — 그러나 하나의 **물질**의 운동의 각각의 절대적 시작은 생각할 수 없다. 그 XXI218
러나 이런 시작이 용인되면, 물질의 중지나 감소도 마찬가지로 생각할 수 없다. 왜냐하면, 물질의 폐기에서의 방해나 저항 또한 대립해 있는 운동력이기 때문이다. — 하나의 최초 운동자(第一 運動者)에게는 자발성, 다시 말해 물질성과는 온전히 모순되는 하나의 의지를 덧붙이지 않을 수 없을 터이다. — — — 이제 다음과 같은, 물리학에서 얻어온 것이 아닌 그래서 경험적이 아니고, 오히려 자연과학의 형이상학적 기초원리들로부터의 이행에 속하는 선험적으로 타당한 명제가 따른다:

"연속체로서 전체 세계공간〔우주〕에 퍼져 있는, 모든 물체들에 동형적으로〔균일하게〕 스며들어 채우는(그러니까 어떠한 장소 변화에도 예속되지 않는) 물질이 있다. 이 물질을 사람들은 이제 에테르라고 부를 수도 있고 열소 등등이라고 부를 수도 있지만, 이 물질은 (어떤 현상들을 설명하기 위한, 또 주어진 작용결과에 대한 모종의 원인을 다소간에 그럴듯하게 생각해보기 위한) **가설적 소재〔원소〕**가 아니라, 자연과학의 형이상학적 기초원리들로부터 물리학으로 이행하는 데 필수적인 요소로 선험적으로 인정되고 요청될 수 있는 것이다."

제일 명제

물질의 차이는, 하나의 물체가 똑같은 공간 안에 물질을 더 많이 또는 더 적게 함유하는 한에서, (에피쿠로스에서처럼) **원자론적**으로, **가득 찬** 것의 사이사이가 **비어 있는** 것과의 합성에 의해 설명될 수가 없다. 무릇 빈 공간은 전혀 가능한 경험의 대상이 아니니 말이다.(왜냐하면, 어떤 실재적 대상의 없음의 지각은 가능하지 않고, 오직 있음의 비[非]지각만이 가능하기 때문이다.) 그러나 수학적으로 불가분적인 촘촘한 미소물체로서의 원자들이란 자기모순적인 개념을 함유하고 있다. 무릇 공간적인 것은 무한히 가분적인 것이니 말이다.

XXI219 따라서 세계공간[우주]은 전체적으로 물질로 채워진(빈 공간도 폐쇄 공간(중간공간[빈틈])도 없는) 것으로 생각될 수밖에 없다. 무릇 저런 두 가지 중 어느 것도 가능한 경험의 대상이 아니니 말이다. — 비[非]실존은 지각될 수 없다.

그러므로 우리는 물질의 하나의 연속체를 이루는 물질로 채워진 공간상에서 말고는 아무런 운동도 생각해볼 수가 없다. 감각될 수 있는 공간, 즉 공간의 경험적 직관의 대상이 물질의 운동력들의 총괄이며, 이런 운동력들이 없다면 공간은 가능한 경험의 대상이 아니고, 공허한 것으로서 전혀 아무런 감관객체가 아닐 터이다. 우리가 원초적으로 운동하는 것이라고 붙일 수밖에 없는 속성을 가지고서 한낱 생각 속에서 현존하는 이러한 근원소[25]는 이제 가설적 사물이 아니고, 경험객체도 아니다. 무릇 그런 경우 이 원소는 물리학에 속할 것이니 말이다. 그럼에도 이 원소는 실재성을 갖고, 그것

25) 원어: Urstoff.

의 실존이 요청될 수 있다. 왜냐하면, 그러한 세계원소와 그것의 운동력들을 납득하지 않고서는 공간이 감관객체이지 못할 것이고, 이에 관한 경험이 긍정적으로도 부정적으로도 생기지 않을 것이기 때문이다. — 그러한 무형식의, 모든 공간들에 침투하고, 오직 이성에 의해서만 보증될 수 있는 원소에 대해 우리는 한낱 공간상에 퍼져 있고 모든 것에 침투[삼투]하고 있는 운동력 이외의 다른 것으로는 생각하지 않거니와, 이것의 현실성은 경험에 앞서서도 그러니까 선험적으로 가능한 경험을 위해 요청될 수 있다.

제2묶음, 전지7, 3면

2.

그러나 **빈 것을 통해** 가득 찬 것으로부터 가득 찬 것으로의 **이월**은 경험으로서는 가능하지 않다. 무릇 그런 것은 감관들에 제시되는 객관으로서의 비존재에 대한 지각을 제공하는 것일 터이기 때문이다. 따라서 각각의 공간은 우리의 외감들과의 관계에서는 물질로 채워져 있다. 이러한 명제를 위해 우리는 아무런 경험을, 또한 경험에 기초해 있는 아무런 추론을 필요로 XXI220
하지 않으니, 그러니까 이 명제는 온전히 선험적으로 언명될 수 있는 것이다. 빈 공간을 통해서는 물질의 운동력들의 작용이 우리의 감관들에 이를 수 없다. 한 경험의 다른 경험과의 연결을 만들 경험이 일순 멈추고, 물질이 (우리에게 가능한 지각을 위해) 한 점에서 합류하여 아무런 공간도 차지하지 않는다. 우리는, 우리가 이제 그에 대한 감각을 가지든 말든, 두 점 사이에 놓인 공간의 충전을 전제하지 않고서는 우리에게 가까이 있는 것이나 멀리 있는 것의 현존에 대해 알 수가 없다. 경험의 순전한 가능성이 이미 충분하게 그리고 또 이것만이 모든 공간들을 채우는 이 소재의 실재성을 보증하고 보증할 수 있다. 무릇 그렇지 않으면 그 사이에 놓여 있는 단적으로 지각될 수 없는 것, 다시 말해 비실존이 지각될 수 있어야 한다는 것인데, 이런 일은 자기모순이니 말이다.

3.

시간 및 이와 함께 최초의 시작, 물질 운동의 개시에 관해 말하자면, 그런 것은 파악될 수 없다. 왜냐하면, 그에 앞선 빈 시간이 그리고 그에 뒤따르는 지속이 가정되지 않으면 안 될 것이기 때문이다. 그러나 이러한 시작의 자발성은 다른 것이 아닌 비물질적 원인을 전제하게 하므로, 이 시간을 표시하는 물질의 운동에 대해서는 단지 이 운동의 동형적이고 고정불변적인 **계속**이 생각될 수 있다. 무릇 경험의 가능성은 어떠한 바뀜도, 즉 중지의 바뀜도 증가의 바뀜도 허용하지 않으니 말이다. 무릇 그런 것은 마치 시간이 멈추거나 가속도를 내는 것과 같은 것이기 때문이다. 그런데 하나의 빈 시간은 가능한 경험의 객관이 아니다.

XXI221

주해

하나의 고유한, 모든 물체들에 침투〔삼투〕하며, 끌어당김〔인력〕과 밀쳐냄〔척력〕을 통해 그것들을 내적으로 고정불변적으로 자극하는 세계원소의 실존에 대한 이러한 증명방식은 그 안에 무엇인가 의아한 점을 갖고 있다. 무릇 그 증명근거는 **주관적**인, 즉 경험의 가능성의 조건들에서 취해진 것이다. 그런데 이 경험은 운동력들을 전제하고, 공간을 언제나 활발한, 어쨌든 **열소** 또는 에테르 등으로 부를 수 있는, 물질로 채우기 위해 비어 있음을 배제한다. 〔그렇게 해서〕 이 명제는 선험적으로 **가설 없이** 개념들 위에 세울 수 있다. — 그에 대한 권한뿐만 아니라 그와 같이 보편적으로 퍼져 있는 원소를 요청하는 필연성도 **기체**〔基體〕**적**인 것으로 생각된 공간의 개념에 그 근거를 갖는다. — 공간은 (시간 역시 마찬가지로) 더 큰 전체의 부분으로밖에는 실존할 수 없는 하나의 크기〔양〕이다. 그러나 부분들은 필연적으로 하나의 전체의 가능성의 근거들이므로, 하나의 사물 자체가 한낱 부분으로 실존할 수 있다고 하는 것은 이치에 맞지 않으므로, 무릇 전체 안에서 잡다를 부분으로 생각하기 위해서는 전체가 우선 주어져 있어야만 한다.[26]

물어야 할 것은 운동이 언제 개시되느냐가 아니라, 내가 운동을 언제 시작하느냐, 즉 어디서 물질의 한계가 시작하느냐가 아니라, 무엇에 의해 어디까지 한계 지어지는가이다.

주해

XXI222

모든 물체들에 실체에서 침투〔삼투〕하고 그것들을 내적으로 움직이며, 그러면서도 자체적으로는 스스로 통일적인 하나의 전체인, 하나의 특수한 세계원소의 실존에 대한 이러한 증명방식은 무엇인가 유별난 점을 가지고 있다. — 이 증명근거는 주관적으로 경험의 가능성의 조건들에서 취해진 것이며, 이 경험은 물질의 운동력들의 효과로서 하나의 원리 아래에 있다.

자발성으로서의 운동의 최초의 시작은 요소원소의 권역과 운동의 항구적인 지속을 인식하도록 해준다.

그 강체〔고체〕성, 강인성, 활택성〔滑澤性〕으로 인한 기계들 안에서의 지렛대로서 열소에 대하여

제2묶음, 전지7, 4면

세계〔우주〕체계를 위한
가설적으로가 아니라
선험적으로 주어진 원소로서
모든 것에 침투〔삼투〕하여
전 세계공간〔우주〕을 채우는
하나의 물질에 대하여

26) 『순수이성비판』에서 전개한 공간론(특히 *KrV*, A25=B39이하) 및 시간론(특히 *KrV*, A32=B47이하) 참조.

§

운동의 최초의 시작이라는 개념 자체가 불가해하고, 운동함에서 물질의 자발성이라는 것이 이 물질 개념과는 양립될 수 없음에도 불구하고, 다른 한편, 일단 세계공간[우주]에 운동이 있으니까, 그것의 **원초적인** 운동과 그 운동력들의 현존은 불가피하게 요청된다. 무릇 저 운동이 항상 그리고 영원히 있었으며, 마찬가지로 지속할 것이라는 것은 결코 납득할 수 없는 운동의 필연성을 납득하는 것이다. 그러나 최초의 운동자(第一 運動者)는 자기의 운동을 하나의 비물질적인 원리일 자유로운 의사의 행위에 기초할 터이다. 그러나 이러한 원리는 여기서 다룰 주제가 아니다.

XXI223

정리

"원초적으로 운동하는 물질들은 전 세계공간[우주]에 침투하여 채우는 하나의 소재[원소]를 전제하는바, 그 소재는 이 공간상의 운동력들에 대한 경험을 가능하게 하는 조건이다. 이 근원소는 현상들을 설명하기 위한 가설적 소재로 생각해낸 것이 아니라, 자연과학의 형이상학적 기초원리들로부터 물리학으로의 이행에서 범주적으로 선험적으로 입증될 수 있는 소재로 이성에게 자기동일적으로 함유되어 있는 것이다."

증명

빈 공간에서 물질의 운동은 가능한 경험의 대상이 아니다. 그러므로 그것은 또한 가득 찬 것이 **빈 것을 통해** 가득 찬 것으로 이행하는 것이 아니다. 그러므로 감관들에 대해서는 물질로 **채워진 공간**에서밖에는 아무런 운동도, 그러니까 그것들을 움직이는 힘들도 있을 수 없다. 무릇 이러한 공간에 대해서만 하나의 경험을 갖는 일이 **가능하**니 말이다. 이제 다소간에 세계소재 중에서(물질의 똑같은 부피에서)만 물체들의 장소운동을 위한 매체이기도 한 하나의 소재가 있을 수 있다. 그러므로 빈 공간을 통한 운동은 전혀 가능한 경험의 대상이 아니고, 하나의 채워진 공간에서는 아무런 장소

변화를 하는(移動能力) 운동도 일어나지 않으며, 공간을 채우는 물질이 동일 한 장소에서 오직 내적으로만 운동할 수 있고, 그럼에도 불구하고 가능한 경험의 대상은 흡사 어떤 다른 것에 대해서도 침투〔삼투〕되지 않는 물질적 공간 같은 하나의 소재일 수 있고, 이것이 가능한 경험의 하나의 원리이다. 그렇기 때문에 원초적으로 운동하는 이 소재는 가설적으로 지어낸 소재로서가 아니라, 물질의 모든 운동들의 기초에 놓여 있는, 자기의 힘들에 의해 실재적인 소재로 인정되어야 하며, 그 자체만으로 볼 때도, 그것의 실존이 선험적으로 인식되는, 운동력들의 하나의 전체를 이루는 하나의 연속체일 XXI224
것이다.

오직 하나의 공간과 오직 하나의 시간, 그리고 그것에서 모든 운동을 마주치는 오직 하나의 물질이 있다. 단 하나의 전체를 그 형식의 면에서 이루는 경험의 실재적이고 객관적인 원리는 자기 바깥에 그리고 자기 안에 어떠한 채워지지 않은 공간도 남겨놓지 않는다. 그 안에 모든 운동력들이 놓여 있다. 이 합성된 것은 장소변화하지 않으며, 물체가 아니다. 그것의 운동의 시작은 또한 그것의 영원이다.

물질의 모든 운동력들의 통일의 전체의 토대는 열소(말하자면 그 안에서 모든 것이 운동하는 실체화된 공간)이다. 그것은 가능한 경험의 전체의 통일을 가능하게 하는 원리이다.

열소는, 적어도 생각으로는 여타 모든 속성들에 의해 노출된, 지각될 수 있는 공간이다. 그것은 공간의 모든 차원들의 경험 가능성의 원리로서 빈 공간과는 반대되는 것이다. 공간에서는 모든 것이 장소운동을 할 수 있으되 오직 공간 자신만은 그렇지 않으므로, **빈** 공간으로서는 어떠한 공간도 경험의 대상이 아니므로, 저 물질은 전체 세계건축물〔우주〕에 걸쳐 퍼져 있으며, 그것의 실존은 필연적, 곧 감관들의 대상에 상관적이다.

자기의 모든 부분들에서 근원적으로 그리고 그래서 또한 고정불변적으로 운동하는 물질은, 오직 자기 자신에 의한 것 외에는, 저지될 수 없다.

자기 자신의 (내적) 운동을 시작할 수 있고, 그 점에서 자신을 유지할 수 있는 물질은 고체화하지도 유동화하지도, 저지되지도 않고, 오직 자기 자신의 끌어당김과 밀쳐냄을 통해서만 간단없이 운동할 수 있다.

운동력을 갖춘 것으로서 그 기능이 오직 이러한 것인 물질은 즉 공간 일반을 경험 일반의 대상으로 만들고, 경험의 객관이기 위해서, 내적으로 스스로 끌어당기고 밀침으로써 어떤 다른 것을 그 자리에서 몰아내는 것이 아니라, 그것들 모두에 침투〔삼투〕하고, 자연스럽게 근원적으로 운동한다.

XXI225 물론 지성과 경험은 우리의 모든, 선험적이고 후험적인, 인식의 합을 이룬다. 그런데 지성이란 무엇을 **뜻하는**가? 만약 지성이 다시금 지성을 그의 법칙들에 맞게 사용할 수 있는 경험에 의한 하나의 능력이라면, 그것은 일종의 순환적 설명이다. 지성은 표상들을 그 규칙에 대한 의식을 가지고서 연결하는 능력이다. 지성은 감관들의 대상들에서 격리되면 순수 지성이고, 그러한 대상들과 결합하면 응용 지성이다. 후자는 경험의 능력이다. 순수 지성은 선험적 인식의 능력이다. — 그 반면 비이성과 의도적 기만은 헤르더[27]의 간판이다.

27) 칸트가 강사 시절 수강생이었던 J. G. Herder(1744~1803)는 후년에는 *Metakritik zur Kritik der reinen Vernunft*(2 Teile. Leipzig 1799)까지 써서 칸트 비판철학에 대해 격렬한 반론을 폈다. 그에 따르면 이성이란 본래 경험 의존적인 것으로서 획득되는 것이지, 경험에 앞서 요청될 수 있는 것이 아니다. 이에 대해 J. G. Kiesewetter(1766~1819)가 칸트 편에 서서 즉각 반론서 *Prüfung der Herderschen Metakritik*(Berlin 1799)를 내고 그 논란에 관해 칸트에게 알렸다.(1799. 11. 15 자 Kiesewetter가 칸트에게 보낸 편지, XII291~293; 이에 대한 1800. 7. 8 자 칸트의 답신, XII313~314 참조) 칸트가 Herder의 저 책을 직접 읽었는지, Kiesewetter의 반론서를 통해 대체적인 내용만을 파악하고 있었는지는 확인되지 않는다.

제2묶음, (반)전지8, 1면

공간과 시간상의 물질의 운동력들의 모든 가능한 지각들의 토대는 요소 원소라는 개념이다. 즉 순전히 자기 자신의 부분들 안에서 끌어당기고 밀쳐내면서 세계공간〔우주〕에 편만하게 펼쳐져 있고 자기 자신을 내적으로 계속적으로 움직이는 것이다. 이에 의해 물질의 모든 내적 운동력들의 절대적 전체에 대한 경험 가능성의 유일한 원리를 위한 개념이 만들어지고, 동일성의 규칙에 따라 그러한 것으로서 인식된다.

그러한 모든 것에 퍼져서 모든 것에 침투〔삼투〕하면서 자기 자신의 위치에서 계속적으로 운동하는 세계원소라는 이 형식이 이제 근원적으로 운동하는 물질을, 특정 현상들을 주어진 경험법칙들에 따라 설명하기 위해, 한낱 **가설적인 원소**로 지어낸 것이 아니라, 경험 가능성의 원리 자체에 따르는, 실재적인 실존적인 원소로 특징짓는다. 그렇게 해서 이 형식이 저 개념에게 객관적 실재성을 준다.

주해 XXI226

객관적으로 경험에 의해서(경험적으로)가 아니라, 경험 일반의 가능성의 원리에 의해서(선험적으로) 따라서 **주관적으로** 증명을 이끌어가는 이러한 간접적 증명방식은 그 자체로 좀 낯선 점이 있다. 무릇 그러한 추론방식은 어디서나 일관성이 없고 가능하지 않은 것으로 보이기 때문이다. — 사람들이 알고 싶은 것은, 과연 우주 안에 퍼져서 모든 것에 침투〔삼투〕하는 원소(이것을 열소나 에테르나 또 다른 비슷한 어떤 것으로 부르든 간에)가 **실존**하는가이며, 답으로 얻는 바는, 만약 이러한 원소가 실존하지 않는다면, 그러한 것에 대한 경험의 **가능성**조차 허용될 수 없을 것이라는 점이다. 그런데 경험이 가능함은 선험적으로 확고하고 의심할 여지가 없다. — 이 난점은 아래와 같이 해소된다.

공간 또는 시간상의 모든 빈 것은 단적으로 가능한 경험의 객관이 아니다.

왜냐하면, 그런 것은 외감이나 내감의 대상이 아니기 때문이다. 그럼에도 불구하고 그것은 무물〔無物〕(否定的 無)이 아니다. 그 때문에 그 객관의 비존재가 자기모순은 아니다.

물질의 모든 운동력들의 토대를 이루는 하나의 원소가 세계공간〔우주〕 안에 실존한다는 것은 선험적으로 이미 동일율에 따라서 그로부터 추론될 수 있다. 왜냐하면, 가득 찬 공간에 의한 제한이 없는 빈 공간의 현실성(現實性)조차가 가능한 경험의 대상이지 않을 터이기 때문이다.

물질은 작용한다. 의사〔의지〕는 행위한다. 목적에 따라(人爲的으로) 행위하는 자는 작업한다.

作用하다, 行爲하다, 作業〔處理〕하다

제2묶음, (반)전지8, 2면

경험명제. 물질은 자기의 운동력들과 함께 실존한다. 이 운동력들은 시원적이거나 (혹은 또한 시간상 원초적으로 운동하거나) 아니면 파생적으로 하나의 공간에서 상호작용한다. 그러나 이 교호작용은 그 힘들의 하나의
XXI227 連續體를 전제하며, 그것도 원소의 통일성과 동양성〔同樣性〕으로서 그러하다. 전체가 경험 일반의 가능성의 원리에 합치함. 이제 마치 단 하나의 공간과 단 하나의 시간이 있는 것 마냥, 사람들이 이 둘을 이를테면 실체화하면 (이 둘을 경험의 현실적인 대상들로 만들면), 이 둘의 기초에는 순전히 경험 일반에 속하는 운동력들을 기초에 둔 하나의 질료〔물질〕가 놓여 있다. 여기서 운동력이란 다른 것이 아니라 실제 운동에서의 끌어당김〔인력〕과 밀쳐냄〔척력〕을 물질 일반에 대한 자기의 개념 중에 함유하고 있는 것이다.

*　　　*

운동하는 것이 오직 다른 운동하는 것에 의해서만 운동하는 한, 그것은 기계적으로//운동하는 것이다. 그러나 그것이 원초적으로 자기 자신의 힘에

의해 움직이는 한, 그것은 역학적으로 운동하는 것이다.

기계적으로 일으킨 운동은 원초적인 것이 아니고, 운동하게 된 소재[원소]는 그것을 자극하기 위한 또 다른 운동하는 질료[물질]를 필요로 한다. — 무릇 그러나 하나의 운동을 시작하기 위해서는 물질에 자발성이라는 고유속성이 있어야만 하고, 이것은 **물질**의 운동력들이라는 개념과 모순이 된다. 하나의 운동을 선행하는 운동에서 도출하는 일은 원인들의 무한 소급을 전제하니 말이다. 그래서 운동의 역학적 원리는 다른 것이 아니라 공간과 시간상에서 끝도 없고 시작도 없이 운동당하고 운동하는 하나의 물질의 요청과 같이 작동할 수 있다. 이 하나의 물질은 무한히 나누어지면서 모든 물질을 운동 중에 유지하는 것이다.

공간상에 실존하는 것[의 기능]은, 그 실존하는 것이 자기의 부분들의 면에서 밀쳐내면서 운동하는 힘을 갖는 한에서, 물질이다. 공간상에 실존하는 무엇인가는 항상 운동력을 가지며 運動한다.

*　　　　*

빈 공간은 가능한 경험의 객체가 아니다. 만약 그것이 객체라면, 그것은 물질이 차지한 것이고, 그것도 그것의 모든 부분에서 그러한 것이다. 공간을 차지하는 것과 가능한 경험의 대상인 것 외의 모든 속성들과는 격리되어 있는 공간을 차지하는 것의 실존이 전체 세계공간[우주]을 운동력들로 XXI228
채우는 물질이며, 그것의 실존은 동일률에 의해 충분하게 정초되어 있다. 무릇 공간이란 가능한 경험의 객체가 아니기 때문이다. 경험이란 것이 물질의 운동력들의 작용결과인 한에서 말이다. 그 운동력들의 기초에는 독자적으로 존립하는 원소가 놓여 있고, 이것의 운동은 기계적이 아니고 순수 역학적이다. 왜냐하면, 전자를 위해서는 이미 xxx

가능한 경험의 객관으로서의 전체 세계공간[우주]은 그것의 어떠한 부분에서도 비어 있지 않으며, 하나의 가득 차 있는 공간이다. 무릇 빈 공간은 가능한 경험의 객관이 아니니 말이다. 이러한 견지에서 그것에 부가될 수밖에 없는 원소는 모든 공간을 차지하고 침투해 있다(浸透性)는 점에서 그것을 채우는, 현재하는 속성들과 함께 가설적인 원소가 아니라, 오히려 동일률에 따라 선험적 개념들에서 생겨나오는 원소이다. 무릇 이 모든 것에 침투〔삼투〕하는 속성으로 인해 그 원소의 단일성과 또 공간 자체의 단일성이 외적 감성존재자들의 경험의 가능성의 최상 원리인 것이며, 공간상의 물질은 그 자신 독자적으로 같은 종류의 다른 모든 물질에 대해 저항하기 때문에, 이 원소가 요소원소인 것이다. 각각의 물질에게 공간상에서 그것의 위치를 정해주기 위해 이 원소가 전제되지 않으면 안 되는 까닭에, 그 원소는 한갓된 사념물이 아니라, 운동할 수 있고 운동하며, 그러면서도 어디서나 동일형식적이되 그 방식에서 유일적이다. — 이 원소는 어떤 곳에서도 감소하지도 증가하지도 않는다. — 만약 사람들이 빈 공간을 통한 끌어당김〔인력〕에 대해 말한다면, 그것은 순전히 관념이다.

가능한 경험의 대상으로 표상된 공간 자체가 요소원소이다. 그것이 공간을 감성적인〔감각할 수 있는〕 것으로 만든다. 바로 열이 그것의 활동의 기능이 아님에도 열소라고 일컬어지는데, 〔그것은〕 운동력들의 시원적 이념이다.

비록 (중력의) 세계〔우주〕인력이 빈 공간을 통해 잡아끈다 해도, 그것이 의미하는 바는 단지, 인력은 물체들을 중간물질의 매개 없이 잡아끈다, 直接的 遠隔作用을 한다는 것으로서, 그래서 중간물질이 그를 위해 하는 것은 아무것도 없으며, 이 점에서 공간이 비어 있는 것으로 간주된다는 것이다.

XXI229 감관들의 하나의 객체로부터 다른 하나의 객체로의 이행은, 그 사이에 빈 공간이 놓여 있는 경우에는, 경험일 수가 없다. 두 객체는 오직 사이에 놓여 있는, 하나의 운동력이자 실재적인 원소인, 지각의 객체에 의해서만 서로 간에 하나의 경험에서 결합될 수 있다.

그러므로 운동력들의 가능성과 하나의 경험을 위한 이것들의 결합의 가능성의 기초에는 하나의 실재적 원소(열소)가 있다.

제2묶음, 전지9, 1면

2.

그러므로 지각할 수 있는[28]//빈 공간은 본래 우리 감관에 상대적으로 그 정도에 있어서 감각지각할 수 없는[29] 물질이며, 가능하지만 간접적인 경험의 대상이다. 예컨대 눈과 대상 사이의 공간을 차지하면서 그 자극을 통해 경험의 대상이 될 수 있는 광물질〔光物質〕.

그를 통해 공간 일반이 가능한 경험(측량, 방향 등등)의 대상이 되는 것은 보편적으로 퍼져 있으면서 모든 것에 침투〔삼투〕하는, 운동력들을 가진 세계원소이며, 이것의 현실성은 순전히 외적 경험의 가능성의 원리에 의거해 있고, 그러니까 선험적으로 동일률에 따라 인식되고 보증되어 있다. 왜냐하면, 이 원소를 전제하지 않고서는 나는 전혀 아무런 외적 경험을 가질 수 없을 터이기 때문이다. 즉 빈 공간은 가능한 경험의 대상이 아니기 때문이다.

그러므로 사람들이 보통 열소라고 부르는 — 이것은 단지 이것의 운동력들의 한 특수한 작용일 따름임에도 불구하고 — 이 원소는 **가설적인 원소**, 특정한 현상들의 설명을 위해 지어낸 것이 아니라, 저 힘들의 경험의 가능성의 원리로 **요청된** 것이며, 이 원소의 개념은 물질의 모든 운동력들의 선험적인 연결의 **토대**이다. 이것이 없으면 물질의 하나의 전체에서 힘들의 잡다한 관계들에서 아무런 통일성도 생각될 수 없을 터이다. 무릇 이것은, 그 XXI230
러므로 무엇이 경험의 객체일 수 있는지 또는 무엇이 그 자체로 모순됨이 없이 자기 자신만으로 존립할 수 있는 것인지를 결정하는 데서의 회의적인 혼란 중에 하나의 주관적인 원리인, 오로지 이 힘들의 경험의 가능성과의 합치의 원리에 의해서만 적용될 수 있는 것이니 말이다.

---

28) 원어: wahrnehmbar.

29) 원어: imperceptibel.

주해 1

그 안에 모순이 들어 있는 것으로 보임에도 선험적으로 성립하는 명제라는 우선권을 갖춘 하나의 경험적 판단이 설정되어야 한다는 것은 누구에게나 기이한 일로 눈에 띄지 않을 수 없다. — 그러나 오직 두 상이한 관계가 있으니, 하나는 표상의 객관에 대한 관계이고, 다른 하나는 주관이 저 객관에 대해 가질 수 있는 인식의 가능성의 관계이다. 내가 전자의 원리에서 출발하면, 판단은 **직접적**인 것이고, 여기서 말하는 물질[질료]은 내가 나의 모든 표상에서 추론할 수 있는, 한낱 가설적인 원소[소재]이다. 내가 오로지 물질의 힘들에 대한 경험 가능성의 원리에만 나의 목표를 세우는 후자의 경우에 나의 판단은 **간접적**으로 원리들로부터 나온 것이다. 그럼에도 이것이 찾던 결과를 준다. 무릇 가능한 경험의 조건들과의 필연적인 (유일하게 가능한) 합치가 또한 표상의 객관과의 합치를 생기게 하니 말이다. — 하나의 공간과 하나의 시간이 있다 함은 경험 가능성의 조건들과 아주 잘 부합한다. 저 두 가지는 실존하는 사물들의 실재적 규정들에 속하기 때문이다. 그러나 하나의 빈 공간과 하나의 빈 시간이 있다 함은 그에 전혀 부합하지 않는다. 왜냐하면, 그를 위해서는 있지 않은 것에 대한 하나의 경험이 요구될 터이니 말이다. — 그러므로 전체 세계공간[우주]에 퍼져서 끌어당기고 밀침으로써 그것[30]의 동종의 부분들을 채우고 모든 물체에 침투[삼투]하는
XXI231 하나의 물질에 대한 **가설**은 단지 하나의 사념물(理性的 *存在者*)이지만, 그렇다고 사람들이 흔히 모든 것에 퍼져 있는 열물질이라고 부르는 것 같은, 한갓된 **가설적 소재**[**원소**]가 아니다. 경험 가능성의 원리로서의 이것의 가정은 불가피한//필연적인 가정으로서, 그것은 현상들을 설명하기 위한 것이 아니라, 선험적으로 운동력들의 하나의 체계 안에서 그것들의 통일성을 위해 경험 가능성을 위한 원리들의 합치를 생기게 하기 위한 것이다.

---

30) 원문은 "diese"이나 "diesen"으로 고쳐 읽는다. 곧 'Weltraum'을 지칭한다.

공간 자체는 물질의 운동력들의 보편적 총괄로서 경험의 (가능성의) 객체이다. 왜냐하면, 공간은 빈 것일 수가 없고, 오히려 자기 자신 안에서 그것의 모든 점들에서 각각이 자기 장소에서 운동하고 움직일 수 있어야 하기 때문이다. 위치, 방향, 거리들은 측정상 모든 3차원에 종속되어 있다. 그러나 만약 공간이 빈 것으로 생각된다면, 무엇에 의해 표시되어 있을 수 있을까.

철학의 수학적 기초원리들은 수학의 철학적 기초원리들이 바로 그러하듯이 불가능하다.

수학적 원리들로부터 철학적 원리들로의 이행은, 그것이 연속적일 것이라면, 있을 수 없다. — 또한 자연과학의 수학적 원리들이 있는가? 그것은 무물〔無物〕이 아닌가?

빈 공간을 통한 끌어당김〔인력〕

'비존재를 경험하다'와 '현존재를 경험하지 않다'는 전적으로 서로 다른 개념이다.

빈 공간을 통한 중력의 끌어당김. 둘째 注意를 보라.

한계 지어지지 않은 것은 적극적인 현존재로서의 무한한 것과는 구별된다. 실재적인 것은 사라짐 없이 무한히 더 작아질 수 있다. 예컨대 무게의 견인력.

제2묶음, 전지9, 2면

주해 II

이 세계원소〔우주소재〕의 속성들은 이렇다. 1) 이것은 **계량할 수 없다**(計量不可能하다). 무릇 계량할 수 있음은 하나의 기계의 외적 능력, 그러니까 운동의 도구로서의 한 물체의 운동력들을 전제한다. 그런데 이 도구 자신이 우선 하나의 침투〔삼투〕하는 원소의 내적으로 운동하는 힘을 필요로 하 XXI232
거니와, 이 원소는 지렛대의 구성분의 내적 운동에 의해 그러한 운동능력을 낳는 데 적합하게 되어 있다. — 2.) 이것은 **차단할 수 없다**(沮止不可能하다). 무릇 이 물질을 차단하는 물체(통〔용기〕)는 이러한 자기의 힘을 오직 사람들이 이 원소의 팽창에 저항하기 위해 전제하지 않을 수 없는 속성에서만 얻을 수 있을 것이기 때문이다. 이 원소는 자기 자신만이 자기를 제한하며, 다른 모든 것에 대해서 침투〔삼투〕할 수 있다. — 3.) 이것은 자기의 모든 부분들에서 액체 물질로서든 고체 물질로서든 **응집될 수 없고**(凝集不可能하고), 오히려 반발적이다. — 그것은 최소량에서도 **고갈될 수 없다**(消盡不可能하다).

이 모든 것이 전반적으로 고찰된 것이다.

주해 III

모든 운동의 시초에 관해 말하자면, 그러한 것은 선행하는 빈 시간에 의한 운동의 한정으로, 원인 없는 하나의 결과, 선행하는 것 없는 하나의 잇따름일 터이다.

그러나 하나의 원인에 잇따르는 결과로서의 세계변화들의 하나의 신기원이 있다 함은 가능한 경험의 한 객체이다.

* *

그에 대해 어떠한 지각도 가능하지 않은 공간(非感性的〔感覺不可能한〕 空間)은 나 밖에서는 아무것도 아니겠고, 한낱 외적 대상들의 순수한 직관의 형식일 따름으로, 적극적으로 빈 것도 적극적으로 가득 찬 것도 아니며, 전혀 나 밖에서 실존하는 객체가 아니겠다. — 이러한 공간에서 어느 곳 어느 때에 실존해야 하는 것은 전혀 아무런 상관자도 동반하지 않는 물질의 한 관계, 즉 무〔아무것도 아닌 것〕에 대한 하나의 관계이다. 바로 그것이 가득 차 있는 것과 외적으로 결합되어 있는 둘러싸진 그리고 둘러싸는 비어 있는 것의 현존재이다. — 전자 또는 후자의 방식으로 (두 이질적인 원리들에 의해)
XXI233 합성된 것으로 가정되는 소재〔원소〕는 결코 가설적 소재〔원소〕로 볼 수 없다. 무릇 (빈 것이 가득 찬 것과 결합하는) 이런 식의 가설은 전혀 가능한 경험의 대상이 아니기 때문이다. 무〔아무것도 아닌 것〕에 대한 지각이란 모순적인 개념이니 말이다.

교호적인 끌어당김[인력]과 밀쳐냄[척력]을 통해 자기 자신을 한정하며, 열의 느낌이 아무런 역할을 하지 않는 데도 사람들이 모든 것에 퍼져 있는 열소라고 부르는, 모든 것을 채우는 하나의 공간 안에서 운동력들을 가진 물질의 고정불변적인 현상이 운동력들의 체계를 위한 토대이다. 이것은 분석적으로 개념들에 따라, 다시 말해 동일성의 규칙에 따라서, 즉 경험 일반의 가능성과의 합치의 원리로부터 나온 것이고, 그러므로 언제나 단지 미정적인 것으로 머무르는 가언[가설]적인 것이 아니라, 정언적인 것이다. 이 경험 일반의 가능성과의 관계에서 저 소재[원소] 자신이 하나의 경험적인 것이 된다.

주해

선험적으로 물질의 하나의 직접적인 끌어당김이 접촉(重力) 없이 있다면, 세계공간[우주]에는 물질의 부분들의 직접적인 밀쳐냄이 있어야만 한다. 물질의 진동의 한 운동이 모든 점들에서 있도록 각각의 부분이 자기 위치에서 움직이는 방식의 접촉에서는 말이다. 무릇 그렇지 않으면 물질은 필연적으로 완전히 흩어져버릴 것이고, 공간은 텅 비어 있을 것이기 때문이다. — 열소는 가설적인 것이 아니다. — 채워지지 않은 공간이 제아무리 작다 해도, 가능한 경험의 대상이 아니다. 마찬가지로 운동하지 않는다.

역학적인 설명방식은 또는 도구들에 의해 **기계적**인데, 도구들 자신이 그 실존을 위해서는 운동력들을 필요로 한다. 그리고 그것들은 만약 그 본성상 그것들의 형성의 목적들을 전제한다면 유기적으로 표상된다.

XXI234 제2묶음, 전지9, 3면

물질의
운동력들의 선험적으로 인식 가능한 체계에 대하여

제1부
이 힘들의
기본체계에 대하여

제1명제

물질의 차이는, 하나의 특정한 공간이 같은 공간크기(容量) 안에 물질을 더 많이 또는 더 적게 함유하는 한에서, **가득 찬** 것의 사이사이에 분산되어 있는 **텅 빈** 것과의 합성에 의해 (에피쿠로스에서처럼) **원자론적**으로 설명될 수 있는 것이 아니라, 자기의 부분들이 같은 속도와 방향을 가진 하나의 물체로서의 물질의 운동에서 그 물질의 운동력들을 통해 (**역학적**으로) 설명되어야 한다.

무릇 비존재에 대한 지각은 가능하지 않으므로, 빈 공간은 결코 가능한 경험의 대상이 아니다. 그러나 그렇기 때문에 절대적으로//조밀한, 그러면서도 수학적으로//불가분적일 미소물체인 원자들을 가정하는 것은 그 자신의 개념과 모순된다.

한 물체의 가득 찬 공간 사이에 빈 공간(空虛한 中間區域)들이 섞여 있음이 발견될 수 있을지도 모르겠지만, 그럼에도 이런 것은 가능한 경험의 대상이 아니며, 세계의 한계 너머에 있는 것으로 생각될지도 모를 무한한 허공이라는 것은 더더욱이나 그러하다. — 도대체가 이 경우, 과연 물질의 기본체계 안에 도대체 빈 공간들이 있느냐 없느냐는 물을 것이 없고, 오히려 말해질 바는, **그런 것은 가능한 경험의 대상이 아니**라는 사실뿐이다.

제2명제

모든 물질은 외감들의 한 객체이고, 따라서, 설령 그에 대한 지각이 제아무리 미세하고 거의 알아챌 수 없을지라도, 가능한 경험의 한 대상이다. 사람들은 대상의 기초에 언제나 하나의 알맞은 감관감각을 놓을 수 있기 때문에, 경험은 직접적으로가 아니라, 다른 경험(예컨대, 빛이 한 목성의 위성으로부터 지구상의 관찰자의 눈에 이르는 데 필요한 시간의 경험)의 결론으로서 오직 간접적으로 이루어질 수 있다. XXI235

이제 공간의 편재[遍在]과 무한계성은 또한 어떤 객체의 실존과 연장적 크기를 표시하는 성질들이다. 비록 순전히 순수 직관에서, 다시 말해 순전한 현상에서의 대상의 형식에서이기는 하지만 말이다. 그럼에도 이것은 하나의 소재[원소]를, 공간을 채우는 하나의 객관을 어떤 하나의 실[체]을 통해서도 xxx 없이 xxx

이런 상관(관계)에서의 대상들의 전체는 대상들의 자존성[실체성], 원인성[인과성], 상호성의 범주들에 서 있거니와, 이 범주들을 통해 저 모든 대상들이 하나의 경험에서 연결되어 생각되어야만 하고, 모든 물질[질료]이 가능한 경험의 하나의 절대적 전체를 이룬다.

이 공간을 채우는 소재[원소](무릇 그렇지 않으면 공간은 xxx 하나의 대상이 아닐 터이니까 xxx

공간의 경험 가능성에 대하여

제2묶음, 전지9, 4면

*　　*

우리는 공간을 감성의 여느 객체를 그렇게 하듯이 두 가지 방식으로 표상한다. **첫째로**는 **생각할 수 있는** 어떤 것(思考 可能한 空間)으로, 즉 공간은 서로 바깥에 있는 잡다의 하나의 크기, 순수 직관의 대상의 순전한 하나의 형식으로서 오로지 우리의 표상력 안에 있는 것으로 표상된다. 그러나

둘째로는 **감지할 수 있는** 어떤 것(知覺 可能한 空間)으로서, 우리가 지각하고 우리의 경험을 위해 끌어올 수 있는, 우리 표상 바깥에 실존하는 어떤 것으로서, 그리고 경험적 표상으로서 하나의 감관객체, 즉 공간을 채우는 소재〔원소〕를 이룬다.

하나의 빈 공간은 생각할 수는 있지만, 감지할 수 없다. 다시 말해 가능한 경험의 대상이 아니다. 그 때문에 또한 원자론은, 같은 부피에서 좀
XXI236 더 많거나 좀 더 적은 물질 양을 설명하기 위해 공간을 가득 참과 그 사이사이에 섞여 있는 빔에 의해 채우는 물질의 잡다의 하나의 합성 이론으로서, 하나의 근거 없는 체계이다. 무릇 물질의 어떠한 부분도 분할불가하지 않되, 빈 것은 단적으로 가능한 경험의 대상일 수가 없기(비존재는 지각될 수 없기) 때문이다. 그러므로 저런 두 가지 요소들, 지각 가능한 요소와 지각 불가능한 요소에 의해 (이렇게 絕對的으로) 하나의 세계가 구축될 수는 없다.

그러므로 모든 공간들은 물질로 채워져 있다. 그러나 설령 장소변화(移動能力)하지 않으면서도 자기의 자리에서는 내적으로 운동하고 계속적으로 운동당하는 물질(內的 原動能力)이라 하더라도 이 물질의 운동 가능성은 있어야 한다. 어느 장소에나 외감들의 대상들은 있어야 하고, 그것도 운동력들을 가지고 있어야 하기 때문이다. 공간을 채우는 소재〔원소〕로서 이것 없이는 저 물질도 정지해 있을 때는 가능한 경험의 대상이지 않을 터이니 말이다.

그러므로 모든 물체적인 것에서 역학적 현재적으로 그러니까 감각 가능한 하나의 공간인 속성을 갖는 물질은 하나의 독자적으로 존립하는, 모든 것에 침투〔삼투〕하고, 단절되는 바 없으며, 동형적으로 펼쳐져 있는 전체이자 하나의 소재〔원소〕여야만 한다. 이 소재〔원소〕는 운동을 가진 운동력들에게 하나의 (**동시에** 모든 가능한) 경험의 가능성에 합치하는 토대로 쓰인다.

하나의 절대적 전체의 통일성으로서의 이 물질의 실존은, 그것이 이제

열소 또는 에테르나 그런 것으로 일컬어지든 어쨌든, 이제 직접적으로 경험을 **통해** 공증될 수 있는 것이 아니라, 선험적으로 그것도 간접적으로 순전히 경험 일반 그리고 경험 일반의 가능성을 위한 저 조건들의 합치의 필연성 위에서 증명되지 않을 수 없다. 그때에는 저 열소가 한낱 **가설적 소재**〔**원소**〕로서 자연과학의 형이상학적 기초원리로부터 **물리학**으로의 이행 칸에 내던져지고, 아무런 확실한 성분도 갖지 못하는 한낱 경험근거들 위에서 품격을 잃게 되지도 않을 터이다. XXI237

주해

실제로 물질의 기본체계뿐만 아니라 세계〔우주〕체계에도 상관이 있고, 여기서 미정적으로가 아니라 아예 명증적으로 수행된 것이라고 자칭하는, 모든 것에 퍼져 있는 열소의 실존에 대한 앞에 있는 명제의 증명방식은 아마도 특별한 해설이 필요하겠다. 객관의 실존은 그것을 가설로 놓지 않고서는 직접적으로 끌어올 수가 없다. 그러나 사람들은 열소를 가설적인 원소로 만들고자 하는 것이 아니라, 그것의 실존을 정언적으로 타당하게 만들고자 한다. 만약 이를 위해 한낱 하나의 특정한 공간이 아니라 전체 세계공간〔우주〕이 대상으로 취해지면 말이다. 무릇 이 원소를 위한 공간이 한계 있는 것으로 가정된다면, 내적으로나 외적으로 **빈 것**〔허공〕이 이 공간의 일부 즉 가능한 경험의 대상일 것인데, 이것은 자기모순이기 때문이다.

분석적으로 보편적인 것은 추상을 통해, 체계적으로//보편적인 것은 집합을 통해 산출된다. 그러나 전자와 후자는 그 이념이 선험적으로 필연적인, 물질의 운동력들의 전체의 배열 중에서 산출하거나 이성에 의해 그리로 이끌었다.

XXI238

제2묶음, (반)전지10, 1면

서론

자연과학 일반과
선험적 원리들에 따른
그 구분에 대하여

첫째

취급의
형식의 면에서

§ 1.

뉴턴은 그의 불멸의 저작 『自然哲學의 數學的 原理들』에서 그의 학문의 원천과 그가 이용하고자 했던 방법, 그리고 말하자면 그 방법의 논리 같은 것을 미리 특별하게 제시함이 없이 사실을 가지고 노래를 부른다. 그러나 그로 인해 구분의 면에서는 체계적인 취급에 모종의 불편함이 따른다. — 방법적으로 선험적 원리들에 따라 구분하기 위해서 그는 自然**科學**이라는 상위 개념을 앞에 놓지 않을 수 없을 것이고, 그러고 나면 그 구분은 다음과 같은 형식을 가질 터였다.

1) 自然**科學**의 哲學的 原理들(自然哲學이 아니다. 그런 것이라면 이 명칭은 동어반복이니 말이다.)

2) 自然**科學**의 數學的 原理들(自然哲學이 아니다. 그런 것이라면 이 명칭은 모순적이니 말이다.)

무릇 수학의 **철학적** 원리들이 없듯이 철학의 **수학적** 원리들도 없다. 전자는 **개념들**에 의한 인식들이고, 후자는 개념들의 구성에 의한 인식들(선험적
XXI239 직관들)이다. 양자 사이에는 언제나 하나의 커다란 협곡이 견고하게 있다. 그래서 양자가 순수한 이성연구에 전념하고 있음에도 불구하고, 철학설을

위한 재능은 수학론을 위한 재능과는 전혀 다르며, 전자는 기술의 숙련성 에 있어서 후자에 비해 훨씬 덜 빛이 나나, 궁극목적에 속하는 것에 있어서 는 반대로 훨씬 더 충만하다. 왜냐하면, 후자[31]가 임의의 기술적 목적들을 위한 하나의 훌륭하고 광범위하게 유용한 도구이긴 하지만, 전자는 철학이 라는 말이 (지혜론으로서) 뜻하는 바처럼 그의 선험적 인식들에서 인간 이성 의 **궁극목적**에 전적으로 본래적으로 상관한다.※

뉴턴은 그의 불멸의 저작 『自然哲學의 數學的 原理들』에서 이 제목으로써 XXI240
선험적 원리들에 기초한 하나의 자연과학을 예고한다. 그러나 모든 선험적
인식은 수학적이거나 철학적일 수 있으므로, 그의 학문의 호칭은 뭔가 불
편해 보였고, '自然**科學**의 數學的 原理들'이라고 명명되었더라면 더 좋았을

※ (그의 『백과사전 서문』에서 보는바) 달랑베르[32]의 의견에 따르면, 수학이 현재
느끼게 하는 중요성은 시간이 지남에 따라 아예 사라지고, 매우 유용하기는 하
나 자동 기계장치의 일종으로 변질될 수도 있다는 것이다. 만약 이제 해석학이
모든 것을 다하고 난 후, 천체 관찰에 불충분하게 된 도구들의 부족이 마지막
별 관찰에 이르고, 수학이 소재의 부족으로 인해 그의 과업을 완성된 것으로 제
쳐놓는다면 말이다. — 그러나 이 시기가 얼마나 멀리 또는 얼마나 가까이 있는
지를 규정하지 않고서 케스트너 씨는 이 시점이 철학자에게는 결코 오지 않을
것이라 믿는다. 그것도 두 가지 이유에서 그러한데, 첫째로 철학자는 언제나 처
음에서 시작하고 모든 것을 새롭게 찾아내야 해서, 결코 실제로는 전진하지 못
하고 목표에도 이르지 못하기 때문이며, 둘째로는 타인들과 다툼이 있는 주장
들에서 철학자들은 늘 습관적으로 "그들이 상대방으로부터 이해받지 못하고 있
다."라는 비난을 하는데, 물론 이것은 그들이 어쩌면 자기 자신을 이해하고 싶
어 하지 않는다는 것을 짐작하게 하기 때문이라 한다. 그럼에도 이때 이것은 언
제나, 불치의 궤변가의 치유를 위해 자기의 재능을 시인적 재주와 이렇게 뒤섞 XXI240
기 위해 헛되이 애쓰는, 이른바 수학자로 도금한 철학자에 대한 하나의 비난에
머무른다.

---

31) 칸트 원문은 "das erstere" 즉 "전자"이나, 맥락을 고려하여 뒤따라 오는 "das letztere" 즉 "후자"와 맞바꾸어 옮긴다.

32) Jean Le Rond d'Alembert(1717~1783)가 쓴 *Discours préliminaire de l'Encyclopédie*(1751)의 독일어 번역본 *Abhandlung von dem Ursprung, Fortgang und Verbindung der Künste und Wissenschaften*(1761)을 칸트는 소장하고 있었다.

것이다. 그래서 모든 순수한 이성학문은 철학적이거나 수학적이므로, 구분의 둘째 항목, 즉 自然科學의 哲學的 原理들이 확실하게 구분의 첫째 항목이 되었더라면, 이제 그 대신에 첫째 구분의 짝이 自然**哲學**의 **哲學的** 原理들이라고 명명되어 동어반복적으로 표현될 수밖에 없었을 것이다. 무릇 數學의 哲學的 原理들이나 哲學의 數學的 原理들은 자기 자신과 모순되는 불가능한 학문들이니 말이다. 사람들은 수학의 철학적 기초원리들이나 철학의 수학적 기초원리들을 생각할 수 없다.※

XXI241

제2묶음, (반)전지10, 2면

모든 가능한 외적 경험 일반의 객관의 통일, 1. 질의 면에서 (동일성의) 분석적인 통일, 2. 하나의 공간에서의 물질의 운동력과 시간상의 운동의 양의 면에서의 종합적 통일은 어디에도 비어 있지 않은 공간을 위한 소재[원소], 즉 열소를 제공하거니와, 그것이 하나의 객관에서의 모든 경험의 통합의 토대이고, 물질의 선험적으로 생각 가능한 체계의 가능성 · 현실성 · 필연성의 양태의 이성원리에 따라 가능한 경험 일반의 통일을 위한 물질의 합치의 조건이자 대상이다.

선험적 개념들에 의한 한 물질의 실존에 대한 이러한 증명은, 이 물질이

※ 철학함에 정통하지 못한 이들의 공허한 시도들 중 하나의 실례는 가령 다음과 같은 것이겠다. 즉 일관적으로 동일한 곡률로(다시 말해, 그것의 모든 동일한 부분들이 또한 서로 합동이 되는 바대로) 한 평면 위에 그려진 곡선은 자기 자신으로 복귀한다는 것을 증명하기; 이 선 밖에는 다른 모든 점들에서 동일한 거리로 떨어져 있는 하나의 점이 있다는 것을 증명하기: 또는 과연 하나의 직선이 곡선을 측정하는 데 있어서, 하나의 직선이 다른 직선에 대해서처럼, 규정 가능한 관계에서 선험적으로 인식될 수 있는가 하는 물음 등등. ― 이에 관해 철학함을 통
XXI241 해 배우려는 노력은 전혀 부질없는 일로서, 학문의 두 방식에서의 인식이 전적으로 같지 않음을 입증한다. 비록 이 둘이 선험적 개념들을 다룬다는 점에서는 합치함에도 불구하고 말이다.

하나의 전체의 절대적 통일성에 관해서도 그러한 것과 마찬가지로, 순전한 개념들에 의한 입증에서 그 방식이 독특하다. 이 방식은 다른 어떤 객관에 대해서도 적용할 수 없는 것이다. **보편적인** 것[33]에 상관하는 논리적 통일은 여기서 물질의 **모두**[34]에 상관하는 실재적 통일과 동일화한다.

제2묶음, 전지11, 1면

서론

제1절

제시된 학문에서
방법의
형식적 원리들에 대해

§ 1

뉴턴은 그의 불멸의 저작 『自然哲學의 數學的 原理들』에서 이 제목으로써 선험적 원리들에 기초한 하나의 자연과학을 예고했다. 그러나 모든 선험적 XXI242
인식은 수학적이거나 철학적인 것 외에 다른 것이 있을 수 없으므로, 이러한 호칭 안에서는 하나의 내적 불일치 곧 자기동일성이나 모순이 있음이 드러난다. — 무릇 哲學의 數學的 原理들은 數學의 哲學的 原理들과 마찬가지로 불가능한 학문이니 말이다. 무릇 하나의 수학적 철학은 하나의 철학하는 수학과 꼭 마찬가지로 무물〔無物〕이기 때문이다. — 이러한 곤경은 불가불 自然**科學**의 (數學的 或은 哲學的) 原理들이라고 일컬음으로써 벗어날 수 있다. 즉 개념들에 의하거나 개념들의 구성을 통한 두 가지의 선험적 인식의 체계들.※ 이 학문들의 하나가 다른 하나와 연결될 수는 있지만 다른 것의

33) das **Allgemeine**.

34) das **All**.

자리에 놓일 수는 없다. 이 학문들의 영역들이 격리되어 있음은 충분히 식별하기 쉬우며, 양자 사이에는 폭이 넓은 협곡이 견고하게 있으니, 객관에 대한 **인식**의 처리방식에 관해서도 그러하고, 이성이 주관에게 문제로 제기
XXI243 했던 **목적**에 관해서도 그러하며, 심지어는 자연이 전자에게 허용했던 재능은 후자에게 허용했던 재능과 전적으로 구별된다.※※

※ 사람들은 순수 수학의 대상들에 관해 **논변적**으로 그러나 결실 없이 추리할 수 있고, 이 분야에 정통하지 못하거나 재능이 없는 이들은 때때로 여기서 앞으로 나가보려고 공허한 시도들을 한다. 예컨대 그들은 선험적인 순전한 개념들에 의해 다음과 같은 것들을 설명해보려고 한다. 즉 (한 평면 위에) 일관적으로 동일한 곡률로(그것의 모든 동일한 부분들이 서로 합동이 되는 바대로) 그려진 곡선이 계속되게 되면 왜 자기 자신으로 복귀하는지 그리고 원으로서 하나의 면적을 둘러싸는지; — 또 왜 이 원으로 둘러싸인 면적 안에서는 그 원주의 다른 모든 점들에서 똑같은 거리에 있는 하나의 점이 있는지; — 또는 가령 또, 곡선에 대해 하나의 직선이 다른 직선에 대한 하나의 직선과의 똑같은 관계로 선험적으로 주어질 수 있는지, 등등. — — 순수 수학의 객관들에 대한 이러한 철학함은 선험적으로 취득될 수 있는 인식에서 아무런 전진도 낳지 못한다. 순수 철학설과 순수 수학설은 어떤 점에서도 서로 일치하지 않는다.

※※ (라그랑주[35], 라플라스 라랑드[36] 등과 나란히 위대한 수학자들 중 하나인) 달랑베르는 백과사전의 앞에 쓴 그의 서문에서 철학자와 견주어 수학자의 높고 정당한 주장에도 불구하고 수학자의 목소리를 사뭇 낮추는 의견을 보인다. 즉 수학이 현재 느끼게 하는 중요성은, 수학이 아직은 발전 중이나 완성을 향해 강력하게 움직이고 있으므로, 이내 곧 그것도 당연하게 뭐 사라질지도 모르겠고, 그에 반해 철학에 더 많은 자리를 내줄 것이라 한다. — 곧 그것의 정복이 세계〔우주〕관찰에 점차 불충분하게 되어가는 도구들에서 대체로 확장을 위한 여지를 더 적게 제공할지도 모를 천문학은, 수학적 분석이 충만한 측정술에 거의 도달했다는 점에 이르고, 그에 이르러야 하며, 쉼 없는 이성 이 학문의 또 다른 가지인, 그 명칭이 지혜론인 철학에, 전자의 학문을 훼손하지는 않지만, 점차로 관심을 기울일 것이라는 것이다. 그러나 이 시기에 대해 케스트너 씨는 이 시기가 전혀 적어도 학문들 일반에 대한 아무런 손실 없이 오지는 않을 것이라고 믿는바, 그 이유는 두 가지이다. 즉 첫째로는 철학자들은 자기들의 체계를

---

35) la Grange.

36) la Place Lalande.

제2묶음, 전지11, 2면 XXI244

이성이 수학으로써 갖는 목적은 (기예의) 모든 기술적 의도를 위해 가장 광범위하고 확실한 **수단**을 지배력 안에 갖는 것이고, 그러므로 감성의 객관들을 위한 유용함이다. — 더 좋은 인간이고 또는 더 좋은 인간이 되는 것은 이런 구도에 있지 않다. 그리고 비록 이성의 각종의 개화[교화]가, 특히 더욱더 순수하고 욕구능력에 대한 감관의 영향에서 더욱더 독립적이어서 사고 일반을 위한 정신이 강화되어 있다 해도, 이성이 그 정신에게 어떤 궁극목적을 지정하는지는 미정으로 남아 있으며, 사람들은 가장 완성된 수학자에게서, 수학에 대한 위대한 재능을 갖춘 그에게서 기대할 수 있는 것보다 도덕적으로//더 좋은 한 인간을 만날 최소한의 근거를 갖는다. 그러므로 도덕적으로//더 좋은 인간에 대한 학적 연구는 철학에 속한다. 그러므로 이에서 나오는 결론은, 철학이 감성방식의 유능한 사업가들로서 **영예로운 직위**를 주장하지는 않지만(무릇 철학은 빛나려고 하지 않는다), 그러나 사유방식의 내적 내용에서는, 다시 말해 도덕적 가치에서는 수학에 앞서 존엄의

세우기 위해서 언제나 처음에서 시작하고, 그를 위한 지반 자체를 새롭게 구축하며, 그러므로 모든 것을 새롭게 찾아내야 하고, 그러니까 결코 전진하지 못하고 목표에도 이르지 못하기 때문이며, 둘째로는 상대방이 그들에 대해 가하는 비난들이 있을 때 그들은 언제나 "저 사람들은 자기를 이해하지 못할 것이다."라는 핑계를 준비해놓고 있는데, 이런 일이 자주 일어난다면, 물론 이것은 그들이 어쩌면 자기 자신을 이해하고 싶어하지 않는다는 혐의를 갖게끔 하기 때문이라는 것이다. — 그러나 이 모든 것은 원래 (속임수로서) 다시 철학 일반의 연구를 겨냥하고 있는 것이 아니다. 무릇 그런 것이라면 너무나도 이치에 맞지 않게 눈에 띈다. 오히려 다시 그것이 겨냥하고 있는 것은 명백하게 근본적으로 새로운 작업을 필요로 하고, 그래서 이른바 새로운 내지는 비 XXI244
판적인 철학이다. 이것은 한때는 유효했던 옛(볼프의) 철학의 개선이나 분식[粉飾]으로 만족한다는 것이 불가능하고, 그래서 비용을 치르지 않고서 수학 분야의 명성을 가지고서 철학에서의 명성을, 그것도 한 인물 안에 있는 시적 풍자의 가성 소금을 쳐서 꾸미는 것이 불가능하다는 것을 알게 한다.

직위를 주장한다는 것, 그리고 철학의 교양이나 수학의 교양에 힘쓰되, 만약 둘을 동시에 얻을 수 없다면, 선택에 있어서 철학의 교양에 우선적으로 힘쓴다는 것이다.

이상
우리가 여기서 다루는
철학적 학문의 호칭에 대하여

XXI245

제2묶음, 전지11, 3면

그러므로 모든 순수 이성학문은 수학이거나 철학이다. 철학은 자연철학 또는 도덕철학이다. 이 둘은 하나의 형이상학을 그 기초에 두고 있다. — 이 둘은 (물리학의) 하나의 체계와의 관계에서 또는 우리가 여기서 다루고 있는바, 개념들로부터 하나의 체계로 원리들에 따라서, 다시 말해 선험적으로 이행함에서 표상되는 것으로 생각될 수 있다.

제2절

물질의 운동력들의
체계에서 지성객관인
생각할 수 있는(思考可能한) 객관과 구별되는
느낄 수 있는(知覺可能한) 객관인 감성객관으로서의
가능한 경험의 대상들, 다시 말해
질료적 원리들에 대하여

이 저작의 논고는 2장으로 구성되는데, 제1장은 **기본체계**를, 제2장은 **세계**〔우주〕**체계**를 선험적 원리들에 의해 개진한다.

I

제1장

물질의 운동력들의 기본체계

제2묶음, 전지11, 4면 XXI246

§ 1.

물질에 의한

공간을 가득 채움의 차이에 대하여

물질의 차이는, 하나의 물체가 똑같은 용량 안에 물질을 더 많이 또는 더 적게 함유하는 한에서, **원자론적으로** (에피쿠로스에서처럼) 가득 찬 것의 사이사이 분포된 **빈** 것과의 합성에 의해 설명될 수 없다. 무릇 수학적으로 불가분리적이라는 조밀한 소립자로서의 원자들은 자기 자신과 모순되는 개념을 함유하고 있다.(모든 물질은 무한히 분할 가능하니 말이다.) 그러나 순전한 공간은 다른 객체에 집적되는 것으로 표상될 수 있는 **실존하는** 객체가 아니라, 주관이 외적인 것 일반을 표상할 때 주관에 고유하게 있는 직관의 순전한 형식이다. 그래서 사람들은 이 명제를 "하나의 빈 공간은 어떤 가능한 공간의 대상이 전혀 아니다."라고 표현할 수 있다. 그런 공간은 전혀 **느낄〔감지할〕 수 없다**(知覺不可能하다). 그 때문에 비록 그런 것이 (주관에게) 생각될 수 없는 것은 아니지만, 그럼에도 그것은 실존하는 사물의 하나로 결코 헤아려질 수 없다. 이런 것이라면 어떤 식으로든 감관에 영향을 미치는 객체를 증명할 수 있을 터이다.

그러므로 운동력을 가지면서도 어떤 **가능한** 경험의 객관도 아닌 것, 그것은 물질의 기본체계에서는 아무것도 아닌 것으로 간주될 수밖에 없다. 그러나 만약 그것이 (절대적으로가 아니라) 단지 상대적으로만 지각 불가능한 것이라면, 그러한 소재〔원소〕는 간접적으로 가능한 경험의 대상일 수가 있고, 한 가능한 경험의 대상으로서의 그것의 실재성(실존)을 다른 설명들을 위해 물질의 기본체계 안에 한낱 **가설적 소재**[**원소**]로 세우는 것이 꼭 필요한 것이 아니다. 그 소재[원소]가 오직 경험 가능성의 기초에 놓여 있는 조건들과의 합치를 자신을 위한 원리로 갖지만 말이다.

XXI247 § 2.

하나의 가설적인 소재[원소]가 아니라 경험의 대상인, 모든 것에 퍼져서 모든 것에 침투[삼투]하는 항구적인 요소원소에 대하여

객관적으로 보면 오직 **하나의** 경험이 있으며, 주관적으로 **경험들**에 대해 이야기한다면, 이것들은 하나의 종합적//보편적 경험※의 부분들 및 법칙적으로 연결된 집합들 이상의 것이 아니다.

세계공간[우주]은, 가득 채워져 있는 한에서, 모든 가능한 외적 경험의 전체의 총괄이다. 그에 반해 절대적으로//빈 공간, 그것 안에 또는 그것 주위에 아무것도 없는 것은 가능한 경험의 대상이 아니다.

제2묶음, 전지12, 1면

§. 9.

그러므로 계량할 수 있는 유동적인[액질의] 모든 물체는 또한 접촉할 때 교호적으로 끌어당김으로써 통합될 수 밖에 없으며, 그로 인해 물질의 정량[37][定量]은※※ 공간 안에서 자유로운 것으로 생각되어 항상 구상[球狀] 형태를

※ 여럿[多] 중의 하나[一]에 의한 개념은 분석적//보편적이다. — 그러나 종합적//보편적인 것은 그를 통해 여럿이 하나 안에서 함께 하나의 개념 아래로 수렴된다.

※※ 무릇 사람들이 생각해봄 직한 한갓된 탄성적//유동적인 것에 관해 말하자면, 탄성은 물질의 최소한의 밀도와 분량에서도 팽창력의 최고 정도로 그것을 싸고 있는 덮개 안에 있을 수 있다.(적어도 그 안에 있는 것으로 생각될 수 있다.) 그래서 이 물질의 양은 어떤 용량에서는 아무것도 아닌 것으로, 그러므로 계량할 수 없는 것으로 가정될 수도 있을 터이다.

취하려 하고, 물질은 그것이 빈 공간과의 최소한의 접촉을 그러니까 부분 XXI248
들 상호 간에서 최대의 것을 생기게 했을 때까지 내적 운동 중에 있다. ― 사람들은 이 방울이 빈 공간 안에 그리고 열에 의해 증발하지 않고서 (무릇 마지막에 이를 때까지 이 형태를 취하는 속도가 시간을 허락하지 않을 것이므로) 있는 것으로 가시화한다면, 이 방울을 원하는 만큼 큰 것으로 가정할 수 있다.

무릇 접촉(응집)에서의 모든 끌어당김〔인력〕은 서로 끌어당기는 부분들의 모든 운동에 저항하는 그러한 것이다. 오히려 운동을 생기게 해야 하는 운동은 멀리 있는 한 물질의 운동임에 틀림없다. 그러므로 (물, 기름, 수은 등등의) 자유로운 방울 형성은 멀리 떨어져 있는 표면에서의 유동적〔액상〕 물질의 끌어당김〔인력〕을 증명한다. ― 무릇 저런 방울 형성이 다른 어떤 것, 예컨대 공기의 압력의 작용결과일 수 없다는 것은 내가 모든 물잔에 그 안에 있는 물 물체의 형상을 내가 생각하는 바대로 그려볼 수 있고, 또 이 물 물체가 그것을 둘러싸고 있는 물로부터 모든 방면에서 표면과 수직으로 압박받고 있음에도 불구하고 모든 것이 그 안에서 안정을 이루고 있다는 사실에서 밝혀진다. ― 이것이 그럴 수밖에 없다는 것 또한 사람들은 이렇게 선험적으로 증명할 수 있는 바이다. ― 그러므로 모든 유동체〔액체〕의 표면에는 운동을 일으키는, 그러니까 멀리 떨어져 작용하는 인력이 함유되어 있다. ― 열의 더 신속한 소실(또는 결집)에서 ― 전기적인 자연활동에서 이러한 방울들은 한순간에 우박이라는 이름으로 아예 굳기도 한다.

그러나 액상의, 덜 조밀한 물질의 더 조밀한 것의 평면과의 접촉에서, 예컨대 물의 유리잔과의 접촉에서, 또는 거꾸로 더 조밀한 액상 물질의 덜 조밀한 접촉하는 통과의 접촉, 예컨대 액상의 수은의 유리잔과의 접촉에서 마찬가지로 먼 거리로의 끌어당김〔원거리 인력〕이 눈에 띈다. 이 끌어당김이 첫째 경우에는 유동체〔액체〕를 통〔용기〕의 수평 위로 들어올리고, 둘째 경우

37) 원어: Quantum. 곧, 일정한 크기를 가진 것.

에는 그 아래로 끌어내리는 작용을 한다. 그렇게 해서 가능한 한 유동체〔액체〕의 물질과의 접촉은 더 많고, 빈 공간과의 접촉은 더 적게 일어나며,
XXI249 그리하여 유리잔에서 물은 수평면 위로, 그러나 수은에서는 그 아래로 당겨진다. 왜냐하면, 유리잔은 수은과 비교할 때 하나의 빈 공간으로 표상될 수 있기 때문이다.

매끈함, 변위〔變位〕할 수 있음, 미끄럼 平滑

질량〔덩이〕으로의 물질 운동의 운동량은 압박의 사력〔死力〕이다. 일정한 방향에서 다른 물체의 접촉 시작에서의 운동은 활력인 **충격**이다. — 그 부분들의 연이은 접촉에 의한 한 유동체의 운동은 사력(**압박**)이다. 한 강체〔剛體〕의 이런 유의 다른 물체에 의한 운동은 활력(충격)이다.

제2묶음, 전지12, 2면

§ 10

그러나 그러한 인력은 가까이에, 그렇지만 접촉해 있지는 않은, 그러니까 멀리 떨어져 있다. (뉴턴은 이것을 하나의 아마도 전혀 다른 원인이 낳는 결과의 현상으로 받아들였다.) 만약 이것을 모세관 속의 유동체〔액체〕의 상태를 설명하기 위한 가설로서 문자적으로 그렇게 받아들인다면, 그것은 철학자로서의 자연연구가가 범해서는 안 되는 물리학적 체계공장의 한 대담한 짓이다. — 예컨대, 모세관 속의 물 위의 매우 가늘게 상정한 유리환〔環〕이 이 물을 그 무게가 저 인력과 똑같을 때까지 통의 수평 위로 그만큼 올려놓는다는 명제; 그때 이에 맞서는 명제, 즉 만약 저 모세관이 일단 안쪽이 두루 젖어 있다면, 그 안에 달라붙어 있어야 하는 물은 더 이상 (차양막 형태의) 요면〔凹面〕 굴곡의 위 유리환에가 아니라, 모세관 안쪽을 이미 완전히 적신 물에
XXI250 그 무게와 함께 달라붙어 있을 수밖에 없을 터이다. 그러나 이것이, 모든 유동체〔액체〕가 최소한의 운동력에 의해 안쪽에서 밀릴 수 있듯이, 모세관 속의

물과 함께 어떤 수준에 놓인 수면과는 다른 수면을 제공할 수는 없다. — 이 주목과 유사한 것이 모세관 속의 수은을 수평면 아래로 안에서 끌어내림이다. 이를 사람들이 일관되게 다루고자 한다면, 현상으로 보아 유리관의 수은의 반발에 의해 야기된 것으로 설명하지 않을 수 없을 것이다. 그러나 여기서 사람들은 원거리 작용에 의한 이러한 설명방식을 꼭 필요한 것으로 보지 않고, 요면 굴곡을 유리보다 그 부분들 상호 간의 끌어당김과 순전히 내적으로 더 큰 수은의 끌어당김에 의해 설명하지 않고서도 감행한다.

그러나 그렇다면 모세관 속의 물은 실제로 어떻게 올라가게 되는가? — 물과 다른 액상 물질들의 구형〔球形〕으로의 추세를 야기하는 바로 그 힘에 의해, 곧 서로 접촉하는 물질들을 **견인**하고〔잡아끌고〕 **압박**하는〔누르는〕 **사력**〔死力〕에 의해서가 아니라, **활**력에 의해, 다시 말해 모든 물체에 침투〔삼투〕하는, 그중 열이 이 운동력의 작용결과들의 일부를 이루는 것인, 한 요소의 충격〔부딪침〕과 진동〔흔들림〕에 의해 그렇게 된다.

물은 유리관 속에서 유리와의 접촉에 의해 에테르의 진동을 매개로 더 유동적〔액질〕이 된다. 용량적으로 더 확대된 연장과 결합되고, 열에 의해 그렇게 연장과 유비적인 모든 진동들과 같은 진동 말이다. — 표면에서 구형으로 응집하려고 하는 물의 피막의 이러한 진동이 이렇게 물 자신의 부분들 사이의 끌어당김은 약화시키고, 빈 공간과의 접촉을 확대하며, 그것의 진동이 물의 피막의 진동보다 더 큰 유리와의 접촉에 의해 모세관의 상피 속의 물은 밖으로부터나 안으로부터나 이리로 몰린다.

여기서 오직 증명되어야 할 바는, 모든 열은 유동체〔액체〕의 원인인 한에
서 진동이고, 그것의 부분들의 상호 응집을 약화시키며, 반면에 그것이 붙 XXI251
어 있는 통〔용기〕과의 연관은 강화시키고, 그로 인해 유리와의 접촉이 수평
면 위로 확대된다는 사실이다.

이 모든 것은 방울의 형성에서, 실로 한 비눗방울의 둥근 응집에서 밝혀질 수밖에 없는 것이다.

강체〔고체〕는 유동체〔액체〕와 결합되어 있는 것과의 접촉에서 액상 물질

의 고유한 인력에 의해 열이 소실될 때에 그 진동들에서 활력에 의한 것으로서 산출하거니와, 활력은 굳은 물질에서는 그것의 부피를 확장하고, 밀도〔조밀성〕는 감소시키며, 그로 인해 액상의 것이 불가피하게 상승하게 된다. 그로 인해 표면은 요면〔凹面〕이 되는데, 더 조밀한 물질의 표면에서는 철면〔凸面〕이 된다. 표면 그리고 빈 공간과의 접촉이 커지면 커질수록 그만큼 원거리 인력, 다시 말해 구형〔球形〕에서의 내적 접촉을 하려는 애씀이 더 커진다. 하나의 비눗방울은 방울을 만들기 위해 이런 애씀에 의해 내면으로 폐쇄된 공기를 압축하며, 최고로 얇아질 때 터진다. 모든 유동성〔액상〕은 열에 의해 생긴 진동의 상태이다. — 강체〔고체〕화는 각기 고유한 진동(振動)들을 갖는 자기의 특수한 방식의 탄력성을 갖는 상이한 물질들의 하나의 분리이다. 그러나 이 물질들 각각은 전적으로 내면적인 공간에서 작용하며, 그리하여 만약 거칠고 고운 모래가 물 위에 동시에 던져지면, 작은 원들과 조금 더 큰 원들이 생겨나는데, 이것들은 표면에서 서로를 가로지르는 방해를 하지 않는다. — 이 물질들의 한 부분은 언제나 잠재적이며, 더 작은 진동의 원들을 갖는다. 거기에서 다만 각각에 고유하게 속하는 자유로운 열이 이 물질들을 잇달아 놓는다. — 결빙에서의 물의 연장〔늘어남〕과 반대로 다수 유동체〔액체〕들의 수축〔줄어듦〕에 대하여. 황〔黃〕 — 강체〔고체〕화에서의, 석고. — 과연 공기도 결빙하는가?

제2묶음, 전지12, 3면

유동체에 대하여

모든 유동적〔액상〕 물질은 그것의 모든 부분들에서 반발적//유동적이거
XXI252 나 견인적//유동적이다. 견인적인 것은 (가령 물이나 수은처럼) 방울지는//유동적이고 그것의 모든 부분들이 분리되어 하나의 구형〔球形〕을 유발하거나, 그 자체로는 어떤 일정한 형성(형태)을 취하려는 성벽〔性癖〕이 없으되, 가령 열물질이 표상하는 바처럼 다른 물질 안으로 들어가려는 성벽을 갖는다.

열물질은 그 자체로는 어디에서도 일정한 형태나 한계 안에 있지 않고, 오직 어디에든 다소간에 퍼져 있는 것으로 생각된다.

그러므로 하나의 근원적으로 팽창적인 유동체는, 예컨대 공기와 같이, 오직 열에 의해서만 탄성적이 되는 그러한 것이 아니다. 그러나 열소 자체는 역시 그러한 원초적인 유동체일 수가 없다. 무릇 그렇지 않으면 열소는 분리되어 그 자체가 하나의 특정한 용량으로 놓일 수밖에 없을 터이고, 이는 열소의 개념과 상충하는 것이다. 그 개념상 우리는 열소를 단지 어떤 다른 물질에 내속하는 것으로 볼 뿐, 특정한 양의 열을 함유하는 물질에서 그 자체로 특수하게 실체적인 것으로 보지 않는다. 왜냐하면, 한낱 팽창적인 이 소재[원소]는 그것을 묶어주는 다른 소재[원소] 없이도 무한히 퍼져가며, 그렇게 해서 모든 공간을 비워둘 것이기 때문이다.

열물질은 다른 물질을 팽창시키는 소재[원소]이지만, 자기 자신은 자유로운 공간에서 팽창되는 것으로 마주칠 수 없다. 무릇 그렇지 않으면 저 소재[원소]를 팽창시키기 위해 또 다른 열이 필요하게 될 것이니 말이다.

그럼에도 하나의 근원적으로 탄성적인 유동체가 있어야만 하기 때문에, 사람들은 하나의 원초적인 물질의 이념에서 이것을 발견할 수 있거니와, 이 물질은 세계공간[우주]을, 다른 것이 아니라 자기의 모든 부분들에서 무한히 멀리까지도 가장 가까이에서와 마찬가지로 끌어당기고, 또한 영원한 진동(振動, 波動) 운동에서와 마찬가지로 강력하게 밀쳐내는 속성으로써, 채 XXI253
우는 것으로 이해된다. 그러므로 이것 자신은 무게를 갖지 않는 것이다. (무릇 전체 세계공간[우주]을 채우는 물질을 어디서 달아보고, 어디로 운동하게 할 것인가?) 그럼에도 이것은 이 공간에서 마주칠 수 있는 무게 있는 물질들을 활력으로서의 그것의 충격을 통해 물체형성들을 위한 통일로 이끌거니와, 이제 사력(死力)으로서의 물체들의 응집에서의 압박은 이에 의거해 있다.

이 근원적으로//탄성적인 물질이 **에테르**, 즉 물체세계의 현상들의 한 최상의 근거에 이르기 위해 이성이 붙잡을 수밖에는 없는 가설적인 사물이다. — 그러나 사람들은 모든 운동과 그로부터 발생하는 형성들을 위한 하나의 **시초**(설령 그것이 **모든** 체계의 최초의 시초, 다시 말해 절대적 세계시초는 아닐지라도)를 생각하지 않을 수 없기 때문에, 이 시초는 이 에테르 자신의 내적 끌어당김〔인력〕과 자기의 밀도의 평균 이상으로 자신을 확장하는 이어지는 되밀침〔척력〕과 한 좁은 공간에 모인 가속화된 운동에서, 다시 말해 그러한 내적 떨림과 진동들에 놓일 수밖에 없을 것이다.

하나의 활력의 작용결과로서 이 떨림들이 접촉에서의 사력〔死力〕인 압박〔누름〕과 견인〔당김〕에서 도출될 수 없고, 그래서 저것들이 이 작용결과의 원인으로서 방울지는 유동체의 형성을 지시하고, 이 이념〔관념〕적인 가설 자체에 실재성을 마련해준다는 사실은 아래에서 밝혀질 것이다.

안으로 젖어 있는 모세관은 그 위에 있는 물에서 아래쪽으로만큼 똑같은 강도로 위쪽으로 당겨지며, 단지 물기둥은 유리에서 변위될 수는 없고, 물에서 변위될 수 있다.

식물들의 모세관에서 액체의 증기형식으로의 상승에 대하여

XXI254 공기의 탄성을 직접적으로 약화시키는 원인과 그 위에서 제작될 수 있는 수은탄성측정계[38]에 대하여

방울질 수 없는 유동체와 반대되는 방울지는 유동체에 대하여

(물이나 수은) 방울의 산출은 활력을 필요로 하며, 순전한 압박〔압력〕에 의해서는 가능하지 않다. 활력은 에테르의 진동이자 충격에 의한 에테르의 척력들의 진동이다. 그러므로 압박〔압력〕에 의한 것이 아니다. 접촉에서 접근하는 힘으로서의 견인〔당김〕을 받아들일 수 없다.

어떤 유동체〔액체〕의 부분들의 응집은 어떤 강체〔고체〕의 부분들의 응집과 꼭 마찬가지로 세계〔우주〕물질의 어떤 활력의 작용결과이다.

용해된 금속을 포함해서 모든 방울지는//유동적인〔액상의〕 것은 상이한 종류의 물질이 혼합되어 있으며, 이들 물질은 그 중량에 따라 종별적으로

38) 원어: Queksilberelaterometer.

구별되고, 그럼에도 각각의 물질이 나머지 물질들 모두에 침투하여 하나의 連續體를 이룬다. 그렇게 이 물질들의 각각은 자기의 종별적으로 특성 있는 진동을 갖는다. 만약 이제 열이 감소한다면, 다시 말해 에테르의 진동이 약화된다면, 이 물질들은 종별적으로 서로 분리되되, 서로 다르게 당겨져 있는 견직물이나 햇빛 아래의 색깔들처럼 오직 내적인 위치사정에 의해서 그리하며, 섬유의 판정〔板錠〕을 형성한다.

제2묶음, 전지12, 4면

§ 11.
물질의
유동성〔액체성〕과 고체성에 대하여
A
유동체[39]에 대하여

그것의 내부에서 그것의 부분들이 밀려날 수 있음에 저항하지 않는 물질은 **유동적〔액체적〕**이다. 이에 저항하는 물질은 고체적 내지 강체적(固體的物質)이다. 유동적〔액체적〕 물질은 예컨대 공기처럼 한낱 팽창적//유동적〔액상〕(그러므로 이런 것은 부분들의 밀려남에 대해 전혀 저항하지 않는다)이거나, 견 XXI255
인적//유동적〔액상〕인데, 이것은 변위에 대해 순전히 물질의 외면상으로만(빈 공간과의 접촉에서) 저항하는 것이다. 후자는 방울지는//유동적〔액상〕 물질로, 예컨대 물, 수은 등과 같은 것이다. 방울들은 유동적〔액상〕 물질의 물체들로서, 이것들은 그 자신의 무게로 인해 그것들을 끌어당기지 않는 (예컨대 석송〔石松〕의 씨들이 뿌려진) 단단한 대목〔臺木〕 위에서 **녹지** 않되, 그 형태, 즉 구형〔球形〕의 형태를 내적인 끌어당김〔인력〕에 의해 유지하려 애쓰면서 탄성적//고체적인 것과 같이 평평하게 짓누르거나 조금 높은 경우에도 고체

39) 원어: Flüßigkeit.

처럼 튀어오른다. — 이 후자의 현상을 도외시하고, 곧 만약 사람들이 하나의 물 물체가, 그것이 제아무리 큰 형태를 가지고 있을지라도, 공중에 떠돈다고 생각한다면, 이 물 물체는 표면상의 그것의 부분들의 인력으로 인해 언제나 사람들이 원하는 만큼의 크기의 방울로 형성되겠다.

§. 12

모든 물질의 가장 내면에 직접적으로 작용하여, 물질을 늘리고, 그러니까 팽창력을 갖고, 그러면서도 물질의 유동성〔액체성〕의 견인력을 작용하게 하는 것은 **열**이다. 이것에 대해 모든 것에 침투〔삼투〕하는 하나의 특수한 소재〔원소〕를 생각해내는 것이 이제 보편적으로 현상들을 설명하기 위한 가장 적합한 가설로 합당하게 받아들여진다.

이런 가설에 따르면 열소는 모든 다른 것을 통해 퍼져 있는, 물체들을 내면에서 늘리면서, 독자적으로는 어디에도 실체적으로 있지 않되, 오직 다른 것들에 내속해서만 있는 하나의 유동체이다. 이것의 척력들은 자기의 **근원적인** 탄성에서 도출될 수 있는 것이 아니다. 무릇 하나의 탄성적//유동적 소재〔원소〕를 갖기 위해서는 열이 필요하거니와, 이것은 이 열이 모든 물질을 탄성적으로 **만들고**, 그러면서도 동시에 그것들의 결합을 하나의 항구적인 전체로 매개하는 데서 존립한다.

XXI256 사람들이 모든 것에 침투〔삼투〕하고 전반에 퍼져 있는 세계소재〔우주원소〕를 생각해내고, 이 세계소재〔우주원소〕가 모든 사물들의 시초에서 (중력의) 근원적 세계〔우주〕인력에 의해 세계소재〔우주원소〕의 형성들을 낳기 위해 요소들의 접근을 시작하고, 그러면서도 동시에 유동적인 것의 모든 탄성의 저 원리, 즉 열소 또 그 밖에 그렇게 일컬을 수 있는 것을 덧붙이는 것이라면, 그것이 하나의 (물론 순전히 가설적인) 밀치는 그러면서도 교호적으로 그만큼 빈번하고 강력하게 잡아당기는, 우주에 근원적으로 퍼져 있는, **에테르**라 불리는 유동적인 것의 이념을 제공한다. 그리고 이에 의해 사람들은 각각의 운동에 대해 언제나 하나의 시작을 생각할 수밖에 없고, 하나의 운동은 이 물질을 압축하는 타격과 이를 교호적으로 다시 확장하는 반대타격을 통해 생겨난 늘 계속되는 진동(振動, 波動)들을 결과로 가질 수밖에 없으므로, 이 에테르 자신은, 설령 세계에 다른 아무런 물질이 없다 해도, 또는 물질이 전적으로 상이한 종으로 유일한 동형적인 팽창으로 용해되어 있다 해도, 이미 자기 자신의 내적 인력과 척력에 의해 흡사 하나의 거대한 구〔球〕를 이룰 터이며, 거기서 빛과 열은 두 가지 종의 물질이 아니라 하나의 유일한 물질(에테르)의 두 최상위 변양으로 간주될 수 있겠다.

그러므로 유동성〔액체성〕의 현상들은 결코 다른 것이 아니라 저 근원적//유동적인 그리고 자기의 내적인 진동적 운동의 전제 아래서 설명될 수 있고, 그 운동의 법칙들이 보편적으로 표상될 수 있다.

제2묶음, 전지13, 1면 XXI257

B

유동체의 법칙들

그런 것으로 두 가지가 있는데, 첫째는 유동체의 부분들의 순전히 상호 간의 접촉에서의 법칙들이고, 둘째는 유동체가 이 유동체에 의해 용해되지 않는 어떤 용기와의 접촉에서의 법칙들이다.

유동체의 첫째의 운동력은 순전히 팽창적//유동적인 것 또는 견인적//유동적인 것의 순전한 배척의 힘이거나 상호 간에 동시에 영향을 미치는 힘들의 접촉에서의 둘의 힘이다.

(예컨대 공기처럼) 통 안에 잡혀 있을 수 있는 순전히 팽창적//유동적인 것은 스스로는 어떠한 한계를, 그러니까 아무런 형태를 정하지 못하고, 순전한 표면력만을 갖는다. 그것의 연장의 속도의 능률은 유한하다. 그 같은 용량에서 물질의 양이 제아무리 미미해도 사람들이 하고 싶은 만큼 (무게 없이) 그 연장은 클 수 있으되, 그 전체가 여기서 본래 노리고 있는 하나의 물체를 형성하지는 않는다. 왜냐하면, 그를 위해서는 하나의 물질의 모든 부분

들의 운동성의 근거를 함유하는 열소가 필요하기 때문이다.

§ 13.

유동체 일반의 수압 원리인즉(『자연과학의 형이상학적 기초원리』의 xx면[40]에서 말했듯이), 그것이 한 면에서 압박받는 그 강도로 다른 모든 면으로 움직인다는 것은, 방울지는 유동적인 것이 고정적인 작은 구〔球〕들의 집적이 아니라 하나의 팽창적 물질의 연속체로 간주되어야만 하는 한에서, 모든 방울지는 유동적인 것의 탄성에 기초한 것으로서라는 것이다. 겔러[41]를 보라.

XXI258 모든 유동체는 탄성적이다. 왜냐하면, 그것은 물질에게 연장력을 주는 열에 의해서만 유동성을 갖는 것이기 때문이다. 그러나 이 탄성은 그렇기 때문에 분산시키는 것, 다시 말해 인력을 폐기시키는 것이 아니다. 이에 의해 물질은 방울지는//유동적인 것이 될 수 있으며, 그 부분들은 상호 간에는 최대의 접촉에 이르고, 빈 공간과는 최소의 접촉에 이를 때까지, 다시 말해 구〔球〕를 이룰 때까지 자기 자신의 인력을 서로에게 미친다. 표면력으로서의 이 인력이 (물이나 수은) 방울을, 만약 이 방울이 그다지 크지 않다면, (활처럼 구부러진 칼날같이) 굽어 있는 모습으로 만들며, 그리하여 물방울들은 석송 씨들이 뿌려진 평면 위에서 탄성적인 단단한 물체처럼 튄다. — 그 밖에 물(과 또 짐작하건대 타 모든 유동체)이 탄성적 물질이라는 사실은 또한 그것의 압축을 실제로 시도해봄으로써 직접적으로 증명되는 바이다.

열소가 계량할 수 없고 저지할 수 없으며 어떤 형태를 짓지 않는 사물로서, 모든 것에 침투〔삼투〕하는 것이므로, 열소가 본래 그 자체로 무엇인지를 사람들은 쉽게 아는 바이다. — 이제까지 사람들이 알아낸바, 모든 고체

40) 아마도 *MAN*, A91이하=IV528이하를 지시하는 듯하다.

41) 앞의 XXI162 참조.

물체는 문지르거나 두들김으로써 열을 낸다. 그러나 유동체들은 그렇지 않다. 열이 난 물체에 점점 불어나는 이 소재〔원소〕가 다른 물체들에서 탈리〔脫離〕되는 것을 봄이 없이도 그러하다. 모든 열은 한 물체의 물질의 미소한 부분들의 **진동**과 불가피하게 결합되어 있을 수밖에 없다. 그러므로 열은 순전히 형식적으로 증가할 수 있는 것이다.

분수〔噴水〕와 수력학에 대하여

直接 假說과 補助 假說에 대하여

'내세는 없다.' 또는 '실천적 견지에서 신은 없다.'라는 假說에서 事實에 XXI259
反하는 言明에 대하여.

유리의 진동에 의해 관 속의 또는 2개의 유리판 사이의 물은 진동하고, 그러므로 또한 엷어지고 늘어난다. 무릇 진동에 들어선 물질은 고요한 물질보다 더 많은 공간을 차지하기 때문이다. — 닦인 음료수 잔에서와 같이 이 진동이 아무런 파장도 만들지 않는 것은, 그 잔이 손과 접촉하지 않기 때문이다.

모든 유동체는 열의 일정량을 그러니까 일정 정도의 진동을 함유한다. 그것은 그것이 함유되어 있는 통〔용기〕과 소통하고 있으니 말이다. 다만 이것이 진동의 좀 더 크거나 작은 타격을 함유하는 것은 그것이 함유되어 있는 유동체에 관해 좀 더 크거나 작은 장력을 갖는 데에 따른다.

유동체 안에는 갖가지가 혼합되어 있고, 그것들은 그만큼의 용매들 안에 있으며, 그것들 각각은 전체에 그러니까 모든 것에 서로서로 침투하되, 각각은 자기의 특수한 긴장과 강세를 가지면서, 열에 의해 하나로 혼합된다. 열의 감소에 의해 개개 요소들은 더 가까이 모여서 섬유의 판정〔板錠〕으로 통합되나, 각각의 판[板]은 열소에 의해 다른 것과 나뉘어 있다.

제2묶음, 전지13, 2면

§ 14

그러나 유동체(여기서는 물)의 탄성적 속성은, 하나의 물 물체나 물속에 자기 자리를 갖고, 그래서 물속에서 자신의 무게를 상실하는 것처럼 보이는 다른 어떤 물체를 담지하는 힘의 한 이론인 유체정력학[流體靜力學]에만 쓰인다. 여기서는 한가지로 이 물체의 낙하의 운동량과, 만약 압력이 관들을 통해 역방향으로 된다면, 또한 상승에서의 속도의 운동량만이 한순간에 그것의 운동의 유한한 속도를 허락하지 않는다.

수력학의 원리는 이렇다: “물은 자기 자신의 무게의 압력에 의해 자유 운동에서 시작속도로 물통의 높이에까지 솟구쳐 오르며, 이 속도는 한 물체
XXI260 가 그러한 높이에서의 낙하를 통해 얻을 것과 똑같다.” — 그러므로 그 반지름이 물론 그 높이에 비해 아무것도 아닌 것으로 여겨질 수밖에 없는 지표면의 한 구멍에서 나오는 물은 이 구멍을 둘러싸고 있는 것의 압력에 의해 그러한 속도에 이를 것이며, 이때 자유낙하에 의해 덧붙여지는 것은 계산에 넣지 않는다.

물이 뛰어오르게 하는 수압은 한낱 구멍투성이인 지표면에서는 중력의 방향에서가 아니라, 오히려 측면에서 중력의 방향에 수직으로 일어난다.※

※ 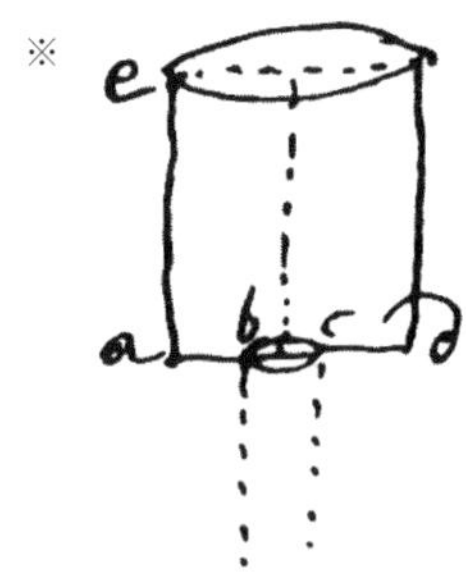

열물질은 저지할 수 없다. 무릇 그것은 크고 작은 저항에도 불구하고 모든 물체에 침투〔삼투〕하기 때문이다.

바로 그렇기 때문에 그것은 또한 계량할 수 없다.

제2묶음, 전지13, 3면

§ 15
모든 유동체는 그 모든 부분들에서의 한 물질의 동요(動搖 運動)에 기초해 있다

무릇 모든 유동적인 물질은 오직 **열**에 의해 그러한 것이다. 열은 물질을 유동적으로 만든다. 그러나 만약에 물질의 소재〔원소〕가 간단없이 교호적으로 모든 부분들을 밀쳐내는 내적 운동과 그것들을 끌어당기는 운동(振動 XXI261
運動)을 함유하지 못한다면, 모든 것에 침투〔삼투〕하고 팽창할 수 없을 터이다. 왜냐하면, 끌어당김 없이는 부분들이 흩어져버릴 것이고, 밀쳐냄 없이는 서로 곁에 굳어져버릴 것이기 때문이다. 그러나 이때에도 하나의 항구적인 전체를 그 부분들이 서로 곁에 있으면서도 굳어 있지 않게 만들기 위해서는 견인적일 터이고, 이런 두 가지 필요사항은 함께 오직 내적 동요(動搖運動) 상태에서만 만날 수 있다. 이러한 상태에서 물질은 흩어지지 않고서도 정지 중일 때 허용되는 것보다 더 큰 공간을 차지하고, 그럼에도 그 부분들은 정지 상태에서의 팽창//력이 승인하는 것보다 서로 더 가까이 있게 된다. 그러니까 물질의 유동성이란 접촉에서 밀쳐냄〔척력〕과 끌어당김〔인력〕의 신속한 연속적인 바뀜 중에 있는 특정한 요소들의 상태임이 틀림없다.

이제 사람들은 열을 유동성의 원인이라고 하는 물질의 변양들에 대한 이 설명을 가설로 여길 수도 있다. 그럼에도 사람들은 이 가설을 피해가기가 쉽지 않고, 이 가설 없이 저 현상들에 대한 다른 개연적인 설명을 기대할 수 없을 것이다.

§ 16

유동적 물질들의 본성에 대하여, 모세관 실험에 의해 그것들에 대해 추리할 수 있는 것에 의거해서

좁은 관 안에서 또는 같은 말이지만 연이어 있는 예각으로 기울어진 유리판에서 물은 수평의 높이 위로 올라간다. 그 안에서 물은 그 물을 끌어당기는 유리의 서로 마주한 점들이 서로 더 가까울수록 그만큼 더 많이 가라앉혀진다. 그로 인해 그런 방식으로 유리에서 당겨진 물은 자기의 무게를 잃으며, 만약 대립되어 있는 유리 부분들의 작은 높임이 합해지면, 통의 수선〔水線〕 위로 올라간다. — 이것의 원인은 무엇인가?

XXI262 그 원인은 다른 것일 수가 없으니, 즉 물은 유리와 접촉하는 곳에서 그에 의해 열 일반이 물의 유동성을 일으키는 진동 운동을 통해 이것을 유리와 접촉하는 그 점에서 그리고 그 점 가까이에서 더 **가벼운** 특성의 유동체로 그리고 그렇게 함으로써 수선〔水線〕 위로, 다시 말해 관에서 올려지는 것이다. 다음과 같은 인용 법칙에 따라서 그러하다. 즉 그것의 부분들이 내부에서 항구적인 것이라 볼 수 있는 진동 운동(振動 運動) 중에 있는 물질은 저 더 밀도 높은 표면에서 더 떨어져 있는 물질보다 더 많은 공간을 차지한다. 그러니까 더 **가벼운 특성**을 갖게 된다. 그러니까 그 사이에 놓여 있는 물기둥들이나 관 바깥의 통의 물에 의해 높이 올라간다.

모세관에 대한 통상적인 설명에 따르면 모세관의 물은 관 안에 있는 물 위의 고체에, 곧 유리환에 달라붙는다. 그러나 이제 사람들이 이 모세관을 더 깊게 유동적인 것 속에 가라앉히면, 이것도 차츰차츰 젖게 할 수 있다. 그리고 사람들이 그것을 먼저 높이로 올린다 해도, 그것은 이제 하나의 고체인 유리환에가 아니라 관들의 내부를 젖게 한 물에 붙어 있을 것이므로, 먼저 붙어 있던 높이에 그대로 머무른다. 그러나 후자의 일은 위의 조건들에 따라 일어날 수가 없다. 무릇 물은 그 중량으로 인해 물에서 옮겨질 수 없으며, 그러므로 관 바깥의 수평면까지 떨어져야 할 것이니 말이다.

제2묶음, 전지13, 4면

모세관 속의 물의 이러한 상승을 설명하는 통상적인 방식은, 유리환이 그 안에 있는 물 위로 물을 저 안에 있는 물기둥의 무게가 허용하는 그만큼의 높이로 끌어당긴다고 전제하고 있는 것이다. 그러나 이러한 설명방식은 그 자체로 두 가지 결함을 가지고 있다. 즉 1) 거기에는 하나의 매우 과감한 가설 곧 유리의 **인력**이 **멀리까지** 미친다는 가설이 전제된다는 점과, 2) XXI263
설령 이것을 인정한다 해도, 그를 통해 바깥의 통의 수평 위로 관 속의 물이 떠오름이 설명되지 않는다는 점이다.

무릇 만약 그 이 모세관을 처음에 그것이 안으로 완전히 젖을 만큼 깊게 물통에 꽂는다면, 유리가 안으로 젖어 있기는 할 것이다. 그러나 이것이, 이 젖은 유리 안에서 물이 자기 무게로 인해 수평까지 내려가지 않는 것을 저지하지 않는다. 왜냐하면, 물 부분들은 (『자연과학의 형이상학적 기초원리』, xx면[42]에 따라) 최소한의 힘으로써, 따라서 또한 자기 무게의 힘으로써 서로 밀접하게 옮겨질 수 있고, 그러니까 모세관 속의 물은 언제나 거기까지 자기의 중량으로 인해 가라앉을 것이기 때문이다. — 그러므로 물의 희석화는 다름 아니라 모든 유동성에 필수적인 열 일반에 의한 물 내부에서의 진동들에 의해 가능하다. 이로부터 저 현상은 보편적인 수력학의 법칙들에 따라 설명될 수 있는 것이다.※

※ 이런 계기에 공동[空洞]의 좁은 통로를 물로써 채우는 데 작용하는 수력학적인 힘들을 모세관들의 현상과 잘못 유비하는 착오를 제거하려 하는 노고는 충분히 가치가 있는 일일 것이다. — 헤일즈[43]의 소견에 따르면 마른 완두콩은 맹렬하게 물을 흡수하여, 그로부터 생기는 팽창이 최대의 무게를 올린다. 말린 그러고 나서 물로 적신 나무토막들은 심지어 맷돌을 파열시킬 수 있으며, 또 나무들은

42) 아마도 *MAN*, A91이하=IV528이하를 지시하는 것으로 보인다.

사람들은 이 증명을 간접적인 방식으로 할 수도 있다. 곧 모세관 안에서의 상승의 원인이 물이 통 내부에서 행사하는 인력에 있음이 입증된다면, 그러면 xxx

XXI264 死力, 活力, 生命力, 生氣力, 죽은 힘, 살아 있는 힘, 생명 있는 힘, 생기를 주는 힘.

a. 운동의 운동량, b. 충격의 운동량, c. 유기조직화의 운동량, d. (의사의) 자발성의 운동량. 生命體.

물의 탄성은, 만약 압박이 중단된다면 이전의 공간으로 복귀할 인력보다 크지 않다. 그러므로 〔그것은〕 관에서의 물의 **뛰어오름**을 설명하는 데 쓰임이 없다.

지표면에 있는 하나의 통의 구멍에서는 오직 수평적인 압력이 행사되며, 그것은 물기둥이 지표면에 대해 행사하는 압력과 똑같다. 압축되어 하나의 물살을 뿜어내는, 그것도 그 위에 무게의 운동량으로 뿜어내는, 무한히 얇은 수막〔水膜〕. — 무릇 어떤 운동량에 의해 단지 일정한 시간상에서 외에는 일정한 속도를 갖는 어떠한 운동도 산출될 수 없다. 그러므로 수평적 운동의 운동량과 중량의 운동량과의 관계는 원형 구멍의 지름의 $\frac{1}{4}$과 물기둥의 높이와의 관계와 같을 것이다. 왜냐하면, 이것은 압력에 의해 산출된, 넘치는 물의 속도이기 때문이다.

한 물체의 일정한 유한한 속도를 가진 충격은 한 운동량에서의 운동과

만약 그 땅속의 뿌리들이 어떤 벽틈으로 뻗으면 성장하면서 건물을 무너뜨리거나 적어도 손상시킨다. — 그러나 이런 현상들은 결코 xxx 할 수 없다.

---

43) Stephanus Hales(1677~1761). 영국의 자연과학자이자 옥스퍼드 대학의 신학 박사로 그의 주저인 Vegetable Staticks(London 1727)은 1748년에 독일어 번역본이 나왔다. 또 그는 동물 통계학과 지진의 원인 등에 관해서도 저술했는데, 이에 관해 칸트는 그의 초기 논고 "Die Frage, ob die Erde veralte, physikalisch erwogen"(1754)에서 언급하고 있다.(AA I208 참조)

비교해 무한히 압력(例컨대 지면에 대한 산탄알의 충격) 곧 무게와 같다. — 같은 속도를 가진 유동적인 물질의 운동력은 오직 한 물체의 운동의 운동량(무게)과 같고, 오직 하나의 압력 그러니까 사력은 그리고 무게와 같다. 사람들이 유체정력학을 위해 전제하지 않을 수 없는 물의 탄성은 물이 압축되어서 자기의 자연 상태에 서고, 튀지 않고 모든 방면으로 똑같이 작용하기 위해 자기의 이전의 용량을 차지하고자 애쓰는 것에 의해서만 이해될 수 있다.

XXI265

제3묶음

제3묶음, 전지1, 1면 XXI267

물질의 양, 물질의 계량 가능성과 불가능성에 대하여

§ 1.

물질의 도량은 무게이다. 다시 말해 이 무게가 지구의 중심에서 똑같은 거리에서는 어디서나 똑같은 한에서, 시작 순간에서의 물체의 낙하의 **운동량**에 의한 한 물체의 운동력이다. — 만약 모든 물질이 동형적〔동종적〕이라면, 그러한 물질로 이루어진 물체의 양의 측정 또한 기하학적으로 일어날 수 있겠다. 그러나 이제 그것은 그렇지 않고, 그래서 그 속도가 위의 조건들 아래서 똑같은, 낙하의 처음 순간에 물체의 운동은 **무게**와 같다. 다시 말해 그것은 물질의 양을 이 (모든 방면에서 똑같은) 속도와 곱한 것과 같다. 그 운동량이 균일하게 **가속적**인 것, 그것은 이 운동이 다른 어떤 물질의 **충격에 의해서가 아니라** 직접적으로 천체의 인력에 의해 (다른 물체의 접촉 없이) 생겨난 것일 수밖에 없음을 전제한다.

중량, 다시 말해 낙하 운동량의 속도는 작은 호〔弧〕 안에서 (그 길이에 변함이 없는) 추의 요동의 수에 의해 최고로 정밀하게 측정된다. 그러나 여기서 XXI268

는 단지 물질의 양을 규정하는 일이 문제이므로, 이것은 더 이상 이야기할 것이 없다.

그러므로 물질의 양을 규정하는 일로 말할 것 같으면, 사람들은 모든 물질에게 절대적인 **계량 가능성**(計量可能性)을 부여하지 않을 수 없을 것이다. **무거움**(重量性[1])은 한 물체의 용량에 대해 다소간의 무게이며, 이것을 사람들이 비중이라고 부르는 것이 전적으로 옳지는 않다 하더라도, 그 밀도는 한가지 개념을 함유한다. 그러나 그럼에도 불구하고 세계공간〔우주〕 안에는 그때그때마다//**계량할 수 없는** 물질이 능히 있을 수 있겠다. 곧 만약 이 물질이 산지사방으로 퍼져 있는 계량할 수 있는 물질의 한 부분이고, 그 물질 안에서 이 부분 자체가, 물이 물속에서 무게가 나가지 않듯이, 아무런 무게도 보이지 않는다면 말이다. 이러한 가설적인 물질을 우리는 일단 에테르라고 부르려 한다.

§ 2.

물질의 양은 오직 **액상**〔**유동/흐름**〕으로의 운동이 아니라 **질량**〔**덩이**〕으로의 운동의 운동량을 통해서만 인식될 수 있고 규정될 수 있다. 비록 이 두 가지가 똑같은 운동 정량을 함유하지만 말이다. 그 면에 연속적으로 (수직 방향에서) 충격을 가하며 흐르는 물에 맞서 있는 평면은 (압박이나 마찬가지로 작용하는) 이 충격에 의해, 이 흐름의 속도를 얻기 위해 한 물체가 거기서 낙하해야만 하는 높이의 하나의 물 물체의 무게와 똑같은 것을 견딘다.
XXI269 그러나 액상〔흐름〕으로 움직이는 물질은 오직 운동의 한 운동량, 다시 말해 압박에서만 똑같이 작용한다. 왜냐하면, 모든 순간에 그 압박은 유동체의 한 양으로써만 무한히 작은 높이에서 그 평면에 작용하고, 그러면서도 유한한 속도로, 그러므로 단지 하나의 무게로서만 이 압박에 맞설 수 있기 때문이다.

1) 원어: ponderositas.

사력과 활력에 대하여.

세계[우주]인력. (산과 같이 그렇게 크지 않은) 지상의 비교적 작은 물체는 지구에 의해 견인되거나 지구를 견인하며, 그를 통해 그것은 자기 자신을 움직인다. — 물질의 운동력들 가운데 최대 범위의 운동력은 중력의 인력으로, 그것이 가속에서 균일함은 그것이 충격이나 압박에 의해서가 아니라 원거리 작용에 의해 일어나는 것임을 증명한다.

방사선에 의한 금속들의 합성.

가연[可延]적인 고체 물질들은 서로 마쇄[磨碎]함으로써 조탁된다. 금강석 가루로써 연마한 금강석.

마쇄적//고체의 그리고 신장[伸張]적//고체의 물질, 磨碎的 및 可延的/伸張的 물질. **강체[剛體]적** 응집의 두 종류. 마찰.

계량 가능성은 모든 물질의 고유한 속성으로 표상된다. 같은 높이에서와 容量에서의 비중(比重[2])은 종별적인 중량으로서 한 전반적으로 채워진 공간의 밀도라 일컫는다. 比重[3])이라고 일컫는다.

제3묶음, 전지1, 2면

질의 면에서의
물질에 대하여

§ 3.

물질은 **액체적[유동적]**이거나 **고체적**(강체적)이다. 만약 물질이 항구적인 연장체(連續的 延長體)로서 최소의 운동력에 의해 그것이 접촉하는 위치들에서 변화하고, (그러나 방울지는 유동체에 해당하는바, 그 형상이 자기 자신에 의해 XXI270

2) 원어: gravitas specifica.

3) 원어: ponderositas specifica.

변화될 수 있을지언정) 다시 말해 변위하면 전자이고, 만약 물질이 이렇게 변위하는 것을 내부에서 저항한다면, 후자이다. — 강체적인 물질의 그러한 결합의 내부에서의 형식이 직조〔짜임새〕(내부 구조)이고, 표면에서의 형식이 형상(물체적 형태)이다. 이 둘의 생성은 단단하게 됨에서의 결정화[4](結晶化[5]) 이다. 여기서 ('사격'에서 차용된) 독일어 명사는 일순간의 변화, 즉 부드러운 것에서 질긴 것이 되고 마침내 뻣뻣한 것으로 이행해가는 것이 아님을 말하고 있다.

방울지는//유동적〔액체적〕인 것은 하나의 계량 가능한 물질로서, 이것은 자기의 내적 끌어당김을 통해 하나의 구형〔球形〕을 취하려 힘을 쓰고, 다른 물체로 인해 끌어당김이 방해를 받는다 해도, 스스로 구형을 취한다. — 나무 밑받침 위에 놓인 한 방울의 수은이나 석송 씨들 위에 놓인 한 방울의 물은 자기 자신의 무게에 의해 평평하게 눌러진다. 그러나 빈 공간이라고 할 수 있는 곳에서는 언제나 스스로 구상〔球狀〕을 취할 터이고, 그래서 저 밑받침 위에서의 번짐은 오직 자기의 무게로 인해, 그러니까 한 외부의 원인(중력으로 인한 인력)으로 인해 생긴 것이며, 사람들은 야외에서는 그것의 자연적인 인력에 의해 하나의 방울이 원하는 만큼 크게 형성되는 것으로 생각할 수 있다.

§ 4
어떻게 한 유동체의 방울지는 형태가 가능한가?

한 잔의 물이 있고, 상상으로 그것에 임의적인 형상 abcde의 물 물체※를 그려보자. 여기서 분명한 것은, 측면 ab(와 나머지 다른 각각의 측면 또한)가

4) 원어: Anschießen. 이 독일어 낱말의 원래 뜻은 '사격(Schuß)을 개시하다'인데, 이 말이 '결정체(結晶體)가 생기다'의 뜻으로도 사용된다.

5) 원어: crystallisatio.

※

이 물체를 둘러싸면서 그것에 접촉하고 있는 물에 의해 수직방향선 fo로 압박되고, 입자 o는 마찬가지로 선 fo에 수직으로 서 있는 ao와 bo의 방향에서 양면에서 똑같이 대립적으로 압박되므로, 그것은 어느 쪽으로도 늘어질 수 없고, (여타의 평면에서도 그렇게 일어날 수밖에 없듯이) 이 덩이 안에 있는 모든 물은 정지해 있을 수밖에 없으며, 그러니까 그 형상은 그것을 둘러싸고 있는 유동체(예컨대 공기)의 압력에 의해 변할 수 없다는 사실이다. XXI271

제3묶음, 전지1, 3면

그러므로 방울 형태를 만들어낼 운동은 압박의 사력일 수가 없고, 유동체를 삼투하지는 않는다 해도 둘러싸고 있는 물질을 진동하면서 충격하는 활력일 수밖에 없다. 저 물질은 탄성적인 또는 탄성에 영향을 미치는 것으로서 저런 형태를 취하기 위해서는 저 주어진 유동체가 필요할 것이다. — 무릇 유동체가 체적에 비해 표면을 더 많이 가지면 가질수록(내부에서 상호 간에 부분들의 접촉이 적으면 적을수록) 부분들이 상호 간의 접촉에, 그래서 정지에 그리고 같은 결합에 이르기 위해 순응할 수 있는 곳에 더 많은 자리가 난다. 무릇 유동체의 진동된 부분들이 순응하는 그곳에서, 부분들은 부분들의 충격들로 인해 서로에 대해 최대의 저항에 부딪치고, (『자연과학의 형이상학적 기초원리』, xx면[6)]에서 말한 바대로) 부분들 상호 간의 최대의 접촉과 빈 공간과의 최소의 접촉이 이루어지는 하나의 형태, 다시 말해 구형에 정착한다. 이에 의해 또한 하나의 무게를 갖는 방울지는 유동적인 것으로서의

6) *MAN*, A89=IV527을 지시하는 것으로 보인다.

물질의 양이 부피에서 규정〔결정〕되고, 그에 반해 순전히 팽창적//유동적인 것(공기형상의 것)은 충격에 의해 하나의 공간이 비교적 비어 있다(아무런 무게가 없다)고 생각할 수 있을 만큼 큰 정도로 임의적으로 채울 수 있다. 이
XXI272 것은 반작용의 대항(反對對當 或 實在對當)[7]이며, 전자의 순전한 결여(論理的對當)가 아니다.

§ 5
물체의
강체〔성〕(固體〔性〕) 개념

강체적 물질이란 외적으로나 내적으로 자기의 부분들의 변위〔變位〕에 대해 저항하는 물질이다. 만약 이 물질이 (굽힌) 변위된 형태가 감퇴할 때 가속 운동으로써 이전의 형태를 복원한다면 그것은 단단한〔강한〕 물질이고, 그렇지 않다면 무른〔연한〕 물질이다. 전자가 만약 그것으로 이루어진 물체가 굽혀져 두 조각 이상으로 저절로 쪼개진다(파열한다)면 그것은 부서지기 쉬운 물체이다. — 그러므로 사람들은 고체 물질을 유리나 대리석 같이 갈아 부술 수 있는//고체 물질(破碎的[8] 物質) 또는 예컨대 금속과 같이 때려 펼 수 있는//고체 물질(伸張的[9] 物質)로 구분한다. — 이것들 모두가 강체〔성〕의 종류(樣態)이거니와, 그러나 여기서 사람들은 아직 이것의 **응집**이나 정도에 주목하는 것이 아니라(무릇 이런 것은 다른 또 하나의 분야 곧 물리학의 분야에 속한다), 이것이 (탄성적//이거나 견인적//인) 유동체가 아닌 한에서, 순전히 물질의 질만을 주시한다.

서로 접해 있는 두 강력하게//마찰하는 납탄의 접착과 서로 압박하는 표

---

7) 이 개념에 관해서는 칸트 초기 논고『부정량 개념의 세계지로의 도입 시도』〔*NG*〕 제1절을 비롯해, 이를 적용해 사태를 설명하고 있는『이성의 한계 안에서의 종교』〔*RGV*〕, B9 이하=VI22이하,『덕이론』〔*MS*, *TL*〕, A10=VI384 등 참조.

8) 원어: friabilis.

9) 원어: ductilis.

면들의 모든 변위에서 마찰로 인한 용해에 대하여. 두 물질은 통합되고, 변위는 분리이다.

용해나 충격에 의한 (수은과 같은) 유동적인 물질의 운동은 같은 크기의 고체 물질의 실린더가 균열할 때와 똑같은 정도의 압력의 운동량을 갖는다.

교호적인 인력과 척력으로서의 활력. 물질의 희박화와 조밀화. 희석과 농축.

注意! 유동하는 물체의 표면이 크면 클수록, 그 안에서 접촉들에 저항이 XXI273
있는 그 유동체 상호 간의 접촉들은 점점 더 적다. 그러므로 그 충격력에 대한 저항, 그러니까 그 형상의 변화는 최대의 접촉, 그러니까 그를 통해 생성되는 최소의 외면에 이를 때까지 점점 더 적어진다.

제3묶음, 전지1, 4면

§6
어떻게 물체의 강체〔성〕(固體〔性〕)가 가능한가?

몇몇 유동적 물질들은 굳어지〔고체화하〕면서 (석고, 황, 얼음처럼) 그것들이 유동적인 상태에서 차지했던 것보다 더 큰 공간을 차지하고, 다른 물질들 (대부분의 금속들)은 더 작은 공간을 차지한다. 그러나 이것은 물리학에 속하는 경험들이다. 그러한 질의 가능성의 보편적 조건들을 해설하기 위해 여기서 요구되는 것은, 선험적으로, 다시 말해 개념들에서 경험들로 나아가기 위해 원리들이 포함해야 하는 조건들이다.

곧 이전에 유동적이던 어떤 물질이, (열소나 물과 같은) 어떤 혼합된 물질이 감소할 때, 그것이 수미일관 동질적인 것으로 간주될 수 있다면, 어떻게 해서 내외부에서 변위 가능성의 속성을 상실해야 하는 것인지를 이해한다는 것은 가능하지가 않다. 무릇 그 내적 인력은 어느 때라도 최소는 아닐 정도로 감소되는 것이니 말이다. — 그러므로 굳어지는〔고체화하는〕 어떤 물질 안에서는, 비록 그것이 분해를 통해 아무런 화학적 분석을 발견할 수 없다 하더라도, 이질성을 마주칠 수밖에 없다. 그러나 이 이질적 물질들은 한 운동력의 영향에 의해, 즉 (무릇 거기에서 이 물질은 언제나 一定不變의 物質이기 때문에) 교호적인 침투에 의해서가 아니라, 조금 더 무거운 그리고 그 사이에 무한히 작은 간격을 두고 서로 집적되어 있는 조금 더 가벼운 물질들의
XXI274 상이한 부분들의 **성층**(成層)에 의해, 그러나 이 성층 자체를 하나의 활력에 의해, 다시 말해 모든 것에 침투하는 세계〔우주〕물질의 진동하는 운동에 의해 만들어진 것으로 가지고 있는 것임이 틀림없다. 상이한 서로 바뀌는 놓임새가 내적 진동(振動)에서 긴장의 상이한 강세(정도)를, 즉 종별적으로//구별되는 요소들을 그것들의 놓임새에서 밀치지 않음으로써 말이다. 그 놓임새에서 성층은 그 내적 운동과 대부분 합치한다. 도대체가 어떠한 방해받지 않은 고체화도 짜임새〔직조〕 없이는 일어나지 않으며, 정말로 대부분에 있어서 특정의 고유한 각각에게 속하는 형상 없이는 일어나지 않는다.

만약 각각이 독자적으로 유동적인 한 유동체의 상이한 요소들이 순전한 성층에 의해 고체성 현상을 낳는다 한다면, 놀랄 일은 아니다. 왜냐하면, 서로 기계적으로 그러한 것들의 진동의 상이성은 그것들이 그에 따라 성층되어 있는 작은 간격들에서 이 요소들의 각각이 자기의 위치에서 전위되는 것에 저항하는 고유한 긴장에 의한 것이기 때문이다. 그리고 그러한 저항이 일어나는 것은, 각각의 요소가 다른 방식의 요소들과 그것들의 반격으로 인한 탄성에 의해 언제나 거기까지 밀리기 때문인 것이다.

운동력들은 척력이거나 인력 또는 이 둘이 만드는 것, 根源力들[10]이다. —

10) 원어: vires originariae.

이 모든 개념들은 경험적으로 주어진 것이 아니라, 오직 선험적으로 공간에서 생각할 수 있는 것이다. 선험적인 개념들은 전제되지 않으면 안 되는데, 왜냐하면 그렇지 않을 경우 사람들은 경험적인 개념들에 의해서는 종합적으로 규정할 수도 없기 때문이다. 공간과 시간들은 조건들이다.

1. 운동의 양은 무엇인가에 대한 무한히 작은 압력(무게)에 의해 측정된다. 2. 운동의 양은 충격 즉 활력에 의해 측정된다. 우리는 합성된 것을 주어질 수 있는(所與可能한) 어떤 것과 똑같이 직관할 수는 없고, 단지 그 합성(合成)을 의식할(捕捉할) 수 있을 뿐이다. 그러므로 合成이 合成體〔合成된 것〕의 개념에 선행하는 것이며, 合成體의 개념은 경험에 의해 인식될 수 있는 모든 것에서 이에 따를 수밖에 없는 것이다.

그러므로 합성된 것의 형식은 경험적 자료인 물질〔질료〕로서의 이것에 XXI275
선행한다.

우리는 하나의 물체를 그 자체로서 직관할 수는 없고, 단지 물질〔질료〕로써 그것을 만들고, **합성**에 의해 형성할 수 있다.

어떻게 물질로 이루어진 하나의 물체가 제한되는지, 그 물체의 물질이 자기 자신을 제한하는지, 아니면 다른 물질에 의해 제한되는지. 공기물체.

하나의 물질이 하나의 외면을 갖는다는 것, 곧 밀쳐냄의 경험적 표면력과 끌어당김〔인력〕 즉 최소한의 외면을 취하려 힘씀의 내부적 힘은 무엇을 의미하는지.

여기서는 근원적 인력을 뜻하지 않는다. 무릇 그것은 무한소(중력)이니 말이다. 오히려 모든 것에 침투하는, 물질을 마주 보며 밀고 가는 척력의 충격에 의한 파생적 인력을 뜻한다.

절대적으로 계량 불가능한 물질은 모든 물질을 함유하는 그런 물질이겠다. 그러므로 그것은 한갓 상대적으로 계량 불가능한, 곧 전체적으로는 계량 가능한 것 안의 일부인 것이다. 그것은 순정하게 선험적 개념들이다.

動力. 移動 能力. 덩이〔질량〕로 움직여짐. 압박〔력〕과 충격〔력〕, 사력과 활력. 후자는 移動 能力으로서가 아니라, 振動 搖動 波動. 만약 덩이로 움직여진다면 충격력은 압력에 비해서 무한하다. 중량, 무게. 물체는 각기 다른 물체에 비해 무게가 나가고, 또는 하나의 인력은 어떤 다른 질량에 비해 무한하며, 중량은 같다.

유동 물질이 빈 공간과 한낱 形式的으로만 하는 접촉은 단지 공간의 한계지음을 의미하며, 그 자체로는 방울지는//유동적인 것에 反對로 대립해 있는 어떤 탄성적//유동적인 것을 밀쳐냄이다. 그래서 유동체 일반의 개념에서의 이 둘의 차이.

注意! 사람들이 보통 표현하는바, 열소는 더 무거운 부분들을 일부 버린다. 바꿔 말해 그 부분들 안에 있는 열을 이 통합을 통해 **潛在하게** 만든다, 다시 말해 유동성을 부분적으로 중단한다. 예컨대 달걀 안의 닭의 근육 섬유들 —

3) 거울에 석박〔錫箔〕을 입히는 일에 대하여.

XXI276

제3묶음, 전지2, 1면

제2시론
어떻게 물체의 강체〔성〕(固體〔性〕)가
가능한가?

물질의 각 소부분이 다른 부분들과의 접촉에서 저항 없이 움직일 수 있음〔가동성〕(변위 가능성)이 유동성의 개념을, 만약 이것이 내적으로 견인〔수축〕하는 것이라면, 방울지는 유동성의 개념을 이루는 것이다. 주지하는바, 이러한 질〔성질〕은, 방울지는//유동적 물질에서 부분들의 인력이 수미일관 입자들의 균형상태에서는 모든 방향에 미칠 수밖에 없다는 사실에 의거하며, 둘째로, 이 물질의 진동이 유동성의 원인이기도 한 활력(열소를 일으키는 힘)에 의해 동일한 정도의 열이 지속되는 동안은 유지된다는 사실에 의거한다. 열은 주어진 물체의 유동상태를 위해 필수적이지만 이 소재〔원소〕가 흩어질 때에는 저 물체의 부분들의 다른 능동적 관계가 등장할 수 있고, 이에 의해 부분들의 변위 가능성은 제거되거나 약화된다. — 천천히든 갑작스레든 열소의 흩어짐이 고체화를 위한 필수적 조건이다.

하나의 유동적인 방울지는 물질은 언제나 많은 종별적으로//상이한 것들에서 합성된 것으로서, 그것을 단지 하나의 균일한 전체(類似體[11])같이 그리고 하나의 특수한 요소같이 이해하려는 우리의 모든 시도에도 불구하고, 열에서 용해[해체]되는 것으로 생각될 수 있다. — 이 요소들 각각의 진동들은 열에서 해체[용해]될 수 있는데, 그것도 (말하자면 상이한 긴장과 강세에 의해) 매우 다른 방식으로 그리고 상이한 비중들로 그러하다. 어떠한 화학적
분석도 이것들을 분해하지 않지만, 이것들은 저 진동에 의해 모종의 무한 XXI277
히 작은 거리를 두고(흡사 ||||| |||||의 형상으로) 원소들의 섬유다발로 병렬되고, 그렇게 해서 냉각될 때는 하나의 구조물(織物)을 형성하도록 촉진된다. 이 구조물은 (非似體[12]로서) 부분들의 변위에 저항하거니와, 그것은 그것의 **인력**이 (예컨대 물의 인력에 비해 수은의 인력처럼) 더 크기 때문이 아니라, (더 무거운 것으로서) 더 강력한 충격들을 가하는 부분들이 그것을 더 빠르게 행하는 더 가벼운 부분들에 의해 몰려서, 순전히 비중의 유사성에 의해 변위에 저항하는 그런 (섬유)상태로 집합하기 때문이다. 무릇 이 혼합물에서 더 무거운 부분들이 더 가벼운 부분들보다 적으나, 그럼에도 후자의 운동성과 충격이 전자보다 더 크거니와, 이것의 내적 운동성은, 사람들이 그를 위한 특수한 강체성이 아니라, 단지 그에서 이 진동하는 운동을 시작하고 유지해야 하는 입자들의 놓임새를 취할 필요 없이, 더 가벼운 부분들이 더 무거운 부분들을 그것들의 위치에서 물러나게 하지 않도록 한다.

---

11) 원어: corpus similare.

12) 원어: corpus dissimilare.

제3묶음, 전지2, 2면

§

유동 물질의 뭉치들로의 이러한 집합은 갑작스레, 다시 말해 너무 짧은 시간 안에 일어나서 그 유동적인 상태와 고체적인 상태 사이에서 질겨지는 중간상태를 알아볼 수 없는 한에서, 결정화(結晶化)라고 일컬을 수 있다. 이 '결정화'[14]라는 독일어 명명은 아주 적절하게도 '사격'[15]이라는 낱말에서 유래한 것인데, 이것은 전혀 거리낌 없이 다른 소재[원소]에 적중함을 의미한다.

§

어떻게 강체[고체]화(剛體[固體]化)가
가능한가?

만약 응집하는 유동체를 가능하게 만드는 것 즉 열소가 적어도 부분적으로 흩어지거나 응고(潛在)된다면, 다시 말해 그런 상태로 된다면 xxx

하나의 유동적 물질의 상이한 종류의 요소들의 전위(轉位)에 의해(열소의 일정량의 분리와 함께), 이로 인해 이 부분들이 그 탄성이나 중량의 종별적인 차이에 따라서 열요소의 진동에 의해 접촉하게 되고, 이것들이 서로 친화적

※ [13]소재[원소]들의 순전한 집합이 방울지는 유동체에서도 마주치는 특수한 끈을 취하지 않고서도 강체성을 설명할 것이라는 것은 놀랄 수 있는 일이다. 무릇 변위에 저항하는, 저기서 취한 끈은 강체성의 개념 안에 성립하는 것이겠고, 사람들은 이를 설명하고자 하므로, 이를 전제하는 것이겠다. — 그러나 실상은 그렇지가 않다. 무릇 탄성적//유동적인 것의(열소의) 충격들은 그것들이 몰아서 모은 물질들을 그것들의 비중에 따른 직선 방향들로 xxx

---

13) 이 원주는 본문의 특정 대목에 관한 것으로 표시되어 있지 않으므로, 삽입문으로 보면 될 것 같다.

14) 곧 Anschießen. 앞의 XXI270에서의 이 낱말의 형성에 대한 설명 참조.

15) 곧 Schuß.

인 동요에 들어서면서, 부분적으로는 그 요소와 요동이 이질적인 것들에서 분리된다. 그러므로 그런 방식으로 하나의 구조물(織物)을 형성하거니와, 이 구조물의 형식이 저 내적인 운동에서 내면에서의 변위에 대한 저항을, 다시 말해 강체화〔고체화〕를 이미 자기의 개념에 수반하고 있다.

열의 쇠잔은 그 자체만으로는 이를테면 한갓 점차로 증가하는 끌어당김
〔인력〕의 원인으로서의 강체〔고체〕화의 충분한 원인이 아니다. 무릇 끌어당 XXI279
김〔인력〕이 제아무리 크다 해도, (『형이상학의 기초원리』에서 말했듯이) 유동체가 변위하는 것을 막지 못하니 말이다. 오히려 강체〔고체〕화는 방울지는 유동체의 부분들의 다른 방식의 집합을 필요로 하거니와, 이 방울지는 유동체는 매우 많은 이질적인 우리에게 알려져 있지 않은 소재〔원소〕들로 합성되어 있을 수 있는 것으로, 이 소재〔원소〕들은 열에 의해 움직인 물질들과 똑같은 소재〔원소〕들임에도 불구하고 상호 간에 똑같은 요동들을 갖지 않으며, 그리하여 요소입자들은 종별적으로 분리되고, 그것들의 위치들을 그것들의 친화관계에 따라 차지하게 되며, 그에서 그것들은 저 진동을 약화시키지 않는다. 이제 여기에서 물질들의 분해(分解)가 아니라 단지 그것들의 내면에서의 상이한 가동성에 따른 분할(分離)이 가정될 뿐이니, 물질들은 말하자면 꾸러미(纖維束)처럼 상이한 종류의 물질들로 합성되어 있으면서도 상호 간에 감관들에 의해서는 구별될 수 없는 하나의 동질적인 전체를 이루고 있는 것이다.

제3묶음, 전지2, 3면

§

이 설명방식이 강체〔고체〕화의 개념에 알맞다는 것은 어떤 물질들의 유동적 상태에서 고체 상태로의 갑작스러운 이행 현상으로부터, 또는 단단해져 가는 중간 정도들을 피하기 위해 독일어가 '사격'[16]의 개념을 응용했던, 이른바 **결정화**(結晶化)로부터 — 다량의 사례에서 밝혀진다.

결정화는 모든 기하학적 3차원에 따라 실올 모양〔길이〕과 **판 모양**〔너비〕, **덩어리 모양**〔두께〕으로 일어난다.(纖維 모양의, 板 모양의, 錠 모양의 結晶) — 습기 찬, 부분적으로는 증기 나는 결정화: 1) 아이스 빔에서. 이것의 형상으로써 호이겐스는 재치 있게 햇무리를 설명했다. 2) 눈꽃들에서. 여기에서 여섯
XXI280 개의 선이 한 평면 위에 형성된다. 3) 싸락눈에서. 여섯 개의 선이 한 점을 중심으로 모인 눈송이들을 통해 합성되어 있다. 빗방울들의 갑작스러운 응고로 인해 생기는 우박은 거품 성질은 물리칠지라도 결정체 형태를 취한 시간을 갖지 못한 것이다. — 그러나 일반적으로 물통 안에서의 얼음 덩어리 형성은 물통 벽면에 대한, 그리고 60도 각도에서 서로에 대한 아이스 빔들의 결정화에서 기인한다. — 그 밖에 소금물을 증발시킴으로써 결정〔結晶〕하며, 이것 특유의 형상과 광물계의 대부분(어쩌면 모든) 형상은 이런 형성의 기원을 갖는다. 그러나 단지 습기 있는 결정화뿐만 아니라 유동 상태에서의 건조한 결정화 또한 꽃들에서 날아온 씨앗의 결정은 말할 것도 없으며 용해된 금속들의 덩이에서도 보인다. 사람들이, 용해된 금속들이 표면에서 굳어진 후에 액상 상태의 내부에서 액질을 뽑아내고, 그것들이 안정적으로 결정체 형태를 형성하도록 한다면 말이다.

이 모든 현상에서 밝혀지는 것은, 유동체 일반은 (열이 제아무리 쇠잔한다 할지라도) 그것이 합성되어 있던 상이한 여러 가지 소재〔원소〕들을 — 이것들을 화학적으로 요소별로 분해하는 일은 대부분의 경우에 우리의 능력을 벗어나거니와 —, 그것들을 이질적인 소재〔원소〕들로 하나의 구조를 형성함으로써 그 안에서 그 상이성으로 인해 서로 저항할, 진동의 상태로 놓지 않고서는 고체화될 수 없다는 점이다. 그에 반해 저 모든 소립자들이 동류적인 것으로 간주된다면, 이 물질은 유동적인 채로 있겠고, 열의 쇠잔이 결코 그것을 강체〔고체〕로 만들지는 못할 것이다. 왜냐하면, 강체〔고체〕성은 저항이라는 하나의 적극적인 원인을 가져야만 하기 때문이다.

---

16) 곧 Schuß.

제3묶음, 전지2, 4면 XXI281

운동능력들에 따른
물질의 관계
— 이것들의 작용결과가 **접촉**에 국한되는 한에서

§

운동력들은 순전한 표면력들로서, 1.) 희박화하려고 힘쓰는 팽창의 표면력, 2) 접촉(변위뿐만 아니라 분리)에서 관계를 변화시키고자 하는 안간힘에 저항하는 응집의 표면력이다. 전자는 기적〔氣的〕[17]이고 항상 유동적이며, 후자는 토적〔土的〕[18]이고 항상 강체〔고체〕적이다.

그런데 강체〔고체〕적 물질들은 다시금 **갈아 부술 수 있는**(破碎的) 물질이거나 **때려 펼 수 있는**(伸張的) 물질이다. 후자 속성의 결여를 부서지기 쉬움/취성〔脆性〕이라고 일컫는바, 하나의 조각을 파괴함으로 인한 진동에 의해 두 부분이나 가루로 파열함이 취성의 정도들을 낳는다. 강체〔고체〕적 물체들의 표면들 상호 간의 변위 가능성이 미끄러움(平滑)이고, 그러한 표면의 변위에 대립하는 저항이 **마찰**(摩擦)인데, 이것이 언제나 거칠거칠함(꺼끌꺼끌함)을 전제하는 것은 아니지만, 그럼에도 이 마찰을 통해 언제나 무엇인가가 그 표면들에서 문질러 제거된다. — 하나의 강체〔물체〕를 두들겨 때려서 늘릴 수 있는 물질은 **벼릴 수 있는**(鍛鍊 可能한) 것이고, 때리고 당기고 하는 것은 금박 기술자의 다림질이나 철사 제조기로 늘림으로써 도금된 철사의 표면을 키우기 등에서처럼 모두 용해와 연결되어 있는 것이다.

---

17) 원어: luftartig.
18) 원어: erdartig.

§

두 가지의 운동력들은 운동의 운동량을 기초에 가지고 있는데, 그것은 물질의 무한히 작은 양의 유한한 속도로 하는 운동의 운동량이거나 물질의 유한한 양의 (중량의) 무한히 작은 속도로 하는 운동의 운동량이다.

XXI282 하나의 계량할 수 있는 물질은 자신을 확대하려고 힘쓰는(기체적인 것인) 한에서, 똑같은 부피에서 감소 없이 있을 수 있다.

밀쳐내거나 끌어당기면서 운동하는 하나의 (유체적이거나 고체적인) 물질/질료는 각기 밀쳐내거나 끌어당기는 운동의 가속의 운동량을 갖는다. 이 운동량 자신이 유한한 속도로 운동하는 것으로 생각되면, 이러한 가속을 갖는 물질은 모든 주어질 수 있는 시간(所與 時間)에서 무한한 공간을 뒤로 하고 나아갈 터인데, 이것은 불가능한 일이다. 그러나 필연적으로 똑같은 강도로 저항을 받게 될 그러한 운동량을 함유하는 접촉에서의 수축〔끌어당김〕이 응집(凝集)이자, 무한히//얇은 박편〔薄片〕의 물질의 끌어당김이거니와, 이 물질은 그로 인해 그에 부착해 있는 물체가 찢겨질 수 있는 무게와 똑같다. — 이로부터 귀결하는바, 이 운동량은 압박이라는 사력〔死力〕의 운동량이 아니라, 저 저지 불가능한 진동하는 충격의 활력의 운동량이며, 이 활력을 앞서 유동적이던 물질의 강체〔고체〕성을 일으킨 것으로 여길 수 있고, 본래는 운동의 운동량이 아니라 연속적으로 유지되는 진동 운동 자체라는 사실이다.

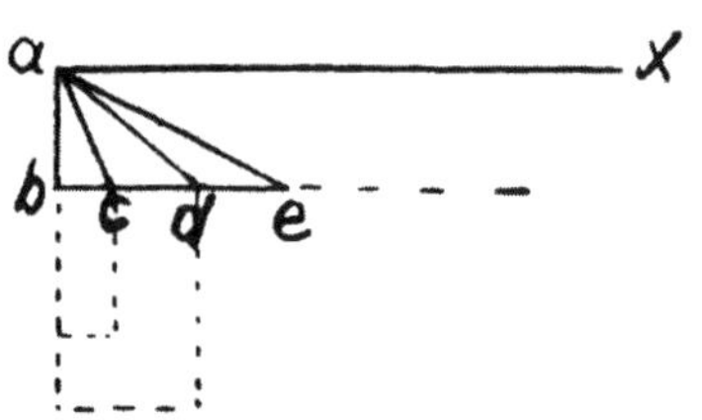

注意! 모세관들 안에서 유동체의 고체와의 응집 및 그것의 무거운 물질로의 증류에 대하여.

넷째 범주. 열소는 유동체가 아니지만, 모든 것을 유동하게 만든다. 〔그것은〕 탄성적이지 않지만, 모든 탄성의 원인이다. 모든 것에 침투하는 저지 불가능한 것이지만, 스스로 자존적인 물질이 아니라, 단지 내속적인 물질이다. 열물질은 필연적인데, 열은 우연적이다.

경직성〔고체성〕은 변위 가능성에 저항하고, **응집력**은 부분들의 분리에 저 XXI283
항한다. 이 두 가지에 함께 저항하는 것이 취성〔부서지기 쉬움〕이다. 다시 말해 그것은 파괴되지 않고서는 변위될 수 없다.

접촉에서의 모든 끌어당김에서 자유로운 탄성적 유동체(기체적인 것)는 모든 정도에서 반발적이고, 열에 의해 계량 불가능한 정도에 이르기까지 연장〔신장〕될 수 있다. 하나의 무게와 똑같은 접촉에서의 수축은 중력으로 인해 그것에 비해 무한한, 가속의 운동량을 함유한다.

무게는 질량〔덩이〕으로의 운동이다. 유동적 물질의 충격은 액상〔흐름〕에서의 운동이다. 기체적인 유동체의 압박은 물질의 무한히 작은 양의 운동이다. 그래서 무한히//얇은 층의 인력은 그 물질의 전체 기둥의 무게와 값이 같고, 그것이 파괴되는 것에 대해 저항한다. — 이것 또한 오직 유동적으로 만드는 것 같은 물질의 충격들에 의해서, 그러나 다른 방식으로 가능하다.

4.) 접촉 일반에서 서로 대립하여 운동하는 힘들에 대하여. — 그것들은 연장하려고 그리고 수축하려고 힘쓰는 힘들이다. 膨脹 及 密着.

3.) 접촉에서만 작용하는 운동하는 힘들에 대하여. 反撥 及 凝集. 모세관에 대하여. 강체〔고체〕 물질들 사이의 遠隔 反撥 및 마찰에 대하여. 傾斜面. 연마〔鍊磨〕/광택〔光澤〕. 모세관들 안의 물은 연장적으로가 아니라 수축적으로 작용한다는 것.

제3묶음, 전지3, 1면

§

하나의 무게에 의해 파괴로 이끌어진 물체의 작용결과는 팽창적 유동체의 작용결과, 곧 일정한 정도까지 확장되고 그러므로 더 짧았을 때보다 더 많은 것을 담지하는 작용결과와 정반대이다. 그러나 팽창적//유동적인 것은 그것을 압박하는 짐〔중량〕에 점점 더 많이 대항하여 작용하고, 그만큼 더 많이 압축된다. 열소는 두 경우에 충격함으로써 그 원인이다. 후자[19]의 경우에는 파고들어감으로써, 둘째〔후자〕의 경우에는 그로부터 흘러나옴으로써 말이다.

XXI284 모든 강체〔고체〕적 물질들은 제아무리 매끄럽고 서로 잘 어울린다 해도 표면들이 서로 변위하는 것의 방해인 마찰을 겪지 않을 수 없다. 사람들은 이 마찰을 그것이 거친 탓이라고 할 수 없다. 무릇 연마란 특히 오목거울과 오목렌즈에서 그것들의 표면에 요철이 없이 완전히 매끄러움을 보증하니 말이다. 왜냐하면, 만약에 저런 고르지 못한 것이 생긴다면(만약에 연마하기가 표면의 모든 방면을 이리저리 가로지르기로서 긁는 것이고, 마찰기 위에 펼쳐져 있는 단단한 물질들로 할퀴는 것이라면, 이런 일은 불가피할 것이다), — 광학 도구들, 오목거울과 오목렌즈는 그것들의 특별한 확대로 그것을 통해 좌우종횡을 두루 볼 수 있게 전력을 다할 것이기 때문이다.

그럼에도 가장 완벽한 연마 역시 마찰을 피할 수는 없다. 무릇 매우 매끄럽고 역시 그만큼 매끄러운 수평 위에 놓인, 그것을 일정한 무게로 압박하는 물체는, 만약 이것이 설령 중력이 그리로 몰아세운다 해도 미끄러지지 않게 수평선과의 일정한 각도(傾斜面)로 **기울어**진다면, 그것을 견뎌낼 것이다. — 그러나 여기서 이것들이 서로 마찰한다면, 그것들이 제아무리 매끄럽다 해도, 이런 마찰이 아주 빈번하게 일어난다면, 그것들이 마찰로 닳게 되는 것은 역시 피할 수 없는 일이다. (예컨대 고대 신상〔神像〕에 입술로 하는 또는 성 베드로로 변환된 청동의 뇌명자〔雷鳴者〕 유피테르의 엄지발가락의) 한갓된 접촉이 그 예들을 주는 바처럼 말이다.

---

19) 원문이 'das letztere'로 되어 있어서 이렇게 옮기지만, 맥락상 'das erstere' 곧 "전자"로 고쳐 읽어야 할 것 같다.

(머리말의 일부)

만약 내가 하나의 유개념에서 그 아래 함유되어 있는 하나의 종으로, 예컨대 금속 개념에서 철의 개념으로 나아간다면, 이것은 단지 하나의 진행(進行)으로서, 나는 단지 특수를 보편 아래서 사고하여 후자의 개념을 규정하는 것뿐이다. 그러나 내가 하나의 유에서 또 다른 유, 예컨대 금속 개념 XXI285 에서 돌의 개념으로 나아간다면, 그것은 하나의 이행(移行)이다. 이것은 만약 그것이 상위 개념을 그 아래 함유되어 있는 하위 개념들로 논리적으로 구분함에 의해서가 아니라, 그러니까 체계적으로 이루어지지 않았을 때는, 잘못된 하나의 유에서 다른 유로의 이행(他種 移行)이라고 논리학자들한테 질책받는다.

자연과학(自然科學)은, 만약 이것이 이성원리들에 따라 정리되어 있고, 바로 그런 형식으로 인해 自然哲學이라고 일컬어지거니와, 선험적 개념들에서 생겨나오는 **순수** 자연이론과 **응용** 자연이론으로 나뉘는데, 전자는 **자연과학의 형이상학적 기초원리**라는 명칭을 갖고, 후자는 물리학이라고 일컬어지며, 전자에다가 경험적 원리들을 하나의 체계 안에 있는 것처럼 결합한다.

그러나 모든 감각경험적인 것은 고약한 상태에 있으니, 아주 조심스럽게 찾아 모은 경험개념들이 자연연구가에게는 결코 전체 소유물과 하나의 체계의 완벽성을 보증하는 것이 아니고, 오히려 단지 이삭줍기해서(奪取的으로) 성립된 것일 수 있으며, 그래서 사람들이 언제나 기다리지 않을 수 없는 것은, 그의 월권적인 체계를 개작하고, 일정 부분을 빼내 버리거나 이전에는 아직 알려져 있지 않던 종을 새롭게 알릴 것을 위해 자리를 내놓지 않으면 안 된다.

그러므로 자연과학의 한 체계에서 피해질 수 없는바, 그 안에서는 만약 하나의 **매개념**(순전히 추론의 형식에 상관하는 삼단논법에서의 논리적 개념이 아니라, 이성에게 하나의 객관을 제공하는 실재적 개념)을 염두에 두고서 한편으로는 하나의 객관의 개념과 선험적으로 연결되고, 다른 한편으로는 그 안에서 이 개념이 실재화될 수 있는 경험 가능성의 조건과 연결되는 개념이 취해지지 않는다면, 어떠한 비약(飛躍)도 일어나지 않는다. 무릇 그때에만 그러한 개념은 자연과학의 형이상학적 기초원리들로부터 물리학으로의 이행 — 그때 이 이행은 비약이 아니다 — 을 위해 쓰인다.

XXI286 이 개념은 물질 일반(공간상에서 **운동할 수 있는 것**)에 대한 것이 아니라, (경험의) 특수한 운동법칙들에 따르는 물질의 **운동력**〔**운동하는 힘**〕**들**에 대한 것이다. 그러나 이것들의 작용하는 원인들로서의 종별적 차이는 공간상에서의 가능한 (인력과 척력의) 관계들을 통해 운동의 구분지들로서 선험적으로 인식된다.

그러므로 그것의 두 영역(즉 자연 형이상학과 물리학의 영역)이 직접적으로 서로 경계를 접하고 있는 것이 아니라, 두 영역 사이에 있는 협곡 위로 하나의 다리를 놓아, 그 위를 사람들이 거닐 수 있고, 그로부터 물리학에 대한 전망을 점차로 자연의 대상들을 향하여 여는 이 예비학적 자연과학의 이론은 자연이론의 하나의 실제적인 특수한 부분이다. 그러나 이 부분은 본래 단지 철학의 과제들만을 내용으로 갖는 것으로서, 그에 대해 해야 할 것은 물리학에 이르기 위해 자기 자신을 그곳으로 이주시켜 거기서 정착하지 않는 일이다. — 그러므로 사람들은 자연과학의 세 부문을 만들 수 있을 것이다: 1) 자연 형이상학, 2) 물질의 보편적 힘들에 대한 이론(一般 自然學[20]), 그리고 3) 물리학(物理學) 즉 물질의 운동력들의 체계.

만약 이 밖에도 (뉴턴의 『自然哲學의 **數學的 原理들**』에서처럼) 자연과학의 수학적 기초원리들이 이야기된다면, 거기서는 물리학에 속하는 것으로서의 운동력들, 예컨대 중력, 빛//, 소리// 그리고 물이 운동하는 것으로 전제되고, 어떻게 운동이 운동력들로부터 생기는지가 아니라, 어떻게 모종의 힘들이 운동으로부터 생기는지(예컨대, 움직여진 물체들의 원환 내의 중심력들에서)를 가르친다. 그러므로 그것은 수학적으로 다룰 수 있는, 곧 어떻게 모종의 운동
XXI287 력들이 일정한 법칙들에 따라 운동들을 산출해내며 그것들의 형식을 규정

20) 원어: physiologia generalis.

하는지를 다룰 수 있는 물리학의 한 부분이다. — 그러므로 자연과학의 수학적 기초원리들은 물질의 **운동력들**의 체계의 한 부분을 이루지 않고, 오히려 자연과학이 다음의 세 부문으로 이루어져 있다. 즉 1) 공간상에서 운동할 수 있는 것과 관련한 형이상학적 기초원리들, 2) 내가 물리학으로의 이행에는 넣으면서도 아직 물리학 자체의 한 부분이라고 부르지는 않는, 물질의 운동력들의 체계적인 구분, 3 체계로서의 물리학 자체. — 마지막 것의 가능성을 위해서 경험적 원리들은 충분하지가 않다. 왜냐하면, 이것들은 단지 단편[斷片]적인 것들로, 하나의 집합물이기는 하지만, 결코 하나의 체계가 아니며, 정말이지 전혀 체계에 근접한 것마저 갖추지 못한 것이지만, 그럼에도 물리학에서는 이러한 것이 의도되기 때문이다.

그러므로 그것들의 전시가, 형이상학적 기초원리들 자체가 그러한 내적 추세를 가지고 있는, 물리학으로의 이행을 이룩할 물질의 운동력들이 따르는 선험적 원리들이 있어야만 한다. — 그런데 이제 이 운동력들 자신은 단지 경험적으로만 주어질 수 있는 것이므로, 단지 그것들의 서로에 대한 **관계**로 말할 것 같으면, 그것들이 서로 예컨대 인력과 척력 같은 힘들로서 +a와 −a같이 실재적으로 (a와 a 아님으로서 논리적으로가 아니라) 대립해 있는 한에서, 그것들의 하나의 표상이 생기지 않을 수 없다. 그리고 물질들은 스스로 운동하거나 타자를 운동하게 하든지 또 자기 자신의 장소변화 없이 자기 자신을 운동하게 하는 한에서, 공간상에서 운동할 수 있는(可動的인) 것은 어떤 의미에서는 운동력을 갖는다. 그러나 다른 의미에서는 정지 중에서 운동하는 것으로 생각될 수 있다.

운동력들의 이러한 관계들의 형식들은 다음과 같다.

A. 그 방향의 면에서: 끌어당김[인력]과 밀쳐냄[척력]

B. 그 도[度]의 면에서: (예컨대 무거운 물체들의 낙하에서의) 운동의 운동량, 유한한 속도의 운동

C. 그 외적 관계의 면에서는 표면력과 침투력[침투하는] (열) XXI288

D. 그 내적 지속의 면에서: 중력처럼 변경 불가능하게 영구적으로

전체 화학[21]은 물리학에 속한다. — 그러나 위치론에서는 물리학으로의 이행이 화제이다.

모세관과의 응집〔연관〕에 대하여

접촉하는 물체에 의해서보다 오히려 자기 자신에 의해 파괴되는 물질의 응집, 例컨대 석회.

물리학은 본래 경험과학이다.(이를 위해 수학이 도움을 준다.) 그러나 물리학의 범위는 정해져 있지 않다. 이제 제기되는 물음은, 그것의 어느 부분들 또는 구획이 선험적으로 주어질 수 있는가이다.

일반 물리학의 위치론은 사람들이 그에 의해 하나하나의 자연과학적 경험에 그 위치를 아직 알려져 있지 않은 것들 가운데서 지정해줄 수 있는 이론이다.

물리학은 동시에 경험적으로 결합되어 있는 경험적 자연법칙들의 총괄이다.

원〔原〕물리학[22]은 이성에 의해 결합된 경험적 자연법칙들의 총괄이다. 여기서 이 자연법칙들은 특수한 것들의 보편자를 함유함으로써 이성의 하나의 전체를 이룬다.

물질의 운동력들의 局所[23]. 1. 물질의 양 또는 계량 가능한 것 — 및 같은 종류의 공간에서 그것의 반대인 계량 불가능한 것. 2. 質, 유체적 또는 고체적 — 열소에 의한 진동의 물질과 하나의 불변적인 형상에 대한 부분들의 자세. 3. 내부의 평형상태에서 그리고 외부의 초과상태에서의 응집.

넷째 범주. 열소 일반에 대하여. 그것이 자존적〔실체적〕이든 내속적〔속성적〕이든. 양태의 원리.

모세관 안의 유동체에 대하여.

물질의 운동력들은 (압박과 견인의) 사력들이거나 자기 자신을 유지하는

21) 원어: Chymie.

22) 원어: Protophysick.

23) 원어: loci topici.

접근과 밀침의 충격의 활력들이다. 일반적으로(전반적으로) 운동들은 이것으로 시작한다. 原物理學 — 이행은 저자연학〔底自然學〕[24] 목적관계 초자연학〔超自然學〕[25]이다. XXI289

자기 자신의 무게에 의한 결정체〔結晶體〕들의 파쇄에 대하여

마찰에 대하여 — 파쇄에 선행하는 확장에 대하여

제3묶음, 전지3, 2면

서론

이성원리들에 기초하고 있는 자연과학(自然哲學)에서 세 부문과 그만큼의 특수 분과를 생각하지 않으면 안 되는데, 그중 **제1** 부문은 자연과학의 형이상학적 원리들을 함유할 것이고, 경험적 인식근거들은 도외시할 것이다. — 그럼에도 저 자연 형이상학은 물리학, 다시 말해 자연에 대한 체계적인 경험이론 정초로의 자연스러운 추세를 가지고 있으므로, 전자로부터 후자로의 이행이 전자로부터 그것의 목표인 후자로의 이성의 지시를 오인하지 않을 것이다. 단지 제기되는 물음은, 과연 이 이행이 말하자면 하나의 영역에서 직접적으로 인접해 있는 다른 영역으로의 발걸음인지, 또는 그 사이에 놓여 있는 하나의 특수한 들판이 그것의 일부인지 어떤지 하는 것이다.

형이상학적 자연과학은 물질 일반의 개념에 오직 **'공간상에서 운동할 수 있는 것'**이라는 술어를 부여했다. 그러나 저 한낱 선험적으로 정초된 학문으로부터 (적어도 부분적으로) **경험적** 학문인 물리학으로 이끌 터인 매개념은 전자의 관계에서는 경험적으로, 반면에 후자의 관계에서는 선험적으로 생긴 것일 터인 하나의 개념을 물질의 근저에 놓고 있음이 틀림이 없다. 이 개념은 물질이 운동력들을 갖는 한에서 물질 개념 안에 놓여 있는 것이다. —

24) 원어: Hypophysik.

25) 원어: Hyperphysik. "초감성적인 자연(신, 인간의 정신)에 대한 하나의 이론"("Von einem neuerdings erhobenen vornehmen Ton", A411=VIII399).

XXI290 이 운동력들이 자체로 가지고 있는 바이거니와, 운동력들은 운동의 객관과 관련해서는 경험적 근원을 가지되, 주관과 관련해서 그리고 그것들의 서로 간의 관계에서는 선험적 법칙들을 자신 안에 함유한다. 중력과 이 중력에 의해 서로에 대하여 +a-a=0같이 작용함으로써 서로에게 영향을 미치는 물체들의 척력을 예로 들 수 있겠다. 수학적 기초원리들은 이러한 운동력들을 전제하고, 운동의 법칙들만을 함유하며, 운동력들은 그 안에서, 그것들이 다른 운동들의 원인인 한에서, 단지 운동들일 따름이다. 예컨대 원운동은 중심점에서 멀어지는 연속적인 운동의 원인이다. 遠心力.

하나의 체계에서 그리고 그 체계를 위하여 선험적으로 생각될 수 있으며, 그러나 경험적으로 입증될 수 있는 어떤 것에 대한 형이상학적 매개념.

중력은 물질의 침투력이다. 그러나 그렇다고 해서 중량을 갖는 물질 자신이 침투적이지는 않다. 많은 물질이 침투하지 않을 수 있다. 계량 불가능한 물질은 오직 똑같은 중량을 갖는 하나의 매체 안에 있는 것이겠다.

제3묶음, 전지3, 3면

그러나 한 객체에서의 물질의 모든 운동력들의 체계적 정렬은 아직 물리학이 아니고, 단지 그에 필요한 소재를 당연히 완벽하게 분류하여 모은 것일 따름이다. 그래서 자연과학 일반은 다음의 세 부문으로 구성된다. 즉 1.) 물질을 순전히 공간상에서 운동할 수 있는 것으로 표상하는 형이상학적 기초원리들, 2.) 물질의 근원적 운동력들의 나열(이것이 저것들로부터 물리학으로의 이행에 사용된다), 3.) 체계 자체로서의 물리학.

마지막 것의 가능성을 위해서 경험적 원리들은 충분하지가 않다. 왜냐하면, 이것들은 단지 단편[斷片]적인 것들로, 하나의 집합물이기는 하지만,
XXI291 결코 하나의 체계가 아니며, 정말이지 전혀 체계에 근접한 것마저 갖추지 못한 것이지만, 그럼에도 물리학에서는 이러한 것이 의도되기 때문이다. — 그러므로 그것들에 따라 운동력들이 서로에 대한 관계 속에서 (그러므로 그것

들의 형식의 면에서) 편성될 선험적 원리들이 있어야만 한다. 저것들이 그 자체로 (질료 즉 객관의 면에서) 보자면 경험적인 것임에도 불구하고 말이다. 운동력에 대한 앎은 항상 하나의 경험을 기초에 두지 않을 수 없는 것이니 어쩔 수 없지 않은가(예컨대, 다른 물체를 끌어당김을 통해서 중력을 앎).

우선 물질에 고유한 속성(진동 등등)인 운동력들의 작용으로서의 운동의 여러 방식에 대하여.

물질의 운동력들은
범주들의 순서에 따라 가장 잘
구분된다. 즉
양, 질, 관계와 양태에 따라서

범주들에 따른, 물질의 운동력을 위한 판단력의 도식기능〔도식작용〕.

경험적으로밖에는 인식될 수 없는, 근원적으로 물질에 고유한 운동력들에 대한 이론, 즉 물리학을 위해 적용될 선험적 원리들과 결합된 물질적 원리들에 대한 이론.

형이상학적 기초원리들의 물리학으로의 추세에 대하여. 이러한 추세 속에는 단편〔斷片〕적인 경험적인 것으로부터 선험적 원리들에 따라 법칙을 수립하는 체계적인 것으로의 이행 개념이 놓여 있다.

제3묶음, 전지3, 4면

서로에 대해 상충 관계에 있는 운동력들은 여기서 (a와 a 아님과 같이) 논리적으로가 아니라, (+a와 -a같이) 실재적으로 서로 대립될 수 있다. — 이상 자연과학의 철학적 기초원리들에 대하여.

그러나 여전히 제기될 수 있는 물음은, 과연 저러한 자연**철학** 외에 뉴턴 XXI292

의 불멸의 저작이 달고 나온 '자연과학의 **수학적** 기초원리들'이라는 제목을 갖는 하나의 특수한 자연이론이 별도로 있지 않은가 하는 것이다. — 그러나 쉽게 인지할 수 있는바, 이러한 것에는 물질의 주어진 힘들로서 물리적 힘들(예컨대, 중량, 빛운동과 소리운동 등등에 대하여)이 앞서 그 기초에 놓여 있다. 그렇게 되면 운동력들이 가능하게 되기 전에 운동들이 선행하지 않을 수 없다. 예컨대 원환운동에서의 중심력들은 그러니까 그때 **물질**에, 일정한 물질에 **고유한** 운동력들이 붙어 있지 않다.(가령 더 큰 속도와 돌이 더 무거운 경우에는 끊기고, 그 원심력이 무게와 같은, 이리저리 흔들리는 투석기의 끈의 **응집력**처럼) — 그러니까 자연과학의 수학적 기초원리들은 물질의 **자연적**인 힘 이론의 일부로 간주할 수 없고, 비록 운동이론이 선험적 원리들을 일반 역학[기계학] 안의 운동법칙들로 동반하고 있다 할지라도, 운동이론은 물리 분야에 파고 들어와 있거나 이 분야를 계산에 넣고 있는 것으로서, 물질 그 자체에 **자연적으로 부속해 있는 운동**력들과는 상관이 없으며, 자연과학의 수학적 기초원리들은 오직 운동의 형식적인 요소들과만 관계할 뿐, 선험적으로 주어질 수 없고 경험적 資料들을 전제하는, 근원적 운동력들의 질료적 요소들과는 관계하는 바가 없다.

XXI293 그러므로 나는 학적 자연이론(自然哲學)을 세 부문으로 분할할 것이다. 즉 1. 선험적으로 정초된 자연과학의 형이상학적 기초원리들, 2. 경험적 원리들(질료로서)에 의거하되, 그 결합(그러니까 형식)은 선험적으로 정초되어 있는, 일반 자연학적 힘이론, 3. 저 힘이론과 그에 의해 가능한 하나의 체계와의 관계맺음인 물리학. 무릇 단편[斷片]적으로가 아니라 오직 체계적으로, 그리고 운동력들의 개념들을 그것들이 한낱 집합으로서가 아니라 하나의 선험적 원리에 따라 규정될 수 있는 하나의 가능한 경험의 객관을 이룰 수 있도록 정돈하는 견지에서 운동력들은 물리학에 속할 수 있기 때문이다. — 경험적 資料들이 하나의 체계(一般 物理學)에 합치함만이 그것들의 상호 간의 합치를 보증할 수 있다. 특수한 부류의 운동력들을 위한 특수한 체계들은 고유한 원리들을 갖는 특수한 물리학(特殊 物理學)을 서술할 것이다. 그다음에 그 기계적 힘들에 따른 자연의 체계는 유기적 힘들의 체계(最高特殊 物理學)로의 이월을 기도할 것인데, 그러나 이러한 힘들의 형식과 법칙은 순전한 물질의 한계들을 넘어서 있는 것이다. 그러한 운동력은 목적들에 따라 작용하는 하나의 원인에 놓일 수밖에 없을 것이니 말이다.

중력은 **무게**와는 다른 것이며, 무게가 나감은 무거움과는 다른 것이다. (重力-重量) 計量性〔무게 달 수 있음〕-重量性〔무거움〕. 객관적인 것과 주관적인 것 즉 운동력 자체에 대한 측량의 수단.

물질의 운동력들의 두 종류가 있고, 그 각각은 두 특종을 갖는다.

1.) 중력에 의한 천체의 보편적 인력〔만유인력〕과 응집력에 의한 특수한 인력.

2. 열물질에 의한 보편적 척력과 팽창하는 것의 유동성에 의한 특수한 척력.

주관적 및 객관적인 계량 가능성과 계량 불가능성 — 저지 가능성과 저지 불가능성에 대하여. XXI294

그러므로 나는 학적 자연이론(自然哲學)의 전체 체계에 세 부문을 할당할 것이다. 1.) 전적으로 선험적 원리들에 기초해 있는 자연과학의 형이상학적 기초원리들, 2) 경험적 명제들을 선험적 원리들에 따라 결합한 자연과학의 기본적//자연학적 기초원리들, 3.) 체계 안에서 꾀하고 있는 물리학적 기초원리들. 이 마지막 것은 또한 xxx의 체계로 xxx, 그리고 물질의 유기적 힘들의 결합이 구분된다.

제3묶음, 전지4, 1면

케스트너 씨는 처음으로 지레를 어떤 특수한 물리적 성질을 끌어들인 것처럼 보이지 않게 한 채로 명민하게 그리고 철저하게 시연했다. 하나의 물질적 지레는 지렛대의 길이에 따라 일정한 두께를 가져야만 하는데, 그것은 이것이 하중을 받을 때 받침점 위에서 부러지지 않기 위해서, 다시 말해 횡단면에서 **끊기지** 않기 위해서 그렇다. (무릇 만약 지레가 수평면에 수직으로 세워지고, 그에 매달린 어떤 짐이 그것의 부분들의 응집을 분리시킨다면, 앞서 '부러진다'고 일컬어졌던 것이 '끊긴다'라고 불리게 될 터이다.) — 이제 사람들이 지레를, 무게를 그러니까 물질의 양을 탐색하는 기계로 취하면, 볼 수 있는 바는, 계량은 또 다른 운동력의 참여 곧 분리 및 그것의 부분들의 변위의 운동력들에 대한 반작용으로서의 **응집력**의 참여를 전제한다는 사실이다. 저 운동력 없이는 어떠한 계량 가능성도 생각할 수 없다. 그리고 사람들은 계량 가능성 개념조차 잃고, 자기 자신과 모순되지 않고서는 저 운동력을 도외시할 수 없다.

XXI295 하나의 단적(端的)으로 계량 불가능한 물질은 그 물질의 총괄 외에 그에서 그 물질이 끌어당겨질(그에 대해 그 물질이 중력의 작용을 받을) 터인 전혀 아무런 다른 물질이 없는 그러한 물질이다. 그러나 언제나 단지 동질적으로 모든 공간들을 채우는 물질의 하나의 부분일 뿐인 하나의 물질은 (가령 열물질을 그런 것으로 생각할 수 있듯이) 단지 특정한 관계에서 (卽) 계량 불가능할 터이다. 왜냐하면, 모든 방면에서 똑같이 끌어당겨진다면 그것은 어떠한 특수한 방향에 따라서도 중력을 받지 않을 터이고, 그리하여 철두철미 계량할 수 없을 터이기 때문이다.

注意! 모세관에 대하여.

모든 물질은 유동적이거나 고체적이다. 전자는 저지할 수 없거나 저지할 수 있는 유동적인 것이다. 후자는 방울지는 유동적이거나 탄성적 유동적인 것이다.

채워진 공간에서 하나의 절대적//계량 불가능한 물질은 중력 없이 있는 것이겠다. 그러나 그런 것은 그 물질 자신이 모든 물질의 전체일 때만 있을 수 있다. 그러나 모든 동종적인 것의 한 부분으로서의 물질은 조건적으로만 계량 불가능하다.

이로부터 알 수 있는바, 계량 가능성은 경험적인, 물질의 양에 상응하는 개념으로서 오직 경험만이 가르쳐줄 수 있는 물질의 특수한 운동력들을 필요로 한다. 예컨대 접촉에서의 인력, 다시 말해 물질 일반의 양의 한 개념을 갖기 위한 응집력 같은 것 말이다.

'모든 물질은 계량할 수 있다.'라는 명제는 경험명제가 아니다.

모든 물질은 그것들의 **중력**에서도 **계량할 수** 있다는 명제를 받아들일 수 없다. 무릇 저지할 수 없는 것, 그것은 또한 계량 불가능한 것(열소)이고, 그렇게 모든 물체들에 퍼져 있는 것은 3번째[26]에 따라 단지 내속〔속성〕적일 뿐, 자존〔실체〕적이 아니기 때문이다.

열에 의한 운동력은 반발적이고 탄성적으로 유동적이거나, 방울지거나 방울지지 않거나 간에 탄성적//활동적으로 유동적이다.

제3묶음, 전지4, 2면 XXI296

제2절
그 운동력들에 따라
근원적으로 운동하는
물질의 질에 대하여

§ 4

모세관 안의 유동체에 대하여

팽창적으로 유동적인 것에 대한 방울지는 유동적인 것에 대하여

모든 물질은 유동(流動)〔액체〕적이거나 강체〔고체〕적이다.[※27]

---

26) 3번째 범주, 곧 관계 범주를 지칭하는 것으로 읽을 수 있겠다.

유동적인 물질은 탄성적//유동적이거나 견인적//유동적이다. 전자는 방울지지 않고(공기 비슷하고), 후자는 방울질(물 비슷할) 수 있다. 두 성질은 열소에 의거한 것으로, 그것은 열소가 물질에 팽창을 일으키거나 부분들의 인력과 동시에 온전한 변위〔變位〕 가능성을 결합함으로써 그 인력이 언제나 강력할 수 있기 때문이다. — 열결합은 접촉은 아니다.

강체〔고체〕성은 (유연성의) 정도에 따라 인력의 강도에가 아니라 변위에 대한 저항에 의거해 있다. 왜냐하면, 강체에서 요체는 서로 접촉해 있는 부분들의 분리가 아니라 오직 위치의 변화이기 때문이다. 설령 인력의 양이 엄청나게 크다 하더라도 말이다.

열물질은, 그것 자신은 탄성적이 아니고, 기껏해야 다른 물질들을 탄성적으로 만든다(팽창시킨다) 해도, 모든 것의 운동력들의 하나이다. 방울지는 유동성의 원인, 계량할 수 있는 물질의 내적 활동의 작용결과인 강체〔고체〕화, 부분에 따라 **묶고** 그를 통해 방울지는 유동적 물체를 강경하게 만드는
XXI297 (내속적으로//이든 어쨌든) 이 팽창력(열). (물질의 운동력들의) 이러한 자연작용을 사람들은 열소의 저지라고 부를 수 있다. (熱物質은 卽 沮止可能하다.)

그러나 열물질이 전적으로 저지될 수는 없다.(端的으로 沮止可能하지는 않다.) 왜냐하면, 열물질은 다른 모든 물질에게 자신을 전달하고 그것들에 물체적으로 침투하는 물질, 그러니까 자체로는 자유로우며 동시에 열을 항상 나누어주려고 힘쓰는 물질이기 때문이다.

이러한 근거들에서 사람들은 열물질을, 그것이 비록 **다른** 것을 탄성적이고 유동적으로 만든다 할지라도, 본래 하나의 탄성적//유동적인 것이라고 부를 수 없다. 열물질은 하나의 한낱 가설적 원소로 간주될 수 없고, 그럼에도 이 물질이 격리되어 서술될 수도 없다. —

---

27) 원문에 ※표는 있으나, 이에 상응하는 주(註)는 누락되어 있다.

제3묶음, 전지4, 3면

그러나 우리는 그것을 여기서 »모든 용매들같이 실제 결합에 의해 자신의 용해력의 일부를 상실하고, 온전한 포화에서는 이 힘을 아예 더 이상 보이지 않다가, 방출하게 되면 이를 새롭게 표출하는 (가령 산[酸]류가 알칼리염류와 결합하면 초산[醋酸]의 힘을 잃고, 그에서 분리되면 그 힘을 다시 보이는 것처럼,) 하나의 일반적인 용해제(溶媒)로, 다시 말해 친화성의 법칙들에 따르지 않고서«[28] 거론할 수는 없다. — 무릇 그로써 우리는 물리학으로 헤매어 들어설 것이나, 그럼에도 우리는 그 원리들에 따라 순전히 자연과학의 형이상학적 기초원리들로부터 물리학으로 이행해야만 할 과제의 해결에 국한되어 있을 것이기 때문이다.

3) 關係, 자존적[실체적]으로가 아니라 내속적[속성적]으로 있는 경험객관으로서

4.)) 항속적으로 또는 변환적으로 작용하는 운동력

3) 고체 물질의 외적 능동적 관계에 대하여

移動力이 아니라 (內的 原動力) 외적 표면력, 일단 분리되어 있는 물질들은 나중에 서로 밀쳐내기 때문이다. 부서지기 쉬운 또는 질긴.

4 항구적, 결코 전적으로가 아니다 XXI298

3) 일단 분리된 그리고 매달린 것에 일단 녹아 들어간 물체들의 강력한 서로 간의 밀쳐냄(마찰)

열소는 부분들을 표면 가까이로 팽창시키고, 또 그것들을 내면에서도 결합한다.

3)) 열소를 묶는 것

---

28) Gehler, *Physikalisches Wörterbuch*, Teil IV에 실려 있는 표제어 "열(Wärme)"의 서술 중 일부를 옮겨 적은 것으로 보인다. 아래 XXI481에도 유사한 서술이 등장한다.

4)) — 그것〔열소〕을 움직이거나 그것에 내재하는 힘

§

그러나 강체〔고체〕화는 열이 흩어질 때 방울지는 유동적인 것의 부분들이 더 큰 **인력**의 작용결과로 여겨져서는 안 된다. 무릇 매우 큰 인력과 상관없이 그 부분들은 서로 간에 매우 쉬운 변위 가능성을 가질 수 있으니 말이다. 바로 그런 변위 가능성에 물질의 유동성이 존립하는 것이다. 여기에서 혼합해 있는 유동체의 이질적인 부분들의 일치에 하나의 변화가 생기는 것이 틀림없다. 이로 인해 이 유동체가 분해하고, 다시 말해 열소의 접합에서의 저 부분들이 내부에서 상호 접촉의 일정한 관계에 적응하여 하나의 구조물(織組)을 결합하고, 이것이 변위에 대한 하나의 저항의 원인이 되는 것이다.

그래서 유동적 물질들은 응고할 때 저 원소들의 상이함에 따라 일정한 형태로 형성된다. 물은 눈을 형성함에서 그리고 열소의 분배에 맞춰 60도 각도로 결정〔結晶〕함에서 상이한 요소들을 위한 열소를 선점한 것에 따라 (세 기하학적 모든 관계의 면에서) 선 모양〔길이〕, 판 모양〔너비〕, 덩어리 모양〔두께〕의 다발로 응고한다. 이와 비슷한 것을 사람들은 식물계의 대마〔大麻〕// 및 아마〔亞麻〕실에서, 그러나 더 분명하게는 동물계의 근섬유〔筋纖維〕에서 지각하는 바다. 근섬유의 형성에서, 예컨대 닭의 부화의 경우에 달걀의 유동적인 물질에서 근섬유들이 형성되고, 이것들이 그 길이에 따라 서로서로 하
XXI299 나의 세포조직을 통해 결합되지만, 이것들 각각이 다시금 똑같은 조직을 갖는 두 개의 다른 것으로 성립하고, 이런 식으로 현미경 관찰로는 이런 분열의 끝을 밝혀낼 수 없을 정도로 계속해간다. — 침투하는 열소에 의한 질료의 진동들은 (무릇 열이 모든 것에 스며듦은 이 같은 것을 수반하는 것으로 보이거니와) 요소들을 그것들의 비중 및 종별적 탄성에 맞춰 하나의 직조를 강제하는 운동력들로, 저러한 직조로부터 요소들은 대항 없이는 벗어날 수 없다.

물질의 운동력들, 다시 말해 그 원인들과 결과들의 면에서 고찰된 운동들은 한편으로는 형이상학과 선험적 개념들에 속한다. 그러나 다른 한편으로는 경험원리들, 예컨대 지레의 경직성, 도르래 당김줄의 응집력, 경사면에서의 운동 등에 의한 체계인 물리학에 속한다.

모세관에 대하여

제3묶음, 전지4, 4면

순전한 열소에 의해 방울지는 유동체로 만들어진(다시 말해, 용해된) 금속 물체들은, 그것들이 정지상태에서 천천히 차가워지면, 젖은 소금에 의한 결정체들이나 결석 용해물 비슷한 특수하게 특유의 형태들을 보이는데, 그때 열소(드뤽[29]에서는, 순전한 중량 물질[30]과는 달리 수송[輸送] 유동체[31]라고 일컫는 바)는 인도하는, 그러나 내부 구조를 실현시키는 매체이다.

이 내부 구조에는 금속들(곤충들, 딱정벌레류) 특유의 광채가 생기게 하는 것도 속하는데, 이에 대해 사람들은 보통 아무런 기술[記述]도 유래도 제시할 수 없다. 그러나 광채는 직접적으로 열물질에 의해 금속들의 윤이 나는 표면에 떨어진 빛의 반사처럼 보이고, 흡사 이 열물질에 의해 유인된 활기차게 된 특별한, 그 빛의 고유한 방출(고유한 광휘)처럼 보인다. 비록 그것 XXI300
이 금속이 이 빛에 맡겨져 있는 것보다 더 오래도록 지속하지는 않지만 말이다.

---

29) Jean-André de Luc(1727~1817). 앞의 XXI70의 각주 참조. 지질학자인 드뤽은 다수의 저술을 냈고, 열소 이론을 펴기도 했다.(*Introduction à la physique terrestre par les fluides expansibles*, Paris 1803 참조)

30) 원어: materie purement grave.

31) 원어: fluide deferent.

고체 물체와의 접촉에서
방울지는 유동체에 대하여

모세관들 안에 가라앉는 수분 있는 유동체나 수은은 양자의 운동력들을 비춰볼 수 있는 현상들을 보여준다. — 사람들은 언제나 유리 모세관들 안의 물의 상승에 대한 다음의 설명에 만족했다. 즉 물 **위의** 유리환(環)은 물과 물기둥들의 무게를 멀리서 끌어당김으로써 떠 있는 상태를 유지한다는 것이다. 그리고 이 기둥들의 높이는 지름에 반비례한다는 관찰이 이러한 의견에 신용장을 주었다.

그러나 이제 사람들이 고려하는 바는, 접촉에 앞서는 그러한 인력에 대한 대담한 가설에 주목하지 않고서도, 수선(水線) 위로 (모세관 바깥의) 올라간 물의 이러한 현상은, 즉 만약 사람들이 그 관을 완전히 잠근다면, 그러니까 그 관이 내부에서 온전히 젖는다면, 그 관 안의 물은 이제 유리가 아니라 그로 인해 관의 안이 젖어 있게 된 물에 매여 있어야만 하는데, 그러나 이러한 일은 일어날 수가 없다는 것이다. 왜냐하면, 물기둥은 무엇에 의해서도 그것이 유리 바깥의 것과 같은 높이가 될 때까지 내려가는 것을 방해받지 않기 때문이다. 그래서 사람들이 고백하지 않을 수 없는 바는, 이러한 설명방식은 과제를 충족시키지 못한다는 것이다. 그러므로 다른 방식을 모색하지 않을 수 없다.

이제, 물이 독자적으로 열물질의 충격들을 받는다는 것보다는 관의 유동체의 진동이 열에 의해 접촉하는 유리에 더 많은 동요를 일으키지 않을 수 없다고 가정하는 것이 더 자연스럽다. 모든 내면에서 진동하는 운동은 동시에 공간의 확장이므로, 이 용기의 접촉이 없이 그러한 것보다 물은 이러한 상태에서 (곧 유리의 떨림에 의한 충격들의 상태에서) 더 늘어나지 않을
XXI301 수 없다. 그러니까 바깥의 물보다 그만큼 한결 가벼운 것이다. 거기서 물이 수선 위의 바깥에, 그것도 곧바로 높이가 지름에 반비례한다는 법칙에 따라서, 있을 것이라는 것은 의심의 여지가 없다.

毛細管들

3) 물리학과의 관계에서 외적으로 결합하고 있는 운동력들 상호 간의 관계. 상이한 물질들의 융합 및 열소의 흩어짐

제3묶음, 전지5, 1면

제3절
물질의 운동력들의
관계, 다시 말해 외적 관계에 대하여

§

모든 물질은 서로 접촉하고 있는 부분들에서 응집성이 있는, 다시 말해 분리와 변위에 대해서 저항하는(서로 접착적인) 것이거나, 응집성이 없는, 다시 말해 한낱 축적되어 있는 것이다.(膠着的 或 蓄積的) 전자의 경우에 물질들은 유체화된 것, 강체〔고체〕화된 것으로, 후자의 경우에는 응고되어 있으면서 함께 유동하지 않는 것으로 간주될 수 있다. 전자의 예로는 전체 유리조각을, 후자의 예로는 깨진 유리방울 끝의 유리모래(또는 쇄석〔碎石〕)를 들 수 있다. —

현재 고체인 모든 물질들은 앞서 유체적인 것이었다. 사람들을 그것을 금속, 돌, 나무와 아마와 대마 같은 식물성 산물들 또는 동물성 비단, 근육섬유, 뼈 등등에서 보는 바다. 유동적 상태를 위해서는 앞서 열소가 필요하다. 그러므로 그 관계 중에 그것의 부분들이 상호 종속할 수도 있는 모든 물질은 언제나 제일 먼저 저 운동하는 원소재〔근원소〕에 의해 그러한 관계에 놓인 것이다.

바로 이 원소재〔근원소〕가 또한 서로에 대한 물질들의 관계를 질량에서 XXI302
규정하고 정초하는 것이 되지 않을 수 없다. — 그러나 서로 매여 있는 물질들은 그것들의 잡아끎의 운동력을 접촉면을 넘어 물체의 내부로까지 뻗치

지 않는다. 이제 접착하는 물질이 그에 부속하는 무게에 의해 같은 종류의 소재〔원소〕와 갈라지는 곳에서는 중력에 대한 인력을 계산하기가 끝이 없을 수밖에 없다. 그러므로 그러한 물질은 가속화하는 힘을 가질 수 없다. 왜냐하면, 그렇지 않으면 그 물질은 그토록 매 짧은 시간에 무한한 공간을 뒤에 남겨놓지 않을 수 없을 터이기 때문이다. 그러므로 무게에 의한 분리에 맞서 작용하는 것은 (압박 또는 견인) 운동의 운동량으로 작용하는 어떤 사력이 아니라, 하나의 활력, 다시 말해 탄성적인 열소에 의한 진동의 힘이다. 곧 다른 견지에서 그리고 다른 조건 아래서 계량할 수 있는 물질을 용해하여 유동하게 만드는 소재〔원소〕이다.

§

이제 경험이 가르쳐주는바, 만약 깨진 또는 금이 간 하나의 고체 물체에서 기계적으로 가능한 한 정확하게 그것의 한 표면과 다른 표면을 딱 맞게 다시 붙이고, 실로 억지로 눌러 붙이면, 그럼에도 이에는 항상 일정한 틈이 남는다는 것은, 그 두 표면은 이제부터 (그 물체는 깨지고 금이 간 것이므로) 서로 밀쳐내고, 서로 간에는 별개의 두 전체로서 거리를 유지한다는 것을 증명한다. — 이로부터 밝혀지는바, 깨어진 모든 각각의 고체 물질은 깨진 두 표면에서부터 작은 틈새에서 점차 자신을 잃을 수밖에 없다. 다시 말해 그 성질을 유지하면서 작은 간격을 넘어서 그것의 밀도가 감소할 수밖에
XXI303 없다. 거울처럼 매끄러운 겹쳐져 있는 표면들에서도 지각할 수 있듯이, 그것들은 사이에 놓여 있는 얇은 올들에 의해 직접적으로 접촉하는 것을 막는 작은 간격을 가지고 있지만, 그럼에도 어떠한 압력에 의해서도 그것들이 깨지기 이전과 같이 그렇게 밀접해지게 할 수는 없다. 그에 반해 서로에 대한 강한 압력으로 마찰되어 용해된 물체들은, 예컨대 납탄은 하나의 응집된 물체를 이룬다.

3) 부서지기 쉬운(脆性的[32)]인) 것과 비교되는 늘여 펼 수 있는(伸張的인) 것

(금속)의 깨어짐〔破碎〕에 대하여

注意! 강체〔고체〕성 이론은 또한 강체〔고체〕성에 의해 촉진된다고 하는 마찰과 평활〔平滑〕의 이론을 함유한다. 겉표면에서의 접촉운동은 하나의 마모〔磨耗〕라는 것. "열 없는 공간은 생각할 수 없다."(겔러[33]) **왜 없는가**

1. 공간상에서 운동하는 것

2. 운동력을 갖는 한에서의 운동하는 것

3. 그것의 힘들이 하나의 체계 안에서 서로 결합되어 있는 한에서. — 마지막 것은 물리학에 상관한다. 그에 반해 순전한 경험적인 힘의 모음은 체계 없이는 물리학이 아니다.

4) 양태의 면에서 **필연성**과 그것의 경험적 기능은 열소를 매개로 한 운동력들의 영속이다. 불변성

강체〔고체〕화되어 융합된 물질들은 그 표면에서는 제법 잘 맞으나, 그럼에도 서로 떨어져 있으며, 좀 더 큰 공간, 유리 눈물[34], 유리 줄무늬를 갖는다.

내가 여기서 선험적으로 갖는 것 또는 내가 경험적으로 그때 힘의 표현을 위해 갖는 것.

‖ 마찰(摩擦)에 의한 갊(練磨).

---

32) 원어: fragilis.

33) Gehler는 그의 『물리학사전』(앞의 XXI162 각주 참조)에서 "열소는 우리 지상에 전반적으로 퍼져 있다. 열소는 모든 원소〔소재〕에 침투하므로, 공기가 통과할 수 없는 통이 있지 않다면, 공기 없는 공간을 생각할 수 없는 것과 마찬가지로 열 없는 공간은 물리학적으로 생각할 수 없다."(*Physikalisches Wörterbuch*, IV, S.545 이하 참조)라고 기술하고 있다. 이와 관련한 아래 XXI480 이하의 열소에 대한 칸트의 서술 참조.

34) 원어: lacryma vitrea.

XXI304

제3묶음, 전지5, 2면

추기〔追記〕
마찰에 대하여

서로 평행하는 표면에서 서로에 대해 압박받는 두 강체〔고체〕 물체들이 그 운동에 대해 하는 저항이 마찰이다. 이를 통해 그 물체 각각은 불가피하게 닳게 되는데, 그러나 이에 의해 또한 갊(錬磨)이 생긴다. 그럼에도 이것이 결코 완전하지는 않아서, 아주 잘 갈린 경사면 위에 좀 무거운 평평하게 올려놓은 매끄러운 물체는 미끄러져 내리기 전에 일정 정도의 발사 상태를 취하고, 가속도적으로가 아니라 마찰의 운동량과 같은 저항에 의해 균일하게 움직인다. — 이런 현상의 원인은 무엇일까? 그리고 이렇게 미끄러움(平滑)을 제한하는 기술은 무슨 용도가 있을 수 있을까?

사람들은 보통, 모든 강체〔고체〕의 서로 접촉하는 표면들이 상당히 거칠고, 다시 말해 경사면에서 미끄러져 내려가는 것을 멈추게 하는, 울퉁불퉁 서로 실랑이를 벌이는 한 고체 물질의 평평하지 못함을 가지고 있다고 가정한다. 그러나 이러한 가설과 위에서 인용했던 광학 기구의 고찰은 전혀 반대이다. —

이러한 현상의 설명을 위해 남은 것은, 서로 압박하는 두 물체의 매끄러운 표면이 열소의 진동의 결과로서 점차 잃어가는 밀도임을 가정하는 것뿐이다. 열소는 매끄럽게 된 물체의 외부 표면에서 그것의 팽창력에 더 많이 반작용하게 되는 내면에서보다 덜 묶여 있다. 그러므로 경사면에서 압박하는 똑같이 매끄러운 물체는 가라앉고, 두 기층〔氣層〕[35](희박해진 물질을 이렇게 불러도 괜찮다면)은, 그것들이 두 물체 상호 간의 간격을 낳는 동안에, 서로 뒤섞인다.

---

35) 원어: Athmosphären.

(운동력을 갖는 한에서의 공간상에서 운동하는 것) XXI305

운동 일반에 대한 선험적 개념들이 체계로서의 하나의 물리학(一般 自然學)에서 경험 가능성의 원리에 따라 운동력들에 대한 경험적 개념들과 결합하게 되는 데서 이행은 성립한다. 그러고 나서 物理學

물질의 운동력은 두 종류이다. 1 오직 자신의 장소변화와 함께 운동하는 힘을 갖는 것. (충격과 중력인력) 2 장소의 변화 없이 자기 자신의 자리에서 운동하는 힘을 갖는 것. 열소

다른 물질에 마찰되어 유동적이 되는 강체〔고체〕 물질은 용해될 수 있는 것이고, 그로 인해 아주 작은 부분들로 분리되는 물질은 갈아 부술 수 있는 것이다. 납 대〔對〕 대리석.

제3묶음, 전지5, 3면

§

열에 의해 감소되지 않는, (왜냐하면, 열은 물질을 늘리지 않기 때문에) 물질의 응집을, 예컨대 유기체들 또는 유기적 근원을 갖는 물체들에서, 즉 식물계 또는 동물계에서 나온 실들을 형이상학적 기초원리들에서 물리학으로의 이행이라는 제목 아래 넣을 수는 없고, 그것은 전적으로 물리학에 귀속시키지 않을 수 없다.

凝結, 凝固, 膠着

목질 섬유의 산출, 아마〔亞麻〕에서의 실과 달걀 안의 근육에서의 실의 산출, 유기적.

성층〔成層〕

이행 云云은 격리된 채로 물리학에 속하는 물질의 운동력들을 하나의 체계 안에서 결합하는, 자연과학의 선험적 원리이다.

그 현시(展示)가 경험적이어야만 하는 한에서, 인식의 한 체계에서 다른 XXI306

체계로의 이행. 즉 따라서 운동력들의 경험을 가능하게 하는 것은 후자의 선험적인 제한된 방식으로 경험적인 인식이다. — 물질의 운동력들의 체계.

물리학은 오직 후험적으로 주어지는 운동력들의 체계이거니와, 그것들의 체계적인 통일은 선험적 원리들을 필요로 한다.

자연과학(自然哲學)은 공간상의 사물들에 대한 인식의 한 체계이며, 그 안에 두 특수한 학문을 함유한다. 1. 자연과학의 형이상학적 기초원리들, 둘째로 체계로서의 물리학. 그러나 전자는 오직, 공간상의 자연사물들의 경험인식을 의도로 갖고, 그것도 물질의 운동력들을 체계 안에서 의도하는 하나의 체계 안에서 그리하는 후자의 관점에서만 〔있는 것〕이기 때문에, 제3의 체계적인 관계를 생각하지 않을 수 없다. 곧 하나의 학설체계의 또 다른 학설체계와의 관계인 형이상학적 체계의 물리학과의 관계 말이다. 이 관계는 선험적 개념들에서 경험적 개념들로의 이행 관계를 그 내용으로 갖는다.

적혀진 괴목들에 대하여

제3묶음, 전지5, 4면

공간상에서 운동하는 것은 인력과 척력으로서 선험적으로 주어져 있다. 무릇 그렇지 않으면 전혀 어떠한 공간도 채워지지/충전〔充塡〕되지 않을 터
XXI307 이니 말이다. 그러나 이 힘들은 경험적으로도 주어져 있지 않으면 안 된다. 접촉에서의 그리고 원거리에서의 작용에 의한 공간의 채움/충전. 무릇 그렇지 않으면 스스로 제한하는, 공간상에서 움직일 수 있는 것에 대한 곧 물체에 대한 경험은 있지 않을 터이니 말이다. 그러므로 물질 및 물체. 그러므로 계량할 수 있음(計量可能性)은 양의 범주에 따라 운동력의 첫째 기능으로, 자연 형이상학 및 물리학에 속하며, 그리하여 전자에서 후자로의 이행에 속한다. —

저울대의 응집력, 경험적, 강체〔고체〕성. 그와 대립적인 것, -a가, 곧 분리와는 구별되는 변위 가능성으로서의 유동성이다.

접촉에서의 反撥과 牽引의 移動力 또는 열소에 의한 팽창의 內的 原動力. 유동체의 移動力은, 그 유동체 자신이 이전에 일정한 방향으로 운동하게 놓여 있는 한에서, 그 유동체의 흐름이다. 內的 原動力은 그 부분들이 그 물질 안에서 서로 밀쳐내는 한에서 xxx

물질의 양은 또 다른 접촉하는 물질에 대한 질량[덩이]으로의 운동을 전제한다. — 질 즉 내적으로 운동하는 힘은 부분들의 운동에 저항하는 또는 xxx

제3묶음, 전지6, 1면

서론

물질의

운동력들에 대하여

§ 1.

물리학은 경험에 기초한 자연과학이다. 그것의 대상은, 물질이 경험적 법칙들에 따르는 운동력을 갖는 한에서, 물질 일반이다.

§ 2

모든 운동력들은 인력이거나 척력이다. 한 물질은 다른 물질에 또는 그 물질의 한 부분은 다른 부분에 접근하거나 그로부터 멀어지려 힘쓰기(努力하기) 때문이다. 하나의 방향에서 또는 그 반대 방향에서 특정한 속도로 운 XXI308
동을 시작하려는 이러한 힘쓰기가 운동의 운동량이라 불린다. 무릇 운동의 이러한 무한히 작은 크기들의 연속적인 누적을 통해 그 증가가 가속(加速)이라고 일컫는 한 유한한 (잴 수 있는) 속도에 이르는 데는 한참의 시간이 필요하다. 여기서 가속은 순정하게 똑같은 운동량으로써 증가하면 균일하게 가속된 운동(普遍的으로 加速된 運動)이라고 불리고, 이에 따라서 균일하게 지체된 운동(普遍的으로 遲延된 運動)이 저절로 이해될 수 있다.

§ 3.

물질의 부분들의 모든 척력은 (이에 의해 물질이 팽창하거니와) 표면력이다. 다시 말해 물질의 더 큰 분량이 더 작은 분량보다 그 물질을 외부에서 더 큰 속도로 움직이지는 않는다. 왜냐하면, 물질은 단지 접촉에서 운동력을 행사하기 때문이다. — 그에 반해 물질의 더 큰 분량의 인력은 또한 더 큰 속도를 그것의 바깥의 어떤 다른 것에게 어떤 운동량에서 영향을 미칠 수 있다. 왜냐하면, 인력은 (중력과 같이) 물질의 겉표면이 아니라 내부에 작용하는 것이고, 적어도 작용할 수 있는 것이기 때문이다. 그래서 사람들은 운동력들을 표면력과 침투[삼투]력으로 구분하는 것을 물리적 힘들의 구별을 위해서도 유용하게 사용[할 수] 있다.

주해. 표면력으로서의 신장력은 균일하게 가속적일 수 없다. 무릇 신장력의 운동량은 확대된 팽창과 함께 감소하니 말이다. 그에 반해 (예컨대 중력에 의한) 인력은 충분히 그러할 수 있다. 인력은 물질의 내부에 **직접적으로** 작용하는 바로 그런 것이기 때문이다. 이에 반해 저 신장력은 단지 겉표면//접촉면에서만 직접적으로 물질에 대해, 그러나 내부에서는 단지 서로 폐기하는 작용과 반작용에 의해서만 영향력을 가지니 말이다.

XXI309 모세관 안의 외견상의 인력과 척력. 아이스 빔들에서 선에 따른, 눈 형상으로, 눈 표면에서, 눈 덩어리들에서의 결정화[結晶化].

유동체의 그리고 유동체와 함께하는 응집력 및 모세관에 대하여

강체[고체]의 응집력에 대하여

넷째 범주. 모든 물질의 물질 모두와의 연결에 대하여. 절대적으로 고찰된 상호성의 전체성. 가능성에서 인식될 수 있는 현실성, 다시 말해 필연성.

강체[고체]성의 원인으로서 상이한 것의 성층(成層)에 대하여

結晶化

纖組: 纖維 모양의, 板 모양의, 錠 모양의.

셋째 범주 — 관계 — 강체〔고체〕적 물질들 상호 간의 연관〔응집력〕.

물기의 또는 화기의 근원에 대하여 — 흙 및 금속. 금속의 광채.

이행은 순전히 생각할 수 있는 물질의 운동력들과 법칙들의 개념들을 내용으로 갖되, 이것들의 객관적 실재성은 아직 결정되어 있지 않다. 그것은 개념들의 한 체계를 형식에 있어서 기초 지으며, 사람들은 경험을 이에 맞출 수 있다.

중력에 의한 인력처럼 그렇게 같은 모양으로 가속적이지 않은 신장력에 대하여.

순전한 겉표면에도 유동체의 인력들을 작용한다.

제3묶음, 전지6, 2면

4
운동한 물질들의 활력과 사력〔死力〕의 차이에 대하여

나는 충격에 의해 다른 **물체**에 대해 끼치는 운동을 활력이라 부른다. 압박에 의한 운동, 그러니까 운동의 운동량인 것을 사력〔死力〕이라고 부른다. 그러나 나는 여기서 물질 일반과의 구별을 위해 하나의 (물리적) 물체를 xxx 부른다.

간격을 두고 연속적으로 서로 잇따르는 충격과 반격들을 나는 박동(搏動) XXI310
이라고 일컫는다.

모든 물질은 반발력을 갖지 않으면 아무런 공간도 충전하지 못하기 때문에 그것을 가짐이 틀림없지만, 또한 견인력을 갖지 않으면 공간이 무한히 흩어질 터이기 때문에 물질에게 견인력을 인정하지 않을 수 없으므로 —

저런 두 경우에 공간은 빈 것이 될 터이다. —, 그러한 세계의 시초부터 교호적인 충격과 반격들을 그리고 전체 세계공간〔우주〕을 채우고, 모든 물체를 자기 안에 동시에 포함하는 탄성적이지만 동시에 자기 자신 안에서 견인적인 물질의 진동(振動, 動搖)하는 하나의 운동을 생각할 수 있다. 이러한 물질의 박동들이 하나의 활력을 이루며, 순전한 압박과 역압〔逆壓〕에 의한 사력이, 그러니까 물질 내부에서의 절대적 정지가 결코 일어나지 않게 한다.

이제 하나의 탄성적//유동적인 것은 그 내적 진동의 상태에서 정지의 상태에서보다 반드시 더 큰 공간을 서로 결하여 취한다. 그러므로 이를 통해 세계공간〔우주〕 내의 물질들의 연장〔팽창〕과 또한, 이것들이 침투해오는 한에서, 그 안에 포함되어 있는 물체적 사물들의 연장〔팽창〕이 생기게 된다. 하나의 활력의 작용결과로서 말이다.

그러한 가설을 받아들이는 이유인즉, 세계〔우주〕원소의 연속적인 자극들의 그러한 원리가 없다면 영속적인 보편적 인력〔만유인력〕에도 불구하고 탄성력들의 소진인 죽음의 정지상태와 물질의 운동력들의 완전한 중지상태가 일어날 것이라는 점이다.

물질의 운동력들의 법칙들에 대한 이론을, 그 법칙들이 선험적으로 인식되는 한에서, 형이상학이라 일컫는다. — 그러나 그것들이 오직 경험에서 도출될 수 있는 한에서는 물리학이라 일컫는다. 그러나 오직 저 이성적 법칙들을 경험적 법칙들에 적용하는 선험적 원리들만을 의도하는 그러한 이
XXI311 론을 물체적 자연의 형이상학에서 물리학으로의 자연철학의 이행은 이룰 수 있다.

예컨대 원격 인력 일반과 거리의 제곱에 반비례하는 인력의 크기에 대한 이론은, 사람들이 이러한 선험적 개념들을 생각할 수 있듯이, 자연과학의 형이상학적 기초원리들에 속한다. 중력 및 중력의 법칙이 여러 높이에서 관찰되는 바대로, 중력에 대한 이론은 물리학에 속한다. 그럼에도 이 둘은 하나의 자연철학 안에서 하나의 결합과 그에 필요한, 이성에 의한 객관의 통일을 통해 함께 연결되는 모든 것이 그러하듯이, 비약일 수 없는 한 걸음을

필요로 한다. — 그러므로 순전히 하나의 자연이론에서 다른 이론으로 이월하는, 다시 말해 선험적 개념들을 경험 일반에 적용하기 위해 적용하는 이행을 〔위한〕 매개념들이 있어야 한다. 무릇 경험 일반을 가능하게 하는 원리들 자체가 선험적으로 주어져야만 하는 것처럼 말이다.

나는 이 저술을 하면서, 내가 여기서 범주들의 실마리를 좇아, 물질의 **운동력들**을 **양**, **질**, **관계** 및 **양태** 범주에 따라서 차례로 역할을 하게 하는 것보다 한 체계의 완벽성을 더 잘 성취할 수는 없을 것이라 믿고 있다. 여기서 사람들이 각각의 범주에서 생각하는 대립들은 (A와 A 아님 사이에서와 같은) **논리적**인 것이 아니라, (A와 -A 사이에서와 같은) **실재적**인 것으로 생각된다. 왜냐하면, 공간에는 (인력과 척력처럼) 운동의 대립적 방향에 의해 서로 간에 영향을 주는 효력 있는 힘들이 있어야 하기 때문이다.

범주 3. 물질의 내적인 견인적 및 팽창적 힘, 즉 응집력 및 열소에 대하여. 실체들 상호 간의 관계

열물질이 모든 물체에 침투하며, 따뜻한 공간 안의 모든 물체 각각 역시 XXI312
따뜻할 수밖에 없다 함은 필연성의 범주에 속한다.

과연 열물질에 대해, 비록 그것이 공간상에서 운동할 수 있는 어떤 것이지만, 그것은 공간을 차지하고 있는 모든 것에 침투하고, 그러니까 편재〔遍在〕하는 것이므로, 그것이 공간을 **채운다**고 말할 수 있는가.

모든 것을 운동하게 하는 것 자신은 그러나 질량〔덩이〕으로는 운동할 수 없다. 〔그것은〕 단지 내속〔속성〕적인 것으로 실존하되, 자존〔실체〕적으로는 실존하지 않는다. 運動의 原理

제일 물질은 근원적으로 운동하는(動力的인[36]) 것이지만, 자신이 운동할 수 있는(可動的인[37]) 것은 아니다. 왜냐하면, 그것은 운동할 수 있는 모두를

36) 원어: motrix.

37) 원어: mobilis.

함유하기 때문이다. 그것은 교호적으로 끌어당기고 밀치며, 유동체(流動體)가 아니면서 모든 것을 유동적이게 만드는 것이다.

따라서 여기서 열에 대하여 과연 〔그것이〕 하나의 특수한 원소인지 한낱 운동인지, 과연 그것이 세계〔우주〕 전반에 퍼져 있는 것인지 xxx.

(압박과 충격에 의한) 질량〔덩이〕에서의 운동 또는 액상〔흐름〕에서의 운동에 대하여

제3묶음, 전지6, 3면

제1장
물질의 **양**에 대하여

§ 1.

한 공간을 온전히 (빈틈없이) 차지하는 모든 물질이 같은 종류의 것이라면, 주어진 물질의 양을 재기 위해 (그 정확성을 위해 유체정역학이 보조수단으로 제공하는) 기하학적 측정 외의 다른 것이 필요하지 않을 터이다. 사람들은 이를 전제할 수 없으므로, 있는 수단은 저울, 다시 말해 동일한 폭에서 물체들이 지구의 중심점으로 낙하하는 **운동량**에 의한 운동력을 어떤 하나의 항구적인 형평추〔平衡錘〕와 비교하는 도구 외에는 없다. 왜냐하면, 이 운동량은 동일한 거리에서는 어디서나 동일한 중량이기 때문이다. 그러므로
XXI313 여기서 가속의 운동량이라고도 불리는 중력은 한 물체의 물질의 양을, 그 물체의 용적이 어떻든 간에, 무게에 의해 결정한다. — 지구의 중심점으로부터 상이한 거리들에서 이 운동량은 상이하다. 길이는 같지만 폭이 다른 추〔錘〕의 요동들은 거리의 제곱의 반비례에 따르는 인력의 법칙과 일치함이 그것을 가르쳐주었듯이 말이다. — 그러나 **중량**의 측정을 위해서는 무게의 크기의 결정이 필요하지 않다. 무릇 저것을 위해서는, 움직인 물질의 분량이 크든 작든 간에, 단지 가속의 운동량만이 요구되니 말이다. 그리고 이것

은 작은 호[弧] 안에서 하나의 진자[振子]의 요동의 수에 의해 결정된다. 물체의 이 가속력이 물체 용적의 물질적 부피와 곱해지면 비로소 무게가 제공되고, 이로써 사람들이 지구와의 일정한 거리에서 저울 위에서 직접적으로 알아낼 수 있는 물질의 양이 제공된다.

과연 계량할 수 있음(計量可能性)이 운동할 수 있음[운동 가능성]처럼 모든 물질의 보편적 속성으로 간주되어야만 하는지는 아직은 우리가 그 대답을 유보하는 하나의 물음이다. — 그러나 비교적 작은 용적과 관련한 무게의 크기는 **무거움**(重量性)이라고 일컬어지는데, 이것은 중력의 한 가지 운동량에서도 아주 상이할 수 있다.

§ 2

운동의 **운동량**은, 이 운동에 똑같은 도량으로 저항이 되는 한에서, 하나의 **압박**[**압력**]이다. 이때 운동하는 물체와 운동하게 된 물체가 정지상태에 머무르기 때문에, 사람들은 그 운동력을 **죽은**[활기/효력 없는] **힘/사력**(死力)이라고 부를 수 있다. 그에 반해 한 물체의 운동력은, 그것이 접촉의 시초에, 그것도 유한한 속도로 작용하는 한에서, **충격**(衝擊)이라고 일컬어지거니와, 그것은 하나의 **살아 있는 힘/활력**(活力)이다. 동일한 시간간격으로 XXI314
잇따라 일어나는 일련의 진동 운동들의 충격과 반격들은 **박동**(搏動)**들**이라고 일컬어지며, 그것들은 하나의 응집[연관]적으로 이어지는 활력의 작용결과들이다. — 후자식의 운동력은 전체의 장소이동(移動力)을, 다시 말해 외적 운동을 일으키지 않고, 내적 운동을 일으키는데, 그것은 교호적인 끌어당김[인력]과 밀쳐냄[척력]에 의해 설명될 수 있다.

제3묶음, 전지6, 4면

§ 3

물질의 양의 도량으로서의 무게는 **질량**[덩이]에서의, 다시 말해 동시에 통합된 모든 부분들에서의 물질의 운동의 운동량이다. (운동의 운동량이란 무엇인가? 운동량은 또한 잇따라서 그리고 동시에도 여러 가지 정도의 속도를 갖는다.) 그러나 운동의 이 똑같은 크기는 또한 **액상**[흐름]에서도, 다시 말해 유동체의 잇따라 충돌하는 부분들의 중단된 **충격**에 의해 물질에 잇따라 귀속하거니와, 그때 그 충격은 하나의 **압박**과 같고, 그래서 사력이다. 무릇 만약에 한 평면이 그에 수직으로 서 있는 방향에서 하나의 유동체, 예컨대 물에 의해 움직여지면, 그 유동체의 역압은 하나의 물 물체의 무게와 똑같고, 이것은 이 표면을 토대로 높이로 갖거니와, 그것은 그로부터 한 물체가 흐름의 (또는 물과 반대로 움직인 표면의) 속도를 얻기 위해서 낙하해야만 하는 그러한 높이이다. 그러나 그 경우 흐르는 그 표면을 압박하는 물질의 높이가 매 순간 단지 무한하게 작기는 하지만, 그 속도는 유한하고,
XXI315 그리하여 그 역압은 중력의 운동량으로써, 따라서 사력으로 작용하는※ 하나의 무게와 비교될 수 있다.

*　　　　*

그러므로 물질의 양은 도대체가 그것의 무게와 그것의 도량에 의해 측정될 수 있는 것과 다른 것이 아니다. 두말할 것도 없이 이것이 전제하는 바는, 이 모든 물질은 계량할 수 있는(계량 가능한) 것이어야만 한다는 것이다. 사람들이 물질의 양을 재고자 하고, 또한 절대적으로 계량할 수 없는 유동체가 있어서 이것에 대해서는 그 양의 측정이 허용되지 않을 것을 전제한다면 말이다. — 그러므로 그러한 유동체에 대해서는 비록 "물질 일반은 공간

※ 충격(衝擊)은 운동에 들어간 한 물체의 접촉의 시작이며, 이로 인해 이 운동이 한순간 (전체적으로 또는 부분적으로) 저해된다. 그러므로 충격은 능동적이다. 하나의 순간적인 **활**력의 작용으로서의 **타격**(打擊)은 전자에 비해 수동적이다. 일련의 빠르게 잇따르는 타격과 반격들, 즉 **진동**(振動)은 번갈아가며 두 성질을 갖는다.

상에서 운동할 수 있는 것으로서, **운동**력을 갖는 것이다."라는 정의가 유효하긴 하지만, 그때 사람들은, 과연 그 유동체 또한 **무게에 의해 운동하는** 하나의 힘을 갖는지 어떤지를 언제나 결정하지 않은 채 남겨놓을 수 있겠다. 그리고 그때 만약 후자가 일어난다면, 이것은 하나의 특수한 종의 물질을 제시하는 것이겠다.

그러므로 절대적으로 **계량 불가능한** 물질은 하나의 비물질적 물질, 그러니까 자기 자신과 모순되는 하나의 개념이겠다. 순전히 그때그때 계량 불가능한 물질에 대한 개념이 남아 있을 것이니 말이다.

운동(예컨대 중력)의 운동량의 사정은, 운동량에 의한 가속이 더 큰 운동량들에 의해서가 아니라 바로 똑같은 운동량으로써 균일하게 지속된다는 것이다. 그래서 한갓된 운동량은 아직 속도를 산출하지 않기 때문에, 이것의 운동은 단지 어느 때에 산출될 수 있다. 예컨대 물이 솟구칠 때. XXI316

방울지는 유동체가 그 내용에 비해 (유동체의 양이 같다 해도) 겉표면을 더 많이 가지면 가질수록, — 그것은 열소의 진동들에 대해 그만큼 덜 저항한다. 이 진동들이 유동체가 유동하도록 유지시켜주고, 부분들과 겉표면들 사이에 최대의 접촉이 있는 데까지 물러지도록 강요한다.

衝擊은 능동적이다. 打擊은 수동적이다. 두 가지 振動이 연속적으로 교대한다.

섬유 및 세포조직은 모든 유기적 물체들의 구조를 형성하는 것이다. 후자는 가장 많이 변화된다. 무릇 인간은 언제나 넓이에서처럼 높이에서 자라지 않으니 말이다.

형이상학도 아니고 물리학도 아니고, 순전히 양자의 결합을 내용으로 갖는 것.

자연의 현상들의 전체성(이와 함께 또한 필연성).

이행은 자기의 선험적 개념들로부터 경험의 대상들에가 아니라, 자기의 개념들로부터 물질의 가능한 경험대상들에 이르러야 한다.

화학은 물리학의 한 부분이지만, 형이상학에서 물리학으로의 순전한 이행이 아니다. — 이 이행은 한낱 경험들을 세울 가능성의 조건들을 함유한다.

1. 분리에 저항하는 응집 — 2. 변위에 저항하는 응집. — 후자는 강체〔고체〕 물체들의 경우다.

열소로서는 여타 모든 물질이 삼투할 수 있다.

통기성을 가정하는 것이 꼭 필요하지는 않다.

만약 열소의 한 부분이 묶인다면, 다른 부분은 자유롭게 된다. 그래서 전체적으로는 언제나 같은 양이 활동한다.

원심력은 고유한 힘이 아니다.

XXI317 제3묶음, 전지7, 1면

제2장
물질의 질에 대하여

§ 4.

물질은 **액체〔유동〕적**이거나 **고체적**(流動的 或 固體的)이다. 전자는 부분들의 서로에 대한 하나의 내적 관계로서, 부분들은 각자 아주 작은 힘을 가지고서 서로 접하여 **변위**될 수 있다. 다시 말해 **분리**되지(접촉 바깥에 놓이지) 않고서 그 접촉이 바뀔 수 있다. 강체〔고체〕적 물체들은 이러한 바뀜에 대해 저항하는 것들이다.

유동적〔액체적〕 물질들은 **팽창적**//유동적이거나 또는 동시에 **견인적**//유동적이다. — (탄성적//유동적인 것 및 방울지는 유동적인 것. 흙과 금속들에 대하여) 전자는 어떤 용기〔容器〕에 의해서도 제한될 수 없는 한에서 **저지 불가능한** 것이라고 일컫고, 이런 것은 또한 절대적으로//**저지할 수 없는** 물질 또는 상대적으로//**저지할 수 없는** 물질로 구분된다.

§ 5

하나의 계량 가능한, 견인적//유동적인 물질은 빈 공간에서(이것 역시 비교적인 것일 수 있으니, 그러므로 공기 중에서) 스스로 **구형**[球形]이 되려고 힘쓰며, 그 때문에 방울지는 유동적인 것이라고 불린다. 사람들은 그러한 공간에서 그 방울을 원하는 만큼 크게 취할 수 있다. — 구상[球狀]을 취함은 그것의, 예컨대 물의 부분들의 인력의 겉표면에 대한 작용결과로 간주할 수밖에 없다. 그런데 어떻게 이런 일이 가능한가?

외적인, 어쨌든 가시적이고 유동적인 물질의 **압력**에 의해서 이런 일이 일어날 수는 없다. 무릇 사람들이 한 잔의 물속에 상상으로 어떤 형상의 한 부분을 하고 싶은 대로 불규칙적으로 그려본다면, 그때 그 물은 언제나 정지상태로 있을 것이다. 그리고 이런 일은 또한, 설령 그 물이 주위에 있는 XXI318
유동체에 의해 모든 방면에서 압박을 받는다 해도, 달리 있을 수는 없다.

내가 그것의 덩어리를 빈 공간 안에 놓은※ 저 물의 부분들의 고유한

※

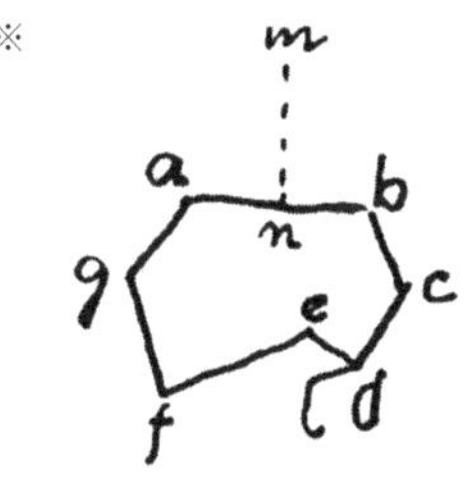

인력에 의해 이러한 변형이 역시 일어날 수 없다. 무릇 표면 ab에 의한 인력은 수직 방향 mn에서 일어나고, 여기서 당기는 물분자 m은 당겨지는 물분자 n과 nm의 방향에서 똑같이 대립 작용한다. 동시에 ab는 mn에 대해 똑같이 수직으로 작용하므로, 분자 n은 an과 bn 방향에서 서로 정면으로 곧장 저항할 수 있고, 따라서 부분들의 인력에 의해서는 형상이 변화될 수 없으며, 방울지는 형태로 될 수가 없다.

수분과 비교해서 통 안의 술의 알코올 성분의 증발에 대하여.

제3묶음, 전지7, 2면

§ 6

그러므로 사력으로서의 순전한 **압력**에 의해서는 (항상 구상이려고 힘쓰는) 하나의 방울지는 유동체의 형식이 야기될 수 없으므로, 이러한 형상의 산출은 충격력에 의해 그리고 유동적인 물질에 대한 부단히 반복되는 충격들을 통해 이러한 형상에서 그것을 보존함으로써, 그러므로 하나의 **활력**에 의해 야기된 것이 틀림없다. 왜냐하면, 모든 유동성의 조건인 열은 모든 물
XXI319 체에 침투하는 열소의 진동일 것이므로, 열에 의해 물질이 이 유동적인 물체의 겉표면에서, 내부에서 진동(振動)에 놓인 물질을 겉표면에서 가장 작게 용적을 갖는 공간(구면〔球面〕)으로 보낼 것이고, 방울지는 물을 이 충격들을 피하고, 자기의 부분들 사이의 가장 큰 접촉을 가장 작은 접촉으로 그러나 빈 공간과 함께 수축하도록 강요할 것이다.

유동체의 방울지는 형태에 대한 이 유일//가능한 설명방식은 그 밖에도 유동성을 위해 필요한 하나의 특수한 원소〔소재〕 곧 모든 것에 침투하는 열소의 현존을 가설적으로 요청하고, 그리하여 하나의 원리에 의해 다량의 현상들을 설명하는 길을 제시하는 이점을 얻는다.

§ 7.

여전히 제기되는 물음은, 과연 한낱 팽창적//유동적인 것, 그러나 저지할 수 없는 것으로서 모든 물질에 침투하는 어떤 것에 대해 그것이 공간을 **채운다**고 말할 수 있는 것인지, 그러면서도 그것이 스며들어오는 다른 물질의 운동력에 대해 저항한다고 이해되는지이다. 사람들은 실제로는 '그것이 공간을 **차지한다**'라고만 말할 수 있다. 그리고 다른 모든 것에 침투하는 열물질에 대해서는 자존〔실체〕적 속성이 아니라[38] 언제나 단지 부속적인 속

성으로 말할 수 있으며, 그래서 심지어는 그것을 단지 (언제나 하나의 응집적인, 자기 부분들 안에서 변위 가능한 것으로 표상되는) 하나의 유동체로서 다른 물질과 분리될 수 있는 것으로 격리해서 서술하고자 하는 것이 최소한 누구에게나 매우 부조리하게 나타날 수밖에 없다. — 한마디로 말해, 사람들은 열물질을 팽창적인 유동체로도 견인적인 유동체로도 이해할 수 없다. XXI320
그럼에도 우리는 이 개념 없이는 지낼 수가 없으니, 그것은, 우리는 오직 이 개념에 의해 물질의 형성에 필수적인 물질의 운동의 활력들을 사용할 수 있기 때문이다.

열물질의 흩어짐에 의한 물기 있는 유동체나 녹는 유동체의 강체〔고체〕화 및 하나의 덩어리로의 조직. 달걀의 부화에서의 살과 뼈 등등의 섬유들 …

제3묶음, 전지7, 3면

§8
유동적 물질의 응고(凝固)에 대하여

하나의 유동체는 여러 방식과 탄성을 가진 물질들의 혼합된 것(異質的液體)으로 볼 수 있고, 실제로 만약 열소가 흩어지기 시작하여 열에 의한 진동들이 상당히 늦춰지면, 각기 전체에 같은 모양으로 퍼져 있는 상이한 종류의 요소들로 스스로 분해되지 않을 물질, 적어도 방울지는 물질은 있을 수 없다. 유동체 안에서 동종의 것들은 서로 근접해가고, 이종적인 것들과는 갈라져서 층층이 쌓아 올려져 (다시 말해, 열물질의 충격들에 의해 서로 접촉하게 되어) 각각의 부분이 각자 자기의 진동들을 자기 자리에서 주장한다. 즉 그의 가장 가까이 있는 것과 말하자면 상이한 강세를 갖는다. 그럼에도

38) 원문의 "오직(nur)"을 'nicht'로 고쳐 읽는다.

이 강세는 가장 가까이 있는 것들과의 조화 속에 있으니, 그것은 차가워지거나 마를 때 섬유의 판이나 덩어리로 정돈되는 부분들의 변위 가능성에 XXI321 저항한다. 대략 유기 물체들에서 근육의 실체를 형성하는 실들이 섬유소의 직조에 의해 나뉘고, 그러면서도 다른 올들과 서로 엉겨 붙고, 좀 더 자세한 현미경 관찰에서는 다시금 더욱 섬세한 유사한 세포질의 직조와 결합된 섬유로서 존립하는 것이 발견되는 것처럼 말이다. — 계량할 수 있는 물질에 침투하는 열소는 그의 진동하는 충격들에 의해 이 구조를 낳고, 그것의 한 부분이 흩어짐으로써 요소들로서 아주 작은 부분들의 상이한 계량 가능성을 갖는, 이전에 혼합된, 그로써 유동성의 상태에 놓인 물질이 모이도록 한다.

요약: 열소에 의한 이종적인 탄성적 물질들의 혼합이 물질의 유동성을 유지한다. 작은 간격으로 서로 더 근친적인 것들의 집합에 의한 물질의 분리는 특정의 서로 다른 강세를 통해 열에 의한 진동에, 이 부분들의 변위에 저항하며, 이전의 유동적인 물질이 굳도록/경고(硬固)하도록 만든다. — 이 경고(硬固)함을 위해서 응고된 물질의 인력이 그 물질이 유동의 상태에 있었을 때보다 더 커질 필요는 없다. 수은은 그것의 방울에서의 응집력이 훨씬 더 큼에도 불구하고 의심할 바 없이 물과 똑같은 유동성을 갖는다. 그러나 물의 내적 분해는, 물의 여러 종류의 요소들이 어떤 한 부분의 여타 부분들과의 분리 없이 서로 다른 내적 구조 안으로 집합된 것이므로, 변위 가능성에 저항하며, 한 관점에서 유동성의 원인인 열물질은 다른 관점에서는 곧 같은 충격들에 의한 부분들의 부동성의 효과적인 수단이다. 이에 의해 그것은 활력으로서 일정한 부분들을 그것들의 중량에 맞춰 작은 간격으로 한데 몰아넣는다.

다른 물질이 흩어질 때 유동적인 물질들에서 보이는 형상들(결정체들)에 대해서는 이 자리에서 이야기할 것이 없다. 무릇 그것은 물리학에 속하는 것으로서, 자연과학의 형이상학에서 그것으로의 순전한 이행에는 속하지 않기 때문이다. 이것은 오직 물리학 너머까지 나가서 그를 안내하는 개념들만을 다룬다.

결론: 만약 한 개념이 객관의 실재성을 보증하지 않고, 오히려 그것의 이념을 그에 점점 접근해가는 동기로 사용한다면, 그 개념은 초절적이지 않다. XXI322

만약 물질들이 굳은 물질과 다시 혼합된다면, 유동성은 그친다.

우리가 그 자체로 탄성적 유동체라는 열의 개념을 가지고 있기는 하지만, 우리는 그에 대한 아무런 경험도 가지고 있지 않다. 왜냐하면, 우리가 경험을 통해 알고 있는 모든 유동체는 오직 열 자신에 의해서만 탄성적이기 때문이다.

제3묶음, 전지7, 4면

§ 8
유동적 물질의
강체〔고체〕화(凝固)에 대하여

하나의 방울지는 유동체가 하나의 강체〔고체〕로 변환된다 함은, 그것이 그것의 내적 부분들의 변위에 저항하는 상태로 이행하는 것을 일컫는다. 이제 그렇게 되는 데에 **더 큰** 인력이나 응축이 필요한 것은 아니다. (예컨대 물 한 방울이 우박 한 알로 빠르게 변환되는 데서 말이다.) 무릇 내적 인력의 정도는 변위에 저항하는 것이 아니라, 분리에 저항하는 것이기 때문이다. 한 방울의 수은은 한 방울의 물과 똑같은 정도로 유동적이다. 전자의 부분들의 내적 인력이 훨씬 더 강력함에도 불구하고 말이다. 강체〔고체〕화한다는 견인적//유동적인 것은 이종적인 요소들이 전반적으로 혼합되어 있는 것으로 생각되지 않을 수 없다. 응고의 시점에서 그것은 이제 열소의 일부가 흩어짐으로써 내적 변화를 하게 되지 않을 수 없고, 그로 인해 그것은 하나의 **구조**에 들어서는 것이 강요되며, 그때 열에 의한 진동이 혼합 중에 함유된 상이한(더 무겁거나 가벼운) 물질들의 **성층**〔成層〕을 바꾸는 간격으로 산출하

XXI323 는데, 이것이 진동(振動)의 상이한 강세(긴장의 정도)를 이룬다. 이를 통해 같은 모양으로 혼합된 여러 가지 물질들이 한 직조의 형식을 이루게 되거니와, 그것은 그 물질들의 부분들이 그 종별적인 차이에 따라서 일정한 무한히 작은 간격으로 서로 접합되되, 그것들은 이러한 상황에서 그렇게 정돈된 요소들의 상이성에 따라서 열소가 활발하게 유지하는 진동들과만 합치하기 때문에, 그것들이 진동의 이질성으로 인해 그것들의 위치에서 움직이지 못하게 되고, 그러니까 **변위**에 저항함으로써 그렇게 되는 것이다. 후자는 매우 클 수 있다. 그리고 만약 열소가 흩어진다면, 그럼에도 언제나 물질 안에 남아 있는 그것의 부분으로 인해 저 진동들은 고정불변하고, 물질들은

xxx.

그러므로 역시 물질의 응고상태에 필요한 것은 하나의 사력이 아니라 하나의 활력이다. 그러나 물질의 내부에서의 부분들은 그 위치들을 바꿀 수 없게 되고, 이 변위는 오직 더 많은 열소의 침투에서만 허락된다.

주해.

물질의 강체〔고체〕성에 대한 이러한 설명방식이 옳음은 습기 있는 물질이나 건조한 물질의 **결정화**(結晶化)에서 입증된다. 즉 용해된 물질들은, 그것들이 정지상태를 유지하거나 그 용매가 증발하면, 단지 하나의 일정한 구조(織組)를 갖추고서, 그것들을 유동 중에 그러니까 혼합 중에 보존했던 물질을 떠나보내는 그 순간에 강체〔고체〕화한다. — 그것들은 이 물질들의 요소들이 (그것이 얼마나 잡다한지는 누구도 알지 못하는) 그 안에 함유되어 있는 원소〔소재〕들의 상이한 진동력에 따라서 말하자면 그토록 많은 크고 작은 다발로 묶여 있지 않는 한에서는, 강체〔고체〕화할 수 없을 터이다. 그 직조는 그 외적 형태로 보면 실// , 판// 그리고 덩어리 모양(纖維, 板, 錠)이다. 사람들은 (호이겐스가 햇무리를 설명하는 데 재치 있게 이용했던) 선형을 이루는
XXI324 아이스 빔에서, 또는 하나의 평면 위에 있는 여섯 개의 선이 이루는 눈의 형상들에서, 또한 한 점을 중심으로 모든 방면에서 그것들을 차지하고 있는

서리에서, 형성되어가는 소금 덩어리들에서는 더욱더 잘, 또 심지어는 노지에 있는 용해된 금속들에서도 이를 볼 수 있는 바이다. 이것들은 모두 그 강체〔고체〕성을 오직 어떤 외적인 가시적인, 짐작하건대 그러나 또한 내적인 불가시적인 구조를 받아들임으로써만 가질 수 있을 것이다.

셋째 범주. 강체〔고체〕적 물질의 **응집**과 **마찰**에 대하여. 그에 속하는 또 연성〔延性〕과 **전성**〔展性〕 — 또는 부서지기 쉬움〔脆性〕. **변위 가능성** 不安定/平滑. **늘릴 수 있음** 伸張性

자기의 응집력을 넘어서 연장될 수 없는, 예컨대 그 자신의 기둥들에 의한 물의 압축의 경우에서의, 방울지는 유동체의 탄성의 운동량에 대하여.

제3묶음, 전지8, 1면

제3장

한 물질의 다른 물질에 대한 관계. (물체들의 다른 물질들 또는 다른 물체들에 대한 관계)

§ 9

그것은 강체〔고체〕 물체로서의 물질의 밀쳐냄〔척력〕과 끌어당김〔인력〕이다.

밀쳐냄〔척력〕은 접근에 대한 반작용으로서, 물질이 불가침투성을 통해 다른 물질에 저항하는 한에서, 모든 물질의 속성이다. 한낱 밀쳐내는 유동체는 순수하게 탄성적이라고 일컫는다. 하나의 탄성적//유동적인 것의 물질의 양은 똑같은 힘에서도 무한히//작을〔무한//소일〕 수 있다. 사람들이 가정하는바, 모든 유동 물질은 오직 열을 매개로 해서 탄성적이지만, 그런 경우 오직 표면력으로서만 작용하며, 그에 반해 열물질 자신은 근원적으로 탄성

적이다. 그러나 열물질은 보편적으로 침투하는 힘으로서 그러한 것인데, 그
XXI325 럼에도 그것은 결코 표상될 수가 없다. 왜냐하면, 이 물질은 저지 불가능하므로, 그것은 어떠한 물체에 의해서도 그 자신의 팽창에 있어서 제한될 수 없고, 더 이상의 연장에 가로막힐 수 없기 때문이다.

그러므로 공기는 결코 하나의 강체〔고체〕 물체가 될 수 없고, 오히려 언제나 하나의 유동체에 머무를 터이다. 만약에 그것이 가령 열물질에 의해 탄성적으로 되는 어떤 유동하지 않는 원소〔소재〕를 자기의 토대로 함유하지 않는다면 말이다.

§ 10
강체〔고체〕 물질의 응집에 대하여

강체〔고체〕 물체의 응집에서 그 속도의 운동력은 각각의 실제 운동과 관련해 무한하다. 무릇 그것은 하나의 가속적인 운동으로써, **시작의 순간**에 한 유한한 속도와 같고, 그러므로 만약에 그것에 접촉하는 어떤 다른 물질이 똑같은 힘으로써 그것에 저항하지 않는다면, 제아무리 작은 모든 시간에도 하나의 무한한 공간을 뒤로 할 그러한 운동이니 말이다.

이것이 강체〔고체〕 물체들의 응집의 개념이다. — 하나의 철사, 대리석 토막, 밧줄 등등 일반적으로 상위 부분에 고정되어 중력의 방향으로 드리워져 있는 결정체 물체는 어떤 일정한 길이에서 자기 자신의 무게에 의해 어떤 위치에서 끊어질 수밖에 없고, 그때 그것의 두께는 아무래도 상관이 없다. 왜냐하면, 이것이 서로 연이어서 결합해 있는 다량의 동종의 결정체들로서 제아무리 크다 해도, 그 하나하나는 같은 길이에서 독자적으로 자신의 무게에 의해 끊어질 수밖에 없기 때문이다. — 이제 그 절단면에서 서로 끌어당기는 물질들의 양은 그 접촉에서 무한하게 작다〔무한소이다〕. 다시 말해 놓여 있는 다른 물질의 접촉면 위에 있는 한 물질의 두께는, 예컨대 도금의 두께는 주목할 것이 없다. 왜냐하면, 응집의 인력은 질량 대 질량처

럼 접촉면을 넘어 영향을 미치지 못하며, 오히려 면 대 면처럼 순전한 접촉 XXI326
에서 영향을 미치기 때문이다. 그러므로 응집에서 서로 끌어당기는 물질들의 속도의 운동량은 유한하지 않을 수 없다. 그러니까 각각의 최소한의 시간에서 자기의 가속에 의해 하나의 무한한 속도를 생기게 할 수 있어야만 한다. — 이것은 불가능한 일이다.

인력의 운동량은 강체〔고체〕 물체의 응집에 있으며, 그것은 이제 끌어당겨진 물체의 전체 질량이 곱해진 중력의 운동량과 같고, 그러니까 또한 역으로 그 운동량에 달려 있는 물질의 무게는 그 물체에 부속해 있는 무한히//얇은 판면이 그에 대해 행사하는 압력과 같다. 이것은 다른 것이 아니라 충격들을 통해 작용하는 활력을 원인으로 가질 수 있는 것이다.

응집하는 물질이 그 모든 부분에서 동질적이라면, 사람들은 이 운동량을 확정할 수 있겠다. 그것은 곧 만약 사람들이 이 기둥들을 (그것들을 전도시킴으로써) 유동적인 것으로 생각한다면, 그것으로써 물질이 하나의 속도에 이를 만큼 그 정도로 클 터이고, 이 속도에 의해 그것은 하나의 분수처럼 그 입구가 어떻든지 간에 솟구칠 터이다.

접착〔력〕의 운동량은 하나의 유동체가 일정한 속도로 주어진 평면에 가하는 충격의 운동량과 똑같은 정도로 크겠다. (그 속도는 철사의 길이와 같은 기둥의, 같은 밀도의 물질의 압력에 비례하겠다.) 그러나 응집력이 언제나 밀도에 비례하지는 않는다.

접촉은, 한 물질이 다른 물질에서 멀어지는 것에 저항하는 원인인 한에서, 응집이다.

강체〔고체〕는 다시금 부서지기 쉬운 것과 나긋나긋한〔유연한〕 것으로 구분될 수 있는데, 후자에는 벼릴 수〔鍛鍊할 수〕 있는 것도 속한다. 차게 해서든 덥게 해서든 말이다. 벼릴 수 있는 것은 틈들을 갖는 유연한 것이다. — 잡아늘릴 수 있는〔延性의〕 것

금속은 무게와 광채에서 특출난 하나의 특수한 물체. 그것은 어느 정도

XXI327 스스로 빛을 내는 광채 곧 자기 안의 하나의 광물질의 유발로서, 한낱 같은 것의 반사가 아니다.

응집〔력〕은 질량에서가 아니라 표면에서 일어나는, 물질들의 접촉에서의 끌어당김〔인력〕이다. 그것은 (일반 자연과학의) 질량에서의 인력과는, 그것이 우리가 긴장시키고 움직일 수 있는 질량에서, 중력의 인력에 비해, 무한소라는 점에서 차이가 있다.

물질은 그 실존에 의해서가 아니라 밀쳐내는 힘〔척력〕에 의해 하나의 공간 안으로의 침투에 저항함(겔러)

응집〔력〕 또는 충격〔력〕은 물체들의 관계로서 그 표면에 따라서 또는 체적에 따라서 고찰될 수 있다. 유한한 속도로 가하는 물의 한 표면에 대한 충격은, 또한 무게 없는 똑같은 속도의 탄성적인 유동체의 충격은 오직 하나의 무게와, 다시 말해 하나의 사력(운동량)과만 비교될 수 있다.

제3묶음, 전지8, 2면

주해

변위 가능성의 방해를 마찰이라 일컫는다. 모든 물질은 최소한의 힘에 의한 각각의 절단면에서 서로에 대해 변위 가능한 표면을 갖는다. 그러나 강체〔고체〕의, 직접적으로 응집하는 물체들은, 만약 그것들이 앞서 이미 분리된 것이 아니라면, 변위에 대해 또한 마찬가지로 분리에 대해 저항한다. 이것은 이미 강체〔고체〕성의 개념에 들어 있는 것이다. 강체〔고체〕 물체들의 거친 표면들은 그래서 마찰에 부딪치게 되어 있다. 왜냐하면, 서로 단호한 요철들은 그 물질의 분리에 영향을 끼치고, 그러니까 변위에 방해가 되기 때문이다. 서로에 대해 압박하고, 서로를 자주 밀치는 거친 표면들은 차츰차츰 서로를 닦는다〔연마한다〕. 그러나 강체〔고체〕 물체들의 최대의 기계적으로//가능한 연마가 그럼에도 모든 마찰을 제거할 수는 없어서, 사람들은 모든 그러한 거친 표면들이 서로에 대한 변위에서 마찰을 겪는다고 말할 수는 있지만, 역으로, 모든 서로 마찰하는 표면들이 거칠다고 말할 수는 없다.

사람들이 닦인 광학적//확대경들과 거울보다 더 평평하고 더 매끄러운 무엇을 바랄 수 있을까. 무릇 이 둘은 그 형상에 의해 그 겉표면 자체에 최소한의 울퉁불퉁함을, 그것도 수백 배로 확대해서 보여주고, 그러니까 그 거칢을 최고로 분명하게 보여주겠으므로, 사람들이 그것들의 매끄러움을 무한히 많은 서로 가로지르는 그리고 규조토[硅藻土] 또는 마찰기 위에 흩어져 있는 다른 흙에 의해 만들어진 생채기들에 돌릴 수는 없으니 말이다. 이것들은 전체적으로 그 반대를 보여주는 것이기 때문이다. 오히려 사람들은 연마를 겉표면의 모든 부분들에서 일어난, 거의 용해에까지 이른 진동으로 볼, 그리고 하나의 유동적인 (열물질의 또는 아마도 부분적으로는 전기에 가까운 것의), 모든 울퉁불퉁함을 물같이 채운 소재[원소]의 넘침으로 볼 이유를 갖는다. — 무릇 그와 같은 어떤 것이 여기서 일어날 수밖에 없다는 사실, 이로부터 알아챌 수 있는바, 만약 어떤 부서지기 쉬운 물체, 예컨대 유리거울 전체 유리에 걸쳐서 일어나서는 결코 안 되는 하나의 금이 생겼다면, 빛은 서로 분리된, 그러나 완전히 서로서로 딱 맞는 좁은 면들의 두 언저리로 인해 하나의 연속체로 진행하지 않고, 두 면은 최대로 접촉해보려고 힘씀에도 불구하고 서로 간격을 두게 되며, 그리하여 하나의 유리 조각은, 만약 사람들이 그것을 (그것을 가열하고 차가운 목탄과 함께 냉각시킴으로써 그런 일이 쉽게 일어날 수 있듯이) 완전히 딱 맞는 다수의 유리장으로 나누었다면, 사람들이 비록 서로에 대해 사뭇 압박을 한다 할지라도, 그것이 깨지지 않은 응집에서 갖는 공간보다는 눈에 띄게 더 큰 공간을 차지할 것이다.

XXI328

XXI329 제3묶음, 전지8, 3면

§ 11

마찰 없이
접촉에서 서로 변위되는
고체 물체는 없다.

이 경험의 증명을 사람들은 두 물체의 아주 매끄러운 표면들을 가지고서 할 수 있다. 즉 가령 하나의 매끄러운 주사위가 있고, 다른 하나로 이것의 아주 매끄러운 받침판이 있는데, 이것이 점진적인 경사면으로 한쪽 끝에서 들려 있는 경우에, 미끄러져내리는 것을 방해하는 것을 아무것도 볼 수 없는데도, 거기서 미끄러지는 것이 더 이상 일어나지 않는 경사의 정도가 있으니 말이다. — 사람들은 여기서 이런 일을 현미경을 통해서도 눈앞에 보일 수 없는 거칠거칠함에 돌릴 수는 없고, 오히려 이 거칠거칠함은 오직 그 현상이 설명되도록 가정된다. 용해에 의해 생겨나는 모든 연마된 물체들은 말하자면 자기의 기압을 갖고, 가져야만 한다. 왜냐하면, 그것들의 물질은 겉표면에서 그 위에 놓여 있는 응집하는, 같은 종류의 어떤 외적 물질의 억압에 의해서도 영향을 받지 않으므로, 저 물질은 열소에 의해 움직여져 틀림없이 매우 가까운 한계에까지 늘어나거니와, 이에 대해서는 또한 그러한 물체들의 가장자리에서의 광선들의 인력과 척력들도 증명하는 바이다. 그러한 똑같이 매끄럽지만 경사진 받침판 위의 가능한 최고로 매끄럽게 닦인 하나의 물체는 자기의 무게에 의해 비록 희박해진 성질이기는 하지만 같은 물질들로 이루어져 있는 저 기압 속으로 내려앉는다. 이제 둘은 혼합되므로, 함께 하나의 강체〔고체〕 물체를 이룬다. 물질의 어떠한 변위도 하나의
XXI330 경사진 매끄러운 평면 위에서의 미끄러짐을 통해서는 탄성적인 그러나 혼합된 상태에서의 이것의 약간의 부분들의 파괴와 함께 다르게는 일어날 수 없다.※

§ 12
금속의
강체〔고체〕성에 대하여

이것은 그 연마된 상태에서 입증되거니와 다음과 같은 속성을 통해서 그러하다. 즉 빛은 한낱 그것들의 겉표면에서 반사할 뿐만 아니라, 또한 그 겉표면들을 통해 진동한다. 다시 말해 그 겉표면들에서 (다양한 빛과 함께 타는 불꽃들 비슷하게) 발산한 고유의 빛으로서 감각된다. 이것이 특유의 금속의 광채라고 불리는 것이다. — 열소에 의해 종별화하고 이를 통해 성층화하는 빔들과 판막들이 소위 (그것이 빛을 발하고 진동으로 불러일으켜지는 한에서) 하나의 자기 발광체의 고유한 요동들의 근거이다.

금속을 냉정하게 망치질 함이나 천공기를 가지고서 철사를 늘여 뺄 때 금속을 때려서 폄은 언제나 가열을 수반하거니와, 가열은 하나의 용해이며, 이에 따라 금속들은 언제나 다시 빔들과 판막으로 형성되고, 그렇게 해서 금속광채를 보인다.

자연의 객관들에 대한 하나의 선험적 인식에서 물리학으로의 이행은 그에 따라서 사람들이, 경험을 세우기 위해, 자연의 잡다한 법칙들을 이성을 통해 미리 규정해야 할 원리들을 함유한다.

석류석은 용해되지 않는 것으로서, 오직 공기 중에서만 발산하는 자연산물이다.

卽 선험적 인식이라고 일컬어질 수 있는 인식들과 端的으로 그러한 것인 인식들의 차이. 그런 인식들은 필연성, 곧 이러한 인식들 없이는 어떤 현상 XXI331
에 관한 어떠한 경험도 가능하지 않을, 필연성을 가진, 선험적 인식들이다.

※ 대리석 비너스의 또는 로마 교회에 있는 성 베드로로 변환된 청동의 뇌명자〔雷鳴者〕 유피테르의 엄지발가락의 입맞춤에서의 아주 부드러운 입술의 접촉은 이들 고체 물체들에서 언제나 무엇인가가 문질러 해어지고, 그것들이 수백만 번의 접촉 후에 마침내 문질러 없어지지 않고서는 일어날 수 없었다.

소석회(消石灰)와 황동광의 강력한 접합에 대하여. 발레리우스.[39)]

제3묶음, 전지8, 4면

§ 13.

강체〔고체〕성은 오직 두 가지로, 갈아 부술 수 있는, 부서지기 쉬운(破碎的) 물질이거나 때려 펼 수 있는(伸張的) 물질이다. 전자로는 예컨대 소금, 유리(책 4면을 보라![40)]), 특히 그 유명한 유리방울들(유리 눈물[41)])에서의 유리, 석회와 자갈 섞인 모래의 결합인 석고에서 단단해진 대리석// 및 여타 흙들이 있다. — 그러나 이런 것에 대한 고찰은 물리학에 속하고, 형이상학에서 물리학으로의 이행에 속하지 않는다. — 여기서의 문제는 오직 강체〔고체〕 물체들의 접촉에서의 견인에 있어서 운동의 운동량의 양의 측정에 대한 것이다.

사람들이 생각해야 할 바는, 이 운동량이 유한한 속도를 갖는다는 점이다. 왜냐하면, 물체를 직접적으로 접촉하는 물질의 양은 무한히 작기 때문이다. 무릇 인력은 여기서 접촉을 넘어 어떤 두꺼운 층을 직접적으로 운동시키는, 하나의 침투력이 아니다. 그것은 단지 직접적으로 접촉하는 표면에 작용할 뿐이다. — 그러나 운동의 운동량은 결코 유한할 수가 없다. 왜냐하면, 그렇지 않으면 그것은 가속적인 운동력으로서 주어진 최소한의 시간에서 하나의 무한한 공간을 관통해야만 할 터인데, 이런 일은 불가능하기 때문이다. 그러므로 하나의 고체 물체의 응집은 한 물질이 그것에 접촉하는 다른 물질에 가하는 (하나의 사력인) 압박의 작용결과가 아니라, 연속적인 진동 중에 있는 물질의 활력인 충격의 작용결과이다. 활력은 진동하게 된 물질들의 이질성에서 기인하는 강체〔고체〕성이 이에 이름으로써 분리

39) Johan Gottschalk Wallerius(1709~1785). 칸트 당대 스웨덴 출신의 화학자이자 광물학자로서, 그의 저술 *Systema mineralogicum*(1772~1775)이 널리 읽혔다.

40) 지시하는 바를 확인할 수 없다.

41) 원어: lacryma vitrea.

에 저항하거니와, 이것은 압박에 비해 무한하다. — 은줄[銀線]에 있는 최고로 얇은 도금도 가장 두꺼운 도금만큼 강하다.

§ 14 XXI332

그것이 어떤 물질로 된 것이든(대리석이든 철이든) 만약 하나의 원통형의 그리고 일반적으로 다면체의 줄이나 토막이 일정한 무게로 인해 끊긴다면, 사람들은 그것이 자기 무게에 의해 끊어질 수밖에 없는, 어떤 두께에서도 똑같을, 어떤 길이를 계산해낼 수 있다. 이제 사람들이 이 다면체 물체를 거꾸로(위로) 세우면, 그 물체는 그것이 하나의 관에 부어져 유동하게 되었을 때 바닥을 압박했을 만큼 똑같은 강도로 밑바닥을 압박할 것이다. 이 경우에 이 유동하는 기둥의 운동의 운동량, 응집력과 똑같은 압력의 정도가 계산될 수 있는데, 그것은 곧 '유동체 기둥은 저 압력에 의해 그 입구에서 문제의 물체의 길이와 똑같은 높이까지 솟구칠 어떤 속도에 이른다.'라는 수력학의 법칙에 의한 것이다. 그다음에는 이로부터 그런 여러 가지 물체들에서도, 만약 이것들이 유연한 것이 아니라 완전히 부서지기 쉬운 것으로 가정된다면, 그것들의 밀도(비중)에 비례하는 응집력의 비율이 주어지겠다. 그러나 이것이 그렇지가 않고, 오히려 특정의 물질들(예컨대 납과 비교해서 철)은 서로에 대해 이와는 전혀 다른 반응을 보여주기 때문에, 사람들이 알게 되는 바는, 물질의 응고에서의 조직(직조)은 이질적인 그 안에 있는 요소들의 진동에 의해 원인으로서의 하나의 활력을 입증하기는 하지만, 어떤 보편적 규칙에 종속해 있지는 않고, 한낱 특별한 경험을 통해서만 알릴 수 있는 하나의 응집을 제공한다는 사실이다. 그래서 예컨대 발레리우스는 반죽된 소석회[消石灰]의 자갈 섞인 모래와의 특수한 접합력에 경탄하고 있는바, 그러한 사정은 석영, 장석[長石] 및 운모가 들러붙은 화강암에서도 마찬가지인데, 이것에서 알맞게 섞인 이질적인 부분들은 이 물질들이 분리되어 자체에서 보일 수 있는 것보다 더 강력한 접합을 입증하고 있다.

XXI333 관계 범주에 속하는 것은 1. 유동체〔액체〕와 고체의 응집, 2. 유동체〔액체〕 상호 간의 응집. a.) 모세관 이론, b.) 수력학, c.) 강체〔고체〕와 함께하는 강체〔고체〕.

응고는 **젖은** 유착이거나 마른 점착粘着이다. 脆性的이거나 伸張的.

접촉에서의 유동체의 척력은 공기와 같은 표면력이거나 열소가 그것인 침투력이다. 열소는 침투〔삼투〕적이기 때문에, 그 자신 팽창적 유동체가 아니지만, 팽창과 유동성을 일으킨다.

표면력으로서의 척력은 기〔체〕적인 것이다. 이것은 아랫부분에서 억제될 수 있다. — 침투력으로서의 척력은 열이다.

편파적인 그리고 공평한 인력 또는 척력

고체 물체들의 응집력은 유한하므로, 다시 말해 하나의 무게와 같으므로, 끌어당겨진 얇은 판의 두께는 무한히//작을 수밖에 없다. 무릇 그렇지 않으면 그러한 물체가 전혀 끊길 수 없을 것이니 말이다. 따라서 인력은 전혀 접촉면을 넘어가지 않으며, 끌어당겨진 물질은 전혀 두께를 갖지 않는데, 이것은 그것이 본래 자동적으로가 아니라 외적 압박이나 충격에 의해 기계적으로 일어나는 것이 틀림없음을 입증한다.

지금 나뉘어 있는 하나의 이질적인 유동체에서 열소의 일정한 간격을 둔 여러 가지 분할은 진동의 차이에 의해 강체〔고체〕성을 만든다. — 열소의 균일한 분할이 곧바로 그 강체〔고체〕성을 폐기한다.

항상 하나의 용해일 수밖에 없고, 그것 없이는 안경과 오목렌즈가 순정히 줄무늬를 보일 터인, 마찰과 연마에 대하여

관계의 면에서 볼 때 물질들은 (용기 안에서) 저지할 수 있거나 저지할 수 없는, 그리고 침투〔삼투〕적인 것이다.

충격은 압박의 사력보다 무한히 더 큰 운동이다.

모세관과 관련해서 20면[42]〔을 보라.〕

제기되는 물음은, 과연 무게에 의해 당겨진 물체가 모두 그것이 끊어질

때까지 늘어나는가, 그리고 자기 실린더의 상이한 길이에 따라 얼마만큼 늘어나는가, 또 과연 가속의 운동량이 하나의 물 물체 등에 따라서 측정될 수 있는가이다. XXI334

왜 연마된 대리석들은 그토록 약하게 응집하지만 그토록 강하게 유착하는가, 어찌하여 태워진 또 물 뿌린 석회는 늘어나며, 석회는 잔돌들과 그토록 강하게 응집하는가? 그것들에 침투하는 물질들의 충격의 활력들이 그것을 일으킨다.

42) 지칭을 확인할 수 없다.

『유작』 I.1 찾아보기

일러두기

1. 편찬 체제

☞ 이 찾아보기의 편찬 체제는 다음의 방식에 따른다

표제어[대체어] 원어
¶ 용례 면수

☞ 『유작』의 면수는 베를린 학술원판 칸트전집 XXI권(1936)의 본문 면수이다.
☞ '주'는 원서의 편자 주를 지시한다.

2. 약호 목록

■ = 개념의 정의나 풀이
¶ 용례
▶ 용례가 많은 경우 의미에 따른 구분
→ 다음 표제어나 면수를 참조하라
↔ 반대말이나 대조되는 말

인물 찾아보기

개념 찾아보기

【ㄱ】

XXI298, XXI322 ¶ 고체〔강체〕성 XXI273, XXI330 ¶ 응고 XXI278, XXI280, XXI298, XXI320 ■ =강체적 물질이란 외적으로나 내적으로 자기의 부분들의 변위에 대해 저항하는 물질이다 XXI272 ¶ 강체〔고체〕성 이론 XXI303

공간/空間 Raum/spatium

¶ 공간 XXI225, XXI235 ■ =선험적 순수 직관 XXI145 ■ =순전히 감성의 내적 형식 XXI151 ¶ 공간 자체는 물질의 운동력들의 보편적 총괄로서 경험의 (가능성의) 객체이다 XXI231 ¶ 빈 공간 XXI216, XXI218, XXI223, XXI227, XXI231 ¶ 빈 공간은 전혀 가능한 경험의 대상이 아니다 XXI218, XXI234 ¶ 공간은 지각될 수 있고, 감관에 감촉되는 것으로 현시될 수 있는 실존하는 사물이 아니다 XXI136 ¶ 非感性的〔感覺不可能한〕 空間 XXI232 ¶ 思考 可能한 空間 XXI235 ¶ 知覺可能한 空間 XXI235 →우주〔세계공간〕

관념성/觀念性 Idealität/idealitas

■ =순정한 관념성(오로지 주관의 이념〔관념〕에 놓여 있는 것) XXI90 ¶ 객관들의 관념성 XXI87 ¶ 객관의 관념성의 원리 XXI99 ¶ 공간 · 시간상의 대상들의 관념성의 원리 XXI55 ¶ 순수 사변 이성 및 도덕적//실천 이성의 체계의 관념성의 원리 XXI96

궁극목적〔窮極目的〕 Endzweck

¶ 궁극목적 XXI52, XXI74, XXI127, XXI239, XXI244 ¶ 만물의 최고의 궁극목적 XXI135 ¶ 궁극목적(최고선) XXI149 ¶ 모든 앎〔知〕의 궁극목적은 최고의 실천적 이성에서 자기 자신을 인식하는 일 XXI156

궁극〔최종〕원인/目的因 Endursache/causa finalis

¶ 최종〔궁극〕원인(目的因) XXI184, XXI187, XXI195, XXI197, XXI198 ¶ 제일의 운동자는 원인의 기예유사성 때문이 아니라, 그것이 근원적으로 운동하는 것이기 때문에, 더 이상 물질적인 원인이 아니라 자유 안에서 하나의 의지를 통해 작용하는 것, 다시 말해 신으로 표상된다 XXI193

기계/機械 Maschine/mechanica

¶ 기계 XXI187, XXI197 ¶ 기계적 운동력 XXI195, XXI201 ¶ 機械的 힘 XXI201, XXI206 ■ =기계는 (운동법칙에 따라서) 의도적으로-운동하는 힘을 갖는 물체이며, 운동의 기관(도구)이다 XXI186, XXI187 ■ =기계란 그것의 합성이 오직 하나의 목적 개념을 통해 가능한, 모종의 의도적인 운동의 유비에 따라 형식화되는, 하나의 견고한 물체이다 XXI211 ¶ 자연적인 기계 XXI211

자체로서는 체계적이지 못하고 단지 단편적이다 XXI176 ■ =경험을 통해 인식되어야만 하는 물질의 속성들을 하나의 체계 안에서 개진하는 학문 XXI164 ■ =물질에 고유한 운동력들에 대한 이론 XXI166 ¶ 물리학은 오직 후험적으로 주어지는 운동력들의 체계이거니와, 그것들의 체계적인 통일은 선험적 원리들을 필요로 한다 XXI306 ■ =물리학은 본래 경험과학이다. 동시에 경험적으로 결합되어 있는 경험적 자연법칙들의 총괄이다 XXI288 ■ =물리학은 경험에 기초한 자연과학이다. 그것의 대상은, 물질이 경험적 법칙들에 따르는 운동력을 갖는 한에서, 물질 일반이다 XXI307

물질〔질료〕/物質〔質料〕 Materie/materia

¶ 물질 XXI60, XXI227 ¶ 물질(物體들) XXI35 ¶ 물질성 XXI218 ¶ 질료적 XXI202, XXI209 ¶ 질료〔물질〕 XXI227 ¶ 물질의 기본체계 XXI234 ■ =물질 곧 공간상에서 운동하는 것/운동할 수 있는〔운동 가능한〕 것 XXI164 ¶ 물질은 우주공간 어디에나 있다 XXI71 ¶ 모든 물질은 외감들의 한 객체 XXI234 ¶ 물질의 운동력(→)들은 감각의 질료적인 것을 함유한다 XXI202 ¶ 계량 가능성은 모든 물질의 고유한 속성으로 표상된다 XXI269 ■ =근원적 물질: 물질의 모든 능동적 운동력들의 기초에는 하나의 시원적인 그리고 무한히 감소되지 않는 영구적인 내적으로 운동하는 물질이 놓여 있으며, 이 기초에 기계들로서의 모든 물체의 가능성이 의거(依據)하고 있다. 이 물질은 스스로 단지 기계적으로 운동할 수 있는 일체의 속성이 없으며, 순전히 역학적으로 끊임없이 전환하는 끌어당김〔인력〕과 밀쳐냄〔척력〕을 통해 작용한다 XXI192 ¶ 원초적 물질 XXI252 ¶ 세계〔우주〕물질 XXI254 ▶¶ 거친 상태의 자연존재자의 물질(原狀 物質) XXI192, XXI193 ¶ 순전한 물질 XXI193 ▶¶ 생기 있는 물질 XXI66, XXI184 ▶¶ 유기적 물질과 비유기적 물질(原狀物質)의 구분 XXI204 ¶ 유기적 물질 XXI65 ▶¶ 비물질적 존재자 XXI57 ¶ 비물질적 원리(즉 이성적 존재자의 목적들의 원리) XXI65 ¶ 비물질적인 원인 XXI83, XXI85, XXI95

물체/物體 Körper/corpus

■ =운동력을 갖춘 물질, 곧 기계 XXI193 참조 ■ =물체는 그 부분들이 서로 일정한 목적들에 따라 (기술적으로) 운동하는 기계 XXI197 ¶ 물체는 오직 기계로서만 사람들이 하나의 유기적 물체에서 생각하는 그러한 운동력을 가질 수 있다 XXI193 ¶ 물체는 부분들로부터 전체로 전진하는 하나의 개념에 따르는 물질의 운동력들의 순전히 기계적인 체계로거나 물질의 유기적 체계로, 즉 하나의 전체라는 이념에서 부분들로 선험적으로 진행해나가는 개념으로 생각될 수 있다 XXI197 ▶¶ 살아

있는 물체적 존재자는 영혼이 있는 것(生物)이다 XXI18

〖ㅅ〗

사고/思考 Denken/cogito

¶ 사고의 형식 XXI8 ¶ 사고의 법칙들 XXI93 ¶ 사고의 종합적 원리들 XXI96 ¶ 思考 可能한 것 XXI28, XXI30, XXI109, XXI245 ¶ 사고하는 존재자 XXI14 ¶ 사고하는 주관 XXI22, XXI23 ¶ 사고의 객체 XXI23 ¶ 세계 내의 사고 존재자(인간) XXI32, XXI37, XXI143 ¶ 나는 思考한다. 그러므로 *存在*한다 XXI65 ¶ 나는 사고한다, 나는 있다 XXI82, XXI102 ¶ 근원적 사고 XXI88 ¶ 사고(즉 주관이 자기 안에서 낳는 이념)가 객관 자신을 만들어낸다 XXI90 ¶ 사고〔의식〕하는 주관(예컨대 실천적 자유능력) XXI95 ¶ 사고함〔하기/하다〕은 말함〔하기/하다〕 XXI103

사력/死力 to〔d〕te Kraft/vis mortua

¶ 죽은〔활기/효력 없는〕 힘/사력(死力) XXI173, XXI182, XXI199, XXI313, XXI314, XXI318 ¶ 질량〔덩이〕으로의 물질 운동의 운동량은 압박의 사력〔死力〕이다 XXI249 ■ =압박에 의한 운동 XXI309 ¶ 활력과 사력 XXI269, XXI275, XXI309

사실/事實 Faktum/factum

¶ 사실 XXI25, XXI36 ¶ 도덕적//실천적 이성의 사실 XXI21 ¶ 세계 내의 하나의 원인성 원리인 하나의 사실 XXI25

생〔생명〕/生〔生命〕 Leben/vita

¶ 생명 XXI79 ¶ 생명의 원리는 비물질적이다 XXI66 ¶ 생〔생명〕에는 한낱 內的 原動力〔動機의 힘〕뿐만 아니라 移動力도 속한다 XXI65 ■ =유기체(→)에서 각 부분들의 통일의 생산적 힘이 생〔생명〕이다 XXI211 ¶ 생명원리 XXI211 ¶ 생명력 XXI213

선험적〔先驗的〕 a priori

¶ 선험적 XXI3, XXI52, XXI140, XXI162 ¶ 선험적 인식 곧 이성인식 XXI156 ¶ 선험적 개념 XXI164 ¶ 선험적 원리 XXI39, XXI164 ▶¶ 선험적 종합 명제 XXI15 ¶ 선험적 종합 인식 XXI95, XXI107

세계/世界 Welt/mundus

■ =세계는 하나의 공간과 하나의 시간상에서의 사물들의 총괄(複合體) XXI24 ■ =가능한 경험의 객관으로 표상되는 체계의 절대적 전체에서 감관〔감각기능〕의 (가능한 경험의) 모든 대상들의 총괄 XXI42 ¶ 전체 감각객관 XXI145, XXI150

¶ 감성존재자들의 한 체계에서의 하나의 보편적 전체 XXI153

세계지〔혜〕/世界智〔慧〕 Weltweisheit

→지혜 ¶ 세계지〔혜〕 XXI108, XXI140 ¶ 하나의 知識 體系 XXI109 ■ =인간적 지혜 XXI120 ■ =모든 공익적인 목적들에 관한 현명함〔영리함〕이 세계지〔혜〕이다 XXI120 ■ =세계지〔혜〕는 하나의 기술숙련성 XXI134 ¶ 세계지〔혜〕는 또한 철학에 알맞은 번역어가 아니다 XXI140

수용성〔受容性〕 Empfängkichkeit · Rezeptivität

¶ 수용성 XXI22, XXI125 ¶ 수용성(受容性) XXI52

수학/數學 Mathematik/mathematica

¶ 수학 XXI239, XXI240, XXI243 ■ =개념들의 구성에 의한 인식의 체계 XXI204 ¶ 수학 ▶¶ 수학적 인식과 철학적 인식 XXI204 ▶¶ 수학적 원리와 철학적 원리 XXI208, XXI209 ¶ 수학에 관해 철학할 수는 있지만, 수학 안에서 그리고 수학과 함께 철학할 수는 없다 XXI205 ▶¶ 도구로서의 수학 XXI209 ¶ 수학은 자연과학의 하나의 도구이지, 자연과학 자체는 아니다 XXI205 ¶ 임의의 기술적 목적들을 위한 하나의 훌륭하고 광범위하게 유용한 도구 XXI239

순수 이성 비판 Kritik der reinen Vernunft

¶ 순수 이성 비판 XXI32 ■ =순수 이성 비판은 철학과 수학으로 나뉜다 XXI24

시간/時間 Zeit/tempus

¶ 시간 XXI10, XXI220, XXI225, XXI282 ■ =시간은 존재자가 아니다. 단지 직관의 주관적 형식일 따름이다 XXI18 ■ =선험적 순수 직관 XXI145 ■ =순전히 감성의 내적 형식 XXI151 ¶ 빈 시간 XXI220, XXI232 ¶ 빈 시간은 가능한 경험의 객관이 아니다 XXI220 ¶ 공간과 시간 XXI17

시작〔시초〕 Anfang

¶ 시작 XXI221 ¶ 시초 XXI253 ¶ 최초의 시작 XXI222 →자발성 ¶ 운동의 시작 XXI224 ¶ 운동의 시초 XXI232 ¶ 개시 XXI221 ¶ 원초적 운동 XXI222

신/神 Gott/deus · theos

¶ 하나의 실체의 개념은 아니며, 하나의 실체의 규정의 이념 XXI61 ¶ 신은 경험//대상이 아니라 이념 XXI144 ■ =신은 유일한 것으로 표상되고, 전지하고, 전능하며, 최고로 신성하고, 또한 마음을 꿰뚫어 보는 자로 표상된다 XXI147 ■ =모든 것을 알고, 할 수 있고, 선할 것을 의욕하는 한 존재자 (最高 *存在者*) (最高 知性) (最高 善) 최고 지혜 XXI50, XXI54, XXI62, XXI65, XXI67, XXI145 ¶ 마음을 꿰뚫어 보는 者〔心中 探索者〕 XXI65, XXI141, XXI147 ■ =신은 자연이 할 수 있는 모든 것

에서 도덕적으로 선한 것을 알고, 할 수 있고, 의욕하는 존재자 XXI58, XXI91 ■ =사물들의 자연본성에 속하는 모든 것을 알고 — 법칙들 아래서 자유에 속하는 모든 것을 할 수 있고, 최고 목적들에 속하는 모든 것을 의욕하는 한 존재자(最高 *存在者*, 最高 知性, 最高 善) XXI63, XXI79 ■ =최대 완전성의 존재자 XXI50 ■ =모든 것의 창시자인 존재자 XXI50 ■ =의무 없이 순전히 권리들만을 갖는 신성한 인격인 존재자 XXI51 ■ =하나의 인격/위격 XXI53, XXI54 ■ =오직 하나인 존재자 XXI58 ▶¶ 이념적〔이상적〕 존재자로서의 신 XXI48, XXI57 ▶¶ 사념 존재자〔사유물〕로서의 신 XXI48 ¶ 순전히 생각된 존재자(理性의 *存在者*) XXI58 ■ =신의 개념은 하나의 인격/위격에 대한 개념이지만, 그 자체로 하나의 실체의 개념은 아니며, 하나의 실체의 규정의 이념이다 XXI61 ¶ 신은 인격이 아니라 오히려 전부〔모든 것〕이다 XXI113 ▶¶ 세계창조자(세계제조자) XXI66 ▶유일자인 신 ¶ 유일 최고인 자 XXI142이하 ¶ 單一 *存在者* XXI140 ■ =그것의 종〔種〕(신들)이 있을 수 없는 하나의 지적 존재자 XXI140

신학/神學 Theologie/theologia

¶ 신학 XXI6 ¶ 초월적 신학(우주신학) XXI9, XXI17, XXI19, XXI24 ¶ 물리신학 XXI65, XXI66

실재성/實在性 Realität/realitas

¶ 실재성 XXI5, XXI73, XXI148, XXI149, XXI210, XXI219 ¶ 실천적 실재성 XXI21, XXI142 ¶ 도덕적//실천적 실재성 XXI94 ¶ 객관적 실재성 XXI53, XXI92, XXI225, XXI322

〖ㅇ〗

액체〔유동체, 유체〕/液體〔流動體, 流體〕 Flüßigkeit〔das Flüßige〕/fluidum〔liquidum〕

¶ 유동체〔액체〕 XXI248, XXI254 ¶ 공기는 流體이나, 液體는 아니다. 유동체〔액상체〕(液體)는 응집한다 XXI40 ▶¶ 탄성적 유동체와 방울지는 유동체 XXI173 ¶ 탄성적 유동체와 견인적 유동체 XXI201 ■ =유동체〔액체〕는 그것의 모든 부분들에 관한 미분의 원리에 따라 내적으로 운동할 수 있는 하나의 물질이다 XXI201 ■ =물질의 유동성이란 접촉에서 밀쳐냄〔척력〕과 끌어당김〔인력〕의 신속한 연속적인 바뀜 중에 있는 특정한 요소들의 상태임 XXI261

양심〔良心〕 Gewissen

¶ 양심 XXI98, XXI147, XXI152, XXI154 ¶ 양심적임 XXI81, XXI153 ¶ 양심에 고통을 주는 비난은 실천 이성 안에 있는 신의 음성이다 XXI149

에테르 Aether

→열소 ¶ 에테르 XXI192, XXI218, XXI221, XXI226, XXI236, XXI250, XXI254, XXI256, XXI268 ■ =열소라고도 일컬어지는 에테르는 모든 기계들과 그 운동의 기초에 놓여 있으면서 모든 것에 침투하는 항구적인 원소로서, 이것은 가설적인 것도 경험에서 도출해낸 것이 아니라 기계적인 것을 위해 요청되는 것이다 XXI192 ■ =물체세계의 현상들의 한 최상의 근거에 이르기 위해 이성이 붙잡을 수밖에는 없는 가설적인 사물 XXI253 ¶ 빛과 열은 두 가지 종의 물질이 아니라, 하나의 유일한 물질(에테르)의 두 최상위 변양이다 XXI256

역학〔동력학〕/力學〔動力學〕 Dynamik/dynamica

¶ 역학 XXI117 ¶ 一般力學 XXI18 ¶ 역학적 XXI179 ¶ 역학적인 운동력 XXI173, XXI195, XXI201 ¶ 역학적 크기 XXI11 ¶ 수학적//역학적 XXI48, XXI162 ¶ 수학적 기계적 원리와 자연학적 역학적 원리 XXI206 ¶ 역학적 기초원리들 XXI204 ¶ 역학적인, 다시 말해 내적인 근원적 운동력 XXI206 ¶ 역학적 힘 XXI206 ¶ '원자론적'과 구별되는 역학적 XXI234 ¶ 세계전체는 원자론적이 아니라, 역학적이다 XXI89 ▶¶ 역학적이고 도덕적인 통일로서의 신〔神〕 개념 XXI143 ¶ 이성의 역학적//실천적인 관계 XXI144

열〔熱〕 Wärme

¶ 열 XXI233, XXI248, XXI250, XXI254, XXI258, XXI276 ■ =특수한 유동적인 소재 또는 한 물질의 부분들의 내적 운동의 순전한 형식 XXI175 ■ =모든 물질의 가장 내면에 직접적으로 작용하여, 물질을 늘리고, 그러니까 팽창력을 갖고, 그러면서도 물질의 유동성〔액체성〕의 견인력을 작용하게 하는 것 XXI255 ¶ 열은 물질을 유동적으로 만든다 XXI260

열물질〔熱物質〕 Wärmematerie · Materie der Wärme

¶ 열물질 XXI174, XXI231, XXI252, XXI260, XXI293, XXI296, XXI297, XXI311~312, XXI319, XXI324 ¶ 열소(→)는 열물질과 같은 가설적 소재가 아니다 XXI231 ¶ 열물질은 하나의 한낱 가설적 원소로 간주될 수 없고, 그럼에도 이 물질이 격리되어 서술될 수도 없다 XXI297

열소〔熱素〕 Wärmestoff

¶ 열소 XXI40, XXI215~219, XXI221, XXI222, XXI226, XXI236, XXI255, XXI256 ■ =물질의 모든 운동력들의 통일의 전체의 토대는 열소(말하자면 그 안에서 모든 것이 운동하는 실체적 공간)이다. 그것은 가능한 경험의 전체의 통일을 가능하게 하는 원리이다 XXI224 ■ =열소는 모든 기계들과 그 운동의 기초에 놓여

있으면서 모든 것에 침투하는 항구적인 원소로서, 이것은 가설적인 것도 경험에서 도출해낸 것이 아니라 기계적인 것을 위해 요청되는 것이다 XXI192 ■ =물체들에 대해 모든 것에 침투하면서 스스로 존립하고, 모든 물체의 부분들을 부단히 일관되게 약동시키는 하나의 물질로서, 단지 모종의 현상들을 설명할 수 있기 위한 가설적 원소가 아니라, 실재적이고 이성에 의해 선험적으로 주어진 세계원소이자 운동력들의 체계에 대한 설명을 가능하게 하는 원리 XXI216 ■ =세계체계를 위한 가설적으로가 아니라 선험적으로 주어진 원소로서 모든 것에 침투〔삼투〕하여 전 세계공간〔우주〕을 채우는 하나의 물질 XXI222 ■ =그것의 실존이 선험적으로 인식되는, 운동력들의 하나의 전체를 이루는 하나의 연속체 XXI223이하 ■ =운동력들의 체계를 위한 토대 XXI233 ¶ 근원적으로 운동하는 세계원소 XXI217 ¶ 근원적으로 운동하는 물질 XXI225 ¶ 다른 물질마다 전적으로 침투〔삼투〕하는 하나의 물질은 모든 것을 유동하게 만드는 근원적인 유동체이다 XXI201 ¶ 자연 기계(→)들 안의 지렛대로서의 열소 XXI222 ¶ 원초적 물질 XXI252 ¶ 세계원소(소재)로서 열소의 성질: 1) 계량할 수 없음(計量不可能性), 2) 차단할 수 없음(沮止不可能性), 3) 응집될 수 없음(凝集不可能性), 4) 고갈될 수 없음(消盡不可能性) XXI231~232, XXI258, XXI275 ¶ 열소는 유동체가 아니지만, 모든 것을 유동하게 만든다. 〔그것은〕 탄성적이지 않지만, 모든 탄성의 원인이다. 모든 것에 침투하는 저지 불가능한 것이지만, 스스로 자존적인 물질이 아니라, 단지 내속적인 물질이다 XXI282

영감〔靈感〕 Eingebung

¶ 영감〔靈感〕 XXI141 ¶ 신적 영감 XXI142

우주〔세계공간 · 세계건축물〕/宇宙 Weltraum · Weltgebäude/universum

¶ 세계공간〔우주〕 XXI222, XXI228, XXI230, XXI237 ■ =세계공간〔우주〕는 물체〔세〕계의 보편적인 토대 XXI4 ¶ 세계건축물〔우주〕 XXI224 ■ =세계공간〔우주〕은, 가득 채워져 있는 한에서, 모든 가능한 외적 경험의 전체의 총괄이다 XXI247

우주론/宇宙論 Kosmologie/cosmologia

¶ 우주론 XXI6 ¶ 우주론적 명제 XXI21 ¶ 초월적 우주론 XXI24

우주〔세계〕체계/宇宙〔世界〕體系 Weltsystem

¶ 세계〔우주〕체계 XXI237, XXI245

운동/運動 Bewegung/motus

¶ 운동 XXI136 ¶ 운동의 최초의 발생 XXI96 ¶ 운동 자체는 속도(와 이것이 방해 없이 계속되는 경우에는 그로부터 생기는 加速)의 운동량을 갖는 운동과 실제

적인 운동이다 XXI165 ¶ 원환 운동 XXI68 ¶ 자유 운동 XXI259 ▶¶ 기계적 운동과 역학적 운동 XXI227 ¶ 운동하는 것이 오직 다른 운동하는 것에 의해서만 운동하는 한, 그것은 기계적으로-운동하는 것이며, 그러나 그것이 원초적으로 자기 자신의 힘에 의해 움직이는 한, 그것은 역학적으로 운동한 것이다 XXI227 ¶ 운동의 역학적 원리 XXI227 ¶ 질량〔덩이〕으로의 운동과 액상〔흐름〕에서의 운동 XXI283

운동량/運動量 Moment/momentum

¶ 운동량 XXI264, XXI267, XXI314 ■ =운동량은 하나의 단순한 시간부분이나 속도의 부분이 아니라 그 원인이다 XXI197 ■ =하나의 방향에서 또는 그 반대 방향에서 특정한 속도로 운동을 시작하려는 한 물질의 힘쓰기가 운동의 운동량이라 일컬어진다 XXI308 ¶ 운동의 운동량 XXI281 ¶ 수평적 운동의 운동량과 중량의 운동량 XXI264 ¶ 가속의 운동량 XXI282, XXI283, XXI313

운동력〔운동하는 힘〕/運動力 bewegende Kraft/vis movens

■ =운동력은 운동의 원인이 되는 물질의 성질이다 XXI190 ¶ 근원적 운동력 XXI292 ■ =근원적 운동력들은 운동이 그로부터 시작하는, 다시 말해 운동 전체의 힘이다 XXI190 ¶ 운동력들의 법칙 XXI191, XXI301 ¶ 물질의 운동력들에 대한 선험적 개념들 XXI165 ¶ 운동력들의 체계를 위한 선험적 법칙들 XXI183 ¶ 물질의 운동력은 근본적으로 인력이거나 척력이며, 이 둘은 표면력이거나 침투〔삼투〕력이다 XXI165, XXI181, XXI307, XXI308 ¶ 운동력들은 척력이거나 인력 또는 이 둘이 만드는 것, 根源力들이다 XXI274 ¶ 물질의 운동력들에 대한 하나의 기본체계의 완벽성은 경험적이고 단편적인 물리학의 개념들에 의해서는 기대될 수 없고, 오직 형이상학만이 전체의 형식을 만들어낸다 XXI183 ▶¶ 물체적 자연의 운동력들의 구분: 1) 근원 - 고유한 운동력과 전달된 운동력, 2) 방향 - 인력과 척력, 3) 자리 - 전진적 운동력과 진동적 운동력, 4) 공간의 충전 - 빈 공간 점거력과 꽉 찬 공간 침투력 XXI170 ▶¶ 물질의 운동력들의 양, 질, 관계, 양태의 면에서의 규정: a. 양 - 질량을 가진 전진적 운동, b. 질 - 액체성과 고체성, c. 양태 - 충격〔력〕 또는 압박〔력〕 및 활력 또는 사력〔死力〕, d. 양태 - 침투력 여부, 계량 가능 여부 XXI171~174, XXI199 ▶¶ 기계적 운동력과 역학적 운동력(印象的 運動力과 本有的 運動力) XXI174, XXI195, XXI201 ¶ 기계적인 힘과 역학적인 힘 XXI206 ▶¶ 힘들은 질료의 면에서 보면, 장소변화적(移動力)이거나 내적 운동하는 것(內的 原動力)이다 XXI181 ▶¶ 형식의 면에서 보면, 1. 방향은 끌어당김과 밀쳐냄 또는 이 둘을 서로 계속적으로 바뀌감, 2. 공간크기〔용량〕 면에서 한계가

있거나 한계가 없음, 3. 합성의 면에서 부단〔不斷〕하거나 단속〔斷續〕적임, 4. 잡다성의 면에서 同種的이거나 異種的임 XXI182

운동〔의〕 법칙〔運動法則〕 Bewegungsgesetz · Gesetz der Bewegung

¶ 운동의 법칙 XXI164, XXI167, XXI204, XXI256, XXI290 ¶ 운동법칙 XXI166, XXI185, XXI87, XXI205, XXI292 ¶ 특수한 운동법칙 XXI286

운동성〔運動性〕/운동하는 것 Beweglichkeit

¶ 질량〔덩이〕으로의/질량을 가진 운동성/운동하는 것 — 액상〔흐름〕에서의/액상 상태의 운동성/운동하는 것 XXI190

운동학〔運動學〕 Phoronomie

¶ 운동학 XXI173

遠隔作用〔원격작용〕/원거리 작용 actio in distans/Wirken in der Entfernung

¶ 遠隔作用 XXI39, XXI51, XXI55, XXI60, XXI71, XXI97, XXI203, XXI228

¶ 원거리 작용 XXI70, XXI204, XXI250, XXI269, XXI307

원소/소재〔原素/素材〕 Stoff

¶ 원소〔소재〕 XXI138, XXI215 ¶ 실재적 원소(열소) XXI229 ¶ 가설적인 원소 XXI229 ¶ 근원소〔원소재〕 XXI219, XXI301, XXI302 ¶ 세계원소(소재) XXI231 ¶ 요소원소 XXI222, XXI225, XXI228 ■ =공간과 시간상의 물질의 운동력들의 모든 가능한 지각들의 토대는 요소원소라는 개념이다 XXI225

원자론〔原子論〕 Atomism

¶ 원자론 XXI215, XXI234, XXI235, XXI246 ¶ 원자론적 원리 XXI201 ¶ 미소물체로서의 원자들이란 자기 모순적인 개념을 함유하고 있다 XXI156

유기적〔有機的〕 · 유기적 물체/유기체〔有機體〕 organisch · organischer Körper

¶ 유기적 XXI184 ¶ 유기적 실체들 XXI65 ¶ 하나의 살아 있는 물체는 유기화한 것이다 XXI65 ¶ 유기적 물체〔유기체〕 XXI188, XXI197 ■ =유기적 존재자란 그것의 각각의 부분들이 다른 부분을 위하여(爲하여, 같은 體系의 다른 部分에 依해서가 아니라) 현존하는 그러한 존재자 XXI184 ■ =그것 안에서 모든 부분들이 상호 간에 목적이면서 동시에 수단으로 관계하는 물체의 물질의 운동력들의 한 체계가 유기적 물체〔유기체〕이다 XXI188, XXI210 ■ =유기체란 그것의 한 부분이 나머지 부분들을 위하여(爲하여, 다른 部分에 依해서가 아니라) 현존하는 하나의 전체이다 XXI189 ■ =유기적 물체란 전체의 이념이 그것의 부분들의 개념에 그 가능성의 근거로서 선행하는 그러한 물체이다 XXI196 ■ =유기적 물체란 그것의 각각의 부분이 자기 전체의 여타의 모든 부분들의 실존 및 운동의 원리의

절대적 통일인 물체이다 XXI210, XXI211 ¶ 유기적 물체는 자기 자신을 형식의 면에서 산출하는 기계로서, 그것의 운동력은 수단이며 동시에 목적이다 XXI196 ¶ 유기성 XXI185, XXI198 ■ =유기성은 일정한 의도를 위한 운동의 도구(道具)로 간주되는 물체의 형식 XXI185 ¶ 유기적 물체들은 자연적인 기계들 XXI186 ¶ 유기체에서 물질은 어떤 지성적 존재자의 기예생산물처럼 유기조직화되어 있다 XXI187 ¶ 유기조직에 대한 의식은 우리에게 유기적 원소의 개념을 갖게 한다 XXI190 ▶¶ 문제성 있는 개념으로서의 유기체 XXI198 ¶ 세계유기조직 XXI212

응집〔-성, -력〕/凝集〔-性, -力〕 Zusammenhang/cohaesio

¶ 응집 XXI278, XXI282, XXI325 ■ =응집에서는 한 물질의 부분들의 결합의 결여가 아니라 그 원인으로서의 분리가 표상된다 XXI175 ¶ 응집성 XXI174, XXI301 ¶ 응집력은 부분들의 분리에 저항한다 XXI282이하 ¶ 강체적 응집 XXI269

의식〔意識〕 Bewußtsein

¶ 의식 XXI105 ¶ 의식의 행위작용 XXI78 ¶ 이성의 첫째 작용으로서의 의식 XXI105 ▶¶ 자기의식/자기 자신에 대한 의식 XXI50, XXI50, XXI66, XXI97, XXI100, XXI114, XXI119 ¶ 자기 자신을 구성하는 한 존재자의 근원적 현존의 의식은 '나는 독립적으로 현존한다.'라는 의식 XXI148 ¶ 나 자신에 대한 의식의 통일성 XXI149

이념〔理念〕 Idee

¶ 이념 XXI53, XXI54 ■ =이념〔관념〕들은 사고력이 스스로 창조한 주관적 원리들 XXI29 ■ =이념들은 개념들이 아니라 순수 직관들이며, 논변적인 것이 아니라 직관적인 표상들이다 XXI79 ■ =이념들은 한갓된 개념들이 아니라, 주관이 사고에게 스스로 지시규정한 사고의 법칙들이다. 자율 XXI93

이상〔理想〕 Ideal

¶ 이상 XXI4, XXI30 ■ =이상이란 하나의 지어낸 감각대상이지만, 그 완전성으로 인해 순전한 이념으로 간주된다 XXI34 ■ =이상 즉 최고로 완벽한 순수 이성의 이념의 객관 XXI75 ¶ 최고의 이상 XXI30 ¶ 도덕적//실천적 이성의 이상 XXI33 ¶ 최대의 완전성의 이상 XXI33

이성/理性 Vernunft/ratio

¶ 이성원리 XXI3 ▶¶ 순수 이성 XXI18, XXI20, XXI82 ¶ 純粹 理性의 自律 XXI82 ¶ 이 이성은 선험적으로 모든 경험에 선행하며, 그러면서도 모든 경험의 가능성을 정초한다 XXI106 ¶ 순수 이성 체계의 최고의 원리인 신과 세계 이념 XXI18 XXI43 ▶¶ 이론적 이성 XXI19 ¶ 사변적 이성 XXI44 ¶ 기술적 이론

상학적 기초원리들에서 초월철학으로의 이행 XXI26 ¶ 자연과학의 형이상학적 기초원리들에서 초월철학으로의 이행 XXI45, XXI61, XXI85

인간/人間 Mensch/homo

¶ 자기 자신을 내적으로 그리고 외적으로 직관하고 지각하는 인간 XXI54 ¶ 인간은 그 자신이 인식의 주관이자 객관이다 XXI34 ¶ 신 및 세계는 초월철학의 두 객어〔객관〕들이다. 그리고 사고하는 인간은 (주어〔주관〕, 술어 및 繫辭)이다 XXI37 ▶¶ 이성적 동물로서의 인간 XXI45 ▶¶ 인격으로서의 인간 XXI67 ¶ 권리를 가지고 있는 하나의 살아 있는 존재자 XXI67 ▶¶ 세계 내의 인간 XXI47, XXI48 ¶ 세계 주민 인간 XXI47 ▶¶ 세계존재자로서의 인간 XXI49, XXI57, XXI66 ▶¶ 감각객관으로서의 인간 XXI57 ▶¶ 감성존재자로서의 인간 XXI62 ▶¶ 의무의 지시명령에 복종하는 인간 XXI61 ¶ 세계 내에서 자기의 의무를 의식하는 인간은 현상체가 아니라 예지체이며, 물건이 아니라 인격 XXI61

인격/人格 Person/persona

¶ 인격/위격 XXI61 ■ =귀책 능력이 있는 존재자 XXI74 ■ =人格은 가면을 뜻한다 XXI142 ▶¶ 인격성 XXI12 ¶ 인격성에 대한 의식 XXI12 ▶¶ 인간이 사고할 뿐만 아니라 내가 사고한다는 것을 자기 자신에게 말할 수 있다는 것이 그를 하나의 인격으로 만든다 XXI103 ¶ 최상 원인의 인격성〔위격성〕은 자발성이다 XXI55

인력〔끌어당김〕/引力〔牽引〕 Anziehung〔Anziehungskraft〕/attractio

¶ 인력 XXI258, XXI275 ¶ 세계〔우주〕인력 XXI269 ¶ 중력의 인력 XXI269 ¶ 근원적 인력과 파생적 인력 XXI275 ¶ 견인력 XXI310 ¶ 보편적 인력〔만유인력〕 XXI293, XXI310

인식/認識 Erkenntnis/cognitio

¶ 인식 XXI105 ¶ 인식의 질료와 형식 XXI3, XXI88 ▶¶ 이성인식 XXI136 ¶ 철학적 인식: 개념들에 의한 이성인식 XXI136, XXI139 ¶ 수학적 인식: 개념들의 구성을 통한 이성인식 XXI136, XXI139 ▶¶ 경험적 인식 XXI3 ¶ 경험적 인식: 지각들 XXI138 ▶¶ 초월적 인식(→초월적)

〖ㅈ〗

자기활동성〔자발성〕/自己活動性〔自發性〕 Selbsttätigkeit〔Spontaneität〕/spontaneitas

¶ 자기활동성 XXI1216 ¶ 자발성 XXI22, XXI55, XXI66, XXI173, XXI218, XXI220, XXI222 ¶ 자발성으로서의 최초의 시작 XXI1222

자아주의〔自我主義〕 Egoism

¶ 자아주의 XXI54 ¶ 초월적 자아주의와 관념론 XXI53 ■ =초월적 자아주의란 "'나(→)'는 나의 표상의 상태가 우리가 경험이라고 부르는, 잡다의 법칙에 맞는 그러한 연쇄를 그에 끌어넣는 하나의 주관이다."라고 하는 주의 주장 XXI53

자연/自然 Natur/natura

¶ 자연 XXI14, XXI36, XXI52, XXI87, XXI92, XXI118 ¶ 자연은 인간에 대해 전제적으로 군다 XXI13 ¶ 이성 없는 자연〔無理性的 自然〕 XXI18 ¶ 한갓된 자연(생명 없는) XXI55 ¶ 자연과 자유 — 세계와 신 XXI18, XXI26, XXI58, XXI67, XXI151, XXI156 ¶ 자연은 작용(作用)한다. 인간은 행(行爲)한다. 어떤 지성적〔예지적〕인, 감관에게는 열려 있지 않은, 원인은 지도(指導)한다 XXI18 ¶ 자연의 산물들은 공간 시간상에 있으며, 자유의 산물들은 도덕적 실천적 이성의 법칙들(實踐理性의 指示命令) 아래에 있다 XXI18 ▶¶ 자연세계: 감각대상들의 전체(總體, 宇宙萬物) XXI30 ¶ 절대적 통일로서의 자연 XXI47 ¶ 자연존재자 XXI31, XXI49 ¶ 물건(자연존재자) XXI56 ¶ 자연대상 XXI51 ▶¶ 자연법칙 XXI25, XXI41 ¶ 인과//관계(作用連結) XXI25 ¶ 자연물체 XXI85 ¶ 물체적 자연 XXI170 ▶¶ 감성 즉 자연 XXI27 ▶¶ 자연본성 XXI34, XXI63 ▶¶ 자연의 의도 XXI186 ¶ 자연의 기계성 XXI199 ¶ 자연의 기술 XXI199

자연과학/自然科學 Naturwissenschaft/scientia naturalis

¶ 자연과학 XXI132, XXI163, XXI175 ¶ 자연과학(自然哲學) XXI161, XXI166, XXI169 ■ =자연과학(自然哲學)은 공간상의 사물들에 대한 인식의 한 체계이며, 그 안에 두 특수한 학문을 함유한다. 곧, 1) 자연과학의 형이상학적 기초원리들과 2) 체계로서의 물리학 XXI306 ¶ 철학적 자연과학(自然哲學) XXI174, XXI177 ↔ 교조적 자연과학 ■ =자연과학(自然哲學)은 물질(공간상에서 운동하는 것) 일반의 속성들과 운동법칙들에 대한 학문 XXI166 ■ =자연과학(自然哲學)은 우주 안의 물질의 운동력들에 대한 학문 XXI176 ¶ 자연과학의 목적은 물리학 XXI164 ¶ 교조적인 자연과학 XXI177

자연철학/自然哲學 Naturphilosophie/philosophia naturalis

¶ 자연철학 XXI73, XXI132, XXI161 ¶ 학적 자연이론(自然哲學) XXI172 ¶ 철학적 자연과학(自然哲學) XXI174 ■ =자연철학은 물리학이다 XXI139

자연필연성〔自然必然性〕 Naturnotwendigkeit

¶ 자연필연성 XXI25, XXI41 ¶ 이성적 존재자의 기계성 안에 자연필연성이 있다 XXI74

자연학/自然學 Physiologie/physiologia

¶ 자연학 XXI172 ¶ 논리학, 형이상학, 도덕학, 자연학의 원리들 XXI69 ¶ 자연학에서 물리학으로의 이월 XXI69 ¶ 자연학은 (순수 이성의//산물로서는) 학문론 내지 지혜론일 수가 있다 XXI156

자연 형이상학〔自然形而上學〕 Philosophie der Natur

¶ 자연의 형이상학 XXI167, XXI168, XXI172 ■ = 자연과학(→)의 체계가 순전히 선험적인 개념들과 정리들에 의거하는 한에서, 그 체계는 자연 형이상학이라 일컬어진다. 그러나 그 체계가 동시에 경험 원리들에 기초하고 있는 한에서는 물리학(→)이다 XXI176

자유/自由 Freiheit/libertas

¶ 자유 XXI24, XXI35, XXI83 ■ =하나의 이성개념 XXI24 ¶ 이 세계 내의 이성적 존재자의 자유개념 XXI78 ¶ 의지의 자유 XXI5, XXI36 ¶ 의사의 자유 XXI25, XXI47, XXI57 ¶ 자유의 자율 XXI103 ¶ 자연(→)과 자유 XXI14, XXI16, XXI23, XXI67 ¶ 자연과 자유는 철학을 정초하는, 철학의 두 (원리) 돌쩌귀이다 XXI156 ■ =의지 일반의 자유(자연의 자극/충동들로부터의 독립성) XXI16 ■ =모든 자연의 영향과 지도로부터의 독립성 XXI28 ■ =자유는 인간의 인격성 XXI70 ■ =하나의 능동적인 그러나 초감성적인 원리 XXI50 ¶ 스스로 근원적으로 원인인 자유 XXI20 ¶ 자유의 가능성은 자연에 의한 모든 설명 근거들을 넘어선다 XXI37 ¶ 자유개념의 해설은 초험적이다 XXI57 ¶ 자유는 예지체의 속성이다 XXI62 ¶ 자유의 능력 XXI30 ¶ 실천적 자유능력 XXI95 ¶ 자유의 실재성 XXI26 ¶ 자유개념의 실재성 XXI30 ¶ 자유의 개념은 의무의 정언적 명령에서 나온다 XXI23, XXI29, XXI36, XXI61 ¶ 선의지는 자유를 요한다 XXI34 ¶ 이성이 자기 자신에게 지시규정하는 법칙들 아래에 있는 자유 XXI26 ¶ 세계 내의 이성에서 도덕적으로 지시명령하는 원리(인간에 대한 의무법칙) 즉 자유 XXI91 ¶ 이성적인 존재자의 궁극목적 안에 자유는 있다 XXI74 ¶ 신 아래에서의 자유 XXI41 ¶ 자유의 이념은 정언 명령을 통해 신에 이른다 XXI44 ▶¶ 법개념과 의무개념의 토대로서 자유개념 XXI16 ¶ 거꾸로 의무개념이 정언적 명령에 의해 요청되는 자유개념의 가능성의 근거 XXI16

작용하는 원인〔작용인〕/作用因 wirkende Ursache/causa efficientis

¶ 작용하는 원인(作用因) XXI126, XXI78, XXI85, XXI142, XXI193, XXI198, XXI210, XXI217, XXI286

정신/精神 Geist/mens

¶ 정신(精神) XXI18 ¶ 精神的인 것 XXI29 ¶ 인간의 마음(精神) XXI13 ¶ 인간의 정신(精神) XXI25, XXI29 ¶ 인간의 원리(精神) XXI34 ¶ 지성(精神) XXI14 ¶ 하나의 비물질적인 지성적 원리는 실체로서는 하나의 정신(精神)이다 XXI18 ¶ 世界가 아니라 宇宙를 통합하는 것은, 그것이 인격성을 갖는 한에서, (精神)이다 XXI29 ¶ 정신 곧 비물질적 오성적 존재자 XXI85

정언〔적〕명령/定言 命令 kategorischer Imperativ/imperativus categoricus

¶ 정언〔적〕 명령 XXI12, XXI15, XXI20, XXI51, XXI87 ▪ =정언 명령은 오직 자유(→)의 원리이다 XXI36, XXI95 ¶ 자유개념은 정언명령을 통해 주어진다 XXI61 ¶ 초월철학에서의 정언적 명령 XXI26 ¶ 하나의 사실인 定言 命令 XXI36 ¶ 정언적 명령의 도덕적//실천적 이성의 사실 XXI21 ¶ 정언명령은 신의 이념 XXI152 ¶ 도덕적//실천적 이성에 모든 인간의 의무들을 신적 지시명령으로 보는 정언적 명령이 놓여 있다 XXI12 ¶ 신이 의무들의 정언적 명령의 주체이다 XXI21 ¶ 정언 명령은 신의 개념을 실재화한다. 그러나 단지 도덕적//실천적 견지에서일 뿐이지, 자연대상들과 관련하여 그러한 것이 아니다 XXI51 ¶ 각자 인간의 마음(精神) 안에는 하나의 정언 명령이 실존한다 XXI13 ¶ 도덕적 명령(즉 정언적 명령) XXI26 ¶ 인간은 정언 명령에 따라 자기 자신을 선한 인간으로 만들어야 한다 XXI62

종교/宗敎 Religion/religio

¶ 종교 XXI143 ▪ =종교는 양심적임이다 XXI81, XXI98 ▪ =종교란 다른 모든 존재자가 그 앞에서 무릎을 꿇고, 다른 모든 존재자가 자신이 유일하게 그의 존엄성에 복속되어 있음을 느끼는 한 존재자에 대한 숭배이다 XXI101 ¶ 반종교적 XXI98

주관/주체〔主觀/主體〕 Subjekt

¶ 주체/주관 XXI12, XXI45 ¶ 나(주관) XXI42 ¶ 주관(인간) XXI58 ¶ 자기 자신(주관) XXI96 ▪ =주관/주체는 초월적 관념론에 따르면 자기 자신을 선험적으로 객체로 구성하거니와, 현상에서 주어진 것으로서가 아니라, 자기 자신의 정초자이자 창시자인 존재자로서이다 XXI14 ¶ 세 원리들, 즉 신과 세계 그리고 이 둘을 통합하는 주관의 개념 XXI23 ¶ 신, 세계와, 이 두 객관을 연결하는 주관 즉 세계 내의 사고 존재자 XXI34 ¶ 하나의 원리 아래서 신과 세계의 결합을 정초하는 지성적 주체〔주관〕 XXI23 ¶ 이성적 세계존재자로서의 주체〔주관〕 XXI27 ¶ 자기 자신의 창시자인 주관 XXI78, XXI96 ¶ 모든 것이 단지 사고된 존재

자들, 즉 주관이 자기 자신과 관계시키는 인간 이성 자신의 주관적 산물들이다 XXI86 ¶ 주관적인 것이 직관에서의 객관적인 것에 선행한다 XXI114 ¶ 사고하는 주관 XXI23, XXI107 ¶ 주관적 형식들 XXI71, XXI92 ¶ 주관적 실천적인 것 XXI94 ¶ 주관은 자기 밖으로 작용한다 XXI70 ¶ 이성에 의해 사고하는 주관은 자기 자신을 관념론〔관념성〕 안에서 물건이 아니라 인격으로 구성하며, 자신이 관념들의 저 체계의 창시자이다 XXI91 ▶¶ 세계 내에서 의무에 복속하는 주관 즉 하나의 인격 XXI75 ▶¶ 감관표상에서 순전히 주관적인 것은 감정이다 XXI23 ¶ 주관적//경험적 XXI45 ¶ 감각주관 XXI103

지각/知覺 Wahrnehmung/perceptio

¶ 지각 XXI5, XXI11, XXI38, XXI39, XXI45, XXI87, XXI109, XXI114, XXI212 ¶ 외적 지각 및 내적 지각 XXI89, XXI100 ¶ 지각의 포착 XXI4 ¶ 觀察과 實驗으로서의 지각 XXI15, XXI85 ¶ 지각들의 집합〔집적〕 XXI59, XXI62, XXI76, XXI105 ¶ 객관적 지각 XXI117 ¶ 지각의 객체 XXI229 ¶ 지각들의 체계의 원리 XXI172 ¶ 지각의 예취들 XXI67 ¶ 지각들의 예취(先取) XXI172 ▶¶ 知覺 可能한/不可能한 XXI202, XXI203, XXI229, XXI232 ¶ 비〔非〕지각 XXI218 →경험

지성/知性 Verstand/intellectus

¶ 지성 XXI11, XXI13, XXI161, XXI165 ¶ 지성개념들 XXI168 ¶ 순수 지성적인 것 XXI172 ¶ 건축술적인 지성 XXI184 ¶ 본능과 지성 XXI16 ¶ 인간적 지성과 초인간적 지성 XXI194 ¶ 초월철학(→)은 지성이 객관들을 따르는 것이 아니라, 거꾸로 객관이 지성을 따르는 것을 다루는 그러한 이론이다 XXI109 ¶ 지성의 첫째 활동은 '나는 있다'라는 말 속에 들어 있다 XXI119 ■ =지성은 비물질적인 어떤 것 XXI194 ■ =표상들을 그 규칙에 대한 의식을 가지고서 연결하는 능력 XXI225 ▶¶ 순수 지성: 선험적 인식의 능력, 응용 지성: 경험의 능력 XXI225 ¶ 지성의 원인성 XXI187

지혜/智慧 Weisheit/sophia · sapientia

■ =지혜는 가장 완전한 이성의 속성이다 XXI129, XXI131 ■ =지혜는 가장 완전한 이성의 목적들의 총괄이다. 집합으로서가 아니라 하나의 체계에 적합한 것으로서 그러하다 XXI131 ¶ 지혜는 인간의 본질속성이 아니다 XXI130 ¶ 세계지〔혜〕가 철학에 적중하는 말인가? 아니다 XXI130 ¶ 지혜는 세계지〔혜〕보다 고차적인 것이다 XXI128

직관/直觀 Anschauung/intuitus

¶ 직관 XXI96 ¶ 감성적 직관 XXI59, XXI64 ¶ 감성직관 XXI62 ¶ 근원적

직관 XXI115 ¶ 순수 직관 XXI204 ¶ 경험적 직관 XXI204 ¶ 사물들의 직관 XXI96 ¶ 直觀 XXI89 ¶ 직관과 개념 XXI96

진보〔進步〕 Fortschritt

▶¶ 자연과학의 형이상학적 기초원리들에서 초월철학으로의 진보 XXI73, XXI79, XXI84 ▶¶ 자연과학의 형이상학적 기초원리들로부터 물리학으로의 진보 XXI87

〖ㅊ〗

척력〔밀쳐냄/배척/반발〕/斥力〔排斥/反撥〕 Abstoßung/repulsio

¶ 척력 XXI258 ¶ 반발〔척력〕 XXI55 ¶ 밀쳐냄〔척력〕 XXI89, XXI182 ¶ 밀쳐내는 힘〔척력〕 XXI110 ¶ 반반력 XXI310 ¶ 인력과 척력 XXI23, XXI287

철학/哲學 Philosophie/philosophia

¶ 철학 XXI239, XXI240, XXI243 ¶ 철학함과 철학의 차이 XXI68 ■ =철학은 지혜에 대한 사랑(지혜론, 智慧의 教說)이며, 지혜의 연습 XXI119, XXI128, XXI140 ■ =철학은 가장 이성적인 존재자의 인간 이성의 최고 목적들에 대한 사랑이다 XXI120 ■ =철학은 문자적으로 지혜론이 아니라 오히려 지혜론을 향한 힘씀을 의미한다 XXI127 ¶ 인간의 실천 이성의 최고 견지는 지〔知〕의 지혜로의 애씀(철학)이다 XXI121 ¶ (지혜론으로서의 철학은) 선험적 인식들에서 인간 이성의 궁극목적에 전적으로 본래적으로 상관한다 XXI239 ¶ 도덕적으로-더 좋은 인간에 대한 학적 연구는 철학에 속한다 XXI244 ■ =철학자는 智慧로운 자가 아니라 지혜를 사랑하는 자 XXI141 ■ =철학은 철학함의 한 習性이나 하나의 작품 XXI80 ▶¶ 순수 철학 XXI8, XXI118, XXI140, XXI146 ■ =철학은 형이상학과 초월철학으로 나뉜다 XXI28 ¶ 철학은 자연철학 또는 도덕철학이다. 이 둘은 하나의 형이상학을 그 기초에 두고 있다 XXI245 ¶ 철학의 단계: 논리학, 형이상학 그리고 초월철학 XXI69이하 ■ =철학은 하나의 절대적 전체 XXI126 ¶ 학설체계로서의 철학 XXI141 ▶¶ 학문론으로서의 철학 XXI155, XXI158 ■ =철학 – 경험(감각자료)을 함유하고, 감관에 의존해 있는 것에서 격리되어, 이성의 순수 원리들에 의해 정초되고 독자적으로 자립적인, 순수 이성의 한 체계 XXI156

체계〔체제〕/體系〔體制〕 System/sytema

¶ 체계 XXI3, XXI7, XXI8, XXI9, XXI34, XXI46, XXI76, XXI207, XXI294 ¶ 체계적 통일 XXI43, XXI306 ▶¶ 관념론의 체계 XXI92 ¶ 초월적 관념론은 전체 세계체제의 모든 비밀을 풀기 위한 열쇠이다. 신과 세계를 한 체제〔체계〕(宇宙)의 이념 안에 넣을 수는 없다. 이들은 이질적이므로, 오히려 하나의 매개개념에 의거해

안에서 자기 자신을 만듦, 그리고 자신을 하나의 대상으로 구성함에 의한, 하나의 이론적-사변적 및 도덕적-실천적 체계를 위한 초월적 관념론이다 XXI97 ▶¶ 철학의 전체를 하나의 체계 안에 있는 것으로 규정하는 원리로서의 초월철학 XXI78 ■ =초월철학은 주관적으로는 개념들에 의한 (선험적) 종합적 인식의 원리이며, 그러나 객관적으로는 개념들에 의한 이념들의 체계 XXI75, XXI82, XXI101이하 ■ =초월철학은 그에 따라 수학과 철학이 하나의 선험적 종합 인식 안에서 하나의 원리 안에 통일되어 가능한 경험의 대상을 이루는 인식원리이다 XXI133 ■ =초월철학은 이성원리들의 총괄로서, 선험적으로 하나의 체계 안에서 완성된다 XXI3 ■ =초월철학은 자율이다. 다시 말해 자기의 종합적 원리들, 범위와 한계들을 하나의 완벽한 체계 안에서 확정적으로 미리 그려내는 하나의 이성이다 XXI59, XXI93, XXI100, XXI108, XXI115 ■ =초월철학은 이성 자신이 기획하는 전체에 대한 파악의 이념 XXI6 ■ =초월철학은 그것들 안에서 선험적 종합 인식이 자기 자신을 객관으로 현시하고, 그것도 경험적 원리들 없이 기초에 놓는, 모든 형식들의 총괄 XXI8 ■ =초월철학은 모든 소재에 앞서 그 자신 사고의 객관에 대한 인식을 위해 예습하는 학문 XXI8 ■ =초월철학은 개념들에 의한 종합적 인식 전체의 체계에 대한 학문 XXI8 ■ =초월철학은 선험적 개념들에 의한 종합적 인식 체계 XXI9, XXI40, XXI60 ■ =초월철학은 개념들에 의한 선험적 종합 인식의 원리 XXI17 ■ =초월철학은 개념들에 의한 선험적 순수 종합 인식의 학문 XXI52 ■ =개념들에 의한 선험적 종합 인식의 이념들의 하나의 체계의 원리 XXI67 ■ =초월철학은 하나의 관념론 XXI63, XXI85, XXI92, XXI99 ■ =초월철학은 형이상학을 위해 개념들에 의한 선험적 종합 원리들의 한 체계를 세우는 필연성에 대한 이론 XXI63 ▶형이상학으로서의 초월철학 ■ =초월철학은 개념들에 의한 선험적 종합 원칙들을 관할할 수 있는, 초감성적인 것의 철학 XXI44 ¶ 초월철학의 객체 XXI109 ■ =초월철학은 하나의 절대적 전체 안에서 이념들의 체계 XXI44 ¶ 하나의 원리 아래서 자기 자신을 구성하는 이성의 하나의 체계 안에서의 이념들의 총괄(連結) XXI78 ■ =초월철학은 자기 자신을 하나의 체계로 구성하는, 순수 이성의, 그리고 개념들에 따른 그것의 자율의 객관들의 이념들의 주관적 원리이다: 最高 存在者, 最高 知性, 最高 善 — 세계, 인간의무 그리고 신 XXI79 ¶ 초월철학의 과제: 하나의 신이 있는가? XXI17 ¶ 초월철학의 최고 견지 XXI31, XXI34, XXI35, XXI42, XXI44, XXI52, XXI54, XXI56, XXI58, XXI59 ¶ 초월철학의 최고 견지는 신과 세계를 하나의 원리 아래서 통합하는 것 XXI23 ¶ 초월철학의 최고의 견지는 지혜론 XXI95 ¶ 초월철학은 형이상학보다 상위에 있다 XXI69 ■ =초월철학 곧 신과 세계에 대한 이론 XXI6 ¶ 신의 개념을 선험적으로 내놓는 것이 초월철학이다 XXI29 ¶ 신 및 세계는 초월철학의 두 객어〔객관〕들이다 XXI37 ¶ 초월철학의 최고 대상: 신, 세계, 세계 내의 인간 XXI38 ■ =초월철학은 순수 이성의 대상들의 하나의 완벽한 체계로의 이념들의 자기창조(자치) XXI84, XXI91 ■ =선험적 종합 인식의 최고 원리들인, 신, 세계 그리고 세계 내에서 의무에 묶여 있는 인간이라는 순수 이성의 이념들의 체계 XXI85 ▶¶ 초월철학의 체계 XXI27 ■ =초월철학은, 하나의 선험적 체계로서의 개념들에 의한 종합 인식의 전체를 향해 있고, 그리하여 합성의 형식에 따라 자기 자신을 하나의 절대적인 관념적 또는 실재적 전체로 구성하는 하나의 철학이다 XXI109 ■ =초월철학은 이론적 이념들의 초월철학과 실천적 이성의 초월철학으로 나뉜다 XXI28 ¶ 선험적 종합 명제들의 한 원리 아래에 있는 존재자들 전부의 이념들의 한 체계에서의 통일된 이론적//사변적이고 도덕적//실천적인 이성의 주관적 원리 XXI67, XXI91 ¶ 순수 사변 이성 및 도덕적//실천 이성의 체계의 관념성의 원리 XXI96 ▶학의 최상 정초 원리로서의 초월철학 ■ =논리학, 형이상학, 도덕학, 자연학의 원리들과 물리학으로의 이월의 원리들을 선험적 인식의 한 체계 안에서 통일하여 함유하고 있는 것 XXI69 ■ =하나의 학문을 정초하는 보편적 이성원리 XXI73 ¶ 초월철학은 철학에 대한 철학이다 XXI135 ▶¶ 지혜로의 이끎을 함유하고 있는 한에서 지〔앎〕의 체계가 초월철학이다 XXI121

초절적〔超絶的〕 überschwenglich

¶ 초절적 XXI4 ¶ 초절적(초험적) XXI135, XXI141, XXI322

초험적/超驗的 tanszendent/transscendent

¶ 초험적 XXI22, XXI50, XXI57, XXI60, XXI65, XXI75, XXI81, XXI115, XXI138 ↔ 내재적 XXI50, XXI65, XXI81 ¶ 초험적인 것 XXI8, XXI74 ¶ 초험적인, 다시 말해 개념 없는 한 객관인 것 XXI22 ■ =초험적인 것 그러니까 아무런 의미도 없는 것 XXI72

최초의 운동자/第一 運動者 erster Beweger/primus motor

¶ 최초 운동자(第一 運動者) XXI218, XXI222

침투〔삼투〕력/浸透〔滲透〕力 durchdringende Kraft

¶ 침투〔삼투〕력 XXI164, XXI333 ¶ 침투력과 표면력 XXI166 ■ =멀리 떨어져서도 물체 안으로 스며드는 작용을 하는 힘 XXI181

옮긴이

백종현(白琮鉉)

서울대학교 명예교수, 한국포스트휴먼연구소 소장.

서울대학교 철학과에서 학사, 석사 과정 후 독일 프라이부르크 대학에서 철학박사 학위를 받았다. 인하대·서울대 철학과 교수, 서울대 철학사상연구소 소장, 서울대 인문학연구원 원장, 한국칸트학회 회장, 한국철학회 『철학』 편집인·철학용어정비위원장·회장 겸 이사장, 한국포스트휴먼학회 회장을 역임하였다.

주요 논문으로는 "Universality and Relativity of Culture"(*Humanitas Asiatica*, 1, Seoul, 2000), "Kant's Theory of Transcendental Truth as Ontology"(*Kant-Studien*, 96, Berlin & New York, 2005), "Reality and Knowledge"(*Philosophy and Culture*, 3, Seoul 2008) 등이 있으며, 주요 저서로는 *Phänomenologische Untersuchung zum Gegenstandsbegriff in Kants "Kritik der reinen Vernunft"*(Frankfurt/M. & New York, 1985), 『독일철학과 20세기 한국의 철학』(1998/증보판2000), 『존재와 진리—칸트 〈순수이성비판〉의 근본 문제』(2000/2003/전정판2008), 『서양근대철학』(2001/증보판2003), 『현대한국사회의 철학적 문제: 윤리 개념의 형성』(2003), 『현대한국사회의 철학적 문제: 사회 운영 원리』(2004), 『철학의 개념과 주요 문제』(2007), 『시대와의 대화: 칸트와 헤겔의 철학』(2010/개정판 2017), 『칸트 이성철학 9서5제』(2012), 『동아시아의 칸트철학』(편저, 2014), 『한국 칸트철학 소사전』(2015), 『포스트휴먼 시대의 휴먼』(공저, 2016), 『이성의 역사』(2017), 『제4차 산업혁명과 새로운 사회 윤리』(공저, 2017), 『인공지능과 새로운 규범』(공저, 2018), 『인간이란 무엇인가—칸트 3대 비판서 특강』(2018), 『포스트휴먼 사회와 새로운 규범』(공저, 2019), 『한국 칸트사전』(2019) 등이 있고, 역서로는 『칸트 비판철학의 형성과정과 체계』(F. 카울바흐, 1992)//『임마누엘 칸트—생애와 철학 체계』(2019), 『실천이성비판』(칸트, 2002/개정2판 2019), 『윤리형이상학 정초』(칸트, 2005/개정2판 2018), 『순수이성비판 1. 2』(칸트, 2006), 『판단력비판』(칸트, 2009), 『이성의 한계 안에서의 종교』(칸트, 2011), 『윤리형이상학』(칸트, 2012), 『형이상학 서설』(칸트, 2012), 『영원한 평화』(칸트, 2013), 『실용적 관점에서의 인간학』(칸트, 2014), 『교육학』(칸트, 2018), 『유작 I.1』(칸트, 2020) 등이 있다.

한국어 칸트전집 제23.1권

유작 I.1

1판 1쇄 찍음 | 2020년 4월 27일
1판 1쇄 펴냄 | 2020년 5월 11일

지은이 | 임마누엘 칸트
옮긴이 | 백종현
펴낸이 | 김정호
펴낸곳 | 아카넷

출판등록 2000년 1월 24일(제406-2000-000012호)
10881 경기도 파주시 회동길 445-3
전화 031-955-9510(편집) · 031-955-9514(주문) | 팩시밀리 031-955-9519
책임편집 | 김일수
www.acanet.co.kr

철학, 서양철학, 독일철학, 칸트 KDC 165.2

Printed in Paju, Korea.

ISBN 978-89-5733-675-5 93110

이 도서의 국립중앙도서관 출판예정도서목록(CIP)은
서지정보유통지원시스템 홈페이지(http://seoji.nl.go.kr)와
국가자료공동목록시스템(http://www.nl.go.kr/kolisnet)에서 이용하실 수 있습니다.
(CIP제어번호: CIP2020015927)